新公司法

条款解读与实操指南

Interpretation and Practical Guide to Provisions of the New Company Law

主　编：贾宗达
副主编：张建军

厦门大学出版社
XIAMEN UNIVERSITY PRESS
国家一级出版社
全国百佳图书出版单位

图书在版编目（CIP）数据

新公司法条款解读与实操指南 / 贾宗达主编.
厦门 ：厦门大学出版社，2025.7. -- ISBN 978-7-5615-
9717-0

Ⅰ. D922.291.915

中国国家版本馆 CIP 数据核字第 20251U52G4 号

责任编辑　李　宁
美术编辑　李夏凌
技术编辑　许克华

出版发行　厦门大学出版社

社　　址　厦门市软件园二期望海路 39 号
邮政编码　361008
总　　机　0592-2181111　0592-2181406(传真)
营销中心　0592-2184458　0592-2181365
网　　址　http://www.xmupress.com
邮　　箱　xmup@xmupress.com
印　　刷　厦门市竞成印刷有限公司

开本　787 mm×1 092 mm　1/16
印张　24.5
字数　612 千字
版次　2025 年 7 月第 1 版
印次　2025 年 7 月第 1 次印刷
定价　88.00 元

本书如有印装质量问题请直接寄承印厂调换

厦门大学出版社
微信二维码

厦门大学出版社
微博二维码

撰稿人

丁思齐	万盼盼	马恺羚	马朕卓	王倩
王天璇	王文婷	王文静	王晓华	王梦晓
牛晓鑫	毛雪儿	艾禹晨	石文军	叶倩冰
吕琳琳	朱健	朱梦璇	邬辉林	庄程巍
许如春	许畅文	孙俊杰	孙婷娟	严凌振
杜谨汐	李奕	李超	李宝团	杨成
汪浩然	汪晨曦	宋衍骏	张建军	陈天翔
陈涌波	陈嘉禾	邵建波	邵炯昊	林聿文
林红燕	季金华	金卓青	郑思思	胡栋
胡晓虹	闻倩玉	祝琳	贾宗达	夏关根
徐铎源	徐嘉阳	高旷	高佳瑞	章大成
董杰	蒋美美	焦阳	童哲	温莉
楼红磊	潘佳玲	操志斌	薛继帆	

序

公司法是市场经济的基础性法律，在保护市场主体的合法权益、维护市场经济秩序、促进市场经济发展等方面，具有举足轻重的地位和作用。我国《公司法》自1993年颁布以来，历经1999年、2004年、2013年、2018年四次修正和2005年、2023年两次修订。每次修正、修订后，都会带来公司法相关图书的出版热，这些相关图书有助于人们正确理解和准确适用（应用）公司法。本次《公司法》修订的幅度和力度均超过了历次修正修订，随之而来的公司法相关图书出版热也实属必然。根据当当网的信息，目前已出版的有关新《公司法》的解释、适用乃至诉讼指引之类的图书有30余种，作者涵盖了立法专家（全国人大法务部门及其工作人员）、法学教授、法官、律师、企业法务工作者以及公司法爱好者，蔚为壮观。贾宗达、张建军领衔编写的《新公司法条款解读与实操指南》也将跻身其中，为人们理解和适用新《公司法》提供多一种选择。

《新公司法条款解读与实操指南》的作者或为律师或为公司法务工作者（公司律师），他们长期在公司法实践的第一线，是公司法的最终用户和应用者，如果我们把制定法视为立法机关生产的产品的话。他们熟悉公司的运行，深谙公司法对于公司运行的意义，对公司法的理解和应用有着直接的经验；他们对公司法的每一项规定及其任何变动对公司运行的影响更为敏锐；他们对新《公司法》的理解和应用将更加接地气，也更能体会到公司法的真谛。这些都体现在本书特有的编排和内容上。

本书采用条文诠释的方式，内容包括"内容变化"、"分析解读"、"实务研究"（公司实务和律师事务）、"关联规定"四个部分。"内容变化"交代了新法规定的变迁；"分析解读"以极为简洁明了的文字诠释了新法规定的内容和含义；"实务研究"包括公司实务和律师实务，突出了新法规定的实际应用；"关联规定"交代了新法规定与其他法律规定的联系。这样的安排颇具特色。正如作者所言，这种安排的目的在于凸显公司法的实用性，"解读法条只是基础，实务指导才是本书的终极目标"。

显然，本书是写给作者的同行和他们所服务的公司（包括公司的设立者或投资者、公司的管理者、公司白领等）以及公司法律事务的爱好者看的，而不是写给从事公司法研究的教授、从事公司司法审判的法官看的，更不是写给公司法的立法专家们看的。然而，从事公司法研究的教授、从事公司司法审判的法官以及从事立法的专家读读这本书，了解来自公司法实践一线的律师和公司法务工作者对公司法的认知和应用，就如同产品的生产者和研发者听听来自产品用户和消费者的声音一样，或许亦有益处。

柳经纬
2025年3月3日于昌平宁馨苑

前　言

2023 年 12 月 29 日，第十四届全国人民代表大会常务委员会第七次会议审议通过《关于修改〈中华人民共和国公司法〉的决定》，同日，习近平主席签署第十五号中华人民共和国主席令，公布新修订的《中华人民共和国公司法》（以下简称新《公司法》）。这一天，距离 1993 年 12 月 29 日我国第一部《公司法》出台，刚好 30 周年整。

新《公司法》于 2024 年 7 月 1 日起正式施行。我国《公司法》自 1993 年出台以来，历经 1999 年、2004 年、2013 年、2018 年四次修正，并经过 2005 年、2023 年两次修订。本次修订，《公司法》从 2018 年修正案的 15 章增加到 17 章，新增了"公司登记"（第二章）和"国家出资公司组织机构的特别规定"（第七章）两章，条文数也由 218 条增加到 266 条（据粗略统计，本次修订删除了 2018 年修正案 16 个条文，新增和修改了 228 个条文，其中实质新增和修改了约 70 个条文），是《公司法》出台以来规模最大的一次修订。

公司是最重要的市场主体，《公司法》是社会主义市场经济制度的基础性法律，"堪称经济生活中的根本大法，是投资兴业的总章程。公司法覆盖公司'从摇篮到坟墓'的全生命周期，既是最重要的商事组织法，也是市场经济的支柱性法律"。① 一部好的《公司法》，对于鼓励投资兴业、规范公司治理、便利公司运营、保护相关方权利、拉动经济增长、促进社会和谐都具有积极而重要的作用。但社会生活变动不居，法学理论日新月异，公司实践不断创新……所有这些都呼唤公司法律与时俱进。有学者甚至建议我国的《公司法》应进行常规的定期修改，而且修改周期原则上不长于 3 年。② 自 2018 年《公司法》修正以来，以习近平同志为核心的党中央统筹推进"五位一体"总体布局，协调推进"四个全面"战略布局，在深化国有企业改革、优化营商环境、加强产权保护、促进资本市场健康发展等方面作出重大决策部署，推动公司制度和实践进一步完善发展。同时，在实践中，2018 年修正案暴露出的一些问题，也需要通过修法进行完善。在此背景下，国家立法机关立足我国国情，坚持正确方向，总结实践经验，固化改革成果，回应社会关切，协调相关法律法规，并吸收借鉴成熟的法学理论研究成果，对《公司法》作了系统性、全面性、针对性的修改。本次修改，对于深化国有企业改革、完善中国特色现代企业制度，持续优化营商环境、激发市场创新活力，完善产权保护制度、依法加强产权保护，健全资本市场基础性制度、促进资本市场健康发展，完善现行公司法律制度，③弘扬企业家精神，进而推动我国经济高质量发展，推进社会主义市场经济体制建

---

① 刘俊海：《论〈公司法〉的法典化：由碎片化走向体系化的思考》，载《法律科学》2024 年第 1 期。

② 刘俊海：《现代公司法》，法律出版社 2008 年版，第 6 页。

③ 参见全国人大常委会法工委负责人 2023 年 12 月 29 日《关于〈中华人民共和国公司法（修订草案）〉的说明》，http://www.npc.gov.cn/c2/c30834/202312/t20231229_433993.html，最后访问时间：2024 年 12 月 12 日。

设备方面,都具有十分重要而积极的意义。可以说,本次《公司法》修订,是全面贯彻落实党的二十大报告中强调的"统筹立改废释纂,增强立法系统性、整体性、协同性、时效性"的一次生动实践。

本次修订亮点纷呈,有许多制度创新和解决实际问题的举措,主要是:完善公司资本制度,优化公司治理,加强股东权利保护,强化控股股东、实际控制人和董监高的责任,完善公司设立、退出制度,完善国家出资公司相关规定,完善公司债券相关规定,加强公司社会责任。[①] 具体法律制度,如国家出资公司中党组织领导作用的发挥、董事会成员"外大于内"、内部监督风险控制与合规管理,所有公司中一个发起人设立股份有限公司、有限责任公司与股份有限公司组织形式的互换,股东出资失权,董监高人员忠实勤勉义务的具体化和程序设计,董事会下设审计委员会和监事会的二留一,法律责任……甚至由"半数以上"到"过半数"等的文字修改,都将对公司设立变更与注销、运营、治理、社会责任承担、监管等各方面产生深远的影响。国家行政及司法机关、公司,公司的投资人、公司职工、公司债权人、为公司提供法律服务的律师……无不需要认真学习研究,并及时采取措施,将公司章程和规章制度进行修订以符合新《公司法》要求,并充分利用新的法律制度为社会、公司股东、公司和相关方创造最大价值。

法律的价值在于适用,适用的前提是准确理解法律条文的逻辑结构、本质含义、内在联系、基本要求,以及与其他部门法甚至规范性法律文件、党和国家政策规定的关系。适用其实就是法律实务。除国家行政及司法机关的执法司法实务需要出台新的法律规章和司法解释以适应新《公司法》需要外,对公司来说,单就一个"半数以上"改成"过半数",就可能使得绝大多数公司的章程需要修订,更何况新《公司法》给予公司更大自治空间,完备的章程在公司治理中的作用尤为重要;就社会律师来说,新《公司法》既提高了对律师法律服务的要求,也为律师开拓了新的更广阔的业务空间,譬如国家出资公司合规管理。

鉴于以上各方面,10家知名律师事务所的49名律师和大型国有企业的15名公司律师组成课题组,逐条研究,共同编写完成本书。本书的主要特点是:

1.强强联合,经验丰富。课题组中49名社会律师法律专业功底扎实、法律服务经验丰富,这些律师在为各种公司提供法律服务之余,也素有法律研究的习惯和经验;15名公司律师既有专业的法律法学教育背景,又有丰富的公司法务实践经验,更有较强的法学研究实践经验。因此,课题组可谓强强联合,成员可谓经验丰富,这为本书精准解读法条、精准指导实务提供了坚实保障。

2.逐章逐条,精准解读。本书按新《公司法》章节顺序,逐章逐条展开研究,既与2018年修正案进行对照,指出新法的主要变化,又运用文义解释、法理阐释等方法对新法条文进行详细解读,解读力求忠实立法本意。为便于读者快速了解每个条款的中心思想,还为每条增加简短的条旨。需要说明的是,编写本书的目的不是对新法作法理评析,因此,本书只求忠实于法条,不求公司法理论的评析或建树,不作理论上的比较研究,对于修法过程中不同观点或各版送审稿的表述变化不作探本溯源,对于新法实施后的效果不作揣测,只有在解读需

---

① 参见全国人大常委会法工委负责人 2023 年 12 月 29 日《关于〈中华人民共和国公司法(修订草案)〉的说明》,http://www.npc.gov.cn/c2/c30834/202312/t20231229_433993.html,最后访问时间:2024 年12 月 12 日。

要时才顺带提一下成熟且被立法者采用的法学理论成果。为便于理解,在解读新法的同时,还将关联规定进行提示。

3.主题集中,实用性强。解读法条只是基础,实务指导才是本书的终极目标。本书实务研究从公司和律师两个维度展开。从公司角度来说,主要是根据法律要求,使公司的设立、变更、治理、运营依法合规,公司治理文件(特别是公司章程)和重要文件(如投资协议)在合法的基础上适合公司实际且合理配置治理机构和相关人员,科学分配权利义务,体现程序上的可操作性,由此做到依法决策、合规经营、高效运行和有效管控的和谐统一。从律师角度来说,主要是在为公司客户提供法律服务时,应努力做到知客户之实,遂客户之愿,解客户之困,释客户之疑,防客户之风险,创客户之价值,因此在尽职调查、制度设计、体制完善、文件起草审核、咨询培训以及其他任何方面,体现对法律的精准把握,对客户的深度了解和尽职尽责。参与本书编写的所有公司律师和社会律师,以分工合作的方式,集法学知识与实践经验于一体,最大限度地围绕主题,为公司和律师适用《公司法》、做好实务应对提供方案和思路,做到能用、可用、好用、实用。

4.文字简洁,可读性强。本书设想的主要读者是公司人员、法律实务界人士,因此,本书力求文字简洁,可读、可明、可记、可用,不故作高深,不故弄玄虚,只求将最真实的意思以简明扼要、通俗易懂的语言进行表达。为帮助读者理解法律条文,增强可读性,编者为每条拟定了条旨,方便读者按图索骥,部分条款还援引了生效判例。

本书付梓之际,衷心感谢中国政法大学柳经纬教授为本书作序,感谢厦门大学出版社甘世恒、李宁两位编辑,他们为本书的修改完善和出版付出了卓有成效的努力!

当然,这是我们编写这类书的首次合作和尝试,虽然愿望是美好的,目标是宏大的,但由于编者的能力和经验有限,配套的法规规章和新法案例暂告阙如,且时间仓促,缺漏疏忽甚至错误在所难免,尚祈读者不吝批评赐教!

张建军

2025 年 5 月 1 日

目　录

第一章　总　则[*]

新《中华人民共和国公司法》（以下简称新《公司法》）第一章总则共 28 条,在《中华人民共和国公司法(2018 年修正)》(以下简称 2018 年修正案)基本框架和主要条文的基础上,进行了系统的修改完善。本章除了沿用 2018 年修正案的条款、吸纳《中华人民共和国民法典》(以下简称《民法典》)及《最高人民法院关于适用〈中华人民共和国公司法〉若干问题的规定(四)》(以下简称《公司法司法解释(四)》)的相关内容,也对条款进行了新增和删改,很好地诠释了"完善中国特色现代企业制度,推动经济高质量发展"的修法意义。

本章开宗明义,明确了新《公司法》的立法根据和立法宗旨。全国人民代表大会宪法和法律委员会在《中华人民共和国公司法(修订草案)》审议结果的报告(20240102)中指出,公司是最重要的市场主体,修改公司法完善中国特色现代企业制度,是贯彻落实宪法关于国家完善"企业经营管理制度"的重要举措。宪法和法律委员会建议采纳全国人民代表大会常务委员会委员、社会公众提出的"根据宪法"制定本法的意见。①

因此,新《公司法》第 1 条明了以宪法为立法根据,以完善中国特色现代企业制度,弘扬企业家精神,维护社会经济秩序,促进社会主义市场经济的发展为立法宗旨。在此基础上,新《公司法》对总则部分进行了一系列修订。

首先,新《公司法》新增了对公司名称权的规定。为加强对公司名称权的保护,新《公司法》第 6 条吸收了《民法典》《企业名称登记管理规定》《企业名称登记管理规定实施办法》等法律法规对公司名称权的相关规定,进一步完善了公司依法成立及登记注册的制度。

其次,新《公司法》对法定代表人的规定进一步细化。在《民法典》第 61 条与第 62 条的基础上,新《公司法》对法定代表人的责任进一步强化,一定程度上预防了法定代表人滥用职权、损害公司和股东利益的情形发生。

在公司对外投资方面,为了进一步激发市场经济活力,鼓励市场经济主体对外投资,放宽对外投资的限制,新《公司法》原则上允许公司成为对所投资企业承担连带责任的出资人,从原来的"法无授权不可为"转变为"法无禁止即可为"的原则。

职工代表大会作为中国特色企业民主管理模式,在本次《公司法》修订中也得到了进

  ＊　执笔人:贾宗达、王天璇。

  ①　全国人民代表大会宪法和法律委员会:《全国人民代表大会宪法和法律委员会关于〈中华人民共和国公司法(修订草案)〉审议结果的报告》,http://www.npc.gov.cn/c2/c30834/202401/t20240102_434033.html,最后访问时间:2024 年 5 月 1 日。

一步的完善。职工作为公司重要利益的相关者,新《公司法》对其权益的保护将有利于职工积极地参与公司的重要决策,从而达到维护社会经济秩序的目的。

在公司社会责任方面,2005年《公司法》第5条已确立公司社会责任的原则,经2018年修正案第5条细化,最终形成新《公司法》第20条关于公司社会责任的规定。这也反映了企业的社会责任在"建设中国特色现代企业制度"以及"弘扬企业家精神"方面将起到愈发重要的作用。

习近平总书记在党的二十大报告中强调,要"优化营商环境","构建高水平社会主义市场经济体制"。① 新《公司法》第23条中新增的法人人格横向否认制度,不仅是对过去司法实践中已涌现的大量类似案例的回应,也进一步填补了2018年修正案在该项制度上的空白。

最后,针对公司权力机构以及权力机构形成决议的效力层面,新《公司法》新增了电子通信的方式,进一步便利了公司成员参与公司决策;通过吸收《公司法司法解释(四)》中的相关条款,对公司决议的效力进行了进一步明确。其中,对2018年修正案中股东提供担保的相关规定进行了删除,也是针对我国公司治理的主要症结所作出的修改,降低了非控股股东维护权益的成本。

综上所述,新《公司法》第一章主要是确立了以宪法为新《公司法》的立法根据,以"完善中国特色现代企业制度"为立法目的,以坚持党的领导为政治方向,在此基础上对具体条款进行了修订和完善。

 第一条【立法宗旨和立法根据】

2018年修正案	新《公司法》
第一条　为了规范公司的组织和行为,保护公司、股东和债权人的合法权益,维护社会经济秩序,促进社会主义市场经济的发展,制定本法。	第一条　为了规范公司的组织和行为,保护公司、股东、职工和债权人的合法权益,完善中国特色现代企业制度,弘扬企业家精神,维护社会经济秩序,促进社会主义市场经济的发展,根据宪法,制定本法。

【内容变化】

一是明确职工权益受公司法保护;二是新增"完善中国特色现代企业制度,弘扬企业家精神"作为立法宗旨;三是指明宪法为公司法的立法根据。

【分析解读】

本次公司法的修订进一步强化了职工权益保护,要求公司在研究决定改制、解散、申请破产时需要听取职工的意见和建议。习近平总书记在党的二十大报告中提出"完善中国特

---

① 中华人民共和国商务部:《营造市场化法治化国际化一流营商环境　为高水平开放和高质量发展提供有力支撑》,http://www.mofcom.gov.cn/article/xwfb/xwbldhd/202312/20231203461677.shtml,最后访问时间:2024年12月1日。

色现代企业制度,弘扬企业家精神,加快建设世界一流企业",为我国企业改革发展确定了目标,也为本次公司法修订指明了方向。

《中华人民共和国宪法》(以下简称《宪法》)是中华人民共和国的根本大法,具有最高的法律效力,一切法律不得与宪法相抵触。新《公司法》再次明确了宪法的"母法"地位。

【实务研究】

1.公司实务:公司在日常经营管理及治理机制构建中,不仅需要关注经济效益,还需要注重其他利益相关方的权益保护,积极履行社会职责。

2.律师实务:本条规定了《公司法》的立法宗旨和立法根据,可用来填补法律规定的空白,为法律解释与法律推理提供指导。

 第二条【调整对象】

2018 年修正案	新《公司法》
第二条　本法所称公司是指依照本法在中国境内设立的有限责任公司和股份有限公司。	第二条　本法所称公司,是指依照本法在中华人民共和国境内设立的有限责任公司和股份有限公司。

【内容变化】

专有名词表述标准化,将"中国"修改为"中华人民共和国"。

【分析解读】

本条规定了《公司法》的调整对象。本法所称公司不包括在中国香港、澳门、台湾地区设立的公司。

在法律术语中,企业与公司是不同的概念。企业除包括本法调整的有限责任公司和股份有限公司之外,还包括承担无限责任的合伙企业和个人独资企业。有限责任公司和股份有限公司在《民法典》的分类上属于营利法人,可依法独立享有民事权利和承担民事义务。合伙企业和个人独资企业属于非法人组织,不具有法人资格,但是能够依法以自己的名义从事民事活动。

我国《公司法》中的公司,只指有限责任公司和股份有限公司,不包括有些国家存在的两合公司、无限公司等公司类型。

【实务研究】

1.公司实务:公司只是企业组织中的一种形式,创业者可根据自身实际情况选择设立公司还是合伙企业。公司作为有限责任主体,核心在于公司财产独立,股东责任有限,但需要承担较高的税费。合伙企业治理机制灵活,不需要缴纳企业所得税,但是普通合伙人需要对企业债务承担无限责任。商事主体可以根据自身实际情况,设计有限责任公司与合伙企业相结合的多层组织架构。

2.律师实务:在帮助公司设计股权架构时,应当提醒公司注意有限责任公司、股份有限公司、合伙企业的区别及各自的优劣势。

【关联规定】

《民法典》

第 76 条：以取得利润并分配给股东等出资人为目的成立的法人，为营利法人。营利法人包括有限责任公司、股份有限公司和其他企业法人等。

第 102 条：非法人组织是不具有法人资格，但是能够依法以自己的名义从事民事活动的组织。非法人组织包括个人独资企业、合伙企业、不具有法人资格的专业服务机构等。

第三条【公司独立法人人格】

2018 年修正案	新《公司法》
第三条第一款　公司是企业法人，有独立的法人财产，享有法人财产权。公司以其全部财产对公司的债务承担责任。 第五条第二款　公司的合法权益受法律保护，不受侵犯。	第三条　公司是企业法人，有独立的法人财产，享有法人财产权。公司以其全部财产对公司的债务承担责任。 公司的合法权益受法律保护，不受侵犯。

【内容变化】

本条并未进行实质性修改。就形式而言，本条将 2018 年修正案中分散于第 3 条第 1 款及第 5 条第 2 款关于公司独立性的相关条款以及公司权益应受保障的相关原则性内容合并至新《公司法》第 3 条做单独表述。

分析解读

本条作为新《公司法》总则中首条对公司权益进行描述的条款，强调了公司为具有独立地位的企业法人这一重要准则。公司作为企业法人，具有独立的法人人格、独立的法人财产，并且独立承担责任。原则上，当股东成立公司，将股东的出资注入公司后，该全部出资作为注册资本或部分作为注册资本、部分作为资本公积等其他财产，均成为该公司独立的法人财产。而股东出资完毕后，股东不再对该部分出资享有直接权益，更不得抽逃出资。

【实务研究】

1.公司实务：股东成立公司时，应及时在银行开立公司名下的银行账户，并将股东的出资以及公司经营所需、所获资金存入公司名下的银行账户中。2018 年修正案中有对"一人有限公司"的特别规定，强调了公司财产与股东财产应相互独立；若公司财产和股东财产产生混同，则将成为公司法人人格否认的重要依据。新《公司法》虽然取消了一人有限公司的独立章节，但在第 23 条第 3 款中对于财产混同而导致法人人格否认的规定仍予以保留。对于财产混同的认定，《全国法院民商事审判工作会议纪要》（以下简称《九民纪要》）给出了具有实务价值的考虑因素（具体见本条评析的关联规定部分）。

2.律师实务:本条规定公司具有独立的法人财产,为公司具备独立经营能力提供了重要的保障。公司财产独立完整也是企业合规的重点核查内容之一,是证监会对于上市公司监管要求的重要体现。在实务中,律师应注意上市公司满足《公司法》关于公司财产独立的规定以及证监会关于上市公司财产独立完整性的监管要求。例如,为上市公司股权或资产类交付项目提供法律服务时,律师应提醒上市公司的实际控制人及时作出保持上市公司独立性的承诺函,其中就包括财产独立完整性的承诺。

【关联规定】

新《公司法》第23条第3款、第53条。

《九民纪要》第10条【人格混同】:认定公司人格与股东人格是否存在混同,最根本的判断标准是公司是否具有独立意思和独立财产,最主要的表现是公司的财产与股东的财产是否混同且无法区分。在认定是否构成人格混同时,应当综合考虑以下因素:

(1)股东无偿使用公司资金或者财产,不作财务记载的;

(2)股东用公司的资金偿还股东的债务,或者将公司的资金供关联公司无偿使用,不作财务记载的;

(3)公司账簿与股东账簿不分,致使公司财产与股东财产无法区分的;

(4)股东自身收益与公司盈利不加区分,致使双方利益不清的;

(5)公司的财产记载于股东名下,由股东占有、使用的;

(6)人格混同的其他情形。

《上市公司治理准则》第68条:控股股东、实际控制人与上市公司应当实行人员、资产、财务分开,机构、业务独立,各自独立核算、独立承担责任和风险。

 第四条【股东有限责任和股东权益】

2018 年修正案	新《公司法》
第三条第二款　有限责任公司的股东以其认缴的出资额为限对公司承担责任;股份有限公司的股东以其认购的股份为限对公司承担责任。	第四条　有限责任公司的股东以其认缴的出资额为限对公司承担责任;股份有限公司的股东以其认购的股份为限对公司承担责任。
第四条　公司股东依法享有资产收益、参与重大决策和选择管理者等权利。	公司股东对公司依法享有资产收益、参与重大决策和选择管理者等权利。

【内容变化】

本条未进行实质性改动,形式上将2018年修正案第3条第2款关于股东有限责任的规定与第4条关于股东基本权益的规定进行了合并,使法条逻辑性更严密,布局更为合理。

【分析解读】

新《公司法》第4条与第3条的改动方式基本一致,均未对此前《公司法》所确立的基本原则进行实质性变动,仅是通过法条结构变化体现了法条设计的逻辑性。本条所述股东有限责任的制度使得股东仅以出资为限对公司债务负责,且将股东投资的风险予以事先确定,提升了股东投资活动的积极性,为公司作为营利法人实现其盈利目的提供了最根本的保障,进而保障经济市场的发展。

此外,本条对于股东的自益权以及共益权作了基本概述,确保股东在承担有限责任的同时能够充分行使其作为公司投资人所享有的权利。

【实务研究】

1.公司实务:公司日常经营管理中应注重防范股东滥用股东有限责任而致使公司遭受损失的风险。股东滥用有限责任的情形在实务中包含多种形式,如《九民纪要》所提及的人格混同、过度支配与控制、资本显著不足等情形。

2.律师实务:律师在为企业客户进行公司资本架构设计时,若条件允许的,可考虑采用双层有限责任制的方式以隔绝股东投资风险。股东首先设立控股公司或特殊目的公司("special purpose vehicle"或"special purpose company",SPV 或 SPC),再通过控股公司或SPV、SPC 出资设立公司,并由该公司进行实际经营。虽然股东有限责任存在突破之可能,但理论及实务中均仅支持对单层有限责任进行突破,而不支持对双层有限责任进行突破。目前理论和实务仅支持股东对其直接投资的公司承担有限责任的例外情形,而暂未创设股东对其间接投资的公司承担责任的例外。

此外,股东收益权、决策权以及选择管理者等权利均为可自由放弃或以其他方式处分的权利。是以,在股权投资等业务中,投资人对于其作为未来股东的权益也可作出自由安排。

【关联规定】

《民法典》第 83 条:营利法人的出资人不得滥用出资人权利损害法人或者其他出资人的利益;滥用出资人权利造成法人或者其他出资人损失的,应当依法承担民事责任。

营利法人的出资人不得滥用法人独立地位和出资人有限责任损害法人债权人的利益;滥用法人独立地位和出资人有限责任,逃避债务,严重损害法人债权人的利益的,应当对法人债务承担连带责任。

《九民纪要》第 11 条【过度支配与控制】:……控制股东或实际控制人控制多个子公司或者关联公司,滥用控制权使多个子公司或者关联公司财产边界不清、财务混同,利益相互输送,丧失人格独立性,沦为控制股东逃避债务、非法经营,甚至违法犯罪工具的,可以综合案件事实,否认子公司或者关联公司法人人格,判令承担连带责任。

 第五条【公司章程】

2018 年修正案	新《公司法》
第十一条 设立公司必须依法制定公司章程。公司章程对公司、股东、董事、监事、高级管理人员具有约束力。	第五条 设立公司应当依法制定公司章程。公司章程对公司、股东、董事、监事、高级管理人员具有约束力。

【内容变化】

将"必须"修改为"应当"。

【分析解读】

关于公司章程的性质,我国公司法学理论上主要有自治规则说与合同说之争。自治规则说系通说,且从本条文变化和具体规定来看,也更契合自治规则的说法。对内而言,公司章程是公司最重要的自治规则,是公司内部宪章性文件,不仅约束章程的制定者,对公司、股东、董事、监事和高级管理人员(以下简称董监高)均具有约束力。对外而言,公司章程经备案公示,社会公众可以查阅,但大多数情况下,审查双方公司章程及相关内部决议并不是交易的前提。因此,某一章程事项是否对外具有"对抗效力",须遵循法定原则,只能由立法者来规定。对于立法上未有明确规定的章程事项,公司不得径行主张其对外部第三人的"对抗效力"。[①]

【实务研究】

1.公司实务:立足于我国经济社会发展及国民法治意识进步,《公司法》自 1993 年出台至今,每次修订均对强制性规定进行了大幅缩减,显著提高了"公司章程"任意性规范内容的比例,提升了公司章程的自治性。因此,股东在制定公司章程时,不必千篇一律照抄模板,应当关注任意性规范的作用,结合公司治理需求,通过公司章程约定公司的治理规则,以实现股东对公司的高度自治。

2.律师实务:新《公司法》进一步增加了公司章程任意性规范内容,律师应充分考虑公司的治理需求,在公司章程中合理设计任意性规范条款,帮助公司优化自治水平。

【关联规定】

《立法技术规范(试行)(一)》第 3 条第 14 款:"应当"与"必须"的含义没有实质区别。法律在表述义务性规范时,一般用"应当",不用"必须"。

 第六条【公司名称权】

2018 年修正案	新《公司法》
/	第六条　公司应当有自己的名称。公司名称应当符合国家有关规定。 公司的名称权受法律保护。

【内容变化】

本条为新增条款。

---

① 张双根:《公司章程"对外效力"问题辨析——对若干基本概念的厘清》,载《清华法学》2023 年第 5 期。

【分析解读】

公司名称权首次在新《公司法》中予以明确规定,系吸收《民法典》《企业名称登记管理规定》《企业名称登记管理规定实施办法》等法律法规对公司名称权的规定。公司名称权既是一种人格权,又具有财产权的属性。公司名称应当符合法律法规规定的名称规范,依法登记注册的公司名称受法律保护,被侵权后可依法申请救济。

【实务研究】

1.公司实务:公司名称是公司成立的必备要素,是公司的品牌形象和无形资产。近年来,为进一步优化营商环境,提高公司注册的便利性,激发市场活力,公司名称由预先核准行政许可事项变为自主申报服务事项。公司名称由申请人自主申报,申请人对提交材料的真实性、合法性和有效性负责。对申请人提交的公司名称,市场监督管理局通过企业名称申报系统和企业名称数据库进行查询、比对和筛选,实现"我的名称我选择"。①

2.律师实务:律师应提醒公司关注公司名称取名规范要求,避免违反《企业名称登记管理规定》《企业名称登记管理规定实施办法》的相关规定或侵犯他人合法权益。同时,律师应提示公司将公司名称中字号及时注册为商标,避免公司名称中的字号被他人抢注。

【关联规定】

《企业名称登记管理规定实施办法》第21条:企业名称由申请人自主申报。

申请人可以通过企业名称申报系统或者在企业登记机关服务窗口提交有关信息和材料,包括全体投资人确认的企业名称、住所、投资人名称或者姓名等。申请人应当对提交材料的真实性、合法性和有效性负责。

企业名称申报系统对申请人提交的企业名称进行自动比对,依据企业名称禁限用规则、相同相近比对规则等作出禁限用说明或者风险提示。企业名称不含行政区划名称以及属于《企业名称登记管理规定》第十二条规定情形的,申请人应当同时在国家市场监督管理总局企业名称申报系统和企业名称数据库中进行查询、比对和筛选。

第七条【公司名称要求】

2018 年修正案	新《公司法》
第八条 依照本法设立的有限责任公司,必须在公司名称中标明有限责任公司或者有限公司字样。 依照本法设立的股份有限公司,必须在公司名称中标明股份有限公司或者股份公司字样。	第七条 依照本法设立的有限责任公司,应当在公司名称中标明有限责任公司或者有限公司字样。 依照本法设立的股份有限公司,应当在公司名称中标明股份有限公司或者股份公司字样。

---

① 中国市场监管报:《〈企业名称登记管理规定实施办法〉解读(摘录)》,http://www.cmrnn.com.cn/content/2023-09/06/content_238437.html,最后访问时间:2024 年 5 月 1 日。

【内容变化】

将两处"必须"修改为"应当"。

【分析解读】

《公司法》之所以要求根据公司形式在公司名称中标明"有限责任公司或者有限公司"字样以及"股份有限公司或者股份公司"字样,目的是在公司名称中直接体现公司的组织形式,也是商事公示主义原则的体现。

【实务研究】

1.公司实务:公司名称是该公司区别于其他公司和其他市场主体的首要标志。公司设立时,可根据自身实际情况和需要决定采用何种公司形式,但必须按照法律规定在公司名称中标明公司形式。公司形式变更时,也应当就公司名称进行相应的变更登记,未经登记的,不得对抗善意第三人。

因公司名称包含体现公司组织形式的字样,并进行登记公示,外部第三人可基于公司名称确定公司的类型以及对应适用的法律规定。

2.律师实务:律师应从有限责任公司和股份有限公司形式、股东人数、设立条件和设立流程、股权转让和流动性、组织机构规范度、变更登记要求及社会公开差异等方面,为设立公司提供专业化建议,帮助公司选择适宜的公司形式。

【关联规定】

《企业名称登记管理规定实施办法》第12条:企业应当依法在名称中标明与组织结构或者责任形式一致的组织形式用语,不得使用可能使公众误以为是其他组织形式的字样。

(一)公司应当在名称中标明"有限责任公司"、"有限公司"或者"股份有限公司"、"股份公司"字样……

 第八条【公司住所】

2018 年修正案	新《公司法》
第十条　公司以其主要办事机构所在地为住所。	第八条　公司以其主要办事机构所在地为住所。

【内容变化】

本条无变化。

【分析解读】

《民法典》第63条、《市场主体登记管理条例》第8条以及《市场主体登记管理条例实施细则》第25条等规定,公司的主要办事机构所在地与主要经营场所或经营场所应为同一概念,公司应将主要办事机构所在地与主要经营场所或经营场所登记为住所。根据《市场主体登记管理条例实施细则》第72条的规定,当公司的登记注册地与主要办事机构所在地不一致时,应当及时办理变更登记,未及时进行变更登记的,可能面临行政处罚。

【实务研究】

1.公司实务:公司住所主要影响税务征缴和诉讼管辖地的确定。为获得税收优惠政策、节约经营成本或基于其他商业需要,现实中存在公司登记注册地与主要办事机构所在地不一致的情况。

根据《中华人民共和国企业所得税法》(以下简称《企业所得税法》)第50条的规定,企业以登记注册地为纳税地点。而《最高人民法院关于适用〈中华人民共和国民事诉讼法〉的解释》(以下简称《民诉法解释》)第3条规定,法人或者其他组织的住所地是指法人或者其他组织的主要办事机构所在地。法人或者其他组织的主要办事机构所在地不能确定的,法人或者其他组织的注册地或者登记地为住所地。实践中,当事人以及各级法院,大多以公司的登记注册地作为住所地来确定管辖地。主要原因在于,登记注册地通过企业信用信息公示系统的公开信息可查询确定,但主要办事机构所在地需要由当事人举证,举证难度较大,且存在被告提出管辖权异议的风险。

2.律师实务:律师应关注公司登记注册地与主要办事机构所在地是否一致,提醒公司变更主要办事机构所在地时,应及时完成变更登记,避免因主要办事机构所在地与登记注册地不一致而遭受市场监督管理机构的行政处罚。同时,在商事活动中,可以在合同中约定送达条款,降低因公司登记注册地与主要办事机构所在地不一致导致送达困难而造成诉讼拖延的风险。

【关联规定】

《民法典》第63条:法人以其主要办事机构所在地为住所。依法需要办理法人登记的,应当将主要办事机构所在地登记为住所。

《市场主体登记管理条例》第8条:市场主体的一般登记事项包括:(一)名称;(二)主体类型;(三)经营范围;(四)住所或者主要经营场所;(五)注册资本或者出资额;(六)法定代表人、执行事务合伙人或者负责人姓名……

《市场主体登记管理条例实施细则》第25条:申请办理设立登记,应当提交下列材料:(一)申请书;(二)申请人主体资格文件或者自然人身份证明;(三)住所(主要经营场所、经营场所)相关文件;(四)公司、非公司企业法人、农民专业合作社(联合社)章程或者合伙企业合伙协议。

第72条:市场主体未按规定办理变更登记的,由登记机关责令改正;拒不改正的,处1万元以上10万元以下的罚款;情节严重的,吊销营业执照。

《企业所得税法》第50条:除税收法律、行政法规另有规定外,居民企业以企业登记注册地为纳税地点……

《民诉法解释》第3条:公民的住所地是指公民的户籍所在地,法人或者其他组织的住所地是指法人或者其他组织的主要办事机构所在地。

法人或者其他组织的主要办事机构所在地不能确定的,法人或者其他组织的注册地或者登记地为住所地。

第九条【公司经营范围】

2018 年修正案	新《公司法》
第十二条 公司的经营范围由公司章程规定,并依法登记。公司可以修改公司章程,改变经营范围,但是应当办理变更登记。 公司的经营范围中属于法律、行政法规规定须经批准的项目,应当依法经过批准。	第九条 公司的经营范围由公司章程规定。公司可以修改公司章程,变更经营范围。 公司的经营范围中属于法律、行政法规规定须经批准的项目,应当依法经过批准。

【内容变化】

一是删除了公司经营范围应"依法登记"的规定,以及公司修改章程、变更经营范围应"办理变更登记"的规定;二是将"改变经营范围"修改为"变更经营范围"。

【分析解读】

本条是关于公司经营范围的规定。公司享有经营自主权,可以在章程中约定、修改、变更经营范围。经营范围的选择虽以公司意思自治为主,但也应当符合法律、行政法规的规定,涉及须经批准的项目,应当依法完成相应的前置批准程序才可开展相关经营活动。

【实务研究】

1.公司实务:公司取得营业执照后即可开展经营活动,但法律法规禁止、限制经营或特许经营除外。公司的经营范围中如有属于在登记前依法须经批准的许可经营项目的,应当在申请登记时提交有关批准文件,[①]并在后续经营中注意许可经营项目的具体范围、时限等,以免出现超范围经营的情形。

2.律师实务:律师在向公司提供法律服务时应指导公司区分一般经营项目和许可经营项目,协助公司准备许可经营项目所需批准材料,并随时关注公司是否存在违反法律、法规的规定,擅自扩大经营范围或者超过许可经营范围经营的情形,提示公司相关法律风险。

【关联规定】

《市场主体登记管理条例》第14条:市场主体的经营范围包括一般经营项目和许可经营项目。经营范围中属于在登记前依法须经批准的许可经营项目,市场主体应当在申请登记时提交有关批准文件。

市场主体应当按照登记机关公布的经营项目分类标准办理经营范围登记。

《市场主体登记管理条例实施细则》第12条:申请人应当按照国家市场监督管理总局发布的经营范围规范目录,根据市场主体主要行业或者经营特征自主选择一般经营项目和许可经营项目,申请办理经营范围登记。

---

① 市场监管总局办公厅:《关于全面开展经营范围登记规范化工作的通知》,https://zcool.17win. com/knowledge/9a85398ec2bc420981c014e638dadd93,最后访问时间:2024 年 10 月 1 日。

第十条【法定代表人的选辞】

2018 年修正案	新《公司法》
第十三条 公司法定代表人依照公司章程的规定,由董事长、执行董事或者经理担任,并依法登记。公司法定代表人变更,应当办理变更登记。	第十条 公司的法定代表人按照公司章程的规定,由代表公司执行公司事务的董事或者经理担任。 担任法定代表人的董事或者经理辞任的,视为同时辞去法定代表人。 法定代表人辞任的,公司应当在法定代表人辞任之日起三十日内确定新的法定代表人。

【内容变化】

一是将法定代表人的人选由"董事长、执行董事或者经理"改为"代表公司执行公司事务的董事或者经理";二是新增了第 2 款和第 3 款关于公司法定代表人辞任及确定新的法定代表人期限的规定;三是删除了"公司法定代表人变更,应当办理变更登记"的内容,将该内容规定在了新《公司法》第 34 条至第 35 条中。

【分析解读】

首先,新《公司法》扩大了法定代表人的适格人选范围,代表公司执行公司事务的董事或经理可以按照公司章程的规定担任法定代表人;其次,新增了法定代表人自动辞任的规定,即担任法定代表人的董事或经理辞任的,理所当然地视为同时辞任其法定代表人职务;最后,规定了法定代表人辞任后公司确定新的法定代表人的期限。

【实务研究】

1.公司实务:本条第 3 款明确规定了法定代表人补任的期限,因此,公司在实务中应注意及时选任新的法定代表人;另外,公司在制定董事、经理的辞任制度时可以向专业律师咨询,甚至可以将相关制度写入员工手册、劳动合同中。

2.律师实务:律师应建议公司在章程中修改完善法定代表人的选任条件,以便和新《公司法》匹配。此外,《市场主体登记管理条例》第 12 条明确规定了对法定代表人任职资格的限制。在公司选任法定代表人时,律师应提示公司注意相关规定,避免出现公司选任的法定代表人不符合法定代表人任职资格要求的情况。

【关联规定】

《市场主体登记管理条例》第 12 条:有下列情形之一的,不得担任公司、非公司企业法人的法定代表人:(一)无民事行为能力或者限制民事行为能力;(二)因贪污、贿赂、侵占财产、挪用财产或者破坏社会主义市场经济秩序被判处刑罚,执行期满未逾 5 年,或者因犯罪被剥夺政治权利,执行期满未逾 5 年;(三)担任破产清算的公司、非公司企业法人的法定代表人、董事或者厂长、经理,对破产负有个人责任的,自破产清算完结之日起未逾 3 年;(四)担任因违法被吊销营业执照、责令关闭的公司、非公司企业法人的法定代表人,并负有个人责任的,自被吊销营业执照之日起未逾3年;(五)个人所负数额较大的债务到期未清偿;(六)法律、行政法规规定的其他情形。

 第十一条【法定代表人的职务行为后果】

2018 年修正案	新《公司法》
/	第十一条 法定代表人以公司名义从事的民事活动,其法律后果由公司承受。 公司章程或者股东会对法定代表人职权的限制,不得对抗善意相对人。 法定代表人因执行职务造成他人损害的,由公司承担民事责任。公司承担民事责任后,依照法律或者公司章程的规定,可以向有过错的法定代表人追偿。

【内容变化】

本条为新增条款。

【分析解读】

本条是关于法定代表人行为效力和后果的规定。本条在借鉴和吸收《民法典》第61条至第62条规定的基础上,进一步强化了公司法定代表人的责任。法定代表人职务行为的后果虽归属于公司,但公司可依法或按照内部追责方式向有过错的法定代表人进行追偿,此规定在一定程度上可以防范法定代表人滥用职权损害公司和股东利益的情形。

【实务研究】

1.公司实务:法律虽规定法定代表人应当在法律或者公司章程的规定范围内行使职权,但实务中存在许多法定代表人超越代表权限订立合同或从事民事活动的情形。为保护交易安全,本条第2款和第3款规定,公司章程或者股东会对法定代表人职权的限制,不得对抗善意相对人;法定代表人因执行职务造成他人损害的,由公司承担民事责任。因此,公司在法定代表人的选任上应谨慎行事,确保其忠实可信;在日常经营管理中,公司应通过章程或者股东会决议等内部文件规范法定代表人的代表权限和职务行为,并规定法定代表人应对其不当的职务行为自行承担不利后果。

2.律师实务:律师在提供法律服务时,可以协助公司制定切实有效的管理制度,完善公司章程及其他内部文件中的相关规定。在发生法律纠纷后,协助公司积极应对法定代表人不当的职务行为给公司带来的法律风险。

【关联规定】

《民法典》第504条:法人的法定代表人或者非法人组织的负责人超越权限订立的合同,除相对人知道或者应当知道其超越权限外,该代表行为有效,订立的合同对法人或者非法人组织发生效力。

《九民纪要》第 17 条【违反《公司法》第 16 条构成越权代表】：为防止法定代表人随意代表公司为他人提供担保给公司造成损失,损害中小股东利益,《公司法》第 16 条对法定代表人的代表权进行了限制。根据该条规定,担保行为不是法定代表人所能单独决定的事项,而必须以公司股东(大)会、董事会等公司机关的决议作为授权的基础和来源。法定代表人未经授权擅自为他人提供担保的,构成越权代表,人民法院应当根据《合同法》第 50 条关于法定代表人越权代表的规定,区分订立合同时债权人是否善意分别认定合同效力:债权人善意的,合同有效;反之,合同无效。

 第十二条【公司形式的变更】

2018 年修正案	新《公司法》
第九条　有限责任公司变更为股份有限公司,应当符合本法规定的股份有限公司的条件。股份有限公司变更为有限责任公司,应当符合本法规定的有限责任公司的条件。 　　有限责任公司变更为股份有限公司的,或者股份有限公司变更为有限责任公司的,公司变更前的债权、债务由变更后的公司承继。	第十二条　有限责任公司变更为股份有限公司,应当符合本法规定的股份有限公司的条件。股份有限公司变更为有限责任公司,应当符合本法规定的有限责任公司的条件。 　　有限责任公司变更为股份有限公司的,或者股份有限公司变更为有限责任公司的,公司变更前的债权、债务由变更后的公司承继。

【内容变化】

本条无变化。

【分析解读】

本条是关于公司形式的变更和变更后责任承担主体的规定。有限责任公司和股份有限公司在符合公司设立条件的情况下,可以互相变更,但原公司的债权、债务不会因公司形式的变更而消灭。变更前的公司与变更后的公司系同一主体,故变更后的公司仍应对原公司的债权债务承担责任。

【实务研究】

1.公司实务:实务中,公司可能会因市场发展或经营需要等原因而变更公司组织形式,在变更时应依法办理变更登记,如需相关机构核准的,应注意遵守相关法律规定,在完成核准手续后再进行变更。

2.律师实务:公司组织形式的变更属于法律行为,律师在提供法律服务时应注意公司在变更期间是否存在欠缺法定要件或者违反相关法定程序而可能导致公司变更无效或被撤销的情形,提示公司注意相关法律规定和法律风险。

【关联规定】

新《公司法》第 66 条、第 108 条。

第十三条【子公司与分公司】

2018 年修正案	新《公司法》
第十四条 公司可以设立分公司。设立分公司,应当向公司登记机关申请登记,领取营业执照。分公司不具有法人资格,其民事责任由公司承担。 公司可以设立子公司,子公司具有法人资格,依法独立承担民事责任。	第十三条 公司可以设立子公司。子公司具有法人资格,依法独立承担民事责任。 公司可以设立分公司。分公司不具有法人资格,其民事责任由公司承担。

【内容变化】

一是调换了子公司和分公司条款的顺序;二是将"设立分公司,应当向公司登记机关申请登记,领取营业执照"的内容调整至新《公司法》第38条做单独表述。

【分析解读】

公司根据生产经营的需要,可以设立子公司或分公司。本条规定了子公司和分公司的主体资格和责任承担。

子公司是与母公司相对应的概念,理论上可分为全资子公司、绝对控股子公司和相对控股子公司三种类型。[①] 子公司虽然受母公司实际控制,但具有法人资格,拥有独立的财产,以自己的名义开展经营活动,并依法独立承担民事责任。一般情况下,母公司作为子公司的股东,仅在出资范围内对子公司的债务承担责任,并不会因为母子关系而承担子公司的债务。

分公司是与总公司相对应的概念,是总公司的分支机构,在人格、财产和组织上都依附于总公司。分公司不具有法人资格,没有独立的财产,其行为产生的民事责任由总公司承担。不过,分公司仍有权以自己的名义从事民事活动和参与诉讼活动,具有相对独立的诉讼主体资格,在法律地位上属于"其他组织"。

【实务研究】

1.公司实务:公司在设立子公司或分公司时,应根据具体情况综合考虑各自的优劣势,并结合公司发展战略和管理需求作出适当选择。如对资质和业绩等要求较高的行业,可以选择设立分公司,以充分利用总公司的各种资源;如为了开拓新的业务,防范经营风险,则可以选择设立子公司,发挥子公司独立法人地位的优势。

公司设立子公司或分公司后,为管理方便,通常让子公司或分公司直接适用公司的规章制度。为减少风险,避免公司的规章制度不能适用于子公司或分公司,公司在制定规章制度时应明确适用对象,让子公司或分公司职工参与民主程序,并在规章制度通过之后及时向子公司或分公司的职工进行公示、告知,由职工签收确认。除此之外,子公司或分公司还可以在劳动合同中约定适用公司的规章制度。当然,最为安全稳妥的方式,则是在子公司或分公司内部再次履行规章制度民主程序和公示告知流程。

---

① 李建伟:《公司法学》,中国人民大学出版社 2022 年版,第 19 页。

2.律师实务：当某企业或自然人仅与分公司产生法律纠纷时，根据不同的案件情况，需要在仅起诉分公司、仅起诉总公司，以及将分公司和总公司列为共同被告三种方案中进行抉择。《民诉法解释》规定，若分公司具有较强的偿付能力，或者是有特殊的法律规定的，应当以分公司为被告，而不能以总公司为被告，例如在以商业银行、保险机构为被告的案件中，法院一般不允许将总公司列为被告。

若纠纷适用仲裁程序，则面临仲裁协议效力能否在总分公司之间扩张的问题。不同的仲裁委员会对此问题持有不同的态度，律师在申请仲裁时应当根据不同的仲裁机构采取不同的仲裁策略。

【关联规定】

新《公司法》第 38 条。

《民法典》第 74 条：法人可以依法设立分支机构。法律、行政法规规定分支机构应当登记的，依照其规定。

分支机构以自己的名义从事民事活动，产生的民事责任由法人承担；也可以先以该分支机构管理的财产承担，不足以承担的，由法人承担。

《民诉法解释》第 52 条：民事诉讼法第五十一条规定的其他组织是指合法成立、有一定的组织机构和财产，但又不具备法人资格的组织，包括：……（五）依法设立并领取营业执照的法人的分支机构……

 第十四条【转投资】

2018 年修正案	新《公司法》
第十五条　公司可以向其他企业投资；但是，除法律另有规定外，不得成为对所投资企业的债务承担连带责任的出资人。	第十四条　公司可以向其他企业投资。法律规定公司不得成为对所投资企业的债务承担连带责任的出资人的，从其规定。

【内容变化】

将原则上禁止公司"成为对所投资企业的债务承担连带责任的出资人"变更为原则上允许，除非法律另有规定。

【分析解读】

公司享有自主决定投资的权利，但其投资行为也受到一定的限制。本条是关于公司对外投资及其限制的规定。

为进一步激发市场经济活力，鼓励市场经济主体对外投资，新《公司法》拓宽了公司对外投资路径，原则上允许公司成为投资企业承担连带责任的出资人，除非法律另有限制性规定。这里的法律另有限制性规定，主要是指《中华人民共和国合伙企业法》（以下简称《合伙企业法》）第 3 条对国有独资公司、国有企业、上市公司以及公益性的事业单位、社会团体的限制。公司对外投资属于公司自治事项，公司可以自行评估投资风险并作出商业决策，此次修订充分体现了对公司意思自治的尊重,赋予公司更大的自治权。

【实务研究】

1.公司实务:公司对外投资需要关注和遵守各阶段的合规要求,如国有企业投资前的合规要求包括但不限于:编制年度投资计划;对拟投资企业进行尽职调查;编制可行性研究报告;涉及非货币资产投资的,应对有关资产进行评估;履行内部决策程序;依法报监管部门批准、核准或备案;等等。

公司对外投资还应特别关注该行业领域是否有投资负面清单,如国有企业需注意投资项目是否属于投资项目负面清单中的禁止类和特别监管类投资项目。

2.律师实务:公司对外投资中的每一阶段及各个环节都存在法律风险,律师应全面开展投资项目法律尽调、投资协议法律审查、重大事项法律论证等法律风险防范工作,为公司建立对外投资合规管理体系,帮助公司防范对外投资风险,保障公司对外投资安全,提高公司对外投资收益。其中,就公司对外投资方案而言,律师应着重关注公司持股比例、公司治理架构安排和退出机制三大重点问题,在促成交易的同时,最大限度保障公司的权益。

【关联规定】

新《公司法》第 15 条。

《合伙企业法》第 3 条:国有独资公司、国有企业、上市公司以及公益性的事业单位、社会团体不得成为普通合伙人。

 第十五条【对外投资和担保】

2018 年修正案	新《公司法》
第十六条　公司向其他企业投资或者为他人提供担保,依照公司章程的规定,由董事会或者股东会、股东大会决议;公司章程对投资或者担保的总额及单项投资或者担保的数额有限额规定的,不得超过规定的限额。 公司为公司股东或者实际控制人提供担保的,必须经股东会或者股东大会决议。 前款规定的股东或者受前款规定的实际控制人支配的股东,不得参加前款规定事项的表决。该项表决由出席会议的其他股东所持表决权的过半数通过。	第十五条　公司向其他企业投资或者为他人提供担保,按照公司章程的规定,由董事会或者股东会决议;公司章程对投资或者担保的总额及单项投资或者担保的数额有限额规定的,不得超过规定的限额。 公司为公司股东或者实际控制人提供担保的,应当经股东会决议。 前款规定的股东或者受前款规定的实际控制人支配的股东,不得参加前款规定事项的表决。该项表决由出席会议的其他股东所持表决权的过半数通过。

【内容变化】

一是将"依照"修改为"按照";二是删除"股东大会";三是将"必须"修改为"应当"。

【分析解读】

本条是关于公司对外投资和担保的程序性规定。对外投资和担保属于公司的重大事项,故本条第 1 款规定,公司拟对外投资或担保时,必须由公司章程规定的决议机关表决,且投资或担保的数额不得违反公司章程的规定。

同时,为防止部分股东损害公司和其他股东的利益,本条第 2 款和第 3 款对公司的关联担保作出特别规定。公司为股东或实际控制人提供担保时,必须经股东会决议,且决议的表决应由出席会议的其他股东所持表决权的过半数通过,被担保的股东或实际控制人支配的股东不享有表决权。

虽然本条长期以来没有发生过实质修改,但在实践中,本条规定常常引发关于公司未经决议对外担保效力的争议。自《九民纪要》和《最高人民法院关于适用〈中华人民共和国民法典〉有关担保制度的解释》实施之后,法律法规对公司对外担保效力的认定主要考虑相对人的善意程度,这为对外担保效力的认定提供了较为明确的处理方式。

【实务研究】

1.公司实务:公司在进行对外投资和担保时,须遵循一定的内部程序和规定,以确保决策的合法性和合规性。其中,公司章程起着重要的规范作用,公司应当在公司章程中明确对外投资和担保的决议机关和数额限制。

此外,如果公司作为对外投资和担保的相对方,则需要履行相应的审查义务,不仅应对对方的资质、信誉、财务状况等进行审查评估,更重要的是审查对方的公司章程,以及投资和担保行为是否经过内部决议程序的审议和通过。仅仅让对方在担保合同中声明和承诺已经履行决议程序,并不能豁免公司作为债权人的审查义务。

2.律师实务:若公司章程规定与公司法相悖,如公司章程规定法定代表人有权自行决定对外担保事项而无须经董事会或股东会决议,公司的担保行为是否有效?根据最高人民法院的裁判观点,担保行为不是法定代表人能单独决定的事项,必须以公司董事会或股东会的决议作为授权的基础和来源。[①] 但若从公司章程对法定代表人的授权和相对人的善意角度来看,将担保行为认定为有效则更为合理,上海市高级人民法院持这种观点。[②] 为防止担保行为被认定无效,律师应建议公司按照《公司法》的要求起草公司章程,以减少后续可能发生的争议。

【关联规定】

《最高人民法院关于适用〈中华人民共和国民法典〉有关担保制度的解释》

第 7 条:公司的法定代表人违反公司法关于公司对外担保决议程序的规定,超越权限代表公司与相对人订立担保合同,人民法院应当依照民法典第六十一条和第五百零四条等规定处理:

---

① 最高人民法院:《(2020)高法民终 1229 号民事判决书》,https://wenshu.court.gov.cn/website/wenshu/181107ANFZ0BXSK4/index.html? docId = AmRp3IYia0cDIv2zhvo39XF1nsO851Mu/iRwA/Q/66zMlJXlbBqqJ5O3qNaLMqsJgALgb5L8QkfM4ZN6VEXmoD7g66P1gBVf5I9Bf38/2GByQFdfJIbacBK45M9iziiU,最后访问时间:2024 年 5 月 1 日。

② 上海市高级人民法院:《(2020)沪民终 9 号民事判决书》,https://wenshu.court.gov.cn/website/wenshu/181107ANFZ0BXSK4/index.html? docId=JbFeWCllELUunn2IxOvk92FR/HjhdjDSylUbrT545Ushyr6vFmgHxpO3qNaLMqsJgALgb5L8QkfM4ZN6VEXmoD7g66P1gBVf5I9Bf38/2GByQFdfJIbacMQ7J2nTvpFm,最后访问时间:2024 年 5 月 1 日。

（一）相对人善意的,担保合同对公司发生效力;相对人请求公司承担担保责任的,人民法院应予支持。

（二）相对人非善意的,担保合同对公司不发生效力;相对人请求公司承担赔偿责任的,参照适用本解释第十七条的有关规定。

法定代表人超越权限提供担保造成公司损失,公司请求法定代表人承担赔偿责任的,人民法院应予支持。

第一款所称善意,是指相对人在订立担保合同时不知道且不应当知道法定代表人超越权限。相对人有证据证明已对公司决议进行了合理审查,人民法院应当认定其构成善意,但是公司有证据证明相对人知道或者应当知道决议系伪造、变造的除外。

第8条:有下列情形之一,公司以其未依照公司法关于公司对外担保的规定作出决议为由主张不承担担保责任的,人民法院不予支持:

（一）金融机构开立保函或者担保公司提供担保;

（二）公司为其全资子公司开展经营活动提供担保;

（三）担保合同系由单独或者共同持有公司三分之二以上对担保事项有表决权的股东签字同意。

上市公司对外提供担保,不适用前款第二项、第三项的规定。

 第十六条【职工权益保护与职业教育】

2018 年修正案	新《公司法》
第十七条　公司必须保护职工的合法权益,依法与职工签订劳动合同,参加社会保险,加强劳动保护,实现安全生产。 公司应当采用多种形式,加强公司职工的职业教育和岗位培训,提高职工素质。	第十六条　公司应当保护职工的合法权益,依法与职工签订劳动合同,参加社会保险,加强劳动保护,实现安全生产。 公司应当采用多种形式,加强公司职工的职业教育和岗位培训,提高职工素质。

【内容变化】

将"必须"修改为"应当"。

【分析解读】

本条是对职工权益保护和职业教育的宣示性规定。

职工直接参与公司的生产经营和财富创造,是公司的重要利益相关者,保护职工合法权益是公司的法定义务。公司在开展生产经营活动过程中,应当严格遵守《中华人民共和国劳动法》(以下简称《劳动法》)、《中华人民共和国劳动合同法》(以下简称《劳动合同法》)、《中华人民共和国社会保险法》(以下简称《社会保险法》)、《中华人民共和国安全生产法》(以下简称《安全生产法》)等法律法规,依法与职工签订劳动合同,参加社会保险,并为职工提供安全、卫生的劳动条件,实现安全生产。对职工合法权益的维护,不仅是社会主义制度下的责任要求,也是保障公司稳定、和谐和可持续发展的必要条件。

同时,本条与《中华人民共和国职业教育法》(以下简称《职业教育法》)衔接,强化公司作为职业教育主体的地位,规定公司应当采取多种形式对职工实施职业教育和岗位培训。通过加强职业教育和岗位培训,公司能够提升职工的整体素质和能力水平,增强公司的核心竞争力,推动公司持续健康发展。

【实务研究】

1.公司实务:公司在经营过程中,应当高度重视对职工合法权益的保护,并依据现有法律法规,全面梳理和完善公司规章制度,以确保其与法律要求相符,实现制度的合规性。同时,公司应当结合自身业务特点和发展需求,将加强职业教育和岗位培训作为重要任务,全面落实相关政策和要求,积极推动公司人才队伍的建设和发展,并将开展职业教育的情况纳入企业社会责任报告。

2.律师实务:律师应为公司系统梳理职工权益保护和职业教育法律法规,全面提示公司相关法律风险,并提供妥善解决的方案。

【关联规定】

《职业教育法》第24条:企业应当根据本单位实际,有计划地对本单位的职工和准备招用的人员实施职业教育,并可以设置专职或者兼职实施职业教育的岗位。

企业应当按照国家有关规定实行培训上岗制度。企业招用的从事技术工种的劳动者,上岗前必须进行安全生产教育和技术培训;招用的从事涉及公共安全、人身健康、生命财产安全等特定职业(工种)的劳动者,必须经过培训并依法取得职业资格或者特种作业资格。

企业开展职业教育的情况应当纳入企业社会责任报告。

 第十七条【民主管理制度】

2018 年修正案	新《公司法》
第十八条　公司职工依照《中华人民共和国工会法》组织工会,开展工会活动,维护职工合法权益。公司应当为本公司工会提供必要的活动条件。公司工会代表职工就职工的劳动报酬、工作时间、福利、保险和劳动安全卫生等事项依法与公司签订集体合同。 　　公司依照宪法和有关法律的规定,通过职工代表大会或者其他形式,实行民主管理。 　　公司研究决定改制以及经营方面的重大问题、制定重要的规章制度时,应当听取公司工会的意见,并通过职工代表大会或者其他形式听取职工的意见和建议。	第十七条　公司职工依照《中华人民共和国工会法》组织工会,开展工会活动,维护职工合法权益。公司应当为本公司工会提供必要的活动条件。公司工会代表职工就职工的劳动报酬、工作时间、休息休假、劳动安全卫生和保险福利等事项依法与公司签订集体合同。 　　公司依照宪法和有关法律的规定,建立健全以职工代表大会为基本形式的民主管理制度,通过职工代表大会或者其他形式,实行民主管理。 　　公司研究决定改制、解散、申请破产以及经营方面的重大问题、制定重要的规章制度时,应当听取公司工会的意见,并通过职工代表大会或者其他形式听取职工的意见和建议。

【内容变化】

一是在公司工会代表职工与公司签订的集体合同内容中增加了"休息休假";二是要求公司"建立健全以职工代表大会为基本形式的民主管理制度";三是规定公司在"解散、申请破产"时应听取公司工会意见,并通过职工代表大会或其他形式听取职工的意见和建议。

【分析解读】

《劳动法》第 3 条规定,"劳动者享有……休息休假的权利"。新《公司法》在公司工会代表职工与公司签订的集体合同中增加"休息休假"的内容,与《劳动法》相呼应的同时,进一步保障了职工的休息权,增加了公司工会的权责,有利于进一步提升企业责任感,维护职工作为公民的基本权利。

在公司中建立健全以职工代表大会为基本形式的民主管理制度有利于增强公司凝聚力,推动职工在公司发展的过程中与公司共建共治,也进一步督促企业在分配时积极与职工共赢共享。

新《公司法》要求公司在解散、申请破产时听取公司工会意见,并通过职工代表大会或其他形式听取职工的意见和建议,有利于职工积极参与公司的重要决策,保护职工的基本权益。

【实务研究】

1.公司实务:首先,公司应积极保障职工的休息休假权利,在公司工会代表职工与公司签订集体合同时,添加相关条款;其次,新《公司法》虽然增加了有关职工代表大会相关规定,但是并没有强制公司必须建立职工代表大会,如公司内部有其他民主管理方式仍可继续沿用;最后,公司在解散、申请破产时,应严格按照法律规定,听取公司工会意见,并通过职工代表大会或其他形式听取职工的意见和建议,避免程序缺失。

2.律师实务:律师应当在审核公司工会代表职工与公司签订的集体合同时注意把控条款,规范条款,保障公司和职工的基本权利;在公司解散、申请破产时提醒公司通过公司工会或职工代表大会听取职工意见,并做好相关记录存档备查。

【关联规定】

《劳动法》第 3 条:劳动者享有平等就业和选择职业的权利、取得劳动报酬的权利、休息休假的权利……

 第十八条【公司中的中国共产党组织】

2018 年修正案	新《公司法》
第十九条 在公司中,根据中国共产党章程的规定,设立中国共产党的组织,开展党的活动。公司应当为党组织的活动提供必要条件。	第十八条 在公司中,根据中国共产党章程的规定,设立中国共产党的组织,开展党的活动。公司应当为党组织的活动提供必要条件。

【内容变化】

本条无变化。

【分析解读】

国务院国有资产监督管理委员会曾在部门工作文件中要求进一步加强和改进企业党建工作,为中央企业的改革和发展提供强有力的政治保障。① 推动企业党建工作,有利于探索建设符合中国特色社会主义的现代企业制度,保障党组织能在企业运作过程中发挥政治核心作用,使得无论是公有制企业还是非公有制企业都能更具活力。

【实务研究】

1.公司实务:对于公司来说,尤其是公有制企业,应当积极推进企业党建工作,建设中国特色社会主义的现代企业制度,充分发挥党组织的核心领导作用,确保党组织参与企业所有的重大决策。非公有制企业则应当学习公有制企业,开展企业党建工作,充分发挥党在工作中的领导作用,体现中国特色社会主义道路的优越性。

2.律师实务:对律师来说,应当为公司搭建制度框架提供必要的法律意见,尤其应当关注公司在经营管理过程中是否有专门部门负责党群活动,为党组织的活动提供充分的空间。

【关联规定】

《关于认真学习贯彻执行〈公司法〉和〈证券法〉的通知》第 3 条第 5 款:进一步加强和改进企业党建工作,为中央企业的改革和发展提供强有力的政治保障。《公司法》第 19 条规定:"在公司中,根据中国共产党党章的规定,设立中国共产党的组织,开展党的活动。公司应当为党组织的活动提供必要条件。"这一规定反映了企业党建工作的基本要求。中央企业要加强和改进企业党建工作,努力建立一套符合我国国情和适应现代企业制度要求、保证党组织发挥政治核心作用的工作机制,建立健全发挥党组织政治核心作用、参与企业重大问题决策的体制和机制,使国有企业党的建设更具活力和生命力。

 第十九条【公司从事经营活动的基本要求】

2018 年修正案	新《公司法》
第五条　公司从事经营活动,必须遵守法律、行政法规,遵守社会公德、商业道德,诚实守信,接受政府和社会公众的监督,承担社会责任。	第十九条　公司从事经营活动,应当遵守法律法规,遵守社会公德、商业道德,诚实守信,接受政府和社会公众的监督。

---

① 新华社:《习近平在全国国有企业党的建设工作会议上强调:坚持党对国企的领导不动摇》,ht-tp://www.xinhuanet.com/politics/2016-10/11/c_1119697415.htm? open_source＝weibo_search,最后访问时间:2024 年 10 月 1 日。

【内容变化】

一是将"必须遵守法律、行政法规"修改为"应当遵守法律法规";二是将"承担社会责任"的内容扩充为新《公司法》第 20 条。

【分析解读】

本条实际是要求公司按照诚实信用原则,在经营活动中承担对应的责任,避免公司为追逐利益而违背法律法规的规定,督促公司遵守公序良俗。本次修订内容实际是扩大了公司应遵守的法律法规范围,从原本的"法律、行政法规"到"法律法规"(包含司法解释、部门规章等),并细化了公司应承担的社会责任。

【实务研究】

1.公司实务:对于公司来说,无论是公有制企业还是非公有制企业,均是社会中的企业,在考虑利润的同时,也应当承担必要的社会责任,因此公司在经营活动中必须严格遵守法律法规,在履行合同规范中避免恶意违约,以诚实信用为原则严于律己,肩负起维护社会良好风气的责任。

2.律师实务:对律师来说,在审核公司合同的过程中应当确保合同中的条款不违反法律强制性规定,符合行业惯例和公序良俗。

【关联规定】

《民法典》第 7 条:民事主体从事民事活动,应当遵循诚信原则,秉持诚实,恪守承诺。

第二十条【社会责任】

2018 年修正案	新《公司法》
/	第二十条　公司从事经营活动,应当充分考虑公司职工、消费者等利益相关者的利益以及生态环境保护等社会公共利益,承担社会责任。 国家鼓励公司参与社会公益活动,公布社会责任报告。

【内容变化】

本条为新增条款。

【分析解读】

本条由 2018 年修正案第 5 条中的"承担社会责任"细化而来,不仅要求公司承担社会责任,同时也要求公司考虑利益相关者的利益、社会公共利益以及鼓励公司参与社会公益活动,要求公司在承担新《公司法》第 19 条规定的法律责任外,还需要承担一定的社会责任,以促进社会正向效应的形成。

【实务研究】

1.公司实务:对于公司来说,公司在经营活动中应遵守《劳动法》以及《劳动合同法》相关规定,落实职工合法权益;同时也应当提高产品及服务质量,保障消费者的正当权益。当公司具备足够能力时还应当积极参与社会公益活动,传播公司正能量,并且通过公布社会责任报告树立良好企业形象,推动中国特色现代企业制度建设。

2.律师实务:对律师来说,律师在给公司提供服务时,首先,应及时提醒公司考虑职工作为劳动者的权益;其次,应当重视消费者权益,协助维护公司品牌形象;最后,应当积极配合公司参与社会公益活动,为公司提供法律保障,共同促进社会的进步。

【关联规定】

新《公司法》第 19 条。

 第二十一条【禁止滥用股东权利】

2018 年修正案	新《公司法》
第二十条　公司股东应当遵守法律、行政法规和公司章程,依法行使股东权利,不得滥用股东权利损害公司或者其他股东的利益;不得滥用公司法人独立地位和股东有限责任损害公司债权人的利益。 公司股东滥用股东权利给公司或者其他股东造成损失的,应当依法承担赔偿责任。 公司股东滥用公司法人独立地位和股东有限责任,逃避债务,严重损害公司债权人利益的,应当对公司债务承担连带责任。	第二十一条　公司股东应当遵守法律、行政法规和公司章程,依法行使股东权利,不得滥用股东权利损害公司或者其他股东的利益。 公司股东滥用股东权利给公司或者其他股东造成损失的,应当承担赔偿责任。

【内容变化】

一是删除"不得滥用公司法人独立地位和股东有限责任损害公司债权人的利益";二是将"应当依法承担赔偿责任"修改为"应当承担赔偿责任";三是将"公司股东滥用公司法人独立地位和股东有限责任,逃避债务,严重损害公司债权人利益的,应当对公司债务承担连带责任"迁移至新《公司法》第 23 条之中。

【分析解读】

本条一方面强调了公司股东依法行使股东权利时应承担的义务,另一方面对公司股东滥用股东权利的行为起到限制与约束的作用。本条涉及公司与各股东之间的关系,以及各股东相互之间的关系,其宗旨在于保护两方面的权益:一方面是公司法人的权利,另一方面是其他自然人或法人股东不受违法股东侵害的权利。

由于持股比例的不同,各股东的地位和在公司内部享有的权利并不是平等一致的。控股股东通常享有优势地位,而持股比例较小的股东通常处于劣势地位。股权较为集中的公司在我国是普遍存在的,在这些公司中,控股股东与中小股东就公司重大决策发生分歧时,中小股东由于持股比例较小,其意见通常无法得到支持。例如,最高人民法院公报中曾登载过公司盈余分配纠纷的案例,涉及公司部分股东变相分配盈余利润,滥用股东权利损害小股东的利益。因此,为维护公司的可持续发展,加强公司治理,对股东行使权利予以约束是必要的。①

【实务研究】

1.公司实务:每一个市场参与者都有责任维护公平竞争、诚实信用的营商环境。公司的股东,尤其是控股股东或实际控制人应当增强法律意识,避免因为滥用股东权利而给其他股东或公司造成损失。

2.律师实务:律师在为公司不同持股比例的股东提供法律意见时,侧重点应有所不同。若对方为公司控股股东或在公司内部影响力较大的股东,则需要提示其在行使股东权利时,考虑对其他股东的影响,避免为他人带来损失,从而造成法律风险。若对方为中小股东,则需要提示其注重保护自身权益不受其他股东的侵害。同时,无论控股股东还是中小股东,均应当注意避免损害公司利益。

【关联规定】

《上市公司收购管理办法》第7条:被收购公司的控股股东或者实际控制人不得滥用股东权利损害被收购公司或者其他股东的合法权益。

被收购公司的控股股东、实际控制人及其关联方有损害被收购公司及其他股东合法权益的,上述控股股东、实际控制人在转让被收购公司控制权之前,应当主动消除损害;未能消除损害的,应当就其出让相关股份所得收入用于消除全部损害做出安排,对不足以消除损害的部分应当提供充分有效的履约担保或安排,并依照公司章程取得被收购公司股东大会的批准。

 第二十二条【限制关联交易】

2018 年修正案	新《公司法》
第二十一条 公司的控股股东、实际控制人、董事、监事、高级管理人员不得利用其关联关系损害公司利益。 违反前款规定,给公司造成损失的,应当承担赔偿责任。	第二十二条 公司的控股股东、实际控制人、董事、监事、高级管理人员不得利用关联关系损害公司利益。 违反前款规定,给公司造成损失的,应当承担赔偿责任。

【内容变化】

本条无变化。

---

① 最高人民法院:《(2016)最高法民终 528 号民事判决书》,https://wenshu.court.gov.cn/website/wenshu/181107ANFZ0BXSK4/index.html? docId=M1kKoTaFpa0h51nmEJq4WzVsu9l8sv6WDLxjqgAXbOXFjF5pI+LdKJ/dgBYosE2gwzwPdZpV1eEskxwhCsqaDj7g66P1gBVf5I9Bf38/2GBBOq501QUVrAM6hdQV0tQp,最后访问时间:2024年 10 月 1 日。

【分析解读】

本条的宗旨在于保护公司利益,防止公司内部人员利用其特殊地位或关联关系,以关联交易的方式谋取私利,从而损害公司的利益。控股股东、实际控制人、董监高作为公司内部组织的核心成员,在公司内部通常是掌握核心信息并具有执行权力的人。若此类核心人员违反法律规定,利用关联交易损害公司利益,往往会给公司带来巨大的经济损失,因此,包括《公司法》在内的多个立法从不同维度对关联交易进行了限制和规范。

"关联关系"的界定标准及定义在不同语境下是存在差异的。在《公司法》的语境下,关联关系通常是指法律所列举的公司核心成员与其直接或间接控制的公司之间的关系。在上市公司的语境下,即在证监会或证券交易所的层面,上市公司、控股子公司及控制的其他主体涉及和关联法人或关联自然人之间的交易均被纳入关联交易范畴。随着公司规模的扩大,"关联关系"的界定标准也更加严格,可见法律对于公司合规的监管力度,与公司规模及影响力是具有一定正相关性的。

【实务研究】

1.公司实务:公司应进一步在公司合规方面作出规范,避免公司内部核心成员通过关联交易的方式,损害公司的利益。

2.律师实务:本条的内容旨在维护公司合法利益,并非所有具有关联关系的交易都被法律禁止,只有损害公司利益的关联交易才违法。关联关系仅是认定违法的必要条件而非充分条件,在实践中若公司希望追究核心人员的赔偿责任,还需要进一步证明其存在侵害公司利益的行为。

因此,律师在提供法律服务时,一方面应当提示公司控股股东、实际控制人、董监高等具有执行权力的核心人员特别注意,避免违法关联交易行为,降低自身职业风险;另一方面应当协助审核公司与交易对象之间的关联关系,甄别关联交易,降低公司因关联交易而遭受损害的风险。

【关联规定】

《企业会计准则第36号——关联方披露》第3条:一方控制、共同控制另一方或对另一方施加重大影响,以及两方或两方以上同受一方控制、共同控制或重大影响的,构成关联方。

控制,是指有权决定一个企业的财务和经营政策,并能据以从该企业的经营活动中获取利益。

共同控制,是指按照合同约定对某项经济活动所共有的控制,仅在与该项经济活动相关的重要财务和经营决策需要分享控制权的投资方一致同意时存在。

重大影响,是指对一个企业的财务和经营政策有参与决策的权力,但并不能够控制或者与其他方一起共同控制这些政策的制定。

《最高人民法院关于适用〈中华人民共和国公司法〉若干问题的规定(五)》第1条:关联交易损害公司利益,原告公司依据民法典第八十四条、公司法第二十一条规定请求控股股东、实际控制人、董事、监事、高级管理人员赔偿所造成的损失,被告仅以该交易已经履行了信息披露、经股东会或者股东大会同意等法律、行政法规或者公司章程规定的程序为由抗辩的,人民法院不予支持。

公司没有提起诉讼的,符合公司法第一百五十一条第一款规定条件的股东,可以依据公司法第一百五十一条第二款、第三款规定向人民法院提起诉讼。

 第二十三条【法人人格否认】

2018 年修正案	新《公司法》
第二十条 公司股东应当遵守法律、行政法规和公司章程,依法行使股东权利,不得滥用股东权利损害公司或者其他股东的利益;不得滥用公司法人独立地位和股东有限责任损害公司债权人的利益。 公司股东滥用股东权利给公司或者其他股东造成损失的,应当依法承担赔偿责任。 公司股东滥用公司法人独立地位和股东有限责任,逃避债务,严重损害公司债权人利益的,应当对公司债务承担连带责任。 第六十三条 一人有限责任公司的股东不能证明公司财产独立于股东自己的财产的,应当对公司债务承担连带责任。	第二十三条 公司股东滥用公司法人独立地位和股东有限责任,逃避债务,严重损害公司债权人利益的,应当对公司债务承担连带责任。 股东利用其控制的两个以上公司实施前款规定行为的,各公司应当对任一公司的债务承担连带责任。 只有一个股东的公司,股东不能证明公司财产独立于股东自己的财产的,应当对公司债务承担连带责任。

【内容变化】

一是将"公司股东滥用公司法人独立地位和股东有限责任,逃避债务,严重损害公司债权人利益的,应当对公司债务承担连带责任"迁移至新《公司法》第 23 条之中;二是新增了"股东利用其控制的两个以上公司实施前款规定行为的,各公司应当对任一公司的债务承担连带责任"的规定;三是将"一人有限责任公司"修改为"只有一个股东的公司"。

【分析解读】

相比 2018 年修正案,新《公司法》对于本条的修订体现了两方面的实质性修改:一方面是确立了横向法人人格否认制度;另一方面是强调了一人有限责任公司的举证责任倒置规则并取消了"一人有限责任公司"的提法,以"只有一个股东的公司"的表述取而代之。

本条并入《九民纪要》的相关规定,明确了法人人格否认不仅限于公司与股东之间的纵向否认,在满足一定条件时,还可以进一步追究同一股东控制的其他经济主体的连带责任,形成横向法人人格否认。横向法人人格否认制度,本质上是对公司债权人利益的进一步维护。

在司法实践中,若股东通过操控多个关联公司,逃避债务,损害债权人权益的,其行为通常较为隐蔽,不会予以公示。债权人作为公司的外部利益相关方,往往难以获得充分确凿的证据,举证难度较大。

【实务研究】

1.公司实务:在公司经营中,股东应严格控制关联交易的风险,一旦触发适用纵向或横向法人人格否认制度的条件,不仅会造成股东个人对公司债务承担连带责任,股东实际控制的多个公司之间也将互相承担连带责任。因此,公司和股东应当严格避免此类经营风险。

2.律师实务:在新《公司法》修订前,已经涌现出股东利用其实际控制的多个公司,滥用公司法人独立地位,逃避对外债务的案例。司法实践中通常通过识别财产混同、业务混同、人员混同等而认定存在人格混同的情形,从而达到否认关联公司法人人格,判令承担连带责任的目的。新《公司法》的修订,增加了横向法人人格否认制度,为避免债务人利用关联公司恶意逃避债务、最大限度保护债权人利益提供了明确的法律依据。

在法律概念上,"只有一个股东的公司"在形式上的界定十分清楚,即只有一位自然人股东或法人股东的公司。然而在实务中,部分公司虽然登记有多名股东,但仅有一名股东实际控制公司,仍然有可能被界定为实质上只有一个股东的公司,例如公司仅有两名股东且为夫妻的情况,[①]仅有一名股东出资并实际执行公司事务的情况。[②]

【关联规定】

《九民纪要》第 11 条第 2 款:控制股东或实际控制人控制多个子公司或者关联公司,滥用控制权使多个子公司或者关联公司财产边界不清、财务混同,利益相互输送,丧失人格独立性,沦为控制股东逃避债务、非法经营,甚至违法犯罪工具的,可以综合案件事实,否认子公司或者关联公司法人人格,判令承担连带责任。

 第二十四条【电子通信方式】

2018 年修正案	新《公司法》
/	第二十四条　公司股东会、董事会、监事会召开会议和表决可以采用电子通信方式,公司章程另有规定的除外。

【内容变化】

本条为新增条款。

---

① 山东省青岛市中级人民法院:《(2023)鲁 02 民终 6427 号青岛滨海建设集团有限公司、青岛山海情度假有限公司等建设工程施工合同纠纷民事二审民事判决书》,https://www.pkulaw.com/pfnl/08df102e7c10f206bcdbeb80665498156fe0beb511dad670bdfb.html? keyword＝％E9％B2％8102％E6％B0％91％E7％BB％886427％E5％8F％B7％20&way＝listView,最后访问时间:2024 年 10 月 1 日。

② 吉林省松原市中级人民法院:《(2022)吉 07 民终 518 号李秀梅、松原市宁江区中兴机动车驾驶员培训学校等民间借贷纠纷民事二审民事判决书》,https://wenshu.court.gov.cn/website/wenshu/181107ANFZ0BXSK4/index.html? docId＝JQYb0Ls/97ef＋gxwYzQHN57bCkkukYi4rw9U1H6PGKGXTEHjdQLtUZO3qNaLMqsJgALgb5L8QkfM4ZN6VEXmoD7g66P1gBVf5I9Bf38/2GBHyannmhVES7xdWMRU992v,最后访问时间:2024 年 10 月 1 日。

【分析解读】

本条确立了采用电子通信方式召开股东会、董事会、监事会和进行表决的程序合法性。随着科技日新月异的发展,视频会议、微信群会议等电子通信方式已经十分普及,其具有传统线下沟通方式不可比拟的便利性和高效性。新《公司法》将电子通信方式列入召开股东会、董事会、监事会及进行表决的合法方式,除非公司章程另有规定。这样的修订有利于降低会议成本、提高议事效率,达到鼓励股东、董事、监事积极参会和行使表决权的效果。

【实务研究】

1.公司实务:在公司的实际经营过程中,存在股东会、董事会、监事会召集困难的情形。一部分原因可能是股东之间存在矛盾,以至于互相不配合;另一部分原因也可能是很难找到一个统一的时间和地点,将应当参会的人员全部聚集起来。无论何种原因,客观上都导致公司的议事机构陷入僵局、公司的管理机制实质失调、公司决策事项无法推进。因此,公司采用电子通信方式召开会议和表决,提高了议事的效率,有利于公司的正常经营管理。

2.律师实务:公司治理电子化虽然存在以上优势,但在法律层面上仍然存在一些问题。一方面,需要确保电子通信方式的稳定性,避免因为网络或电子送达系统的故障,造成人员无法参会或顺利表决;另一方面,需要确保电子通信记录的真实性,保证决议的真实合法有效。随着电子科技的发展,AI换脸技术已经日益成熟,可以达到以假乱真的程度。如何认定电子通信方式形成的决议的效力,是裁判者和律师需要进一步思考的问题。

【关联规定】

《关于加强社会公众股股东权益保护的若干规定》第1条第(2)项:上市公司应积极采取措施,提高社会公众股股东参加股东大会的比例。鼓励上市公司在召开股东大会时,除现场会议外,向股东提供网络形式的投票平台。

上市公司召开股东大会审议上述第(一)项所列事项的,应当向股东提供网络形式的投票平台。上市公司股东大会实施网络投票,应按有关实施办法办理。

《上市公司股东大会网络投票工作指引(试行)》第3条:上市公司召开股东大会,除现场会议投票外,鼓励其通过网络服务方向股东提供安全、经济、便捷的股东大会网络投票系统,方便股东行使表决权。

股东大会议案按照有关规定需要同时征得社会公众股股东单独表决通过的,除现场会议投票外,上市公司应当向股东提供符合前款要求的股东大会网络投票系统。

 第二十五条【公司决议无效】

2018 年修正案	新《公司法》
第二十二条第一款　公司股东会或者股东大会、董事会的决议内容违反法律、行政法规的无效。	第二十五条　公司股东会、董事会的决议内容违反法律、行政法规的无效。

【内容变化】

删除"股东大会"。

【分析解读】

新《公司法》确立了公司决议无效、撤销和不成立的"三分法"体系结构,本条是关于公司决议无效事由的概括性规定。虽然本条仅规定了公司的股东会、董事会决议,但监事会、审计委员会与股东会、董事会具有同质性,其决议同属公司内部决议,应当类推适用本条规定。

公司决议多是"公司组织内外诸多法律关系之意思基础",[①]新《公司法》为维护公司组织治理稳定和交易安全,不过度干预公司经营管理,原则上维持公司决议的效力,仅将"决议内容违法"作为无效事由。

鉴于公司决议同样属于民事法律行为,本条所称的"法律、行政法规"应结合《民法典》第135条等规定进行理解与适用。第一,"法律、行政法规"应限缩解释为"效力性强制性规定","管理性强制性规定"不导致公司决议无效。第二,"法律、行政法规"并不绝对排斥其他规范层级较低的法规或规章。公司决议内容若违反涉及国家安全、社会公共秩序和善良风俗的法规或规章,可能被认定为违反公序良俗而无效。

本条采用的表述方式高度概括和抽象,没有对决议无效事由进行类型化列举,导致其适用存在较大的解释空间,需要结合公司决议内容具体违反的法律条文进行体系性分析。

【实务研究】

1.公司实务:由于商事交易复杂性,公司决议类型多样,公司应注意全面梳理相关的法律法规,对决议内容进行严格审查,必要时聘请专业人士提供法律支持,避免决议被认定为无效。对于司法实践中常见的决议无效纠纷,如违反决议权限作出的逾权决议,违法修改出资期限、解除股东资格等滥用股东权利侵害公司或其他股东权益的决议,违法分配利润、减资、延长出资期限等损害债权人利益的决议,公司应格外关注。

2.律师实务:律师为公司决议进行合法合规性审查时,不仅要对照法律条文的规定,也要把握司法导向,帮助公司规避决议无效的法律风险。在公司决议无效之诉中,律师应注意根据"诉的利益原则"把握原告的主体资格,尤其是隐名股东、前股东、新股东、出资瑕疵股东这些特殊类型的股东,如隐名股东起诉前一般应进行显名化,否则法院可能会驳回起诉。

【关联规定】

《民法典》第153条:违反法律、行政法规的强制性规定的民事法律行为无效。但是,该强制性规定不导致该民事法律行为无效的除外。

违背公序良俗的民事法律行为无效。

---

① 李建伟:《公司决议无效的类型化研究》,https://mp.weixin.qq.com/s?__biz=MzU1ODUyODY1Nw==&mid=2247490304&idx=1&sn=b5c9d6a8c5d1efbdc9914f15ee75e1b5&chksm=fc247afecb53f3e848c99f049ab547b14102372ce2afe87e0ec91ec20885ea1fb90169276967&scene=27,最后访问时间:2024年10月1日。

　　《公司法司法解释(四)》第 1 条:公司股东、董事、监事等请求确认股东会或者股东大会、董事会决议无效或者不成立的,人民法院应当依法予以受理。

　　第 3 条:原告请求确认股东会或者股东大会、董事会决议不成立、无效或者撤销决议的案件,应当列公司为被告。对决议涉及的其他利害关系人,可以依法列为第三人。

　　一审法庭辩论终结前,其他有原告资格的人以相同的诉讼请求申请参加前款规定诉讼的,可以列为共同原告。

 第二十六条【公司决议撤销】

2018 年修正案	新《公司法》
第二十二条第二、三款　　股东会或者股东大会、董事会的会议召集程序、表决方式违反法律、行政法规或者公司章程,或者决议内容违反公司章程的,股东可以自决议作出之日起六十日内,请求人民法院撤销。 　　股东依照前款规定提起诉讼的,人民法院可以应公司的请求,要求股东提供相应担保。	第二十六条　公司股东会、董事会的会议召集程序、表决方式违反法律、行政法规或者公司章程,或者决议内容违反公司章程的,股东自决议作出之日起六十日内,可以请求人民法院撤销。但是,股东会、董事会的会议召集程序或者表决方式仅有轻微瑕疵,对决议未产生实质影响的除外。 　　未被通知参加股东会会议的股东自知道或者应当知道股东会决议作出之日起六十日内,可以请求人民法院撤销;自决议作出之日起一年内没有行使撤销权的,撤销权消灭。

【内容变化】

　　一是删除"股东大会";二是将"股东会、董事会的会议召集程序或者表决方式仅有轻微瑕疵,对决议未产生实质影响的"作为可撤销决议的除外情形;三是增加了未被通知参加股东会会议的股东行使撤销权的除斥期间;四是删除了法院可以应公司的请求要求股东提供担保的规定。

【分析解读】

　　本条规定了公司决议撤销的法定事由、行使主体和除斥期间。

　　新《公司法》在"会议召集程序、表决方式违反法律、行政法规或者反公司章程"和"决议内容违反公司章程"两类撤销事由的基础上,吸收了《公司法司法解释(四)》第 4 条规定的"裁量驳回制度",即对于会议召集程序或表决方式"仅有轻微瑕疵而未产生实质影响"的决议,由审判法官根据瑕疵的性质及程度决定是否裁量驳回撤销,以防止公司决议撤销之诉被滥用。

　　公司决议的撤销权主体仅限于股东,股东一般应当在公司决议作出之日起 60 日之内行使。对于未被通知参加股东会的股东,新《公司法》为避免其程序权利被架空,明确未参会股东的除斥期间以其"知道或应当知道股东会决议作出之日"为起算点,但最长不超过 1 年。

2018年修正案规定法院可以应公司请求而要求股东提供担保,防止股东恶意诉讼影响公司治理的稳定。但根据过去的司法实践,控股股东和实际控制人滥用股东权利侵犯小股东权利的现象更为普遍,要求小股东担保可能会加大其维权难度。因此,新《公司法》删除担保规定,有利于保护小股东的权益。

【实务研究】

1.公司实务:公司应按照法律规定和自身实际情况,在公司章程中合理设计公司决议召集和表决程序条款,并对重要的事项内容作出明确规定,为公司决议提供充分依据,从而确保决议的合法性和有效性。在召开会议时,公司应严格按照法律规定和公司章程执行,妥善保管会议相关材料,并做到公司决议记录明确、具体,以确保决议效力稳定。

如果公司决议的瑕疵可以被修复,公司可通过事后追认、执行决议内容等多种方式予以修复。这种及时发现和修复瑕疵的做法有助于维护公司的正常经营秩序,防止因瑕疵决议带来的风险和纠纷,保障公司和股东的权益。

2.律师实务:在公司决议撤销之诉中,律师一是要注意程序要素和内容要素并非泾渭分明,而是存在交叉地带,可基于对公司决议效力的不同判断同时提出多个诉讼请求;[①]二是应注意裁量驳回的裁量空间较大,可从“是否导致各个股东无法公平地参与多数意思表示的形成以及获取对此所需的信息”方面把握是否属于“轻微瑕疵”,并从“是否具有影响决议结果的可能性”方面判断是否“未产生实质影响”;[②]三是应根据股东类型和瑕疵内容确定该股东是否享有撤销权,如对于仅针对某一股东的程序瑕疵,法院可能不会认可其他股东的撤销权主体资格。

【关联规定】

《民法典》第85条:营利法人的权力机构、执行机构作出决议的会议召集程序、表决方式违反法律、行政法规、法人章程,或者决议内容违反法人章程的,营利法人的出资人可以请求人民法院撤销该决议。但是,营利法人依据该决议与善意相对人形成的民事法律关系不受影响。

《公司法司法解释(四)》第1条:公司股东、董事、监事等请求确认股东会或者股东大会、董事会决议无效或者不成立的,人民法院应当依法予以受理。

第2条:依据民法典第八十五条、公司法第二十二条第二款请求撤销股东会或者股东大会、董事会决议的原告,应当在起诉时具有公司股东资格。

第3条:原告请求确认股东会或者股东大会、董事会决议不成立、无效或者撤销决议的案件,应当列公司为被告。对决议涉及的其他利害关系人,可以依法列为第三人。

一审法庭辩论终结前,其他有原告资格的人以相同的诉讼请求申请参加前款规定诉讼的,可以列为共同原告。

---

① 最高人民法院第六巡回法庭:《参考案例1—24号裁判要旨汇编》,https://mp.weixin.qq.com/s/f47kIiDaIm3RkK1o0Srfgw,最后访问时间:2024年10月1日。

② 丁勇:《公司决议瑕疵诉讼制度若干问题反思及立法完善》,载《证券法苑》2014年第11期。

第二十七条【公司决议不成立】

2018 年修正案	新《公司法》
	第二十七条 有下列情形之一的,公司股东会、董事会的决议不成立: (一)未召开股东会、董事会会议作出决议; (二)股东会、董事会会议未对决议事项进行表决; (三)出席会议的人数或者所持表决权数未达到本法或者公司章程规定的人数或者所持表决权数; (四)同意决议事项的人数或者所持表决权数未达到本法或者公司章程规定的人数或者所持表决权数。

【内容变化】

本条为新增条款。

【分析解读】

本条以列举的方式规定了公司决议不成立的四种事由。作为一种民事法律行为,公司决议的生效同样以其成立为前提。本条对于公司决议不成立情形的增加,完善了公司决议瑕疵的救济途径。

公司作为组织,无法如自然人一样自然地形成自己的意思,而是由公司内部机关按照既定的程序规则行使表决权,从而集合个体意思形成团体意思。如果议事方式和表决程序上的瑕疵导致公司意思未能形成,则由此作出的决议不成立。

本条前两款规定的"未实际召开会议"和"未对决议事项进行表决"事由,在理论上属于"决议不存在"情形,实践中常表现为未召集全体股东、董事,或者以伪造签名、伪造决议事项等伪造决议文件的方式虚构决议,由此作出的决议,仅反映了个别虚构者的意思而没有形成公司的意思,不具备公司决议基本的成立要件。

本条后两款规定的"出席会议的人数或表决权数不符合法律或公司章程规定"和"同意决议事项的人数或表决权数不符合法律或公司章程规定"事由,在理论上被称为"未形成有效决议"。公司决议系通过多数决甚至是一致决机制形成公司意思,如果公司决议的法定出席比例或表决结果比例没有达到法律或公司章程规定,由此作出的决议因未能形成有效的意思表示而不成立。

新《公司法》没有保留《公司法司法解释(四)》第 5 条中规定的"导致决议不成立的其他情形"这一兜底性条款,一定程度上限制了审判法官的自由裁量权,更好地避免法条被过度解读而出现"同案不同判"的现象。

【实务研究】

1.公司实务:公司应严格遵守法律和公司章程规定,尤其注意避免以下常见导致决议不成立的情形:一是不召开会议直接由代表多数表决权的股东、董事在决议文件上签字盖章;

二是出席和表决成员不适格,存在回避表决人员,无代理权、超越代理权或授权委托存在瑕疵人员等;三是在公司章程没有明确规定情况下,对于涉及股东基本法定权利的事项,表决结果仅采用多数决而非一致决。[①]

此外,公司在决议作出过程中应尽量全流程留痕,包括但不限于保留会议通知书、会议签到表、会议录像、表决文件等相关证据。这些记录可以作为决议过程的重要依据,防范潜在的争议和风险。

2.律师实务:公司决议撤销事由和不成立事由在程序要素上可能存在交叉,律师可根据现场情况、相关文件和证据,结合不同阶段的核心要点判断决议是否不成立,如在召集阶段是否保障各成员的参会权,在召开阶段是否确保决议过程的全面实现,在表决阶段是否保障多数意思的有效表达。[②]

【关联规定】

《民法典》第 134 条:民事法律行为可以基于双方或者多方的意思表示一致成立,也可以基于单方的意思表示成立。

法人、非法人组织依照法律或者章程规定的议事方式和表决程序作出决议的,该决议行为成立。

《公司法司法解释(四)》第 1 条:公司股东、董事、监事等请求确认股东会或者股东大会、董事会决议无效或者不成立的,人民法院应当依法予以受理。

第 3 条第 1 款:原告请求确认股东会或者股东大会、董事会决议不成立、无效或者撤销决议的案件,应当列公司为被告。对决议涉及的其他利害关系人,可以依法列为第三人。

 第二十八条【公司决议被宣告无效、撤销或者确认不成立的法律后果】

2018 年修正案	新《公司法》
第二十二条第四款　公司根据股东会或者股东大会、董事会决议已办理变更登记的,人民法院宣告该决议无效或者撤销该决议后,公司应当向公司登记机关申请撤销变更登记。	第二十八条　公司股东会、董事会决议被人民法院宣告无效、撤销或者确认不成立的,公司应当向公司登记机关申请撤销根据该决议已办理的登记。 　　股东会、董事会决议被人民法院宣告无效、撤销或者确认不成立的,公司根据该决议与善意相对人形成的民事法律关系不受影响。

[①] 上海市第一中级人民法院:《(2020)沪 01 民终 10383 号》,https://www.pkulaw.com/pfnl/c05aeed05a57db0a153b7c9c0c1f746b347d36fa673ec16cbdfb.html? keyword ＝％E4％B8％8A％E6％B5％B7％E7％BE％A4％E5％A4％A7％E5％AE％B6％E5％85％B7％E5％B8％82％E5％9C％BA％E7％BB％8F％E8％90％A5％E7％AE％A1％E7％90％86％E6％9C％89％E9％99％90％E5％85％AC％E5％8F％B8&-way＝listView,最后访问时间:2024 年 10 月 1 日。

[②] 李建伟、王力一:《公司决议不成立之诉实证研究——〈公司法解释四〉出台前审判创新实践的价值发现》,载《经贸法律评论》2020 年第 3 期。

【内容变化】

一是增加了公司决议不成立应撤销登记的规定；二是增加了公司决议瑕疵不影响公司与善意相对人法律关系的规则。

【分析解读】

本条统一规定了公司决议无效、撤销和不成立的法律后果。

公司决议连接了公司内外部法律关系。在公司内部，公司决议被否定后自始没有法律约束力，尚未执行的不再执行，已经执行的应恢复到决议作出之前的状态。对于根据被否定决议办理的登记，公司应向公司登记机关申请撤销。

如果公司基于决议对外实施了法律行为，新《公司法》基于维护交易安全和保护善意相对人信赖利益的考虑，明确公司内部意思形成过程存在瑕疵，不影响公司对外与善意相对人形成的法律关系。

新《公司法》没有规定"善意相对人"的判断标准，一般需要根据决议事项进行具体分析。对于法定决议事项，如公司对外担保事项，相对人应对公司决议尽到合理审查义务，否则不构成善意。对于意定决议事项，相对人凭借权利外观与公司形成法律关系的，一般可以推定为善意，由公司承担"相对人恶意"的举证责任。

至于公司与"恶意相对人"的法律关系会产生怎样的影响，新《公司法》没有明确，理论上存在有效、无效、相对无效、可撤销、效力待定、不生效力、区分情景具体而论等观点。[①]

【实务研究】

1.公司实务：公司决议被否定后，公司应当及时办理撤销登记以确保合法合规，否则可能会就登记信息不真实、不准确承担法律责任。若公司董监高不配合办理变更登记，还可能会违反其对公司的勤勉义务。

如果公司与他人建立了法律关系，则应及时通知相关方，说明决议被否定的情况，并与其协商解决已经产生的法律关系。作为相关方的公司，在与他人建立法律关系之前，应依法加强对其决议的审查程序，避免被认定为"恶意相对人"而导致法律关系受到影响。

此外，股东等利益相关方维护自身合法权益时应注意方式方法，在提起公司决议之诉后，再依据生效判决申请公司登记机关撤销登记，因为公司登记机关作为行政机关只具有行政管理职权而没有司法审查权。尤其是公司决议撤销之诉，错误的救济路径可能导致撤销权的丧失。

2.律师实务：公司决议效力诉讼常常是公司控制权之争的重要战场，律师在相关诉讼中可以申请行为保全，如中止执行决议、中止办理变更登记等，以避免公司决议行为产生难以消除的不利后果。

---

① 李建伟、梁屹：《新公司法的公司决议瑕疵效力规则创新及其裁判展望》，http://www.rmfyb.com/paper/images/2024-01/18/07/2024011807_pdf.pdf，最后访问时间：2024 年 10 月 1 日。

【关联规定】

《民法典》第85条：营利法人的权力机构、执行机构作出决议的会议召集程序、表决方式违反法律、行政法规、法人章程，或者决议内容违反法人章程的，营利法人的出资人可以请求人民法院撤销该决议。但是，营利法人依据该决议与善意相对人形成的民事法律关系不受影响。

第二章　公司登记[*]

 导言

　　本章为新增章节,明确了公司设立登记、变更登记、注销登记等事项与相关程序。与2018年修正案相比,本章主要存在以下变化:一是新增公司提交材料的真实性、合法性、有效性要求以及公司登记机关的一次性告知义务;二是新增公司登记事项并将公司登记机关的被动告知义务转为主动公示义务;三是新增电子营业执照及其法律效力;四是新增公司变更登记提交材料及程序要求;五是新增公司注销登记以及公司登记机关公告规则;六是新增公司通过国家企业信用信息公示系统的公示义务;七是新增公司登记机关优化登记办理流程的要求并授予国务院市场监督管理部门制定公司登记注册具体办法的权力。

　　本章本着持续优化营商环境的原则,顺应市场经济及互联网发展的趋势,完善了公司登记制度,并在登记流程中嵌入信息化建设,赋予电子营业执照、国家企业信用信息公示系统公示的法律效力。同时,要求公司登记机关优化登记流程,提高公司登记效率,推行网上办理等便捷方式,从而提升公司登记便利化水平。

 第二十九条【设立登记】

2018 年修正案	新《公司法》
第六条第一款、第二款　设立公司,应当依法向公司登记机关申请设立登记。符合本法规定的设立条件的,由公司登记机关分别登记为有限责任公司或者股份有限公司;不符合本法规定的设立条件的,不得登记为有限责任公司或者股份有限公司。 　　法律、行政法规规定设立公司必须报经批准的,应当在公司登记前依法办理批准手续。	第二十九条　设立公司,应当依法向公司登记机关申请设立登记。 　　法律、行政法规规定设立公司必须报经批准的,应当在公司登记前依法办理批准手续。

---

　　* 执笔人:艾禹晨、万盼盼。

【内容变化】

删除"符合本法规定的设立条件的,由公司登记机关分别登记为有限责任公司或者股份有限公司;不符合本法规定的设立条件的,不得登记为有限责任公司或者股份有限公司",并将该内容在新《公司法》第31条单独规定。

【分析解读】

公司设立的立法体例主要有自由主义、特许主义、核准主义、准则主义。新《公司法》仍然沿袭了"准则主义+核准主义"的规定:原则上采取准则主义(又称登记制),即满足公司法规定的设立条件即可申请设立登记;例外情形下采取核准主义(又称核准制),即除了符合公司法规定的设立条件外,还需经过有关部门的审批方可申请设立登记。此立法体例既能满足市场经济对自由发展的需要,又能发挥国家在特殊行业中的管控保护作用。

【实务研究】

1.公司实务:设立公司,必须依法进行登记。未经设立登记以公司名义实施法律行为的,构成冒用公司名义,触犯新《公司法》第259条的规定,从而面临相应的行政处罚。

2.律师实务:律师需熟悉并掌握需要批准设立的特殊行业。如银行、证券、期货、保险等金融行业,以及危险化学品经营、民用爆炸物品生产、快递业务经营、出版单位、保安服务等行业,均需要批准设立。

【关联规定】

《民法典》第58条:法人应当依法成立。法人应当有自己的名称、组织机构、住所、财产或者经费。法人成立的具体条件和程序,依照法律、行政法规的规定。设立法人,法律、行政法规规定须经有关机关批准的,依照其规定。

 第三十条【申请材料】

2018 年修正案	新《公司法》
第二十九条　股东认足公司章程规定的出资后,由全体股东指定的代表或者共同委托的代理人向公司登记机关报送公司登记申请书、公司章程等文件,申请设立登记。	第三十条　申请设立公司,应当提交设立登记申请书、公司章程等文件,提交的相关材料应当真实、合法和有效。 申请材料不齐全或者不符合法定形式的,公司登记机关应当一次性告知需要补正的材料。

【内容变化】

一是删除"股东认足公司章程规定的出资后,由全体股东指定的代表或者共同委托的代理人";二是新增申请公司设立时提交的相关材料应当真实、合法、有效以及公司登记机关应当一次性告知需要补正的材料的规定。

【分析解读】

2018年修正案第29条和第92条分别规定了有限责任公司与股份有限公司的设立登记材料提交问题,新《公司法》将其予以整合,避免重复规定,简化法条便于实际操作。且删除了股东认足公司章程规定的出资后,由全体股东指定的代表或者共同委托的代理人报送公司登记申请书的限制性规定,给予公司更多的自由选择权。

《全面推进依法行政实施纲要》(国发〔2004〕10号)中明确规定高效便民是依法行政的基本要求之一,本条新增公司登记机关一次性告知义务,正是依法行政便民高效要求的体现。

【实务研究】

1.公司实务:公司申请设立登记应按《公司法》规定的申请材料进行准备并提交,争取一次性通过以节省时间、人力等成本;并应确保材料真实、合法、有效,通过弄虚作假手段取得公司登记的,触犯新《公司法》第250条的规定,将面临相应的行政处罚。

2.律师实务:律师应明确知悉申请设立登记的材料要求,帮助所服务的公司一次性通过设立登记,并注意提请公司对提交材料的真实性、合法性、有效性负责。

【关联规定】

《市场主体登记管理条例》第17条:申请人应当对提交材料的真实性、合法性和有效性负责。

新《公司法》第198条。

 第三十一条【公司种类】

2018年修正案	新《公司法》
第六条第一款　设立公司,应当依法向公司登记机关申请设立登记。符合本法规定的设立条件的,由公司登记机关分别登记为有限责任公司或者股份有限公司;不符合本法规定的设立条件的,不得登记为有限责任公司或者股份有限公司。	第三十一条　申请设立公司,符合本法规定的设立条件的,由公司登记机关分别登记为有限责任公司或者股份有限公司;不符合本法规定的设立条件的,不得登记为有限责任公司或者股份有限公司。

【内容变化】

将"设立公司,应当依法向公司登记机关申请设立登记"在新《公司法》第29条单独规定。

【分析解读】

我国市场主体种类多样,包括自然人、法人及非法人组织,其中,法人分为营利法人、非营利法人和特别法人,营利法人又包括有限责任公司、股份有限公司和其他企业法人等。上述市场主体,只有有限责任公司与股份有限公司受《公司法》规制。

有限责任公司出资者按出资额对公司承担有限责任,股份有限公司出资者以其认购的股份为限对公司承担责任。

【实务研究】

1.公司实务:有限责任公司与股份有限公司在股东人数、股东出资表现形式、股东责任承担、股权转让要求、组织机构要求等方面均存在区别。相较于股份有限公司,有限责任公司除了具有资合性外更加注重人合性。在申请设立公司之前,申请人应根据自身需求及实际情况选择公司类型。

2.律师实务:律师应充分把握有限责任公司与股份有限公司的特点、利弊与法律规定,帮助客户选择符合其实际需求的公司类型,并有针对性地为其提供法律服务。

【关联规定】

《民法典》第76条:以取得利润并分配给股东等出资人为目的成立的法人,为营利法人。营利法人包括有限责任公司、股份有限公司和其他企业法人等。

《市场主体登记管理条例》第2条:本条例所称市场主体,是指在中华人民共和国境内以营利为目的从事经营活动的下列自然人、法人及非法人组织:(一)公司、非公司企业法人及其分支机构;(二)个人独资企业、合伙企业及其分支机构;(三)农民专业合作社(联合社)及其分支机构;(四)个体工商户;(五)外国公司分支机构;(六)法律、行政法规规定的其他市场主体。

 第三十二条【登记事项】

2018 年修正案	新《公司法》
第六条第三款　公众可以向公司登记机关申请查询公司登记事项,公司登记机关应当提供查询服务。	第三十二条　公司登记事项包括: (一)名称; (二)住所; (三)注册资本; (四)经营范围; (五)法定代表人的姓名; (六)有限责任公司股东、股份有限公司发起人的姓名或者名称。 公司登记机关应当将前款规定的公司登记事项通过国家企业信用信息公示系统向社会公示。

【内容变化】

一是新增公司登记事项,二是将公司登记机关的被动告知义务转为主动公示义务。

【分析解读】

公司名称、住所、注册资本、经营范围、法定代表人、股东或发起人是公司的基本信息,也是核心信息,对交易安全和市场经济秩序有着重要影响。新《公司法》规定法定登记事项既是对《市场主体登记管理条例》第8条规定的市场主体的一般登记事项的吸收,又是对公司登记机关公示内容的明确。

新《公司法》将公司登记机关的被动告知义务转为主动公示义务,增强了公司登记信息的透明度,为公众随时查询提供了便利,是政府实施信息公开与落实高效便民要求的体现,符合市场经济的实际需求。

【实务研究】

1.公司实务:公司在与其他公司进行交易之前,需注意通过国家企业信用信息公示系统了解交易对方的基本信息,维护自身利益,保障交易安全。

2.律师实务:律师在为客户开展法律尽职调查时,应将国家企业信用信息公示系统作为信息查询的基本途径之一,从而确保相关信息真实、准确。

【关联规定】

《市场主体登记管理条例》第8条:市场主体的一般登记事项包括:(一)名称;(二)主体类型;(三)经营范围;(四)住所或者主要经营场所;(五)注册资本或者出资额;(六)法定代表人、执行事务合伙人或者负责人姓名。

除前款规定外,还应当根据市场主体类型登记下列事项:(一)有限责任公司股东、股份有限公司发起人、非公司企业法人出资人的姓名或者名称;(二)个人独资企业的投资人姓名及居所;(三)合伙企业的合伙人名称或者姓名、住所、承担责任方式;(四)个体工商户的经营者姓名、住所、经营场所;(五)法律、行政法规规定的其他事项。

《民法典》第66条:登记机关应当依法及时公示法人登记的有关信息。

 第三十三条【营业执照】

2018年修正案	新《公司法》
第七条　依法设立的公司,由公司登记机关发给公司营业执照。公司营业执照签发日期为公司成立日期。 公司营业执照应当载明公司的名称、住所、注册资本、经营范围、法定代表人姓名等事项。 公司营业执照记载的事项发生变更的,公司应当依法办理变更登记,由公司登记机关换发营业执照。	第三十三条　依法设立的公司,由公司登记机关发给公司营业执照。公司营业执照签发日期为公司成立日期。 公司营业执照应当载明公司的名称、住所、注册资本、经营范围、法定代表人姓名等事项。 公司登记机关可以发给电子营业执照。电子营业执照与纸质营业执照具有同等法律效力。

【内容变化】

一是将"公司营业执照记载的事项发生变更的,公司应当依法办理变更登记,由公司登记机关换发营业执照"在新《公司法》第36条单独规定;二是新增电子营业执照及其法律效力。

【分析解读】

公司营业执照是公司的身份证明,取得营业执照即取得法人资格,开始具有民事权利能力与民事行为能力,可在登记的经营范围内依法开展生产经营活动。

《工商总局关于全面推进企业电子营业执照工作的意见》(工商企注字〔2017〕47号)第2条规定:"确保电子营业执照的法定性。电子营业执照……与纸质营业执照具有同等法律效力。"新《公司法》沿袭该意见的基本原则,将电子营业执照的法律效力在法律层面上予以确认。

电子营业执照既是政府推行"互联网＋政务服务"的体现,又是现代化企业开展业务的需求。

【实务研究】

1.公司实务:公司取得营业执照后应积极开展业务,若无正当理由超过6个月未开业或者开业后自行停业连续6个月以上的,除了公司依法办理歇业的情况外,公司登记机关可以吊销公司营业执照。

2.律师实务:律师应提请所服务的公司在法定期限内积极开展业务,经营范围不得超出营业执照载明的经营范围。

【关联规定】

《民法典》第59条:法人的民事权利能力和民事行为能力,从法人成立时产生,到法人终止时消灭。

 第三十四条【变更登记】

2018 年修正案	新《公司法》
第三十二条第三款　公司应当将股东的姓名或者名称向公司登记机关登记;登记事项发生变更的,应当办理变更登记。未经登记或者变更登记的,不得对抗第三人。	第三十四条　公司登记事项发生变更的,应当依法办理变更登记。 公司登记事项未经登记或者未经变更登记,不得对抗善意相对人。

【内容变化】

一是删除"公司应当将股东的姓名或者名称向公司登记机关登记",二是将"第三人"修改为"善意相对人"。

【分析解读】

本条依旧赋予公司相关事项登记对抗效力,登记对抗效力是基于外观主义保护交易安全设置的例外规定,一般适用于因合理信赖权利外观或意思表示外观的交易行为。对于公司内部事项,相对人往往难以知悉,为了保护相对人的信赖利益以及维护交易安全,法律赋予登记事项以对抗效力,当公司实际情况与登记事项不一致时,以登记事项为准,公司不能依据未经登记或未经变更登记的实际情况对相对人进行抗辩。

在外观主义下,恶意相对人的利益并不值得被保护,新《公司法》将"第三人"修改为"善意相对人"更加符合外观主义原则,且与《民法典》的相关表述相统一。对于本条"善意"的认定,可参考《全国法院民商事审判工作会议纪要》(法〔2019〕254 号)的相关规定,解释为不知道或不应当知道公司实际情况与登记事项不一致。

【实务研究】

1.公司实务:公司在登记事项发生变更后应及时办理变更登记,否则需要按照未变更的登记事项对善意相对人承担责任,且会触犯新《公司法》第 260 条的规定,面临相应的行政处罚。

2.律师实务:律师应提请公司在发生登记事项变更后及时办理变更登记,而且需要掌握相关法律与实践判例对善意相对人的认定。

【关联规定】

《民法典》第 64 条:法人存续期间登记事项发生变化的,应当依法向登记机关申请变更登记。

第 65 条:法人的实际情况与登记的事项不一致的,不得对抗善意相对人。

《市场主体登记管理条例实施细则》第 31 条:市场主体变更登记事项,应当自作出变更决议、决定或者法定变更事项发生之日起 30 日内申请办理变更登记。

市场主体登记事项变更涉及分支机构登记事项变更的,应当自市场主体登记事项变更登记之日起 30 日内申请办理分支机构变更登记。

 第三十五条【变更登记材料】

2018 年修正案	新《公司法》
/	第三十五条　公司申请变更登记,应当向公司登记机关提交公司法定代表人签署的变更登记申请书、依法作出的变更决议或者决定等文件。 公司变更登记事项涉及修改公司章程的,应当提交修改后的公司章程。 公司变更法定代表人的,变更登记申请书由变更后的法定代表人签署。

【内容变化】

本条为新增条款。

【分析解读】

本条吸收《市场主体登记管理条例实施细则》第 32 条、第 33 条的规定,明确了变更登记需要提交的材料,包括变更登记申请书、变更决议或决定、修改后的章程。变更事项不同,变更决议或决定也会不同。依据公司法及公司章程的规定,属于股东会职权范围内的修改事项,应提交股东会决议;属于董事会职权范围内的修改事项,应提交董事会决议。

明确了变更法定代表人时,变更登记申请书由变更后的法定代表人签署。一方面,能够避免原法定代表人不配合签署申请书而导致无法完成法定代表人变更登记的情况;另一方面,也意味着变更法定代表人的决议一经作出即产生内部效力,原法定代表人在公司内部即丧失代表权。[①]

【实务研究】

1.公司实务:公司欲变更登记事项时,应先按法律规定及公司章程对变更事项作出有效决议,并按照本条规定准备变更登记的申请材料,争取一次性通过以节省时间、人力等成本,并应确保材料真实、合法、有效。

2.律师实务:律师应确保所服务公司出具的变更决议或者决定的有效性,帮助公司准备变更登记申请材料,尤其注意在公司拟变更法定代表人时,提请公司由变更后的法定代表人签署变更登记申请书。

【关联规定】

《市场主体登记管理条例实施细则》第 32 条:申请办理变更登记,应当提交申请书,并根据市场主体类型及具体变更事项分别提交下列材料:(一)公司变更事项涉及章程修改的,应当提交修改后的章程或者章程修正案;需要对修改章程作出决议决定的,还应当提交相关决议决定……

第 33 条:市场主体更换法定代表人、执行事务合伙人(含委派代表)、负责人的变更登记申请由新任法定代表人、执行事务合伙人(含委派代表)、负责人签署。

 第三十六条【营业执照变更】

2018 年修正案	新《公司法》
第七条第三款　公司营业执照记载的事项发生变更的,公司应当依法办理变更登记,由公司登记机关换发营业执照。	第三十六条　公司营业执照记载的事项发生变更的,公司办理变更登记后,由公司登记机关换发营业执照。

---

① 李建伟:《公司法 2023 最新修订逐条解读＋重点评析!》,https://mp.weixin.qq.com/s/-RvLTBD5mqY7hWIWw4iF_Q,最后访问时间:2024 年 10 月 5 日。

【内容变化】

无实质性变化。

【分析解读】

新《公司法》第 32 条明确了公司登记事项，第 34 条规定了登记事项发生变更的公司应依法办理变更登记，以上规定的规制对象均为公司。与此相对应，本条规制对象为公司登记机关，即当公司变更事项涉及营业执照记载事项的，公司登记机关应在变更登记之后换发新的营业执照。

营业执照是公司的身份证明，若营业执照记载事项发生变更，公司办理变更登记后，该营业执照将会因与登记事项不一致而失去效力。

【实务研究】

1.公司实务：公司变更事项涉及营业执照记载事项的，在办理完变更登记后，应及时取得新营业执照，避免影响新业务的开展。对于旧业务，公司应视情形通知合作方变更情况并与其签订补充协议。

2.律师实务：公司取得新营业执照后，律师应协助做好后续工作，帮助公司进行相关合同变更。若该公司正处于诉讼、仲裁程序中，还应与法院、仲裁庭联系确认是否需要寄交新的营业执照复印件，以避免生效法律文书记载信息与新营业执照记载信息不一致。

【关联规定】

新《公司法》第 258 条。

第三十七条【注销登记】

2018 年修正案	新《公司法》
/	第三十七条　公司因解散、被宣告破产或者其他法定事由需要终止的，应当依法向公司登记机关申请注销登记，由公司登记机关公告公司终止。

【内容变化】

本条为新增条款。

【分析解读】

《民法典》第 59 条规定："法人的民事权利能力和民事行为能力，从法人成立时产生，到法人终止时消灭。"结合新《公司法》第 37 条规定可知，公司的民事权利能力和民事行为能力在公司登记机关公告公司终止时消灭。

【实务研究】

1.公司实务:新《公司法》第 232 条规定:"公司因本法第二百二十九条第一款第一项、第二项、第四项、第五项规定而解散的,应当清算。"提请注意,公司因上述原因解散的,需在申请注销登记前进行清算。

2.律师实务:公司出现终止事由时,律师应提请公司依法进行清算并申请注销登记。

【关联规定】

新《公司法》第 229 条、第 239 条。

 第三十八条【分公司登记】

2018 年修正案	新《公司法》
第十四条第一款 公司可以设立分公司。设立分公司,应当向公司登记机关申请登记,领取营业执照。分公司不具有法人资格,其民事责任由公司承担。	第三十八条 公司设立分公司,应当向公司登记机关申请登记,领取营业执照。

【内容变化】

删除"公司可以设立分公司"及"分公司不具有法人资格,其民事责任由公司承担"。

【分析解读】

分公司不具有法人资格,也不具有权利能力,亦不能独立承担民事责任,其在交易过程中产生的权利、义务及责任均由总公司承担,对总公司产生法律效力。但是,分公司可以以自己的名义从事民事活动,为保障交易安全与市场秩序,其应申请登记并领取营业执照。关于登记的时限要求,根据《市场主体登记管理条例实施细则》第 21 条第 3 款的规定,应当自设立分公司的决定作出之日起 30 日内向分公司所在地登记机关申请办理登记。

相较于 2018 年修正案,本条删除了在《民法典》中已有规定的相关内容,避免法律之间的重复规定,实现法条简洁。

【实务研究】

1.公司实务:公司设立分公司开展业务应按规定申请登记并领取营业执照,否则会涉嫌无照经营,会触犯《无证无照经营查处办法》,从而面临相应的行政处罚。

2.律师实务:在诉讼中,判断分公司是否具有诉讼主体资格的标准为其是否领取营业执照。《中华人民共和国民事诉讼法》第 51 条规定:"公民、法人和其他组织可以作为民事诉讼的当事人。"《民诉法解释》第 52 条规定:"民事诉讼法第五十一条规定的其他组织是指合法成立、有一定的组织机构和财产,但又不具备法人资格的组织,包括:……(五)依法设立并领取营业执照的法人的分支机构……"由此可知,是否领取营业执照是判断分公司是否具有诉讼主体资格的标准。原则上,已领取营业执照的,应当以分公司为诉讼主体;未领取营业执照或已办理注销登记的,则应以总公司为诉讼主体。[①]

【关联规定】

《民法典》第74条:法人可以依法设立分支机构。法律、行政法规规定分支机构应当登记的,依照其规定。

分支机构以自己的名义从事民事活动,产生的民事责任由法人承担;也可以先以该分支机构管理的财产承担,不足以承担的,由法人承担。

 第三十九条【虚假登记】

2018 年修正案	新《公司法》
第一百九十八条　违反本法规定,虚报注册资本、提交虚假材料或者采取其他欺诈手段隐瞒重要事实取得公司登记的,由公司登记机关责令改正,对虚报注册资本的公司,处以虚报注册资本金额百分之五以上百分之十五以下的罚款;对提交虚假材料或者采取其他欺诈手段隐瞒重要事实的公司,处以五万元以上五十万元以下的罚款;情节严重的,撤销公司登记或者吊销营业执照。	第三十九条　虚报注册资本、提交虚假材料或者采取其他欺诈手段隐瞒重要事实取得公司设立登记的,公司登记机关应当依照法律、行政法规的规定予以撤销。

【内容变化】

将虚假登记的撤销后果单独予以规定。

【分析解读】

《全国人民代表大会常务委员会法制工作委员会关于公司法第一百九十八条"撤销公司登记"法律性质问题的答复意见》中指出:"依照行政许可法的上述规定,撤销被许可人以欺骗等不正当手段取得的行政许可,是对违法行为的纠正,不属于行政处罚。"撤销登记是对错误登记的纠正行为,与吊销营业执照的行政处罚性质并不相同,新《公司法》将撤销登记从之前的法律责任中移除,与行政处罚划清界限。

本条吸收了《市场主体登记管理条例》第40条的规定,同时删除了有关登记机关调查的规定,以"依照法律、行政法规的规定予以撤销"代替,避免了法律规定之间的重复,有利于实现法条表述的简洁。

---

① 陈升杰:《分支机构诉讼主体资格与责任承担法律问题研究》,https://law.wkinfo.com.cn/professional-articles/detail/NjAwMDAyMTgyMjA％3D？searchId＝54cfed208d1041b5b18aaba0b7c9b895&q＝,最后访问时间:2024年12月8日。

【实务研究】

1.公司实务:公司应保证申请登记材料的真实性,否则不仅会面临撤销登记的后果,也会触犯新《公司法》第250条的规定,面临相应的行政处罚。

2.律师实务:律师应提请公司确保申请登记材料的真实性,并告知虚假登记的法律后果。

【关联规定】

《市场主体登记管理条例》第40条:提交虚假材料或者采取其他欺诈手段隐瞒重要事实取得市场主体登记的,受虚假市场主体登记影响的自然人、法人和其他组织可以向登记机关提出撤销市场主体登记的申请。

登记机关受理申请后,应当及时开展调查。经调查认定存在虚假市场主体登记情形的,登记机关应当撤销市场主体登记。相关市场主体和人员无法联系或者拒不配合的,登记机关可以将相关市场主体的登记时间、登记事项等通过国家企业信用信息公示系统向社会公示,公示期为45日。相关市场主体及其利害关系人在公示期内没有提出异议的,登记机关可以撤销市场主体登记。

因虚假市场主体登记被撤销的市场主体,其直接责任人自市场主体登记被撤销之日起3年内不得再次申请市场主体登记。登记机关应当通过国家企业信用信息公示系统予以公示。

 第四十条【公示事项】

2018 年修正案	新《公司法》
	第四十条 公司应当按照规定通过国家企业信用信息公示系统公示下列事项: (一)有限责任公司股东认缴和实缴的出资额、出资方式和出资日期,股份有限公司发起人认购的股份数; (二)有限责任公司股东、股份有限公司发起人的股权、股份变更信息; (三)行政许可取得、变更、注销等信息; (四)法律、行政法规规定的其他信息。 公司应当确保前款公示信息真实、准确、完整。

【内容变化】

本条为新增条款。

【分析解读】

本条吸收《企业信息公示暂行条例》第10条的规定,新增公司对特定事项的公示义务,包括有限责任公司股东认缴、实缴出资情况及变更情况,股份有限公司发起人的认购情况及变更情况,公司行政许可情况等。以上事项虽均非法定登记事项,却是市场主体在进行交易时需要着重注意的事项,规定公司对以上事项负有公示义务并强调公示信息的真实性、准确性、完整性,有利于保障市场秩序与交易安全。

【实务研究】

1.公司实务:公司应当按时将上述信息在国家企业信用信息公示系统公示,并保证公示信息真实、准确、完整。未依照规定公示有关信息或者不如实公示有关信息的,触犯新《公司法》第251条的规定,将面临相应的行政处罚。

2.律师实务:律师应提请公司按照法律规定履行公示义务,确保公示信息真实、准确、完整,并告知公司违反该义务的法律后果。此外,律师在进行法律尽职调查时,应通过国家企业信用信息公示系统着重关注公司公示事项。

【关联规定】

《企业信息公示暂行条例》第10条:企业应当自下列信息形成之日起20个工作日内通过企业信用信息公示系统向社会公示……

工商行政管理部门发现企业未依照前款规定履行公示义务的,应当责令其限期履行。

 第四十一条【登记流程优化】

2018 年修正案	新《公司法》
/	第四十一条　公司登记机关应当优化公司登记办理流程,提高公司登记效率,加强信息化建设,推行网上办理等便捷方式,提升公司登记便利化水平。 国务院市场监督管理部门根据本法和有关法律、行政法规的规定,制定公司登记注册的具体办法。

【内容变化】

本条为新增条款。

【分析解读】

本条吸收《市场主体登记管理条例》第6条的规定,新增公司登记机关优化登记办理流程的义务,并通过法律授予国务院市场监督管理部门制定公司登记注册具体办法的权力。目的是解决实践中存在的公司登记前置行政审批程序繁杂、审批时间长等问题,在制度价值取向上从安全优先转向效率优先,在制度理念上淡化了公司登记中的行政管制色彩,强调公司登记的服务属性,与公司登记的行政确认性质相契合。[①]

公司登记机关登记办理流程优化义务与一次性告知义务相同,均是政府依法行政中高效便民要求的体现。

【实务研究】

1.公司实务:在办理公司登记时,可先向公司登记机关确认其是否已采用网上办理流程以及相关注意事项,若可以通过网上办理,将会减少时间、人力等办理成本。

2.律师实务:律师应关注国务院市场监督管理部门出台的公司登记注册的具体办法,更好地为客户提供公司登记注册咨询服务。

【关联规定】

《市场主体登记管理条例》第 6 条:国务院市场监督管理部门应当加强信息化建设,制定统一的市场主体登记数据和系统建设规范……

---

① 李建伟:《公司法 2023 最新修订逐条解读＋重点评析!》,https://mp.weixin.qq.com/s/-RvLTBD5mqY7hWIWw4iF_Q,最后访问时间:2024 年 12 月 13 日。

第三章 有限责任公司的设立和组织机构

 导言 *

　　本章章题与 2018 年修正案第二章章题完全一致，但本章为此次公司法修订的重点，内容变化较大。

　　首先，从公司发展史来看，公司设立的立法体例大体经历了从自由设立主义、特许主义到核准主义、准则主义、严格准则主义的过程。早期，为避免滥设公司导致经济秩序混乱，我国法律对有限责任公司的设立一般采取严格的准则主义。严格的准则主义虽然在一定程度上减少了违法行为，但同时提高了公司设立的门槛，不利于经济活力的激发。因此，通过《公司法》的几次修改，我国有限责任公司设立的立法体例逐步从严格的准则主义转向为准则主义，即放宽了公司设立的限制，进一步鼓励交易，发展社会经济。新《公司法》在公司设立的条件、方式、程序等方面也充分体现了自由设立公司和方便设立公司的立法主旨，但本次修订更着重强调在此基础上作出一定限制，以此平衡各方利益，规范新设公司与存量公司的行为，加快有限责任公司的转型。

　　新《公司法》在"设立"小节主要进行了以下几处修订：(1)新增有限责任公司的设立协议规定，表明设立协议并非有限责任公司的必需品；(2)新增 5 年的最长出资期限，平衡了债权人与股东的利益；(3)扩大有限责任公司的出资范围，允许股权、债权可用于出资；(4)赋予董事会催缴职权，提升解决出资认缴难题的有效性；(5)新增股东催缴失权制度，督促股东及时缴纳出资；(6)新增股东抽逃出资董监高的连带责任，规制抽逃出资的现象；(7)肯定出资加速到期制度，明确当公司无法清偿到期债务时债权人以及公司可以要求股东出资加速到期的规定；(8)扩大股东查阅权，允许股东查阅会计凭证。

　　此外，新《公司法》对公司组织机构的规定也进行了相应的调整。公司组织机构包括决策机构、执行机构与监督机构，在公司日常管理活动中，须实行决策权、执行权和监督权三权分离的原则。新《公司法》在"组织机构"小节主要进行了以下几处修订：(1)新增董事无因辞退的规定；(2)明确监事会的表决比例；(3)新增了关于全体股东一致同意的情况下可以不设监事的规定。

---

　　* 执笔人：夏关根、毛雪儿。

第一节　设立 *

 第四十二条【股东数量】

2018 年修正案	新《公司法》
第二十四条　有限责任公司由五十个以下股东出资设立。	第四十二条　有限责任公司由一个以上五十个以下股东出资设立。

【内容变化】

将有限责任公司股东数量由"五十个以下"修改为"一个以上五十个以下"。

【分析解读】

本条将 2018 年修正案第 24 条与第 57 条"本法所称一人有限责任公司,是指只有一个自然人股东或者一个法人股东的有限责任公司"两条内容进行了整合,统一约定为有限责任公司由一个以上五十个以下股东出资设立,删除了一人有限责任公司的定义与特别规定,即不再单独依据股东数量判断是否为一人有限责任公司,而是从公司实质考量是否为一人公司,典型的情形即公司股东为夫妻二人,按照 2018 年修正案的规定,此情形因股东为两个自然人而可能不被认定为一人公司,但按新《公司法》的规定,上述情形则可能会被认定为是实质的一人公司。

【实务研究】

1.公司实务:在一般情况下,公司人格独立,股东仅在其认缴出资范围内承担责任,但当公司与股东人格混同时,即可"刺破公司面纱",债权人有权要求股东对公司债务承担连带责任。一人公司因缺少股东间的相互监督与制衡,极易出现公司财产与个人财产不加区分的情形,导致股东须承担连带责任。新《公司法》已规定从公司实质考量是否为一人公司,实践中,极大概率被认定为实质一人公司的主要有两种情形:第一种是公司股东为夫妻或其他亲属关系,其中一方持有较大比例股权,另一方则象征性持股;第二种是公司股东间持股比例悬殊,小股东受控股股东的绝对支配,且小股东一般不实际参与公司的经营表决等事项。

2.律师实务:客户需要设立一人有限责任公司时,律师应对一人有限责任公司出现公司财产与个人财产无法区分的情况时,股东可能承担连带责任的风险作出提示。同时,律师应提醒客户,一人有限责任公司已不再简单以股东人数作为判定标准,股东人数虽不止一人,但构成实质意义上的一人有限责任公司的,依然有被认定为一人有限责任公司的风险。

---

* 执笔人:夏关根、毛雪儿。

第四十三条【发起人协议】

2018 年修正案	新《公司法》
/	第四十三条　有限责任公司设立时的股东可以签订设立协议,明确各自在公司设立过程中的权利和义务。

【内容变化】

本条为新增条款。

【分析解读】

本条参照股份有限公司的发起人协议新增制定,两者的区别在于本条修改规定为有限责任公司"可以"签订发起人协议而非股份有限公司"应当"签订发起人协议,故本条为任意性规范,新《公司法》第 93 条对股份有限公司发起人协议的规定为强制性规范。发起人协议是在公司设立初期,由拟合作各方共同订立的协议,是公司股东之间以设立公司为目的而达成的具体权利义务一致的意思表示,旨在明确所设立公司的基本性质与结构。依据我国现行法律法规,只有股份有限公司以及外商投资企业必须制定发起人协议,对于其余类型的公司,发起人协议并非其设立的必备法律文件。

【实务研究】

1.公司实务:发起人协议与公司章程有许多一致与相似之处,实务中,厘清两者间的关系确有必要。就相同点,公司经营目的、范围、注册资本、出资方式等内容均为两者必须载明的事项,章程一般以发起人协议为基础而修改制定。就不同点,两者的性质与功能均不同,具体而言:首先,两者的效力期间不同。发起人协议调整设立公司过程中的法律关系与法律行为,公司章程在公司成立后生效。其次,两者约束对象不同。发起人协议调整发起人之间的关系,公司章程调整的对象不仅包括原始股东(发起人),也包括后加入公司的新股东。最后,发起人协议非设立有限责任公司的必备法律文件,而公司章程是公司设立的必要文件,任何公司均须由股东共同制定公司章程。

2.律师实务:其一,律师在为新设公司提供法律服务时,应建议公司书面签订发起人协议。若公司缺乏书面的发起人协议,则容易导致各发起人间的权利义务边界模糊,徒增法律风险。其二,律师应建议合理制定发起人协议。实务中,发起人协议一般会约定设立事项、各项资金来源以及发起人违约的责任分配。若公司未依法设立,发起人可根据此协议确认违约人的赔偿责任。若公司依法设立,公司可依据发起人协议约定的内容处理公司内部股东之间的争议。①

---

①　此项有三个适用前提:(1)公司章程并未囊括发起人协议的所有内容;(2)发起人协议约定不违反法律法规;(3)不约束新股东,除非新股东在加入公司时做了签字说明。

【关联规定】

新《公司法》第 93 条。

 第四十四条【发起人责任】

2018 年修正案	新《公司法》
/	第四十四条　有限责任公司设立时的股东为设立公司从事的民事活动,其法律后果由公司承受。 公司未成立的,其法律后果由公司设立时的股东承受;设立时的股东为二人以上的,享有连带债权,承担连带债务。 设立时的股东为设立公司以自己的名义从事民事活动产生的民事责任,第三人有权选择请求公司或者公司设立时的股东承担。 设立时的股东因履行公司设立职责造成他人损害的,公司或者无过错的股东承担赔偿责任后,可以向有过错的股东追偿。

【内容变化】

本条为新增条款。

【分析解读】

本条旨在明确有限责任公司发起人的法律责任,对发起人为设立公司开展行为所产生的法律后果和法律责任分配进行规定。本条整合了《民法典》第 75 条、《最高人民法院关于适用〈中华人民共和国公司法〉若干问题的规定(三)》(以下简称《公司法司法解释(三)》)第 2 条至第 5 条的内容。前两款参照《民法典》第 75 条与《公司法司法解释(三)》第 2 条、第 4 条的规定。第 3 款参照《公司法司法解释(三)》第 3 条以及《民法典》第 75 条的规定,就第三人权利作出说明。第 4 款参照《公司法司法解释(三)》第 5 条的规定,就发起人内部责任进行分配,约定"公司或者无过错的股东承担赔偿责任后,可以向有过错的股东追偿"。

【实务研究】

1.公司实务:就本条前两款而言,在公司设立过程中,发起人常以公司的名义签订各项合同,虽然当下公司尚未成立,但签订的合同均是为了拟成立公司的利益,故如果公司依法设立,应当承担设立期间所产生的法律责任。相反,如果公司未依法设立,则基于发起人之间普通合伙的性质,全体发起人应当对公司设立期间所产生的债务承担对外连带责任,即使债权人请求单个发起人承担所有责任,单个发起人也不得因出资比例限制或内部约定而对抗债权人,仍须偿还所有债务,之后再向其他发起人追偿。就第 3 款而言,其目的是更好地保护第三人的权利,第三人有权选择请求公司或设立时的股东承担责任。就第 4 款而言,其目的是规制发起人在公司设立过程中的不当行为,也保护成立后公司的合法权益。

2.律师实务：律师在为新设公司提供法律服务时,可以建议各发起人提前约定内部责任比例分摊,并注意提示各发起人在公司设立过程中规范行为,从公司利益出发实施民事活动。此外,当律师为第三人或债权人提供法律服务时,可以建议不局限于向有过错的股东或公司追偿,而是向易于执行的任意发起人发起追偿。

【关联规定】

《民法典》第 75 条：设立人为设立法人从事的民事活动,其法律后果由法人承受;法人未成立,其法律后果由设立人承受,设立人为二人以上的,享有连带债权,承担连带债务。

设立人为设立法人以自己的名义从事民事活动产生的民事责任,第三人有权选择请求法人或者设立人承担。

《公司法司法解释(三)》第 2 条：发起人为设立公司以自己名义对外签订合同,合同相对人请求该发起人承担合同责任的,人民法院应予支持;公司成立后合同相对人请求公司承担合同责任的,人民法院应予支持。

第 3 条：发起人以设立中公司名义对外签订合同,公司成立后合同相对人请求公司承担合同责任的,人民法院应予支持。

公司成立后有证据证明发起人利用设立中公司的名义为自己的利益与相对人签订合同,公司以此为由主张不承担合同责任的,人民法院应予支持,但相对人为善意的除外。

第 4 条：公司因故未成立,债权人请求全体或者部分发起人对设立公司行为所产生的费用和债务承担连带清偿责任的,人民法院应予支持。

部分发起人依照前款规定承担责任后,请求其他发起人分担的,人民法院应当判令其他发起人按照约定的责任承担比例分担责任;没有约定责任承担比例的,按照约定的出资比例分担责任;没有约定出资比例的,按照均等份额分担责任。

因部分发起人的过错导致公司未成立,其他发起人主张其承担设立行为所产生的费用和债务的,人民法院应当根据过错情况,确定过错一方的责任范围。

第 5 条：发起人因履行公司设立职责造成他人损害,公司成立后受害人请求公司承担侵权赔偿责任的,人民法院应予支持;公司未成立,受害人请求全体发起人承担连带赔偿责任的,人民法院应予支持。

公司或者无过错的发起人承担赔偿责任后,可以向有过错的发起人追偿。

 第四十五条【设立】

2018 年修正案	新《公司法》
第二十三条　设立有限责任公司,应当具备下列条件： (一)股东符合法定人数; (二)有符合公司章程规定的全体股东认缴的出资额; (三)股东共同制定公司章程; (四)有公司名称,建立符合有限责任公司要求的组织机构; (五)有公司住所。	第四十五条　设立有限责任公司,应当由股东共同制定公司章程。

【内容变化】

删除 2018 年修正案第 23 条设立有限责任公司应当具备的 5 个条件。新《公司法》仅保留设立有限责任公司应当由股东共同制定公司章程这一必要条件。

【分析解读】

缩减了有限责任公司应当具备的设立条件,仅约定"设立有限责任公司,应当由股东共同制定公司章程"。"共同制定"指的是公司章程须经全体股东一致同意,体现全体股东的意志。

【实务研究】

1.公司实务:有限责任公司必须制定公司章程,且公司章程上须涵盖全体股东的签名或盖章,以此体现章程取得了全体股东的协商一致。

2.律师实务:律师在为新设公司提供法律服务时,应当检查其是否制定了章程,章程是否符合法律规定,是否已由全体股东签名或盖章。

 第四十六条【章程制定】

2018 年修正案	新《公司法》
第二十五条　有限责任公司章程应当载明下列事项: (一)公司名称和住所; (二)公司经营范围; (三)公司注册资本; (四)股东的姓名或者名称; (五)股东的出资方式、出资额和出资时间; (六)公司的机构及其产生办法、职权、议事规则; (七)公司法定代表人; (八)股东会会议认为需要规定的其他事项。 股东应当在公司章程上签名、盖章。	第四十六条　有限责任公司章程应当载明下列事项: (一)公司名称和住所; (二)公司经营范围; (三)公司注册资本; (四)股东的姓名或者名称; (五)股东的出资额、出资方式和出资日期; (六)公司的机构及其产生办法、职权、议事规则; (七)公司法定代表人的产生、变更办法; (八)股东会认为需要规定的其他事项。 股东应当在公司章程上签名或者盖章。

【内容变化】

一是将"股东的出资方式、出资额和出资时间"修改为"股东的出资额、出资方式和出资日期";二是将"公司法定代表人"修改为"公司法定代表人的产生、变更办法";三是将"股东会会议"修改为"股东会";四是将"股东应当在公司章程上签名、盖章"修改为"股东应当在公司章程上签名或者盖章"。

【分析解读】

除表述内容与表述顺序的调整外,本条重点修改内容为以下两点:其一,调整章程载明公司法定代表人的相关内容。2018 年修正案规定有限责任公司章程应当载明法定代表人，即要求章程记载具体的法定代表人人选。新《公司法》修改后的规定不再要求明确法定代表人的具体人选，转而要求记载法定代表人的产生、变更办法。其二，2018 年修正案要求全体股东在章程上签名、盖章，新《公司法》则修改为股东签名或盖章，将"、"改为"或者"，表明股东仅选择其中一种方式在章程上注明即可。

【实务研究】

1.公司实务：依新《公司法》规定，公司不仅须考虑法定代表人的人选，更应着重考虑法定代表人的产生与变更办法，完善本公司的法定代表人制度。2018 年修正案要求公司在章程中载明法定代表人，此规定易在实践中产生争议，即公司变更法定代表人的行为是否构成修改公司章程，如构成，修改公司章程依 2018 年修正案第 43 条的规定属于公司重大事项，须经代表三分之二以上表决权的股东表决通过。修改后的条文则解决了此问题，条文表明章程无须再明确法定代表人的具体人选，故公司单纯变更法定代表人的行为不属于修改公司章程，即无须经代表三分之二以上表决权的股东通过股东会决议。

2.律师实务：律师在为公司提供法律服务时，须协助起草或审核章程，检查本条规定应当载明的事项是否齐全，结合公司股东要求，帮助公司设计法定代表人的产生、变更办法，并增加约定符合公司实际情况的其他条款。

 第四十七条【注册资本的登记认缴】

2018 年修正案	新《公司法》
第二十六条　有限责任公司的注册资本为在公司登记机关登记的全体股东认缴的出资额。 法律、行政法规以及国务院决定对有限责任公司注册资本实缴、注册资本最低限额另有规定的，从其规定。	第四十七条　有限责任公司的注册资本为在公司登记机关登记的全体股东认缴的出资额。全体股东认缴的出资额由股东按照公司章程的规定自公司成立之日起五年内缴足。 法律、行政法规以及国务院决定对有限责任公司注册资本实缴、注册资本最低限额、股东出资期限另有规定的，从其规定。

【内容变化】

一是新增"全体股东认缴的出资额由股东按照公司章程的规定自公司成立之日起五年内缴足"，附加了 5 年实际缴纳出资额的期限限制；二是新增法律、行政法规以及国务院决定对有限责任公司股东出资期限另有规定的，从其规定。

【分析解读】

本条是新《公司法》最大限度变更的法条，明确约定全体股东认缴的出资额由股东按照公司章程的规定自公司成立之日起 5 年内缴足。本条包含以下几个要点：其一，出资期限作为公司设立的重要事项，仍由公司章程规定。各公司可根据实际情况就出资期限予以确定。

其二,出资期限最长为自公司成立之日起5年,即公司章程对出资期限的约定需要遵守不超过5年的规定。其三,出资期限有例外规定,当发生法定的加速到期情形,可完全突破公司章程确定的出资期限。另外,本条还可结合新《公司法》第266条进行分析。根据新《公司法》第266条第2款,未来公司将会出现三种情形:第一,新设公司一律采取5年的出资认缴制;第二,对于出资期限、出资额明显异常的存量公司,公司登记机关可以依法要求其及时调整出资期限或出资额至合理范围;第三,对于出资期限已超过5年的存量公司,除法律、行政法规或者国务院另有规定外,应当逐步调整至本法规定的期限以内。

【实务研究】

1.公司实务:首先,公司应把握法定加速到期出资期限的情形。依据新《公司法》第54条,当公司债务到期且无法清偿时,公司股东应立即就对应的出资额实缴到位。其次,本条对存量公司影响较大,存量公司可通过减资程序等不同途径逐步将出资期限调整为新《公司法》规定的5年时效。对于出资期限、出资额明显异常的存量公司,新《公司法》规定公司登记机关可以依法要求其及时调整,但如何定义"明显异常",公司登记机关依据何法进行判断,公司又如何"及时调整"均为未决问题,仍需等具体实施办法的出台。

2.律师实务:针对新设公司,律师应建议其根据公司所处行业、发展前景等综合情况在公司章程中约定合理的出资额与出资期限。如果设立公司的注册资本数额过大,则极易引发法律风险,成为股东将来的潜在负债。注册资本应当与公司业务相匹配,限定在合理的数额区间。针对存量公司,律师应建议其通过减资程序等不同途径逐步将出资期限调整为新《公司法》规定的5年时效,并且审核公司章程内出资期限与出资额规定的数额,避免出现被公司登记机关认定为"明显异常"的情况。

【关联规定】

新《公司法》第54条、第266条。

 第四十八条【股东的出资方式】

2018 年修正案	新《公司法》
第二十七条 股东可以用货币出资,也可以用实物、知识产权、土地使用权等可以用货币估价并可以依法转让的非货币财产作价出资;但是,法律、行政法规规定不得作为出资的财产除外。 对作为出资的非货币财产应当评估作价,核实财产,不得高估或者低估作价。法律、行政法规对评估作价有规定的,从其规定。	第四十八条 股东可以用货币出资,也可以用实物、知识产权、土地使用权、股权、债权等可以用货币估价并可以依法转让的非货币财产作价出资;但是,法律、行政法规规定不得作为出资的财产除外。 对作为出资的非货币财产应当评估作价,核实财产,不得高估或者低估作价。法律、行政法规对评估作价有规定的,从其规定。

【内容变化】

新增股权、债权为有限责任公司股东的出资方式。

【分析解读】

新《公司法》在内容上增加了"股权""债权"两种出资方式,扩大了股东出资方式的范围。因 2018 年修正案已经约定"非货币财产"作为出资方式的兜底性表述,且在实务中股权和债权作为公司出资方式已被法律认可,故新《公司法》增加上述两种出资方式并非对公司出资方式的实质变更,仅为列举性的增加。

【实务研究】

1.公司实务:就新《公司法》增加的"股权"和"债权"两种出资方式,实务中,公司应特别注意以下几点:其一,股权和债权是否真实存在以及权利的诉讼时效是否经过;其二,股权和债权是否可依法转让,就债权而言,如抚养费请求权此类具有特殊人身性质的债权不得转让,即不能作为公司的出资方式;其三,股权和债权的出资程序及转让程序是否符合法律规定,是否存在权利瑕疵。公司应在综合考察上述情况后判断是否将相应的股权和债权纳入出资范围。

2.律师实务:对于货币出资,律师应提示公司重点核查资金来源是否合法;对于非货币出资,律师应提示公司重点核查产权或其他权利是否清晰以及资产价值是否有做评估,并核查转让方式是否符合法律规定。

【关联规定】

《公司法司法解释(三)》

第 11 条:出资人以其他公司股权出资,符合下列条件的,人民法院应当认定出资人已履行出资义务:

(一)出资的股权由出资人合法持有并依法可以转让;

(二)出资的股权无权利瑕疵或者权利负担;

(三)出资人已履行关于股权转让的法定手续;

(四)出资的股权已依法进行了价值评估。

股权出资不符合前款第(一)、(二)、(三)项的规定,公司、其他股东或者公司债权人请求认定出资人未履行出资义务的,人民法院应当责令该出资人在指定的合理期间内采取补正措施,以符合上述条件;逾期未补正的,人民法院应当认定其未依法全面履行出资义务。

股权出资不符合本条第一款第(四)项的规定,公司、其他股东或者公司债权人请求认定出资人未履行出资义务的,人民法院应当按照本规定第九条的规定处理。

第四十九条【股东的出资责任】

2018 年修正案	新《公司法》
第二十八条　股东应当按期足额缴纳公司章程中规定的各自所认缴的出资额。股东以货币出资的,应当将货币出资足额存入有限责任公司在银行开设的账户;以非货币财产出资的,应当依法办理其财产权的转移手续。 股东不按照前款规定缴纳出资的,除应当向公司足额缴纳外,还应当向已按期足额缴纳出资的股东承担违约责任。	第四十九条　股东应当按期足额缴纳公司章程规定的各自所认缴的出资额。 股东以货币出资的,应当将货币出资足额存入有限责任公司在银行开设的账户;以非货币财产出资的,应当依法办理其财产权的转移手续。 股东未按期足额缴纳出资的,除应当向公司足额缴纳外,还应当对给公司造成的损失承担赔偿责任。

【内容变化】

本条修改聚焦于 2018 年修正案第 28 条第 2 款,新《公司法》删除了"还应当向已按期足额缴纳出资的股东承担违约责任",增加了"还应当对给公司造成的损失承担赔偿责任"的条文内容。

【分析解读】

其一,本条体现了资本充实原则,保证了公司实收资本与章程约定资本的一致。其二,本条修改与新《公司法》第 47 条的新增条款相适配,即股东未按出资期限足额缴纳的,应当对给公司造成的损失承担赔偿责任。因股东未完全出资或未出资的行为侵害了公司利益,故约定为"赔偿责任"。其三,本条删除"向已按期足额缴纳出资的股东承担违约责任"并非否认股东间的出资违约问题,而是守约股东可基于章程或设立股东间的发起人协议,依据《民法典》的相关规定,向违约股东主张承担约定的违约责任。其四,本条就股东出资义务的主体问题进行了明确,出资义务主体为各公司股东,出资接收主体为公司本身,未按期出资的股东不仅要补足出资,更需要赔偿公司因此所受到的损失。

【实务研究】

1.公司实务:新《公司法》规定未按期出资的股东应当对给公司造成的损失承担赔偿责任,故公司损失的认定以及索赔的途径与方式成为运用此条款的关键所在。实务中,公司的损失一般会按照同期 LPR(贷款市场报价利率)计算逾期履行出资义务而产生的出资部分的占用利息成本,如有特殊情况下的额外损失,公司须进一步证明。至于索赔的途径,守约股东可依据新《公司法》第 189 条,启动股东代表诉讼程序,为公司利益以自己的名义直接向人民法院提起诉讼,要求未按时履行出资义务的股东对公司承担赔偿责任。

2.律师实务:律师在为公司提供法律服务时,注意提示各股东按公司章程约定及时履行出资义务,否则违约股东不仅需补足出资,还需要向公司承担赔偿责任。另外,当违约股东出现时,律师应提示公司就因此而产生的损失保存相应证据,必要时,可建议其他守约股东为公司利益启动股东代表诉讼。

【关联规定】

《民法典》第 509 条：当事人应当按照约定全面履行自己的义务。

当事人应当遵循诚信原则，根据合同的性质、目的和交易习惯履行通知、协助、保密等义务。

当事人在履行合同过程中，应当避免浪费资源、污染环境和破坏生态。

第 577 条：当事人一方不履行合同义务或者履行合同义务不符合约定的，应当承担继续履行、采取补救措施或者赔偿损失等违约责任。

第 578 条：当事人一方明确表示或者以自己的行为表明不履行合同义务的，对方可以在履行期限届满前请求其承担违约责任。

第 585 条：当事人可以约定一方违约时应当根据违约情况向对方支付一定数额的违约金，也可以约定因违约产生的损失赔偿额的计算方法。

新《公司法》第 189 条。

 ## 第五十条【原始股东的连带责任】

2018 年修正案	新《公司法》
第三十条　有限责任公司成立后，发现作为设立公司出资的非货币财产的实际价额显著低于公司章程所定价额的，应当由交付该出资的股东补足其差额；公司设立时的其他股东承担连带责任。	第五十条　有限责任公司设立时，股东未按照公司章程规定实际缴纳出资，或者实际出资的非货币财产的实际价额显著低于所认缴的出资额的，设立时的其他股东与该股东在出资不足的范围内承担连带责任。

【内容变化】

一是将"成立后"改为"设立时"；二是增加"股东未按照公司章程规定实际缴纳出资"内容；三是将"实际价额显著低于公司章程所定价额"改为"实际价额显著低于所认缴的出资额"；四是增加"设立时的其他股东与该股东在出资不足的范围内承担连带责任"。

【分析解读】

根据新《公司法》第 99 条，公司成立后，如作为出资的非货币财产的实际价额显著低于公司章程所定价额的，应当由交付该出资的股东补足其差额，且公司发起人应当承担连带责任。2018 年修正案的规定将有限责任公司原始股东的出资连带责任范围限于非货币出资，新《公司法》的规定扩大了原始股东出资连带责任的范围，明确不再局限于非货币出资，而是包括货币出资与非货币出资的所有出资方式。新《公司法》对此连带责任的约定充分体现了有限责任公司发起人的"合伙"性质，即要求原始股东不仅须完全履行自身出资义务，更须对其他原始股东进行监督，关注其他股东出资是否到位。

【实务研究】

1.公司实务:实务中,对有限责任公司原始股东出资连带范围包括货币出资的争议较少,《公司法司法解释(三)》第13条对该股东的出资方式是货币还是非货币已没有限制,司法实践有较大争议的主要为有限责任公司原始股东应就何主体承担出资连带责任以及应就何时的出资承担连带责任,不同法院就上述问题存有不同的判决。修改后的新《公司法》对两个问题进行了释明:首先,原始股东仅对其他原始股东,即发起人承担连带责任,如上文所述,有限责任公司发起人之间为"合伙"关系,符合连带责任的法律基础;其次,原始股东仅对原始股东在公司设立时应当实际缴纳的出资承担连带责任。对于公司设立后的出资,如增资等情形,不承担连带责任。新《公司法》的修改不仅明确了有限责任公司原始股东的出资连带责任范围,更有助于《公司法司法解释(三)》第13条的理解适用。

2.律师实务:律师在为公司提供法律服务时,须明确原始股东出资连带责任的范围,即原始股东仅针对发起人在公司设立时应当到位的出资承担连带责任。

【关联规定】

新《公司法》第99条。

《公司法司法解释(三)》第13条:股东未履行或者未全面履行出资义务,公司或者其他股东请求其向公司依法全面履行出资义务的,人民法院应予支持。

公司债权人请求未履行或者未全面履行出资义务的股东在未出资本息范围内对公司债务不能清偿的部分承担补充赔偿责任的,人民法院应予支持;未履行或者未全面履行出资义务的股东已经承担上述责任,其他债权人提出相同请求的,人民法院不予支持。

股东在公司设立时未履行或者未全面履行出资义务,依照本条第一款或者第二款提起诉讼的原告,请求公司的发起人与被告股东承担连带责任的,人民法院应予支持;公司的发起人承担责任后,可以向被告股东追偿。

股东在公司增资时未履行或者未全面履行出资义务,依照本条第一款或者第二款提起诉讼的原告,请求未尽公司法第一百四十七条第一款规定的义务而使出资未缴足的董事、高级管理人员承担相应责任的,人民法院应予支持;董事、高级管理人员承担责任后,可以向被告股东追偿。

 第五十一条【董事会的催缴责任】

2018 年修正案	新《公司法》
/	第五十一条第一款　有限责任公司成立后,董事会应当对股东的出资情况进行核查,发现股东未按期足额缴纳公司章程规定的出资的,应当由公司向该股东发出书面催缴书,催缴出资。

【内容变化】

本条为新增条款。

【分析解读】

本条新增了董事会催缴出资责任,明确公司成立后,董事会应当对股东的出资情况进行核查。此规定一方面强化了董事会的权力,增强了董事会对公司资本的控制权;另一方面体现了公司法人独立的原则,即区分公司所有权与经营管理权,单独赋予董事会核查股东出资情况的权利。董事催缴义务并非首次出现,《公司法司法解释(三)》第13条第4款即明确规定了股东在公司增资时未履行或者未全面履行出资义务的,未尽忠实、勤勉义务的董事、高级管理人员应承担责任。但现行法条文与新《公司法》存在不同之处,前者约定董事、高级管理人员对股东增资具有核查义务,而后者约定董事会应当对股东的出资情况进行核查,即依据新《公司法》,董事会不仅需要对股东增资进行核查,还应对公司成立后的所有出资情况进行核查。

【实务研究】

1.公司实务:新《公司法》虽然约定董事会催缴出资责任,但仍存在几点争议,如未能尽到核查义务的董事应承担何种责任? 如何界定董事会及时履行核查义务? 首先,《公司法司法解释(三)》第13条第4款即明确董事、高级管理人员承担补充赔偿责任,新《公司法》可延续此规定,要求未尽到核查义务的董事承担补充赔偿责任。其次,目前还未出台董事会履行催缴义务的实施细则,故董事会应注意做好留痕工作,避免被认定为未尽忠实勤勉义务而承担赔偿责任。针对货币出资,董事会可通过会计凭证、财务报表等佐证核查过程,而针对非货币出资,董事会可通过委托第三方评估机构出具证明等途径留痕。另外,对于未按期足额缴纳公司章程规定的出资的股东,董事会应及时发送书面催缴书保证履职的完整性。

2.律师实务:律师在为公司提供法律服务时,须着重强调董事会的权利与义务,建议董事会或董事及时履行催缴出资责任,并就此过程进行留痕,规避因未尽义务而对公司承担责任。另外,对于存量公司,应提示董事会或董事主动补充核查并对未能按期出资的股东出具书面催缴文件。

【关联规定】

《公司法司法解释(三)》第13条:股东未履行或者未全面履行出资义务,公司或者其他股东请求其向公司依法全面履行出资义务的,人民法院应予支持。

公司债权人请求未履行或者未全面履行出资义务的股东在未出资本息范围内对公司债务不能清偿的部分承担补充赔偿责任的,人民法院应予支持;未履行或者未全面履行出资义务的股东已经承担上述责任,其他债权人提出相同请求的,人民法院不予支持。

股东在公司设立时未履行或者未全面履行出资义务,依照本条第一款或者第二款提起诉讼的原告,请求公司的发起人与被告股东承担连带责任的,人民法院应予支持;公司的发起人承担责任后,可以向被告股东追偿。

股东在公司增资时未履行或者未全面履行出资义务,依照本条第一款或者第二款提起诉讼的原告,请求未尽公司法第一百四十七条第一款规定的义务而使出资未缴足的董事、高级管理人员承担相应责任的,人民法院应予支持;董事、高级管理人员承担责任后,可以向被告股东追偿。

 第五十二条【股东失权制度】

2018 年修正案	新《公司法》
/	第五十二条第一款　股东未按照公司章程规定的出资日期缴纳出资,公司依照前条第一款规定发出书面催缴书催缴出资的,可以载明缴纳出资的宽限期;宽限期自公司发出催缴书之日起,不得少于六十日。宽限期届满,股东仍未履行出资义务的,公司经董事会决议可以向该股东发出失权通知,通知应当以书面形式发出。自通知发出之日起,该股东丧失其未缴纳出资的股权。

【内容变化】

本条为新增条款。

【分析解读】

本条新增约定有限责任公司的股东失权制度,实属重大突破。股东失权制度又称股份没收制度,是指股东未按照公司章程缴纳出资或未按时缴纳出资情形严重时,公司通知其缴纳出资并给予其一定宽限期。如果股东拒绝缴纳出资或者宽限期届满后仍未缴纳出资的,公司将直接剥夺其股东资格。根据新《公司法》,适用失权制度有严格的要求:首先,失权制度的适用对象仅为未按期足额缴纳出资的股东。其次,发送失权通知的流程须遵循规定,即发出失权通知前,董事会必须向该股东催缴出资,且给予不得少于 60 日的宽限期。只有在宽限期届满,股东仍未履行出资义务的情况下,公司才可以向股东发出失权通知。再次,明确约定失权的后果,即股东丧失股权后,应当依法转让股权或者减资注销,如果 6 个月内未转让或减资注销的,由公司其他股东按照其出资比例足额缴纳相应出资。最后,对股东失权的救济方式予以明确,股东对失权有异议的,应当自接到失权通知之日起 30 日内,向人民法院提起诉讼。另外,此条须与《公司法司法解释(三)》第 17 条进行分辨。新《公司法》规定的是"失权",且仅适用于股东未按期履行出资义务且经催缴后仍未履行的情形。而《公司法司法解释(三)》第 17 条规定的是"除名",适用于未履行出资义务或者抽逃全部出资的情形。对比两个条文可知,新《公司法》将"部分未能出资"的股东纳入规制范围内,进一步完善了公司资本制度。

【实务研究】

1.公司实务:新《公司法》明确约定,宽限期届满股东仍未履行出资义务的,公司经董事会决议可以向该股东发出失权通知。"可以"二字说明失权通知并非唯一选项,即使股东未能按期出资,公司也可选择其他方式进行惩戒,如公司可依据新《公司法》第49条、第50条,要求未按期出资的股东向公司补足出资并对公司造成的损失承担赔偿责任。因此,公司可将"失权通知"作为兜底选项而非唯一选项。

2.律师实务:律师在为公司提供法律服务时,应告知公司及董事会失权制度的具体操作流程以及法律后果等内容。建议公司结合新《公司法》第50条、第51条等条款,通过发送补缴通知书等方式完善对未能按期出资股东的追责机制。

【关联规定】

《公司法司法解释(三)》第17条:有限责任公司的股东未履行出资义务或者抽逃全部出资,经公司催告缴纳或者返还,其在合理期间内仍未缴纳或者返还出资,公司以股东会决议解除该股东的股东资格,该股东请求确认该解除行为无效的,人民法院不予支持。

在前款规定的情形下,人民法院在判决时应当释明,公司应当及时办理法定减资程序或者由其他股东或者第三人缴纳相应的出资。在办理法定减资程序或者其他股东或者第三人缴纳相应的出资之前,公司债权人依照本规定第十三条或者第十四条请求相关当事人承担相应责任的,人民法院应予支持。

第五十三条【股东抽逃出资的后果】

2018年修正案	新《公司法》
第三十五条　公司成立后,股东不得抽逃出资。	第五十三条　公司成立后,股东不得抽逃出资。 违反前款规定的,股东应当返还抽逃的出资;给公司造成损失的,负有责任的董事、监事、高级管理人员应当与该股东承担连带赔偿责任。

【内容变化】

本条在2018年修正案相关规定的基础上,增加"违反前款规定"的后果。

【分析解读】

本条结合了2018年修正案第35条以及《公司法司法解释(三)》第14条的部分内容,规定股东不得抽逃出资,明确抽逃出资的法律后果。较现行法而言,有以下几点不同:其一,扩大赔偿责任范围。《公司法司法解释(三)》第14条约定"在抽逃出资本息范围内"承担责任,而新《公司法》约定为"赔偿责任"。对比而言,"赔偿责任"的范围明显大于"抽逃出资本息范围",故依据修改后的条文,公司可以向抽逃出资的股东主张大于出资本息范围的损失。其二,加重董监高的义务。《公司法司法解释(三)》第14条约定协助抽逃出资的董事、高级管理人员承担连带责任,而新《公司法》删除"协助",直接约定负有责任的董监高应当与该股东承担连带赔偿责任。修改后的条款明显加重了董监高的义务,从董监高"积极不尽职"应承担责任转变成无论积极还是消极,董监高均应就不尽职的行为承担连带责任。董事会对股东的出资核查以及催缴并非在公司设立时一次性完成即可,而是须覆盖公司的整个生命周期。

【实务研究】

1.公司实务:针对本条,实践中容易产生争议的是对抽逃出资的认定。《公司法司法解释(三)》第12条已对股东抽逃出资的几种形式进行说明。首先,可通过查阅公司财务记录以及第三方审计等途径对公司资产是否减少进行认定。其次,查明公司资产减少的原因应结合相关的合同、发票等记录,避免股东以公司交易为幌子,不合理地转移公司资产。

2.律师实务:律师在为公司提供法律服务时,应着重提示股东不得抽逃出资,以及抽逃出资的法律后果。另外,需从公司资产是否减少、公司资产减少是否有合理理由两方面认定股东是否构成抽逃出资,若构成,无论作为或不作为,未尽到忠实、勤勉义务的董监高须承担连带赔偿责任。

【关联规定】

《公司法司法解释(三)》

第12条:公司成立后,公司、股东或者公司债权人以相关股东的行为符合下列情形之一且损害公司权益为由,请求认定该股东抽逃出资的,人民法院应予支持:

(一)制作虚假财务会计报表虚增利润进行分配;

(二)通过虚构债权债务关系将其出资转出;

(三)利用关联交易将出资转出;

(四)其他未经法定程序将出资抽回的行为。

第14条:股东抽逃出资,公司或者其他股东请求其向公司返还出资本息、协助抽逃出资的其他股东、董事、高级管理人员或者实际控制人对此承担连带责任的,人民法院应予支持。

公司债权人请求抽逃出资的股东在抽逃出资本息范围内对公司债务不能清偿的部分承担补充赔偿责任、协助抽逃出资的其他股东、董事、高级管理人员或者实际控制人对此承担连带责任的,人民法院应予支持;抽逃出资的股东已经承担上述责任,其他债权人提出相同请求的,人民法院不予支持。

 第五十四条【股东出资加速到期】

2018 年修正案	新《公司法》
/	第五十四条　公司不能清偿到期债务的,公司或者已到期债权的债权人有权要求已认缴出资但未届出资期限的股东提前缴纳出资。

【内容变化】

本条为新增条款。

【分析解读】

本条吸收了《九民纪要》中"股东出资应否加速到期"以及《最高人民法院关于民事执行中变更、追加当事人若干问题的规定》第17条的内容,直接赋予已到期债权的债权人让股东出资加速到期的权利,即在股东的期限利益与债权人利益之间倾向保护债权人的利益。此外,新《公司法》更是在现行条款的基础上,增加公司主动要求提前加速出资到期的内容,修改后的条款明确约定只要公司不能清偿到期债务,无须再依《中华人民共和国企业破产法》(以下简称《企业破产法》)第2条的规定就公司明显缺乏清偿能力进行证明,公司或已到期债权的债权人可以直接要求股东出资加速到期,故修改后的条文一定程度上厘清了《公司法》与《企业破产法》相关规定间的界限。

【实务研究】

1.公司实务:新增条款虽然赋予公司主动要求已认缴出资但未届出资期限股东出资加速到期的权利,但如何将此条款落地仍是需要探讨的问题。比如,在实践中,公司应当如何操作? 是由董事会还是股东会决议通过? 出资被加速到期的股东是否有相应的救济权利? 首先,应由董事会代表公司作出股东出资加速到期的决议。一方面,由董事会作出决议同样贯彻了公司所有权与经营权分离的原则,相较股东会,董事会更能直接判断公司是否有必要补充资本。另一方面,依据新《公司法》,董事会有义务对股东出资进行核查、催缴以及发送失权通知,即董事会对于公司注册资本是否到位负有监督责任,故由董事会出具该决议更为合适。其次,新增条款未规定股东有权就公司是否不能清偿到期债务以及是否存在到期债权提出抗辩,较为不妥。如将出资加速到期的通知定性为单方的不可撤销通知,则实务中可能被滥用为大股东控制董事会排挤小股东的工具。就此问题,股东可依据新《公司法》第25条、第26条、第27条,主张董事会决议的撤销、无效或不成立。

2.律师实务:律师在为公司提供法律服务时,注意当公司不能清偿债务时,公司或者已到期债权的债权人有权要求已认缴出资但未届出资期限的股东提前缴纳出资;公司主动要求股东提前加速出资到期的,应确认公司已有到期债务无法清偿,且由董事会作出此决议。

【关联规定】

《最高人民法院关于民事执行中变更、追加当事人若干问题的规定》第17条:作为被执行人的企业法人,财产不足以清偿生效法律文书确定的债务,申请执行人申请变更、追加未缴纳或未足额缴纳出资的股东、出资人或依公司法规定对该出资承担连带责任的发起人为被执行人,在尚未缴纳出资的范围内依法承担责任的,人民法院应予支持。

《九民纪要》第6条【股东出资应否加速到期】:在注册资本认缴制下,股东依法享有期限利益。债权人以公司不能清偿到期债务为由,请求未届出资期限的股东在未出资范围内对公司不能清偿的债务承担补充赔偿责任的,人民法院不予支持。但是,下列情形除外:

（1）公司作为被执行人的案件，人民法院穷尽执行措施无财产可供执行，已具备破产原因，但不申请破产的；

（2）在公司债务产生后，公司股东（大）会决议或以其他方式延长股东出资期限的。

《企业破产法》第2条：企业法人不能清偿到期债务，并且资产不足以清偿全部债务或者明显缺乏清偿能力的，依照本法规定清理债务。

企业法人有前款规定情形，或者有明显丧失清偿能力可能的，可以依照本法规定进行重整。

 第五十五条【出资证明书的记载事项】

2018 年修正案	新《公司法》
第三十一条　有限责任公司成立后，应当向股东签发出资证明书。 出资证明书应当载明下列事项： （一）公司名称； （二）公司成立日期； （三）公司注册资本； （四）股东的姓名或者名称、缴纳的出资额和出资日期； （五）出资证明书的编号和核发日期。 出资证明书由公司盖章。	第五十五条　有限责任公司成立后，应当向股东签发出资证明书，记载下列事项： （一）公司名称； （二）公司成立日期； （三）公司注册资本； （四）股东的姓名或者名称、认缴和实缴的出资额、出资方式和出资日期； （五）出资证明书的编号和核发日期。 出资证明书由法定代表人签名，并由公司盖章。

【内容变化】

一是本条第4款"缴纳"改为"认缴和实缴"，"出资额"后新增"出资方式"；二是本条最后一款"出资证明书由公司盖章"改为"出资证明书由法定代表人签名，并由公司盖章"。

【分析解读】

本条明确了有限责任公司成立后，应当向股东签发出资证明书，且出资证明书中应当记载公司名称，公司成立日期，公司注册资本，股东的姓名或者名称、认缴和实缴的出资额、出资方式和出资日期，出资证明书的编号和核发日期。此外，出资证明书须由法定代表人签名，并由公司盖章。

【实务研究】

1.公司实务：首先，有限责任公司成立后应当出具出资证明书，出资证明书应记载公司注册资本，股东的姓名或者名称、认缴和实缴的出资额、出资方式和出资日期等内容；其次，法定代表人应当在出资证明书上签名且证明书应加盖公司印章。

2.律师实务：律师在为公司提供法律服务时，注意提示有限责任公司按法律规定的内容制定股东的出资证明书，并由法定代表人签名，且由公司盖章。

第五十六条【股东名册的记载事项】

2018 年修正案	新《公司法》
第三十二条　有限责任公司应当置备股东名册,记载下列事项: 　　(一)股东的姓名或者名称及住所; 　　(二)股东的出资额; 　　(三)出资证明书编号。 　　记载于股东名册的股东,可以依股东名册主张行使股东权利。 　　公司应当将股东的姓名或者名称向公司登记机关登记;登记事项发生变更的,应当办理变更登记。未经登记或者变更登记的,不得对抗第三人。	第五十六条　有限责任公司应当置备股东名册,记载下列事项: 　　(一)股东的姓名或者名称及住所; 　　(二)股东认缴和实缴的出资额、出资方式和出资日期; 　　(三)出资证明书编号; 　　(四)取得和丧失股东资格的日期。 　　记载于股东名册的股东,可以依股东名册主张行使股东权利。

【内容变化】

　　一是本条第 1 款第 2 项由“股东的出资额”修改为“股东认缴和实缴的出资额、出资方式和出资日期”;二是增加第 1 款第 4 项“取得和丧失股东资格的日期”;三是本条删除原第 3 款的内容。

【分析解读】

　　本条对股东名册的记载事项作出规定,明确股东名册应载明股东的姓名或者名称及住所,认缴和实缴的出资额、出资方式和出资日期,出资证明书编号,取得和丧失股东资格的日期等信息。新《公司法》增加“取得和丧失股东资格的日期”更有助于了解股东的具体情况。

【实务研究】

　　1.公司实务:股东名册是公司查询股东状况的最重要依据,本条强调了股东名册的重要性与实际效力,明确股东资格的重要文件就是股东名册。实务中,公司股东变革、股权转让、股份代持等纠纷均应以股东名册作为依据。

　　2.律师实务:律师在为新设公司提供法律服务时,务必提醒发起人制定股东名册,且股东名册记载事项应当符合法律规定。另外,当涉及股权转让、股份代持等纠纷时,应建议相关方对公司进行尽职调查,检查是否有股东名册以及股东名册的具体内容。

第五十七条【股东知情权】

2018 年修正案	新《公司法》
第三十三条　股东有权查阅、复制公司章程、股东会会议记录、董事会会议决议、监事会会议决议和财务会计报告。 股东可以要求查阅公司会计账簿。股东要求查阅公司会计账簿的，应当向公司提出书面请求，说明目的。公司有合理根据认为股东查阅会计账簿有不正当目的，可能损害公司合法利益的，可以拒绝提供查阅，并应当自股东提出书面请求之日起十五日内书面答复股东并说明理由。公司拒绝提供查阅的，股东可以请求人民法院要求公司提供查阅。	第五十七条　股东有权查阅、复制公司章程、股东名册、股东会会议记录、董事会会议决议、监事会会议决议和财务会计报告。 股东可以要求查阅公司会计账簿、会计凭证。股东要求查阅公司会计账簿、会计凭证的，应当向公司提出书面请求，说明目的。公司有合理根据认为股东查阅会计账簿、会计凭证有不正当目的，可能损害公司合法利益的，可以拒绝提供查阅，并应当自股东提出书面请求之日起十五日内书面答复股东并说明理由。公司拒绝提供查阅的，股东可以向人民法院提起诉讼。 股东查阅前款规定的材料，可以委托会计师事务所、律师事务所等中介机构进行。 股东及其委托的会计师事务所、律师事务所等中介机构查阅、复制有关材料，应当遵守有关保护国家秘密、商业秘密、个人隐私、个人信息等法律、行政法规的规定。 股东要求查阅、复制公司全资子公司相关材料的，适用前四款的规定。

【内容变化】

一是增加股东有权查阅、复制"股东名册"；二是增加股东可以要求查阅公司"会计凭证"；三是增加"股东查阅前款规定的材料……"的内容。

【分析解读】

本条进一步扩大了股东知情权的范围，增强了对股东知情权的保护力度。首先，扩大股东可以查阅、复制公司资料的范围。2018 年修正案对股东知情权的规定包括"可以查阅并复制"以及"仅查阅不能复制"两种情形，修改后的条文对两种情形进行了扩大化规定，增加了股东有权查阅、复制股东名册以及有权查阅会计凭证。其次，明确第三方机构可以协助股东查阅并且删除股东强制到场的规定。《公司法司法解释（四）》规定，"股东依据人民法院生效判决查阅公司文件材料的，在该股东在场的情况下，可以由会计师、律师等依法或者依据执业行为规范负有保密义务的中介机构执业人员辅助进行"，即虽然赋予第三方机构在股东知情权诉讼中协助查阅的权利，但必须在该股东在场的情况下进行。新《公司法》直接删除股东强制到场的前提，会计师事务所、律师事务所等中介机构完全可以替股东查阅、复制相应文件。最后，增加约定股东可对全资子公司行使知情权。新《公司法》明确支持"知情权穿透"，赋予股东对全资子公司行使知情权的法定权限。

【实务研究】

1.公司实务：股东知情权是股东行使分红权、决策权等权利的重要基础，也是保障自身权益的前提。因 2018 年修正案仅约定了股东有权查阅会计账簿，故股东能否查阅会计凭证一直是公司知情权诉讼中的焦点所在，司法实践中审判法院也会对股东是否有权查阅会计凭证有不同的判决结论。新《公司法》关于股东知情权范围的调整给股东的行使权限带来了重大突破，直接明确股东可就真实反映公司实际经营情况的会计凭证进行查阅，这不仅加强了股东对公司的监督，更是维护了中小股东的权利。

2.律师实务：律师在为公司提供法律服务时，注意保障股东的知情权，厘清股东有权查阅、复制的范围与适用流程，必要时，建议股东直接委托会计师事务所、律师事务所等中介机构代为行使知情权。

【关联规定】

《公司法司法解释（四）》第 10 条：人民法院审理股东请求查阅或者复制公司特定文件材料的案件，对原告诉讼请求予以支持的，应当在判决中明确查阅或者复制公司特定文件材料的时间、地点和特定文件材料的名录。

股东依据人民法院生效判决查阅公司文件材料的，在该股东在场的情况下，可以由会计师、律师等依法或者依据执业行为规范负有保密义务的中介机构执业人员辅助进行。

第二节　组织机构*

 第五十八条【股东会的组成及地位】

2018 年修正案	新《公司法》
第三十六条　有限责任公司股东会由全体股东组成。股东会是公司的权力机构，依照本法行使职权。	第五十八条　有限责任公司股东会由全体股东组成。股东会是公司的权力机构，依照本法行使职权。

【内容变化】

本条无变化。

【分析解读】

本条明确规定了有限责任公司股东会的法律地位是权力机构，是公司董事、高级管理人员等人员职权的根本来源，对公司具有终极控制权。这也意味着立法者在《公司法》实务中，以股东会中心主义理论为引导，认可股东追求公司发展的决心最大，而董监高的权力则衍生

---

* 执笔人：严凌振、胡晓虹、邵炯昊。

于股东主权,其与股东会属于代理关系。[①]

需要说明的是,在我国公司法实务中,股东会中心主义理论的应用并非绝对。例如,有学者就从上市公司的治理结构出发,考察其经营控制权,认为能看到董事会中心主义理论的特征。[②]

【实务研究】

1.公司实务:对于作为独立法人的有限责任公司,股东应通过股东会对公司的经营管理进行决策,而非直接干预。并且,股东会由全体股东组成,故股东会在行使职权、作出决议时,也应注意保障小股东的话语权。

2.律师实务:股东会在公司治理结构中拥有最高地位,但是其行使职权应通过股东会决议的形式进行,且受法律规定的限制。保证股东会决议的合法合规性,则是律师法律审查的重点。

 第五十九条【股东会职权】

2018 年修正案	新《公司法》
第三十七条　股东会行使下列职权: (一)决定公司的经营方针和投资计划; (二)选举和更换非由职工代表担任的董事、监事,决定有关董事、监事的报酬事项; (三)审议批准董事会的报告; (四)审议批准监事会或者监事的报告; (五)审议批准公司的年度财务预算方案、决算方案; (六)审议批准公司的利润分配方案和弥补亏损方案; (七)对公司增加或者减少注册资本作出决议; (八)对发行公司债券作出决议; (九)对公司合并、分立、解散、清算或者变更公司形式作出决议; (十)修改公司章程; (十一)公司章程规定的其他职权。 对前款所列事项股东以书面形式一致表示同意的,可以不召开股东会会议,直接作出决定,并由全体股东在决定文件上签名、盖章。	第五十九条　股东会行使下列职权: (一)选举和更换董事、监事,决定有关董事、监事的报酬事项; (二)审议批准董事会的报告; (三)审议批准监事会的报告; (四)审议批准公司的利润分配方案和弥补亏损方案; (五)对公司增加或者减少注册资本作出决议; (六)对发行公司债券作出决议; (七)对公司合并、分立、解散、清算或者变更公司形式作出决议; (八)修改公司章程; (九)公司章程规定的其他职权。 股东会可以授权董事会对发行公司债券作出决议。 对本条第一款所列事项股东以书面形式一致表示同意的,可以不召开股东会会议,直接作出决定,并由全体股东在决定文件上签名或者盖章。

① 刘俊海:《论股东会中心主义治理模式的勃兴:评〈公司法(修订草案)〉中股东会的权力机构地位》,载《法学杂志》2023 年第 5 期。

② 刘非同:《〈公司法〉修订背景下国有上市公司治理模式的改革——股东会中心主义和董事会中心主义之间的取舍》,载《金融法治》2022 年第 9 期。

【内容变化】

一是删除股东会"决定公司的经营方针和投资计划"和"审议批准公司的年度财务预算方案、决算方案"两项法定职权;二是增加第 2 款"股东会可以授权董事会对发行公司债券作出决议"内容;三是部分表述的修改,包括将"选举和更换非由职工代表担任的董事、监事"修改为"选举和更换董事、监事",将"审议批准监事会或者监事的报告"修改为"审议批准监事会的报告",并将第 2 款的"签名、盖章"修改为"签名或者盖章"。

【分析解读】

在以往的《公司法》实务中,往往难以区分 2018 年修正案第 37 条中规定的属于股东会的"经营方针和投资计划"职权和第 46 条中规定的属于董事会的"决定公司的经营计划和投资方案"的职权。新《公司法》第 59 条则删除了股东会这一项法定职权(新《公司法》第 67 条也删除了董事会的前述职权)。虽然修订后,新《公司法》对于此类职权归属没有明确表态,但是考虑到股东会召开频次较低、董事会主要参与公司决策,以及负责公司日常经营的高级管理人员系董事会决定聘任,可以推断出董事会将更多地在有限责任公司的发展方向和方案决策中发挥作用。甚至,对于公司发债这一重要事项,董事会也可以在预先获得股东会授权的前提下,作出相关决议。

诚然,股东会仍享有"公司章程规定的其他职权",即其仍可以通过制定和修改章程的方式,加强其对公司的决策影响力,但此处的修订已体现了《公司法》中部分董事会中心主义理论的趋向,通过适当向董事会"放权",进一步提高公司经营决策的效率。

另外,删除股东会选举和更换董事、监事这一职权中"非由职工代表担任"这一定语,看似是扩大了股东会的职权,但根据第 68 条和第 76 条的规定可知,由职工代表担任的董事和监事均应"通过职工代表大会、职工大会或者其他形式民主选举产生",而非由股东会选举。因此,虽本条表述有所调整,但不宜理解为股东会因此有权干涉由职工代表担任的董事、监事的选举工作。

【实务研究】

1.公司实务:对于重视把握经营方向、强调程序合规的企业,应当注意到股东会的法定职权减少、董事会在有限责任公司治理架构中影响力扩大这一趋势。因此,股东可以考虑选任更加专业并能充分保障股东权益的董事参与企业治理,或在公司章程中增加股东会经营决策权的条款,以补充股东会的职权范围。

2.律师实务:加强董事会的经营管理职权符合现代公司治理的需求,但股东会依职权参与有限公司的经营既是对股东利益的保障,也是对董事会职权的限制和监督。因此,律师在为有限责任公司提供法律服务的过程中,需要综合考量各方利益,对于涉及股东、股东会权利的事项应做必要解读说明,以寻求股东会和董事会之间的平衡点。

第六十条【一人公司的股东决议】

2018 年修正案	新《公司法》
第六十一条 一人有限责任公司不设股东会。股东作出本法第三十七条第一款所列决定时,应当采用书面形式,并由股东签名后置备于公司。	第六十条 只有一个股东的有限责任公司不设股东会。股东作出前条第一款所列事项的决定时,应当采用书面形式,并由股东签名或者盖章后置备于公司。

【内容变化】

不再使用一人有限责任公司的表述;对作出公司决议的要求,也从"签名"改为"签名或者盖章"。

【分析解读】

2018 年修正案对于一人有限责任公司的内容单独成一节,而新《公司法》则取消该节,直接表述为"只有一个股东的有限责任公司",并将其中内容分散至其他条款中。但是对于一人有限责任公司股东决议的程序和形式,新《公司法》仍保留了较高的法律要求,如强制公司置备股东决议的书面文件,以区别股东个人意志和作为独立法人的公司意志。而将"签名"修订为"签名或者盖章",则是充分考虑到股东可能为公司法人或股东惯用签名章等实际情况。

【实务研究】

1.公司实务:与 2018 年修正案第 61 条一致的是,新《公司法》在立意上仍强调有限责任公司作为企业法人拥有独立的法人财产和法人财产权;即便是唯一股东,也不得基于其对公司的特殊控制地位而随意决策或处分公司财产。在经营管理公司的过程中,尤其是涉及经营方针等重大事项时,一人有限责任公司的股东仍应按照法定程序,以作出书面决议的形式,将其个人意志转换为公司意志。

2.律师实务:在涉及一人有限责任公司的争议中,律师除了通过核对账簿以调查股东财产和公司财产是否存在混同以外,还可以通过核实唯一股东是否有按照法律要求,履行管理公司的正当必要程序;如没有,则该唯一股东可能面临损害公司利益、应对公司外部债权人承担赔偿责任的法律风险。

 第六十一条【首次股东会会议】

2018 年修正案	新《公司法》
第三十八条 首次股东会会议由出资最多的股东召集和主持,依照本法规定行使职权。	第六十一条 首次股东会会议由出资最多的股东召集和主持,依照本法规定行使职权。

【内容变化】

本条无变化。

【分析解读】

本条的目的在于确保首次股东会能够顺利召开并有效进行决策。一般来说,由出资最多的股东负责首次股东会会议的召集和主持,往往更有利于公司发展的顺畅起步。然而,需要说明的是,本条中的"出资最多"通常是指认缴出资额最高的情形。在 2018 年修正案对认缴期限缺乏约束的情况下,许多大股东并未实缴公司注册资本金,甚至不一定带有积极经营公司的主观意图。新《公司法》修订增加了实缴期限的规定后,则补足了这一局限。

【实务研究】

1.公司实务:一般情况下,有限责任公司的首次股东会会议将选举产生董事会、监事会等机构,并影响后续高级管理人员的聘任和公司年度经营计划的决定,因此,公司股东应当高度重视首次会议,共同参与公司治理结构建设的讨论和表决。

2.律师实务:鉴于首次股东会会议由出资最多的股东召集和主持,若其不具备相应会务组织能力或法律专业意识,律师可从发布会议通知、议程和议题确定、出席会议人数和投票权统计等关键要素,以专业服务保障首次股东会会议的顺利召开。

 第六十二条【定期股东会会议和临时股东会会议】

2018 年修正案	新《公司法》
第三十九条　股东会会议分为定期会议和临时会议。	第六十二条　股东会会议分为定期会议和临时会议。
定期会议应当依照公司章程的规定按时召开。代表十分之一以上表决权的股东,三分之一以上的董事,监事会或者不设监事会的公司的监事提议召开临时会议的,应当召开临时会议。	定期会议应当按照公司章程的规定按时召开。代表十分之一以上表决权的股东、三分之一以上的董事或者监事会提议召开临时会议的,应当召开临时会议。

【内容变化】

将"监事会或者不设监事会的公司的监事"修改为"监事会"。

【分析解读】

召开股东会会议总结上一年度的经营状况并决策后续的经营方向等,是公司治理的重要环节。通常情况下,股东会定期会议一年至少召开一次,具体召开时间和方式按公司章程执行。

召开临时会议,则意味着公司很可能面临一个亟待解决的重要事项,甚至是商业危机。同时,为避免随意启动,《公司法》还对提议召开临时股东会会议的条件设定了限制,包括股东表决权的比例限制,以及董事或者监事会的人数限制等,以保证该权利既不会被滥用,又能及时启动,实现各方权益的平衡。

【实务研究】

1.公司实务:有限责任公司按照章程的规定按时召开股东会定期会议,可以有效保障股东参与公司事务、掌握公司动态的权利,保证公司经营管理的透明度和稳定性,并提供一个讨论和表决公司事务的平台。而召开股东会临时会议,则确保了股东可以在公司面临关键转折或风险点时,能及时参与决策并采取相应行动。

2.律师实务:律师应重视召开股东会定期会议或临时会议的程序性要求,确保会务程序运转符合法律及公司章程的规定,以保证其召开及决议的有效性。尤其是对股东会临时会议,律师应优先审查是否达到召开的人数或股权比例条件。而对于未满足召开条件的迫切情形,则可建议小股东通过联合其他股东,或督促董事、监事会行使相关职权,以维护其权益。

 第六十三条【股东会会议的召集和主持】

2018 年修正案	新《公司法》
第四十条　有限责任公司设立董事会的,股东会会议由董事会召集,董事长主持;董事长不能履行职务或者不履行职务的,由副董事长主持;副董事长不能履行职务或者不履行职务的,由半数以上董事共同推举一名董事主持。 有限责任公司不设董事会的,股东会会议由执行董事召集和主持。 董事会或者执行董事不能履行或者不履行召集股东会会议职责的,由监事会或者不设监事会的公司的监事召集和主持;监事会或者监事不召集和主持的,代表十分之一以上表决权的股东可以自行召集和主持。	第六十三条　股东会会议由董事会召集,董事长主持;董事长不能履行职务或者不履行职务的,由副董事长主持;副董事长不能履行职务或者不履行职务的,由过半数的董事共同推举一名董事主持。 董事会不能履行或者不履行召集股东会会议职责的,由监事会召集和主持;监事会不召集和主持的,代表十分之一以上表决权的股东可以自行召集和主持。

【内容变化】

一是修改法律表述,不再按有限责任公司是否设立董事会进行区分,并将"董事会或者执行董事""监事会或者不设监事会的公司的监事""监事会或者监事"等均简化为"董事会"或"监事会";二是将董事推举时的"半数以上"改为"过半数"。

【分析解读】

新《公司法》第63条对股东会会议召集和主持的规定更加简洁明了。对于规模较小或股东人数较少的有限责任公司,新《公司法》第75条已规定可以只设一名董事行使董事会的职权,第83条也规定可以只设一名监事行使监事会的职权,故本条修订更加精简。

另,为避免形成表决僵局,严格遵循多数决的原则,新《公司法》将"半数以上"改为"过半数"。(下同)

【实务研究】

1.公司实务:在首次股东会会议后,设置董事长、副董事长、董事代表、监事会、代表十分之一以上表决权的股东的股东会召集和主持顺序,是一种层层递进式的制度设计。并且,在该制度设计框架下,对于实务中不履行股东会会议召集和主持职责的董事会、监事会人员,其是否能有效履职也可考虑作为会议议题,并由股东会依职权决议是否更换。

2.律师实务:律师应提示公司注意其股东会的召集和主持人要符合法律规定,以保证股东会召开及决议的有效性。

第六十四条【股东会会议的通知和记录】

2018 年修正案	新《公司法》
第四十一条　召开股东会会议,应当于会议召开十五日前通知全体股东;但是,公司章程另有规定或者全体股东另有约定的除外。 股东会应当对所议事项的决定作成会议记录,出席会议的股东应当在会议记录上签名。	第六十四条　召开股东会会议,应当于会议召开十五日前通知全体股东;但是,公司章程另有规定或者全体股东另有约定的除外。 股东会应当对所议事项的决定作成会议记录,出席会议的股东应当在会议记录上签名或者盖章。

【内容变化】

本条增加了"盖章"作为股东确认股东会会议记录的形式。

【分析解读】

本条规定了有限责任公司召开股东会会议需遵守的程序要求和形式要求,以充分保障股东的知情权,提升股东会决议的效率,增强公司治理的透明度与股东之间的信任度。

增加"盖章"的表述,理由同新《公司法》第60条。

【实务研究】

1.公司实务:有限责任公司应严格按照法律和章程的规定召开股东会会议,并对会议内容和决定进行完整的记录,以备后续查询,避免对相关决议的合法合规性产生争议。尤其是对有不同意见的表决事项,建议要求股东当场签名或盖章确认其意见,避免会后会议记录整理完毕再由股东签章时出现股东拒签的情况,日后造成不必要的争议。

2.律师实务:在有限责任公司召开股东会会议并形成决议的过程中,律师的服务重心应在于保证股东会会议程序的合法合规性,包括是否提前通知、正确记录、有效确认等。

同时,对于法人股东参与的股东会会议,应提醒其注意股东会决议上是否有法人股东的公章;如系法人股东的代表出席会议并签字决议,应注意审查该代表是否有相应的授权手续。如公司股东签署过一致行动人协议并授权部分股东代为作出股东会决议的,尤其是在各股东均授权某一股东行使相关职权的情况下,对于应由股东会决议的事项,仍应作出相关股东会决议并书面留档,以免其程序的合法合规性产生争议。

 第六十五条【股东的表决权】

2018 年修正案	新《公司法》
第四十二条　股东会会议由股东按照出资比例行使表决权;但是,公司章程另有规定的除外。	第六十五条　股东会会议由股东按照出资比例行使表决权;但是,公司章程另有规定的除外。

【内容变化】

本条无变化。

【分析解读】

本条规定股东会决议的一般表决原则,即按出资比例行使表决权。持股越多则话语权越大的表决原则将股东的权益和风险进行了合理配置,体现了公司资合性强于人合性的特征。

同时,本条但书条款也表明同股同权规则仅是原则性规定和公司治理中的普遍模式,并不排除通过专门约定设置表决规则的可能。[①] 而现代公司基于自治理念,已衍生出多种法律许可且行之有效的股东会会议表决方式。

【实务研究】

1.公司实务:为充分把握公司的运作方向,提高公司经营决策的效率,对于公司的发起股东或控股股东,可以在公司章程中对股东会的表决权进行特殊约定,比如给自己设置超级投票权等,但这些设计也需兼顾公司的经营风险与利益的衡平,并避免在行使时出现滥用控股股东权利损害公司或者其他股东利益的情况。

2.律师实务:表决权是股东参与公司经营的重要基础和手段。在向股东客户提供相关法律服务时,律师应提醒客户其表决权能否左右股东会决议的作出,并关注客户表决权的动态变化,如是否被稀释等。尤其是在公司存在多个股东时,应根据客户对表决权的需求,提出相应的持股比例建议。而在服务公司客户时,对于涉及修改公司章程进而改变表决权规则的内容,律师则应从公司长远利益出发,重视平衡各股东之间的需求,并做充分披露。

---

① 许中缘:《论〈公司法〉第 42 条但书条款的规范解释》,载《现代法学》2021 年第 2 期。

第六十六条【股东会的议事方式和表决程序】

2018 年修正案	新《公司法》
第四十三条　股东会的议事方式和表决程序,除本法有规定的外,由公司章程规定。 股东会会议作出修改公司章程、增加或者减少注册资本的决议,以及公司合并、分立、解散或者变更公司形式的决议,必须经代表三分之二以上表决权的股东通过。	第六十六条　股东会的议事方式和表决程序,除本法有规定的外,由公司章程规定。 股东会作出决议,应当经代表过半数表决权的股东通过。 股东会作出修改公司章程、增加或者减少注册资本的决议,以及公司合并、分立、解散或者变更公司形式的决议,应当经代表三分之二以上表决权的股东通过。

【内容变化】

一是增加了第 2 款"股东会作出决议,应当经代表过半数表决权的股东通过";二是将第 3 款中的"股东会会议"变为"股东会",将"必须"修改为"应当"。

【分析解读】

本条的主要调整在于新增了第 2 款。2018 年修正案第 43 条仅规定了必须经三分之二以上表决权股东通过的特殊决议事项,但对其他决议事项的通过条件并未做限制,即除了多数决原则外,法律也不禁止股东在有限责任公司的章程中约定只需达到较低表决权便可通过股东会决议的情形。但根据新《公司法》本条规定,现除了特殊决议事项外,其他决议事项均应超过百分之五十表决权才可通过。

需要注意的是,结合新《公司法》第 65 条规定,表决权可以不与持股比例正向关联,有限责任公司的章程可以通过设置特殊的表决权计算方式,使出资比例较少的股东享有较多的表决权,进而影响股东会决议。

【实务研究】

1.公司实务:新《公司法》本条新增的第 2 款对股东会决议通过的表决权比例设置了下限,即必须超过百分之五十表决权。因此,对于已在章程中对表决通过约定了较低表决权比例的公司,应当及时修改章程,避免和法律规定相冲突。考虑到部分公司在章程中特别约定以较低表决权即可通过股东会决议的必要原因,建议其可以通过调整表决权的分配方式以继续维持之前的公司经营模式。

2.律师实务:律师在审查章程关于决议通过的表决权比例时,应当从更高维度充分考虑股东权益的平衡、公司管理的模式等因素,设计符合公司决策、管理需求的股东会表决制度(如设置超级表决权),而非仅仅是简单的调整比例要求。

第六十七条【董事会职权】

2018 年修正案	新《公司法》
第四十六条　董事会对股东会负责,行使下列职权: (一)召集股东会会议,并向股东会报告工作; (二)执行股东会的决议; (三)决定公司的经营计划和投资方案; (四)制订公司的年度财务预算方案、决算方案; (五)制订公司的利润分配方案和弥补亏损方案; (六)制订公司增加或者减少注册资本以及发行公司债券的方案; (七)制订公司合并、分立、解散或者变更公司形式的方案; (八)决定公司内部管理机构的设置; (九)决定聘任或者解聘公司经理及其报酬事项,并根据经理的提名决定聘任或者解聘公司副经理、财务负责人及其报酬事项; (十)制定公司的基本管理制度; (十一)公司章程规定的其他职权。	第六十七条　有限责任公司设董事会,本法第七十五条另有规定的除外。 董事会行使下列职权: (一)召集股东会会议,并向股东会报告工作; (二)执行股东会的决议; (三)决定公司的经营计划和投资方案; (四)制订公司的利润分配方案和弥补亏损方案; (五)制订公司增加或者减少注册资本以及发行公司债券的方案; (六)制订公司合并、分立、解散或者变更公司形式的方案; (七)决定公司内部管理机构的设置; (八)决定聘任或者解聘公司经理及其报酬事项,并根据经理的提名决定聘任或者解聘公司副经理、财务负责人及其报酬事项; (九)制定公司的基本管理制度; (十)公司章程规定或者股东会授予的其他职权。 公司章程对董事会职权的限制不得对抗善意相对人。

【内容变化】

一是删除 2018 年修正案有关"董事会对股东会负责"的内容;二是对设董事会增加"本法第七十五条另有规定的除外";三是删除 2018 年修正案第 46 条第 4 项的"制定公司的年度财务预算方案、决算方案";四是将第 11 项的"公司章程规定"修改为"公司章程规定或者股东会授予";五是增加了"公司章程对董事会职权的限制不得对抗善意相对人"的规定。

【分析解读】

删除"董事会对股东会负责"这一表述,并非董事会不再需要对股东会负责,而是考虑到董事会不仅要对股东会负责,还应当对公司和其他利益相关方负责,包括公司职工等,从而进一步强化董事会的独立性。

删除"制定公司的年度财务预算方案、决算方案"这一职权,则意味着这不再是董事会的法定职权,可交由公司内部自治决定甚至是权力下放给高级管理人员行使,以进一步提升公司治理的自由度。

此外,关于新《公司法》本条新增的第 3 款,与《公司法司法解释(四)》第 6 条的精神基本一致,表明了对于不知道或不应当知道公司章程特别限制内容的善意相对人,公司不能以其章程对董事会职权作出限制为由,主张董事会决议对公司没有约束力。

【实务研究】

1.公司实务:公司在业务开展的过程中,可以在备忘录或商业合同中提前披露其对董事会职权的特殊限制,避免在出现法律纠纷后相对方被认定为"善意",而导致该限制条件对外不具效力。另外,公司也应加强对董事会的监督,以减少此类争议的发生。

2.律师实务:在处理相关纠纷时,律师应重点审查相对人是否属于法律上的善意第三人,即对方当事人是否事前已知晓公司董事会的职权有受到公司章程的特殊限制。

【关联规定】

《公司法司法解释(四)》第 6 条:股东会或者股东大会、董事会决议被人民法院判决确认无效或者撤销的,公司依据该决议与善意相对人形成的民事法律关系不受影响。

第六十八条【董事会的组成与职工代表】

2018 年修正案	新《公司法》
第四十四条　有限责任公司设董事会,其成员为三人至十三人;但是,本法第五十条另有规定的除外。 两个以上的国有企业或者两个以上的其他国有投资主体投资设立的有限责任公司,其董事会成员中应当有公司职工代表;其他有限责任公司董事会成员中可以有公司职工代表。董事会中的职工代表由公司职工通过职工代表大会、职工大会或者其他形式民主选举产生。 董事会设董事长一人,可以设副董事长。董事长、副董事长的产生办法由公司章程规定。	第六十八条　有限责任公司董事会成员为三人以上,其成员中可以有公司职工代表。职工人数三百人以上的有限责任公司,除依法设监事会并有公司职工代表的外,其董事会成员中应当有公司职工代表。董事会中的职工代表由公司职工通过职工代表大会、职工大会或者其他形式民主选举产生。 董事会设董事长一人,可以设副董事长。董事长、副董事长的产生办法由公司章程规定。

【内容变化】

一是取消了董事会成员的人数上限;二是调整有限责任公司职工董事的设置规则,从原本的企业性质要求变为企业职工人数要求;三是将"有限责任公司设董事会"移至新《公司法》第 67 条。

【分析解读】

2018 年修正案中,对于有限责任公司和股份有限公司的董事会成员人数均有上限。此次修订,取消了人数限制,有助于鼓励有限责任公司按需选任更多董事参与企业管理。

另外,人数符合法定要求的有限责任公司选任职工代表加入董事会或监事会(参照本法第76条)参与公司的经营管理,是将民主管理和公司治理相结合,有助于维护劳动者利益,促进社会主义劳动关系和谐发展。值得一提的是,随着ESG概念[①]在国内企业中逐渐流行,大型企业也开始主动选任职工代表担任董事、参与企业经营决策。[②]

【实务研究】

1.公司实务:有限责任公司应从企业规模、经营需求和维持成本角度选任数量合适、具备专业能力的董事组成董事会,共同参与公司治理。同时,参照新《公司法》第73条,董事会表决实行一人一票和过半数原则,故建议董事会成员仍以奇数为宜。

2.律师实务:有限责任公司的职工人数常年在300人上下浮动,公司正在快速发展的,律师应当建议公司协调工会通过合法的民主程序选任职工代表加入公司董事会。

【关联规定】

《企业民主管理规定》

第36条:公司制企业应当依法建立职工董事和职工监事制度,支持职工代表大会选举产生的职工代表作为董事会、监事会成员参与公司决策、管理和监督,代表和维护职工合法权益,促进企业健康发展。

第37条:公司应当依法在公司章程中明确规定职工董事、职工监事的具体比例和人数。

第38条:职工董事、职工监事候选人由公司工会根据自荐、推荐情况,在充分听取职工意见的基础上提名,经职工代表大会全体代表的过半数通过方可当选,并报上一级工会组织备案。

工会主席、副主席应当作为职工董事、职工监事候选人人选。

第六十九条【审计委员会】

2018年修正案	新《公司法》
/	第六十九条　有限责任公司可以按照公司章程的规定在董事会中设置由董事组成的审计委员会,行使本法规定的监事会的职权,不设监事会或者监事。公司董事会成员中的职工代表可以成为审计委员会成员。

---

① ESG是环境(environmental)、社会(social)和治理(governance)的英文缩写,是一种在企业核心财务绩效以外,关注其履行社会责任情况的评价标准。ESG相关核心理念,即企业或商业行为需要履行特定社会责任,是一种源远流长、在世界各民族社会中普遍存在的商业理念。

② 刘东辉:《ESG视角下上市公司职工董事的制度定位与职能重构》,载《云南社会科学》2023年第6期。

【内容变化】

本条为新增条款。

【分析解读】

根据2018年修正案第51条，有限责任公司应设立监事会或监事，并对公司进行监督。但是，监事会的执行力一直存在一定争议，且这一要求可能导致公司治理结构变得更为复杂、成本上升，对规模较小的公司而言尤为不便。

本次新《公司法》新增审计委员会制度，借鉴了欧美《公司法》中的审计委员会制度。[①]作为董事会中的内设机构，审计委员会由董事成员组成，一般可分为长期和临时两种。例如，在涉及包括特定董事的某笔关联交易时，董事会可以指派其他无直接利害关系的董事组成临时审计委员会，专门针对这笔交易的合规性进行审计并出具评估意见。

在新《公司法》修订前，我国政府其实已经对上市企业提出了设立审计委员会的要求[②]，并通过各级国资委鼓励、引导国有企业设立审计委员会[③]。但就整体而言，审计委员会制度并未被全面推广。

审计委员会制度对于公司的积极意义在于可以简化公司治理结构，以单层制结构提高公司的运作效率、节约经济成本。并且，不同于股份有限公司的审计委员会有3人以上、1人1票、过半数等要求，新《公司法》对于有限责任公司的审计委员会未作具体规定。因此，有限责任公司可以结合公司需求，自行设计审计委员会的运作规则。

另外，本次修订还强调了作为董事会成员的职工代表，可以成为审计委员会成员。这一举措将强化职工与公司管理层之间的沟通，加强公司的民主监督和民主管理，更好地保障职工利益。

【实务研究】

1.公司实务：有限责任公司可根据自身规模、行业特点、经营需求和管理成本，确定是否设立审计委员会。如公司决定设立的，除了符合法律要求外，还应当考虑委员会成员的专业能力和独立性问题。另外，在公司实务中，监督作用的实际发挥并非仅依靠监事会或审计委员会，独立董事、内部财务审计等也发挥了重要作用。因此，审计委员会的具体工作也应与其他起监督作用的部门、人员互相配合为宜。

2.律师实务：此次法律修订中增加的审计委员会内容属于相对较新的法律概念，由于之前并未在我国全面推广，故该项制度能否快速适应我国国情（尤其是规模较小的有限责任公司）并发挥作用，仍有待实务检验。律师可以为公司客户在选定和培训审计委员会成员方面提供相关法律服务，以确保审计委员会发挥其应有的审监职能和效用。

如公司选择设立审计委员会，替代监事会的职能，并不再保留监事会的，律师应及时为公司配套审计委员会相关制度，提供必要的制度建设和议事规则；如公司选择审计委员会与

---

① 李强：《新公司法重建公司治理结构》，载《法人》2024年第1期。

② 参见《上市公司治理准则》。

③ 参见国务院办公厅在2017年发布的《国务院办公厅关于进一步完善国有企业法人治理结构的指导意见》。

监事会并行的监督模式,则律师应重点关注两个机构之间的关系协调和职权界限。

【关联规定】

《上市公司治理准则》第52条:上市公司董事会可以按照股东大会的有关决议,设立战略、审计、提名、薪酬与考核等专门委员会。专门委员会成员全部由董事组成,其中审计委员会、提名委员会、薪酬与考核委员会中独立董事应占多数并担任召集人,审计委员会中至少应有一名独立董事是会计专业人士。

第54条:审计委员会的主要职责是:(1)提议聘请或更换外部审计机构;(2)监督公司的内部审计制度及其实施;(3)负责内部审计与外部审计之间的沟通;(4)审核公司的财务信息及其披露;(5)审查公司的内控制度。

《国务院办公厅关于进一步完善国有企业法人治理结构的指导意见》第2条第2款第3项:规范董事会议事规则。董事会要严格实行集体审议、独立表决、个人负责的决策制度,平等充分发表意见,一人一票表决,建立规范透明的重大事项信息公开和对外披露制度,保障董事会会议记录和提案资料的完整性,建立董事会决议跟踪落实以及后评估制度,做好与其他治理主体的联系沟通。董事会应当设立提名委员会、薪酬与考核委员会、审计委员会等专门委员会,为董事会决策提供咨询,其中薪酬与考核委员会、审计委员会应由外部董事组成。改进董事会和董事评价办法,完善年度和任期考核制度,逐步形成符合企业特点的考核评价体系及激励机制。

 ## 第七十条【董事任期及辞任】

2018 年修正案	新《公司法》
第四十五条　董事任期由公司章程规定,但每届任期不得超过三年。董事任期届满,连选可以连任。 董事任期届满未及时改选,或者董事在任期内辞职导致董事会成员低于法定人数的,在改选出的董事就任前,原董事仍应当依照法律、行政法规和公司章程的规定,履行董事职务。	第七十条　董事任期由公司章程规定,但每届任期不得超过三年。董事任期届满,连选可以连任。 董事任期届满未及时改选,或者董事在任期内辞任导致董事会成员低于法定人数的,在改选出的董事就任前,原董事仍应当依照法律、行政法规和公司章程的规定,履行董事职务。 董事辞任的,应当以书面形式通知公司,公司收到通知之日辞任生效,但存在前款规定情形的,董事应当继续履行职务。

【内容变化】

一是将"辞职"修改为"辞任";二是新增第3款内容,明确董事辞任的形式,以及其辞任生效的时间为"公司收到通知之日"。

【分析解读】

在本次法律修订前的公司法实务中,对于有限责任公司能否通过章程限制董事的辞任问题存在一定争议。《民法典》第 933 条规定,委托人或者受托人可以随时解除委托合同。但是实践中,不乏公司章程规定董事辞任须经批准或刻意设置烦琐辞任程序的情况。本条新增的第 3 款借鉴了劳动者辞职或类合同解除的概念,即辞任的通知自书面通知送达之日生效,这对确定董事和公司之间权利义务变化的时间节点有积极作用。

在原董事辞任后,若公司怠于选任新董事的,后续亦可能产生法律纠纷。如在(2020)苏 06 民终 192 号一案中,南通市中级人民法院经审理认为,原董事辞任虽然受法律约束,即在新董事未到位前仍须履行董事职务,但该约束本身也应受限。对于公司怠于选任新董事、原董事被迫无法离任的,双方权利义务严重失衡的,法院应当对原董事提供法律救济,故判决公司限期变更工商登记、解除辞任董事的相应职务。并且,即便新董事无法到位导致原董事辞任后仍需履职的,此时公司也难以保证原董事的主观积极性并信任其继续履职,这种状态对公司而言犹如一柄达摩克利斯之剑。

【实务研究】

1.公司实务:新《公司法》第 70 条第 3 款强化了董事辞任的权利自由,对于公司和股东而言在选任董事过程中则应当更加慎重。同时,鉴于法律仍要求辞任的董事在新董事到位前继续履职,且董事辞任的时间点已经明确,故公司应当及时选任新董事,避免双方因职权和工作交接程序拖延引发不必要的法律争议。

结合新《公司法》第 10 条第 2 款,若辞任董事同时为公司法定代表人的,公司应同步更换法定代表人并及时办理相关变更登记。若该辞任董事非公司法定代表人的,则公司应当按照《市场主体登记管理条例》第 9 条和第 29 条的规定及时办理变更的备案登记。如公司违反前述义务的,则将面临相关行政责任。

2.律师实务:在涉及董事辞任问题时,若作为董事的顾问律师,应当重点关注董事辞任的程序是否符合规定,即是否存在书面通知、通知是否有效送达(需妥善保留相关通知的副本或签收记录作为凭证)、书面通知的内容是否完善等。若服务于公司客户,则律师需在合规审查时检查公司章程是否符合本条新增第 3 款的要求,是否对董事辞任设置了不必要的障碍。

【关联规定】

《市场主体登记管理条例》

第 24 条:市场主体变更登记事项,应当自作出变更决议、决定或者法定变更事项发生之日起 30 日内向登记机关申请变更登记。

第 29 条:市场主体变更本条例第九条规定的备案事项的,应当自作出变更决议、决定或者法定变更事项发生之日起 30 日内向登记机关办理备案……

第 46 条:市场主体未依照本条例办理变更登记的,由登记机关责令改正;拒不改正的,处 1 万元以上 10 万元以下的罚款;情节严重的,吊销营业执照。

第 47 条:市场主体未依照本条例办理备案的,由登记机关责令改正;拒不改正的,处 5 万元以下的罚款。

第七十一条【董事的解任】

2018 年修正案	新《公司法》
/	第七十一条　股东会可以决议解任董事,决议作出之日解任生效。 无正当理由,在任期届满前解任董事的,该董事可以要求公司予以赔偿。

【内容变化】

本条为新增条款。

【分析解读】

本条吸收了《最高人民法院关于适用〈中华人民共和国公司法〉若干问题的规定(五)》(以下简称《公司法司法解释(五)》)第 3 条第 2 款的规定。

虽然新《公司法》赋予股东会无正当理由解任董事的权利,但鉴于董事对公司的日常经营付出了较多的时间、精力,有权获得相应的报酬并对其任期内尚未取得的报酬享有期待利益,故在没有明确特殊事由的情况下(如重大工作过失、健康原因等),股东会解任无过错董事的,应向该董事给予一定的赔偿。

【实务研究】

1.公司实务:对于公司,尤其是上市公司、国有企业而言,董事任职的非正常调整,不仅会对公司经营产生影响,还可能影响企业形象、造成企业股票波动等。因此,公司既要谨慎解任董事,更应谨慎选任董事。出于预防目的,公司应当在章程和其他内部规定中设立明确的解任程序和标准,提前规定解任事由。另外,股东在决策是否解任董事时,也应从维护股东和公司利益的角度考量解任董事的正当性和必要性,以确保解任程序合乎法律和公司章程规定。

2.律师实务:在股东会选任董事时,建议与董事签署相关书面合同,明确董事的任期、报酬、解任事由等内容,并注意对股东会无因解任董事情形下的赔偿标准进行必要的约定,以便双方发生争议时可将该约定作为法院确定赔偿标准的依据或参考。

【关联规定】

《公司法司法解释(五)》第 3 条:董事任期届满前被股东会或者股东大会有效决议解除职务,其主张解除不发生法律效力的,人民法院不予支持。

董事职务被解除后,因补偿与公司发生纠纷提起诉讼的,人民法院应当依据法律、行政法规、公司章程的规定或者合同的约定,综合考虑解除的原因、剩余任期、董事薪酬等因素,确定是否补偿以及补偿的合理数额。

第七十二条【董事会会议的召集与主持】

2018 年修正案	新《公司法》
第四十七条　董事会会议由董事长召集和主持;董事长不能履行职务或者不履行职务的,由副董事长召集和主持;副董事长不能履行职务或者不履行职务的,由半数以上董事共同推举一名董事召集和主持。	第七十二条　董事会会议由董事长召集和主持;董事长不能履行职务或者不履行职务的,由副董事长召集和主持;副董事长不能履行职务或者不履行职务的,由过半数的董事共同推举一名董事召集和主持。

【内容变化】

将"半数以上"修改为"过半数"。

【分析解读】

同新《公司法》第 63 条。

【实务研究】

1.公司实务:有限责任公司应及时调整公司内部规章制度和章程中有关董事会会议召集和主持的规定,以适应新《公司法》相关规定的变化。

2.律师实务:律师应依照新《公司法》指导董事会会议的召集和主持程序,保证董事会会议的合法合规性。

 第七十三条【董事会的议事方式和表决程序】

2018 年修正案	新《公司法》
第四十八条　董事会的议事方式和表决程序,除本法有规定的外,由公司章程规定。 董事会应当对所议事项的决定作成会议记录,出席会议的董事应当在会议记录上签名。 董事会决议的表决,实行一人一票。	第七十三条　董事会的议事方式和表决程序,除本法有规定的外,由公司章程规定。 董事会会议应当有过半数的董事出席方可举行。董事会作出决议,应当经全体董事的过半数通过。 董事会决议的表决,应当一人一票。 董事会应当对所议事项的决定作成会议记录,出席会议的董事应当在会议记录上签名。

【内容变化】

新增第 2 款关于董事会会议出席人数的要求和表决票数的要求。

【分析解读】

在《公司法》本次修订之前,法律法规并没有对有限责任公司董事会会议的出席人数和表决票数作出明确规定,通常由公司章程自行约定。而本次修订提出了更加明确、具体的比例要求,以保证董事会会议的广泛参与和充分讨论,进而提升董事会决议的质量与稳定性。

【实务研究】

1.公司实务:应积极落实新《公司法》相关规定,杜绝出现董事会机构虚设、个别董事"一言堂"的情况。并且,对于董事会会议,应做好相应的会议记录,增加董事会决策的透明度和公信力。对于投反对票的董事,董事会会议记录亦可作为其抗辩拒绝承担董事赔偿责任的理由。

2.律师实务:虽新《公司法》对董事会通知的时间未作明确规定,但未及时通知并保证董事合理的准备时间从而导致部分董事无法出席董事会会议的,其程序的合法合规性会存在一定瑕疵,甚至面临效力争议等法律风险。为此,建议律师在公司章程中对董事会会议召开的程序、通知等内容进行必要的制度设计,以免产生不必要的法律纷争。

实务中,部分公司原章程对特定事项约定董事"一票否决权",因新《公司法》第73条对该内容尚未作限制,故相关约定的效力暂未受影响,具体有待关注新《公司法》施行后的相关司法解释和司法实践意见。

 第七十四条【经理的设立与职权】

2018 年修正案	新《公司法》
第四十九条 有限责任公司可以设经理,由董事会决定聘任或者解聘。经理对董事会负责,行使下列职权: (一)主持公司的生产经营管理工作,组织实施董事会决议; (二)组织实施公司年度经营计划和投资方案; (三)拟订公司内部管理机构设置方案; (四)拟订公司的基本管理制度; (五)制定公司的具体规章; (六)提请聘任或者解聘公司副经理、财务负责人; (七)决定聘任或者解聘除应由董事会决定聘任或者解聘以外的负责管理人员; (八)董事会授予的其他职权。 公司章程对经理职权另有规定的,从其规定。 经理列席董事会会议。	第七十四条 有限责任公司可以设经理,由董事会决定聘任或者解聘。 经理对董事会负责,根据公司章程的规定或者董事会的授权行使职权。经理列席董事会会议。

【内容变化】

删除了"经理"的法定职权,并规定其具体职权将由公司章程规定或董事会授权。

【分析解读】

在《公司法》本次修订之前,有限责任公司的经理职权存在法定、章程确定、董事会授权三种渠道,因此存在经理的法定职权和董事会授权产生冲突的可能。本次修订以后,经理的职权只能来源于股东会或股东会选任的董事会,这与经理对董事会负责、董事会向股东会负责正向呼应。

并且,虽然经理的职权将由股东会或董事会确定,但由于股东会召开频次较低,可以推断出将来经理以及其他高级管理人员的设置和运作在实际经营中将更多依附于董事会。故本条的修订也体现了新《公司法》些许董事会中心主义的色彩。

【实务研究】

1.公司实务:允许公司及股东自主决定公司治理结构层级的设置和职权的划分,将大大丰富公司治理权限分工的实践,也能让公司治理结构更加贴合每家公司的现实与需求。在新《公司法》实施后,公司应重点审查公司章程在经理的基本职权方面是否还有空白或遗漏,及时进行相应的修改和细化,并配套必要的董事会授权制度,可以通过基本职权章程规定与特殊职权董事会清单授权相结合的模式,筹划出一条更适合公司有效管理的实践道路。

2.律师实务:鉴于新《公司法》删除了经理的法定职权并明确了经理职权的两种来源,在起草和修订公司章程的过程中,律师应结合公司实际情况和需求,向公司提供相应的经理设立和赋权建议。在业务开展过程中,鉴于经理不再有法定职权,故在商务谈判、合同签订等重要环节,律师应视情况重点审查相对方的经理授权权限,避免无权代理导致的效力争议。

 第七十五条【不设董事会的情形】

2018 年修正案	新《公司法》
第五十条　股东人数较少或者规模较小的有限责任公司,可以设一名执行董事,不设董事会。执行董事可以兼任公司经理。 执行董事的职权由公司章程规定。	第七十五条　规模较小或者股东人数较少的有限责任公司,可以不设董事会,设一名董事,行使本法规定的董事会的职权。该董事可以兼任公司经理。

【内容变化】

除调整表述外,删除了"执行董事"概念,强调可以设立一名董事,并将原本的"执行董事的职权由公司章程规定"修改为"行使本法规定的董事会的职权"。

【分析解读】

新《公司法》不仅删除了"执行董事"的表述,还删除了2018年修正案第50条第2款有关"执行董事的职权由公司章程规定"的内容,表明即便公司仅有一名董事,该董事也应忠实、勤勉地履行董事会的法定职权。

【实务研究】

1.公司实务:根据新《公司法》第75条,对规模较小或者股东人数较少的有限责任公司,可以只设一名董事并兼任公司经理,这将有效降低企业的管理成本,提高企业的经营效率。同时,对于规模较小的公司,董事的职权无须在公司章程中规定,直接按法定职权确定即可,这更符合规模较小或者股东人数较少的有限责任公司其章程尽可能简化的需求。

2.律师实务:在新《公司法》施行后,律师对原有公司章程中的"执行董事"内容也应做相应调整和删减。

 第七十六条【监事会的组成和设立】

2018 年修正案	新《公司法》
第五十一条　有限责任公司设监事会,其成员不得少于三人。股东人数较少或者规模较小的有限责任公司,可以设一至二名监事,不设监事会。 监事会应当包括股东代表和适当比例的公司职工代表,其中职工代表的比例不得低于三分之一,具体比例由公司章程规定。监事会中的职工代表由公司职工通过职工代表大会、职工大会或者其他形式民主选举产生。 监事会设主席一人,由全体监事过半数选举产生。监事会主席召集和主持监事会会议;监事会主席不能履行职务或者不履行职务的,由半数以上监事共同推举一名监事召集和主持监事会会议。 董事、高级管理人员不得兼任监事。	第七十六条　有限责任公司设监事会,本法第六十九条、第八十三条另有规定的除外。 监事会成员为三人以上。监事会成员应当包括股东代表和适当比例的公司职工代表,其中职工代表的比例不得低于三分之一,具体比例由公司章程规定。监事会中的职工代表由公司职工通过职工代表大会、职工大会或者其他形式民主选举产生。 监事会设主席一人,由全体监事过半数选举产生。监事会主席召集和主持监事会会议;监事会主席不能履行职务或者不履行职务的,由过半数的监事共同推举一名监事召集和主持监事会会议。 董事、高级管理人员不得兼任监事。

【内容变化】

一是将新《公司法》第69条和第83条作为监事会设置规则的补充;二是将第3款中的"半数以上"修改为"过半数"。

【分析解读】

本条应结合新《公司法》第69条和第83条一并分析解读。

根据新《公司法》的规定,监事会已经不再是有限责任公司的必设机构,公司可以在董事会中设立审计委员会替代其监督职能。并且,对于规模较小或者股东人数较少的有限责任公司,第 83 条也规定了可以只设一名甚至是不设监事的情形。故本条删除了 2018 年修正案中可设"一至二名"监事的表述。

【实务研究】

1.公司实务:新《公司法》施行后,监事会在今后的公司实务中或将退出公司治理结构的历史舞台。但无论是否设立以及设立多大规模的监事会,公司内部都应存在必要的监督与制衡制度,督促董事会积极贯彻股东会作出的决议,确保公司治理过程的廉洁与透明。

2.律师实务:本条对企业监督机构的选择提供了更多的选项。律师也应从企业经营合规和充分保障股东利益的角度出发,协助公司根据其公司规模、经营需求、行业特点等,作出更加务实、有效的监督机制选择。

需要注意的是,许多企业设立监事会,除对企业经营进行监督外,也可能是基于股东之间的利益平衡需要、对外身份象征需要等。因此,对于是否需要设立监事,还应充分征求和尊重股东意见。

【关联规定】

《企业民主管理规定》第 39 条:公司高级管理人员和监事不得兼任职工董事;公司高级管理人员和董事不得兼任职工监事。

《中华全国总工会关于进一步推行职工董事、职工监事制度的意见》第 2 条第 1 款第 2 项:未担(兼)任工会主席的公司高级管理人员,《公司法》中规定的不能担任或兼任董事、监事的人员,不得担任职工董事、职工监事。

 第七十七条【监事的任期】

2018 年修正案	新《公司法》
第五十二条　监事的任期每届为三年。监事任期届满,连选可以连任。 监事任期届满未及时改选,或者监事在任期内辞职导致监事会成员低于法定人数的,在改选出的监事就任前,原监事仍应当依照法律、行政法规和公司章程的规定,履行监事职务。	第七十七条　监事的任期每届为三年。监事任期届满,连选可以连任。 监事任期届满未及时改选,或者监事在任期内辞任导致监事会成员低于法定人数的,在改选出的监事就任前,原监事仍应当依照法律、行政法规和公司章程的规定,履行监事职务。

【内容变化】

本条无实质变化,仅将"辞职"改为"辞任"。

【分析解读】

与董事任期由公司章程规定不同,监事的任期系法定的,固定每届为 3 年,可以连选连任。

【实务研究】

1.公司实务:根据《公司法》的规定,监事的任期法定,且是按"届"算,而不是按监事个人的任职期限计算,这在监事的增补和改选时需特别注意。并且,在原监事任期届满未及时改选或者原监事在任期内辞任导致监事会成员低于法定人数时,原监事在新监事就任前继续履职是法定义务。但是,为保障监事会正常、有效地运转,公司还是应及时完成改选工作。

2.律师实务:原监事在改选出的监事就任前,其继续履职是法定义务,公司章程不能免除该项义务或另作规定。故律师在审查公司章程时,也应注意其中对监事的任期设计是否合法合规。

【关联规定】

《企业民主管理规定》第40条:职工董事、职工监事的任期与公司其他董事、监事的任期相同,可以连选连任。

 第七十八条【监事会职权】

2018 年修正案	新《公司法》
第五十三条 监事会、不设监事会的公司的监事行使下列职权: (一)检查公司财务; (二)对董事、高级管理人员执行公司职务的行为进行监督,对违反法律、行政法规、公司章程或者股东会决议的董事、高级管理人员提出罢免的建议; (三)当董事、高级管理人员的行为损害公司的利益时,要求董事、高级管理人员予以纠正; (四)提议召开临时股东会会议,在董事会不履行本法规定的召集和主持股东会会议职责时召集和主持股东会会议; (五)向股东会会议提出提案; (六)依照本法第一百五十一条的规定,对董事、高级管理人员提起诉讼; (七)公司章程规定的其他职权。	第七十八条 监事会行使下列职权: (一)检查公司财务; (二)对董事、高级管理人员执行职务的行为进行监督,对违反法律、行政法规、公司章程或者股东会决议的董事、高级管理人员提出解任的建议; (三)当董事、高级管理人员的行为损害公司的利益时,要求董事、高级管理人员予以纠正; (四)提议召开临时股东会会议,在董事会不履行本法规定的召集和主持股东会会议职责时召集和主持股东会会议; (五)向股东会会议提出提案; (六)依照本法第一百八十九条的规定,对董事、高级管理人员提起诉讼; (七)公司章程规定的其他职权。

【内容变化】

将"监事会、不设监事会的公司的监事"修改为"监事会",将"罢免"改为"解任"。

【分析解读】

本条是有关监事会法定职权的规定。根据本条第 7 项的规定,股东会亦可通过公司章程对监事会按需赋予更多的职权。

【实务研究】

1.公司实务：为积极发挥监事会的监督职能，有效保护股东和公司的合法权益，选任出专业、勤勉、尽职、独立的监事会成员显得尤为重要。

2.律师实务：虽新《公司法》第69条规定了"有限责任公司可以按照公司章程的规定在董事会中设置由董事组成的审计委员会，行使本法规定的监事会的职权"，但考虑审计委员会系董事会的内设机构，其地位并不同于监事会（与董事会平级），由其行使本条第4项、第5项召开股东会并向股东会提出提案的职权，难免会造成审计委员会与董事会职权界限的混乱。并且，在董事会已不履行股东会召集职权的情况下，其内设的审计委员会能否继续履行股东会召集职权更是难以保证。因此，对于监事会和审计委员会职权的划分甚至是让渡问题，还需进一步的细化与调整。

【关联规定】

《企业民主管理规定》第43条：职工监事依法行使下列权利：

（一）参加监事会会议，行使监事的发言权和表决权；

（二）就涉及职工切身利益的规章制度或者重大事项，提议召开监事会会议；

（三）监督公司的财务情况和公司董事、高级管理人员执行公司职务的行为；监督检查公司对涉及职工切身利益的法律法规、公司规章制度贯彻执行情况；劳动合同和集体合同的履行情况；

（四）列席董事会会议，并对董事会决议事项提出质询或者建议；列席与其职责相关的公司行政办公会议和有关生产经营工作的重要会议；

（五）要求公司工会、公司有关部门和机构通报有关情况并提供相关资料；

（六）法律法规和公司章程规定的其他权利。

 第七十九条【监事的质询建议权与调查权】

2018 年修正案	新《公司法》
第五十四条　监事可以列席董事会会议，并对董事会决议事项提出质询或者建议。 监事会、不设监事会的公司的监事发现公司经营情况异常，可以进行调查；必要时，可以聘请会计师事务所等协助其工作，费用由公司承担。	第七十九条　监事可以列席董事会会议，并对董事会决议事项提出质询或者建议。 监事会发现公司经营情况异常，可以进行调查；必要时，可以聘请会计师事务所等协助其工作，费用由公司承担。

【内容变化】

仅将"监事会、不设监事会的公司的监事"修改为"监事会"。

【分析解读】

法律规定,监事会既可以对董事会的决议事项提出质询或建议,也可以在发现公司经营情况异常后进行调查。可见,监事会的监督职权贯穿事前和事后,这就要求监事会的成员需充分了解企业的经营状况。

【实务研究】

1.公司实务:根据《公司法》的制度设计,监事会的职能发挥应当是全方位的(可以自行运作也可以列席董事会议)和全程的(可以事前质询或建议也可以事后调查),同时也可以寻求外部力量的协助(如聘请会计人员等)。并且,如监事会履职不力,导致公司受损、股东抽逃出资等情形的,监事也可能承担赔偿责任。因此,从《公司法》赋予监事的权利和义务出发,监事应当在公司的治理结构中享有较多的权限和便利。

考虑到公司作为独立法人以盈利为最终目的,即便是设立公司的股东也不能过多干涉公司的正常经营秩序,故监事行使质询建议权和调查权时,也应注意适度性和必要性,不能影响公司的正常经营,更不能过分增加公司的成本开支。

2.律师实务:虽然监事会的调查权具有不可诉性,无法在权利行使障碍时通过司法途径进行救济,但为有效发挥监事会监督的职能,律师可以在公司章程或公司内部规章制度中明确企业相关人员的配合义务,并规定不予配合的后果,以充分保障监事会职权的顺利行使。

 第八十条【董事、高级管理人员对监事会的义务】

2018 年修正案	新《公司法》
第一百五十条第二款　董事、高级管理人员应当如实向监事会或者不设监事会的有限责任公司的监事提供有关情况和资料,不得妨碍监事会或者监事行使职权。	第八十条　监事会可以要求董事、高级管理人员提交执行职务的报告。 董事、高级管理人员应当如实向监事会提供有关情况和资料,不得妨碍监事会或者监事行使职权。

【内容变化】

新增董事、高级管理人员对监事会提交执行职务报告的义务。

【分析解读】

本条系对监事会(包括审计委员会)法定职权的扩充,也为保证监事会的知情权和调查权提供了法定保障。

【实务研究】

1.公司实务:本条仅规定有限责任公司的董事、高级管理人员有如实提供有关情况和资料的义务,但对该提供义务的时限和及时性并未做明确要求,这难以避免会有部分董事、高级管理人员故意拖延从而影响监事会履职效果的情况发生。故公司仍应通过制定更加具体的内部制度来进一步约束董事和高级管理人员。

2.律师实务：在涉及公司内部纠纷时，监事会留存的董事、高级管理人员执行职务报告可作为相关证据使用。当然，该报告并不能排除董事、高级管理人员刻意隐瞒或造假的可能，故律师仍需进行甄别并结合其他证据使用。

 第八十一条【监事会会议制度】

2018 年修正案	新《公司法》
第五十五条　监事会每年度至少召开一次会议，监事可以提议召开临时监事会会议。 　　监事会的议事方式和表决程序，除本法有规定的外，由公司章程规定。 　　监事会决议应当经半数以上监事通过。 　　监事会应当对所议事项的决定作成会议记录，出席会议的监事应当在会议记录上签名。	第八十一条　监事会每年度至少召开一次会议，监事可以提议召开临时监事会会议。 　　监事会的议事方式和表决程序，除本法有规定的外，由公司章程规定。 　　监事会决议应当经全体监事的过半数通过。 　　监事会决议的表决，应当一人一票。 　　监事会应当对所议事项的决定作成会议记录，出席会议的监事应当在会议记录上签名。

【内容变化】

一是新增监事会实施一人一票的表决规则，二是将监事会决议的"半数以上监事"要求修改为"全体监事的过半数"。

【分析解读】

2018 年修正案并未规定监事会决议系以出席会议的监事计还是以全体监事计，故新《公司法》本次修订明确了监事会决议的统计基数应为全体监事。

另，在《公司法》已经明确董事会决议实行一人一票的基础上，新增监事会（或审计委员会）决议应当一人一票的表决规则，可避免有限责任公司通过设置不合理的投票权弱化监事会的作用，从而使监事会更好地发挥监督职能。

【实务研究】

1.公司实务：根据本条"过半数"的表决要求，为避免监事会陷入表决僵局，建议公司选任的监事会成员人数以奇数为宜。

2.律师实务：律师在协助监事会开展工作时，既应重视监事会决议是否程序合规、形式有效、内容合法，也要注意提醒相关决议是否合理必要，减少对公司正常经营活动的干扰。

第八十二条【监事会行使职权费用承担】

2018 年修正案	新《公司法》
第五十六条 监事会、不设监事会的公司的监事行使职权所必需的费用,由公司承担。	第八十二条 监事会行使职权所必需的费用,由公司承担。

【内容变化】

将"监事会、不设监事会的公司的监事"修改为"监事会"。

【分析解读】

明确监事会行使职权所必需的费用由公司承担,可为监事会提供必要的履职保障,并有效解决监事开展工作的后顾之忧。

【实务研究】

1.公司实务:本条限定公司承担的费用范围是监事行使职权"所必需的费用",故对于超出监事职权范围以及非必需的费用,公司有权拒绝支付。通常来说,监事为履行职权,聘请会计师事务所进行财务审计的费用,聘请律师起诉董事、高级管理人员产生的费用,以及在董事会无法履职时依法召集和主持股东会会议产生的费用,或对公司异常情况开展调查产生的费用等,都属于本条应由公司承担的费用范围。同时,为避免争议,公司可在章程中对本条需由公司承担的费用范围做进一步约定和细化。

2.律师实务:作为律师,应注意甄别监事要求公司承担的费用是否与履职相关、是否必不可少,以避免监事会滥用该权利或将其他无关开支作为监事会行使职权的费用要求公司承担。

 第八十三条【不设监事及监事会的情形】

2018 年修正案	新《公司法》
第五十一条第一款 有限责任公司设监事会,其成员不得少于三人。股东人数较少或者规模较小的有限责任公司,可以设一至二名监事,不设监事会。	第八十三条 规模较小或者股东人数较少的有限责任公司,可以不设监事会,设一名监事,行使本法规定的监事会的职权;经全体股东一致同意,也可以不设监事。

【内容变化】

本条新增有限责任公司可以不设监事的规定。

【分析解读】

新《公司法》新增了有限责任公司可以不设监事的两种情形:一是在董事会中设置了由董事组成的审计委员会,由其行使监事会的法定职权(第 69 条);二是规模较小或者股东人数较少的有限责任公司且经全体股东一致同意的(第 83 条)。以上内容属于对监事会设置规则的重大调整。公司自此告别了必须设置监事的时代。

新《公司法》第 83 条的规定也更加符合目前公司商事活动的实践与现实需求。在规模较小或者股东人数较少的有限责任公司中,公司股东往往也是公司的经营管理人员,减少监事这种监督机构,更符合这些公司的现实情况,降低不必要的监督、管理成本支出。同时,经有限责任公司的全体股东一致同意可不设监事,体现新《公司法》对公司自治原则的尊重以及对小股东利益的充分保障。

【实务研究】

1.公司实务:根据本条,规模较小或者股东人数较少的有限责任公司如不设置监事,必须经全体股东一致同意,而非常见的"多数决"通过。因此,为避免争议,建议公司股东通过书面形式明确表达同意的意见,以确保其公司治理结构设置的合法合规性。

需要注意的是,结合新《公司法》第 69 条以及人大法工委的解读,[①]若有限责任公司不设监事会的,则必须在董事会中设立审计委员会;反之,若已设立监事会的,仍可以按需在董事会中设立审计委员会。

2.律师实务:公司股东选择不设监事后,如何对公司的经营管理进行监督制约并保障中小股东的权益,同样值得思考。对于设置审计委员会的公司,律师应协助公司完善审计委员会的召开和议事规则,并综合考量是否吸纳小股东代表加入审计委员会,以实现公司大小股东之间权利的平衡。

---

① 李小健:《为构建高水平社会主义市场经济体制提供法治保障——聚焦新修订的公司法》,载《中国人大》2024 年第 1 期。

第四章　有限责任公司的股权转让[*]

导言

　　本章明确了股权转让的事项与程序。与 2018 年修正案相比,主要存在以下变化:一是删除股权对外转让时须经其他股东过半数同意的规定;二是新增股权转让的程序要求并明确股权转让对公司内部发生效力的时间节点;三是新增未届出资期限的股权以及瑕疵股权转让后出资责任的承担方式;四是新增控股股东滥用权利时其他股东的回购请求权以及公司回购后的处置方式与时间要求。

　　本章为有限责任公司股权转让提供了明确的指引,在扩大有限责任公司股权转让自由度的同时加强了对股权交易行为与股东出资的规范,并在股权转让程序中强调了公司的配合义务,以保障股权在实践中的顺利流转。此外,本章规定转让股东对未届出资期限的股权承担出资的补充责任,对转让股东的完全退出进行了限制,体现出对公司与债权人的保护倾向。同时,规定控股股东滥用权利时其他股东可以行使回购请求权,体现出对中小股东的保护倾向。

第八十四条【股权转让】

2018 年修正案	新《公司法》
第七十一条　有限责任公司的股东之间可以相互转让其全部或者部分股权。 　　股东向股东以外的人转让股权,应当经其他股东过半数同意。股东应就其股权转让事项书面通知其他股东征求同意,其他股东自接到书面通知之日起满三十日未答复的,视为同意转让。其他股东半数以上不同意转让的,不同意的股东应当购买该转让的股权;不购买的,视为同意转让。 　　经股东同意转让的股权,在同等条件下,其他股东有优先购买权。两个以上股东主张行使优先购买权的,协商确定各自的购买比例;协商不成的,按照转让时各自的出资比例行使优先购买权。 　　公司章程对股权转让另有规定的,从其规定。	第八十四条　有限责任公司的股东之间可以相互转让其全部或者部分股权。 　　股东向股东以外的人转让股权的,应当将股权转让的数量、价格、支付方式和期限等事项书面通知其他股东,其他股东在同等条件下有优先购买权。股东自接到书面通知之日起三十日内未答复的,视为放弃优先购买权。两个以上股东行使优先购买权的,协商确定各自的购买比例;协商不成的,按照转让时各自的出资比例行使优先购买权。 　　公司章程对股权转让另有规定的,从其规定。

---

　　[*]　执笔人:董杰、王梦晓。

【内容变化】

一是删除了股权对外转让时须经其他股东同意的规定；二是明确了股权对外转让时通知其他股东的具体事项；三是增加了"股东自接到书面通知之日起三十日内未答复的，视为放弃优先购买权"。

【分析解读】

本条删除了股权对外转让时须经其他股东同意的规定，减少了股权对外转让的限制，加大了股东对外转让股权的自由，符合意思自治原则，在保障有限责任公司人合性的同时更加突出有限责任公司的资合性。

本条吸收了《公司法司法解释（四）》第 18 条及第 19 条的规定，明确了股权对外转让时的具体通知事项，为转让股东履行通知义务提供了清晰的指引。同时，规定了其他股东对于转让通知的回复期限以及逾期回复的后果，避免出现实践中其他股东故意拖延的情形。

【实务研究】

1.公司实务：有限责任公司对股权转让事宜有不同于本条的需求，可以通过章程予以规定。

2.律师实务：有限责任公司股东损害其他股东优先购买权，其他股东有权主张按照同等条件购买该转让股权，但自知道或者应当知道行使优先购买权的同等条件之日起 30 日内没有主张，或者自股权变更登记之日起超过 1 年的除外。对于股东以外的股权受让人，因股东行使优先购买权而不能实现股权转让合同目的的，只能依法请求转让股东承担相应民事责任而无法取得该转让股权。

【关联规定】

《公司法司法解释（四）》第 18 条：人民法院在判断是否符合公司法第七十一条第三款及本规定所称的"同等条件"时，应当考虑转让股权的数量、价格、支付方式及期限等因素。

 第八十五条【强制执行程序中的股权转让】

2018 年修正案	新《公司法》
第七十二条　人民法院依照法律规定的强制执行程序转让股东的股权时，应当通知公司及全体股东，其他股东在同等条件下有优先购买权。其他股东自人民法院通知之日起满二十日不行使优先购买权的，视为放弃优先购买权。	第八十五条　人民法院依照法律规定的强制执行程序转让股东的股权时，应当通知公司及全体股东，其他股东在同等条件下有优先购买权。其他股东自人民法院通知之日起满二十日不行使优先购买权的，视为放弃优先购买权。

【内容变化】

本条无变化。

【分析解读】

股权作为财产权,是法院强制执行的标的之一。当债务人未履行已经生效的法院判决、裁定或法律规定由人民法院执行的其他法律文书所确认的债权时,其所拥有的公司股权可能会被强制执行。对此,最高人民法院专门出台了《最高人民法院关于人民法院强制执行股权若干问题的规定》对法院强制执行股权予以规范。

本条规定可以强制执行有限责任公司的股权,体现股权的财产性、流动性以及有限责任公司的资合性,规定法院通知公司是确保公司予以配合,规定通知全体股东是确保其他股东的优先购买权,维护有限责任公司的人合性。

本条规定的股东优先购买权行使期限短于上条规定的行使期限,体现出强制执行程序中股权转让与正常情况下股权转让的区别,突出司法程序的时效性及严肃性。

【实务研究】

1.公司实务:法院强制执行股权一般采用拍卖的形式,根据相关规定,法院拍卖被执行人的股权,应当采取网络司法拍卖方式。对于网络司法拍卖的具体流程可参见《最高人民法院关于人民法院网络司法拍卖若干问题的规定》。公司其他股东应在接到法院强制执行通知后 20 日内行使优先购买权,按法院要求提交申请材料,并按规定参与拍卖流程。

2.律师实务:律师应充分理解"同等条件"的要求,更好地帮助股东在强制执行程序中行使优先购买权。应注意,根据(2019)粤执复 952 号案件的判决,当被拍卖的股权在拍卖保留价下流拍,申请执行人申请以该保留价以物抵债时,股东应以该保留价行使优先购买权,若股东主张降低该保留价再次拍卖的,视为不符合行使优先购买权"同等价格"的条件。

【关联规定】

《最高人民法院关于人民法院网络司法拍卖若干问题的规定》第 19 条:优先购买权人经人民法院确认后,取得优先竞买资格以及优先竞买代码、参拍密码,并以优先竞买代码参与竞买;未经确认的,不得以优先购买权人身份参与竞买。

顺序不同的优先购买权人申请参与竞买的,人民法院应当确认其顺序,赋予不同顺序的优先竞买代码。

 第八十六条【股权转让程序】

2018 年修正案	新《公司法》
/	第八十六条　股东转让股权的,应当书面通知公司,请求变更股东名册;需要办理变更登记的,并请求公司向公司登记机关办理变更登记。公司拒绝或者在合理期限内不予答复的,转让人、受让人可以依法向人民法院提起诉讼。 股权转让的,受让人自记载于股东名册时起可以向公司主张行使股东权利。

【内容变化】

本条为新增条款。

【分析解读】

本条涉及股权变动模式。以股权变动时点为标准,可将学界有关股权变动模式的观点分为意思主义和形式主义两派,前者系指当事人意思表示一致时股权即发生变动,后者系指除意思表示外还须满足相关形式要件后股权方发生变动。其中,意思主义又可进一步细分为纯粹意思主义和修正意思主义;形式主义依形式的不同,还可细分为以公司内部股东名册为形式的记载形式主义和以公司外部工商登记为形式的登记形式主义两类。①

本条采取了形式主义中的以公司内部股东名册为形式的记载形式主义,即受让人记载于股东名册时股权变动生效,该受让人成为公司股东并开始享有股东权利。但该股权变动模式未解决股权对世性的问题,对公司外部来说,难以发现公司内部股东的变化,所以针对此问题,新《公司法》第34条赋予登记对抗效力来保护善意相对人。

本条亦规定了公司变更股东名册及进行变更登记的义务,并赋予转让人、受让人通过起诉请求变更的权利,有利于解决实践中股权转让变更难的问题。

【实务研究】

1.公司应在接到股权转让通知后,依请求及时变更股东名册及进行变更登记,避免公司股权处于不确定的状态。股东名册变更后,受让人取得公司股东身份,享有股东权利。当公司作为受让人时,若标的公司未按请求履行变更义务,应积极通过诉讼程序请求变更,维护自身合法利益。

2.律师实务:本条对"公司拒绝或者在合理期限内不予答复的"中的"合理期限"未予以明确,律师可提请客户在通知标的公司时注明请求变更的期限,但应注意,该期限应根据客观情况予以确定,为标的公司履行变更程序预留合理时间。

【关联规定】

新《公司法》第34条。

《九民纪要》第8条【对于有限责任公司的股权变动】:当事人之间转让有限责任公司股权,受让人以其姓名或者名称已记载于股东名册为由主张其已经取得股权的,人民法院依法予以支持,但法律、行政法规规定应当办理批准手续生效的股权转让除外。未向公司登记机关办理股权变更登记的,不得对抗善意相对人。

---

① 邹学庚:《股权变动模式的理论反思与立法选择》,载《安徽大学学报(哲学社会科学版)》2023年第6期。

第八十七条【股权转让后的公司义务】

2018 年修正案	新《公司法》
第七十三条　依照本法第七十一条、第七十二条转让股权后,公司应当注销原股东的出资证明书,向新股东签发出资证明书,并相应修改公司章程和股东名册中有关股东及其出资额的记载。对公司章程的该项修改不需再由股东会表决。	第八十七条　依照本法转让股权后,公司应当及时注销原股东的出资证明书,向新股东签发出资证明书,并相应修改公司章程和股东名册中有关股东及其出资额的记载。对公司章程的该项修改不需再由股东会表决。

【内容变化】

无实质性变化。

【分析解读】

本条规定,股权转让后,公司应当履行两项程序性义务:一是注销原股东的出资证明书,向新股东签发出资证明书;二是根据股权转让后的实际情况修改公司章程、股东名册中有关股东及出资额的记载。因实践中各公司的实际情况不同,股权交割的时间与方式也各有差异,所以 2018 年修正案并未对以上两项程序的履行时间作出规定,但为避免实践中公司拖延造成股东变更难的问题,新《公司法》增加了"及时"的要求,虽然亦未明确具体的时间限制,但暗示公司应当在合理时间内履行以上两项程序义务,与上条的"合理期限"相呼应。

根据相关规定,修改公司章程属于股东会决议事项,须经股东会表决通过,但是修改章程中记载的股东及出资额仅涉及章程形式上的修改,对章程的实质内容没有影响,所以本条特别强调对章程的该项修改不需要股东会表决。

【实务研究】

1.公司实务:根据相关规定,当股权归属发生争议时,请求人民法院确认享有股权的一方,应证明已经依法向公司出资/认缴出资或已经继受公司股权。可见,出资证明书是股东确权的重要文件之一。当股权转让后,公司应当及时注销原股东的出资证明书,向新股东签发出资证明书,若公司不予签发,受让人有权起诉要求公司履行该义务。

2.律师实务:公司有及时签发出资证明书、修改公司章程和股东名册的义务,在此过程中,律师应帮助公司确定股东身份是否存在问题。应注意,当股权发生多次转让并变更工商登记时,原始股东仅凭确认其与受让方股权转让协议无效的生效判决文书,要求恢复股东资格的,不能当然恢复其股东资格。[①]

①　济南中院:《保护投资者合法权益　济南市中级人民法院发布涉公司类纠纷 10 大典型案例(2016—2020)》,https://mp.weixin.qq.com/s/dFNnPDIorrmBSqEqcsJhwQ,最后访问时间:2024 年 10 月 1 日。

【关联规定】

《公司法司法解释(三)》第 23 条:当事人依法履行出资义务或者依法继受取得股权后,公司未根据公司法第三十一条、第三十二条的规定签发出资证明书、记载于股东名册并办理公司登记机关登记,当事人请求公司履行上述义务的,人民法院应予支持。

 第八十八条【股权转让后的责任承担】

2018 年修正案	新《公司法》
/	第八十八条　股东转让已认缴出资但未届出资期限的股权的,由受让人承担缴纳该出资的义务;受让人未按期足额缴纳出资的,转让人对受让人未按期缴纳的出资承担补充责任。 　　未按照公司章程规定的出资日期缴纳出资或者作为出资的非货币财产的实际价额显著低于所认缴的出资额的股东转让股权的,转让人与受让人在出资不足的范围内承担连带责任;受让人不知道且不应当知道存在上述情形的,由转让人承担责任。

【内容变化】

本条为新增条款。

【分析解读】

《公司法司法解释(三)》第 18 条只规定了瑕疵股权转让后的责任承担问题。关于未届出资期限的股权转让后责任如何承担问题,理论界存在较大分歧。具体有转让股东担责说、受让股东责任说、连带责任说、区别责任说和发起人不免责说五种观点。[1] 但本条未采取以上学说,而是规定了受让股东承担第一责任,转让股东承担补充责任,该规范模式站在保护债权人的角度,既不会超出受让股东的心理预期,又可以防止转让股东采取低价转让、恶意串通等手段将股权转让给明显缺乏实缴能力的受让人从而金蝉脱壳的风险。

关于瑕疵股权的转让,本条将不知道且不应当知道转让股权有瑕疵的举证责任转移给受让人,根据此前的相关规定,该举证责任原本由公司或债权人承担。该举证责任的变化体现出新《公司法》对公司及债权人的保护倾向。

【实务研究】

1.公司实务:本条规定下,转让股东需对受让股东未按期缴纳的出资承担补充责任。此种规范模式加重转让股东的责任,故转让股东在转让前应谨慎选择受让人,确保受让人的出

---

[1]　薛波:《论出资未届期股权转让后出资责任之主体》,载《学术论坛》2021 年第 4 期。

资履行能力及商业信誉,否则,转让股东无法实现退出的目的。

2.律师实务:在客户拟转让未届出资期限的股权时,律师应提请并帮助客户做好关于受让人的法律尽职调查;在客户拟受让股权时,律师应提请并帮助客户做好关于受让股权的法律尽职调查。此外,应注意在股权转让协议中约定好双方的责任承担及违约责任。

【关联规定】

《公司法司法解释(三)》第18条:有限责任公司的股东未履行或者未全面履行出资义务即转让股权,受让人对此知道或者应当知道,公司请求该股东履行出资义务、受让人对此承担连带责任的,人民法院应予支持;公司债权人依照本规定第十三条第二款向该股东提起诉讼,同时请求前述受让人对此承担连带责任的,人民法院应予支持。

受让人根据前款规定承担责任后,向该未履行或者未全面履行出资义务的股东追偿的,人民法院应予支持。但是,当事人另有约定的除外。

 第八十九条【股东回购请求权】

2018 年修正案	新《公司法》
第七十四条 有下列情形之一的,对股东会该项决议投反对票的股东可以请求公司按照合理的价格收购其股权: (一)公司连续五年不向股东分配利润,而公司该五年连续盈利,并且符合本法规定的分配利润条件的; (二)公司合并、分立、转让主要财产的; (三)公司章程规定的营业期限届满或者章程规定的其他解散事由出现,股东会会议通过决议修改章程使公司存续的。 自股东会会议决议通过之日起六十日内,股东与公司不能达成股权收购协议的,股东可以自股东会会议决议通过之日起九十日内向人民法院提起诉讼。	第八十九条 有下列情形之一的,对股东会该项决议投反对票的股东可以请求公司按照合理的价格收购其股权: (一)公司连续五年不向股东分配利润,而公司该五年连续盈利,并且符合本法规定的分配利润条件; (二)公司合并、分立、转让主要财产; (三)公司章程规定的营业期限届满或者章程规定的其他解散事由出现,股东会通过决议修改章程使公司存续。 自股东会决议作出之日起六十日内,股东与公司不能达成股权收购协议的,股东可以自股东会决议作出之日起九十日内向人民法院提起诉讼。 公司的控股股东滥用股东权利,严重损害公司或者其他股东利益的,其他股东有权请求公司按照合理的价格收购其股权。 公司因本条第一款、第三款规定的情形收购的本公司股权,应当在六个月内依法转让或者注销。

【内容变化】

新增控股股东滥用权利时其他股东的回购请求权以及公司回购后的处置方式与时间要求。

【分析解读】

高集中度股权结构是中国公司的一个普遍现象,在缺乏股份自由流通市场的有限责任公司中,股权集中的现象更加严重。公司治理实践经验表明,控股股东与其他股东之间的矛盾是中国公司治理的突出问题,有效规制控股股东也成为公司治理的重要命题。[1] 虽然 2018年修正案第20条规定股东滥用股东权利应赔偿给公司或者其他股东造成的损失,但这不足以保护中小股东的长期利益以及退出需要。本条借鉴国外股权压制措施,新增控股股东滥用股东权利下其他股东的回购请求权,拓宽了中小股东的救济渠道。

根据本条,控股股东滥用权利时其他股东的回购请求权构成要件有三点注意事项:一是控股股东的认定,新《公司法》第265条已予以明确。二是滥用股东权利的表现,主要有:不公平关联交易、侵占或者擅自处分公司财产、恶意修改公司章程、长期不召开股东会、不分配盈余、干预公司经营活动等。[2] 三是损害后果的认定:首先,鉴于预期利益在实践中通常很难得到支持,所以应为直接经济损失;其次,损害需达到严重,股东的一般损害不足以主张公司回购。

本条亦规定公司回购后须在6个月内依法转让或者注销,从而与新《公司法》第162条相协调,保障公司资本的真实性。

【实务研究】

1.公司实务:当出现本条规定的情形时,公司应依股东的请求与其达成股权收购协议并收购其股权,避免诉讼,并应在收购后6个月内依法转让或者注销。请求公司回购的股东应注意行使诉权的时间要求,否则法院不予受理。

2.律师实务:本条属于公司回购的法定情形,应与对赌协议下约定的公司回购予以区分。在(2020)最高法民再350号案件中,最高人民法院表示:协议中关于财神岛公司回购股份的约定不属于《公司法》第74条和财神岛公司章程所列举的情形,不符合公司法关于资本维持的基本原则,广华投资企业请求财神岛公司收购其股权的条件并不具备。

【关联规定】

《最高人民法院关于适用〈中华人民共和国公司法〉若干问题的规定(一)》第3条:原告以公司法第二十二条第二款、第七十四条第二款规定事由,向人民法院提起诉讼时,超过公司法规定期限的,人民法院不予受理。

 第九十条【股东资格的继承】

2018年修正案	新《公司法》
第七十五条 自然人股东死亡后,其合法继承人可以继承股东资格;但是,公司章程另有规定的除外。	第九十条 自然人股东死亡后,其合法继承人可以继承股东资格;但是,公司章程另有规定的除外。

---

[1] 李建伟:《再论股东压制救济的公司立法完善——以《公司法》修订为契机》,载《北京理工大学学报(社会科学版)》2022年第5期。

[2] 傅穹、王志鹏:《公司控制权滥用规制的法理基础与司法判断》,载《社会科学战线》2011年第5期。

【内容变化】

本条无变化。

【分析解读】

股东资格与股权并不等同,股权不仅具有财产属性,还具有人身属性。实践中,对于股份财产性权利的继承并无争议,而对于股份人身属性的相关权利能否继承则存在不同观点。一种观点认为,股份人身属性的相关权利不能当然继承,即股东资格只是获得股权的前提条件,如果继承人想成为真正的股东,还需根据 2018 年修正案第 71 条的规定经其他股东过半数同意;另一种观点认为,无论是股份财产性权利还是股份人身属性的相关权利都可以继承,继承人成为真正的股东无须经其他股东过半数同意。[①] 随着《公司法司法解释(四)》第 16 条的出台,可以看出,法院更加倾向第二种观点,且本次新《公司法》将股权对外转让须经其他股东过半数同意的规定予以删除,第一种观点已无立足之地。

对于继承发生的时间,应结合《民法典》及《〈中华人民共和国民法典〉继承编的解释(一)》予以确定。继承从被继承人生理死亡或者被宣告死亡时开始。被宣告死亡的人,人民法院宣告死亡的判决作出之日视为其死亡的日期;因意外事件下落不明宣告死亡的,意外事件发生之日视为其死亡的日期。

还应注意,股东资格的继承事宜以章程约定优先。

【实务研究】

1.公司实务:有限责任公司股东死亡时,若其继承人未放弃继承权,则继承股东资格,公司应与继承人确认后变更股东名册、修改公司章程并办理变更登记。但有限责任公司对人合性有较高需求,股东若不想破坏公司人合性,则可以通过公司章程限制股东资格的继承。

2.律师实务:律师在为有限责任公司起草公司章程时,应考虑到股东资格继承的问题并通过章程予以明确,否则公司的人合性与封闭性无法得到保障。

【关联规定】

《公司法司法解释(四)》第 16 条:有限责任公司的自然人股东因继承发生变化时,其他股东主张依据公司法第七十一条第三款规定行使优先购买权的,人民法院不予支持,但公司章程另有规定或者全体股东另有约定的除外。

[①] 沈友平:《有限公司股东资格继承规则之省思与完善——兼评〈公司法〉第七十五条》,https://mp.weixin.qq.com/s/Qyg5-jFTyWv15HbpUvpRyQ,最后访问时间:2024 年 10 月 20 日。

第五章　股份有限公司的设立和组织机构

导言[*]

本章包括设立,股东会,董事会、经理,监事会,上市公司组织机构的特别规定五节内容,与新《公司法》第三章"有限责任公司的设立和组织机构"仅存设立、组织机构两节内容对比,凸显股份有限公司组织机构制度的复杂性。

在股份有限公司"设立"一节,相较于2018年修正案,新《公司法》允许一个股东设立股份有限公司,衔接新《公司法》对一人公司的"只有一个股东的公司"的概念变化,范围从有限责任公司放宽至股份有限公司。股份有限公司的设立引入授权资本制,允许公司章程或股东会授权董事会发行股份,同时要求发起人全额缴纳股款,既方便公司设立、提高筹资灵活性,又减少资本虚化等问题。在设立程序上也做了相应调整,包括考虑类别股因素,募集设立股份有限公司成立大会的出席股东要求由股份总数过半数调整为表决权过半数。发起设立的股份有限公司可以自行约定成立大会的召开和表决程序,对公司登记主体做了合理化处理,由董事会授权代表申请设立登记。删减了登记文件的列举式规定,交由其余规范性文件具体调整。另外,新增第107条引致条款,明确股份有限公司可以直接适用有限责任公司关于设立公司的责任承担、公司资本充实的相关规定。新增第110条股份有限公司股东查阅会计账簿、会计凭证的权利,对享有查阅权利的股东资格进行限制,确认前置程序与保密要求,增加了复制权,新增母公司股东对于全资子公司的相关查阅、复制权等。

新《公司法》关于股份有限公司组织机构的规定,在"股东会"一节,相较于2018年修正案,除名称上取消了"股东大会"表述,新《公司法》在股东会议召开程序上,主要针对临时提案权进行了规范,在股东权利与公司利益之间寻求平衡,一方面降低临时提案的股东行权的比例限制门槛,另一方面对临时提案作了限制要求,避免滥用权利。新《公司法》第121条新增了审计委员会机制,职权扩大至可以行使监事会职权,对现行监事会制度在公司治理严重缺位的现实进行矫正。关于"董事会、经理"一节,新《公司法》第128条进一步简化董事会机构,将有限责任公司不设立董事会的规范进一步放宽适用于规模较小或股东人数较少的股份有限公司。关于"监事会"一节,新《公司法》增加了"一人一票"的民主管理,并调整为"全体监事""过半数"等更加严谨的表述。此外,在"上市公司组织机构的特别规定"一节,新《公司法》新增第137条,列举审计委员会全体成员过半数通过的事项,以强化审计委员会对上市公司财务监督的作用。新增第140条股东及实际控制人的信息披露,衔接《中华人民共和国证券法》(以下简称《证券法》)第78条第2款、《首次公开发行

---

[*]　执笔人:邬辉林。

股票并上市管理办法》第13条、《上市公司信息披露管理办法》第27条等关于涉及上市公司股东、实际控制人的信息披露要求；并新增第141条对上市公司交叉持股进行限制，避免上市公司经营管理层利用交叉持股架空公司股东权利导致内部绝对控制的行为，保障公司内外部有效治理。

第一节　设　立

 第九十一条【设立方式】*

2018 年修正案	新《公司法》
第七十七条　股份有限公司的设立，可以采取发起设立或者募集设立的方式。 发起设立，是指由发起人认购公司应发行的全部股份而设立公司。 募集设立，是指由发起人认购公司应发行股份的一部分，其余股份向社会公开募集或者向特定对象募集而设立公司。	第九十一条　设立股份有限公司，可以采取发起设立或者募集设立的方式。 发起设立，是指由发起人认购设立公司时应发行的全部股份而设立公司。 募集设立，是指由发起人认购设立公司时应发行股份的一部分，其余股份向特定对象募集或者向社会公开募集而设立公司。

【内容变化】

新《公司法》第91条，较2018年修正案第77条，无实质重大修改。修订内容在认购表述后增加了"设立"，并将募集设立方式下的其余股份募集对象的表述顺位调整为"特定对象募集""社会公开募集"。

值得注意的是，2018年修正案的第76条规定了股份有限公司设立的条件，但因新《公司法》第32条规定了包括名称、住所等在内的公司登记事项，第92条规定了股份公司的人数限制，第96条规定了股份公司的注册资本，因此出于体系协调、避免重复等考虑，不再保留2018年修正案第76条关于股份公司设立条件的规定。

【分析解读】

新《公司法》第91条是关于股份有限公司的设立方式，规定了设立方式分为发起设立、募集设立。

发起设立指由发起人认购公司应发行的全部股份而设立公司，即公司股份全部由发起人认购，而不向发起人之外的任何人募集股份。与募集方式设立公司相比，发起设立股份有限公司比较简便。发起设立程序主要包括：发起人签订发起人协议、制订公司章程、在公司成立前按照其认购的股份全额缴纳股款、选举董事监事成员及向登记机关申请设立登记等。

---

* 执笔人：邬辉林。

募集设立指由发起人认购公司应发行股份的一部分,其余部分向社会公开募集或者向特定对象募集而设立公司。除发起人之外,其他投资者包括两种情况:一是社会公众,即发起人向不特定对象募集股份;二是发起人向特定对象募集股份,例如特定的机构投资者等。设立规模较大的股份有限公司,仅凭发起人的出资远远不够,这就需要通过募集方式,从社会上聚集到更多资金。募集设立程序主要包括:发起人签订发起人协议、制订公司章程、召开成立大会、选举董事监事成员、验资及向登记机关申请设立登记。如属于《证券法》中的向社会公开募集股份的情形,还应当经国务院证券监督管理机构注册,公告招股说明书。

【实务研究】

1.公司实务:发起设立股份有限公司,发起人应当在公司成立前按照其认购的股份全额缴纳股款。而募集设立有限公司,在发起人认购的股份缴足前,不得向他人募集股份。因此,股份有限公司设立时,对发起人的认缴出资期限要求,远高于新《公司法》第47条有限责任公司股东应当5年内缴足其认缴出资的要求。另外,如果某一位发起人未能缴足,除了其本人需要补缴及承担赔偿责任外,其他发起人需要承担连带责任,同时公司及公司董事会负有催缴义务、责任董事负有赔偿责任,在抽逃出资时董监高与发起人应当承担连带赔偿责任。因此,股份有限公司成立后,应当审视发起人协议是否符合公司法要求,特别是对发起人认购股份是否全额缴纳股款、是否存在通过往来款形式抽回股本或抽逃出资等,如果存在该类情形,应当由董事会及时作出催缴通知甚至失权通知。

2.律师实务:在发起设立股份公司时,需要关注发起设立、募集设立的区别,以及在出资期限上与有限责任公司的明确区别。草拟发起设立协议时应当严格遵守公司法关于发起设立的程序要求,并且明确发起人认购股份的缴纳期限、宽限期、失权期等。

【关联规定】

新《公司法》第47条、第98条。

第九十二条【发起人的限制】*

2018 年修正案	新《公司法》
第七十八条　设立股份有限公司,应当有二人以上二百人以下为发起人,其中须有半数以上的发起人在中国境内有住所。	第九十二条　设立股份有限公司,应当有一人以上二百人以下为发起人,其中应当有半数以上的发起人在中华人民共和国境内有住所。

【内容变化】

新《公司法》第92条较2018年修正案第78条除了表述用语更加规范之外,主要修改体现在股份有限公司发起人的人数起点上,由此前的"二人以上",变更为"一人以上"。

---

*　执笔人:邬辉林。

【分析解读】

新《公司法》第 92 条是关于股份有限公司发起人人数、资格的限制规定。新《公司法》允许设立一个股东的股份有限公司，不设股东会。同时对一人公司的表述改为"只有一个股东的公司"，范围从有限责任公司放宽至股份有限公司。个人创业者可以根据实际需求选择更灵活的公司形式，旨在进一步激活小微公司的设立积极性。

新《公司法》仍然对半数以上发起人需要在国内有住所作出要求。这里发起人可以是自然人，也可以是法人；可以是中国国籍，也可以是外国籍。对于设立股份有限公司这类公众性公司，出于公众利益保护与监管需要，要求发起人必须过半数在中国境内有住所，但对国籍并未做强制要求。具体来说，就中国公民而言，是指公民以其户籍所在地为居住地或者其经常居住地在中国境内；就外国公民而言，是指其经常居住地在中国境内；就法人而言，是指其主要办事机构所在地在中国境内。

【实务研究】

1.公司实务：如果只有一个发起人发起设立只有一个股东的股份有限公司，仍然需要受到新《公司法》第 23 条第 3 款的约束，如果其不能证明公司财产独立于股东财产，需要对公司债务承担连带责任。股份公司的债务责任，不仅约束自然人发起人，也约束法人或非法人组织的发起人，需要重视只有一个股东公司的财务、资产、关联交易方面的规范操作。

2.律师实务：在股份公司进行挂牌或上市发行时，更多关注股份公司股东人数限制即 200 人上限如何界定、是否穿透。例如《证券法》第 9 条规定，依法实施员工持股计划的员工人数不计算在内。《非上市公众公司监管指引第 4 号——股东人数超过二百人的未上市股份有限公司申请行政许可有关问题的审核指引（2020 修正）》所称的持股平台；《全国中小企业股份转让系统业务规则（试行）》1.10 规定的挂牌公司股东人数可以超过 200 人。《私募投资基金监督管理暂行办法》第 13 条规定以合伙企业、契约等非法人形式汇集多数投资者的资金直接或间接投资于私募基金的，符合本条第（一）（二）（四）项规定的投资者私募基金的，不再穿透核查最终投资者是否为合格投资者和合并计算投资者人数。因此，在中国证券投资基金业协会备案的私募基金、资管计划等投资计划中，以各种平台形式体现的员工持股计划，穿透后按 1 名股东人数计算，非专门投资发行人的公司制企业、合伙制企业及其他非法人组织，既存在穿透后合并计算股东人数的案例，也有按 1 名股东计算的案例。为投资发行人专门设立的公司制企业、合伙制企业及其他非法人组织等，则按照穿透后的自然人、法人股东、非法人股东合并计算股东人数。

另外，在国企改革后存在工会、职工持股会持股或代职工持股导致股东人数超 200 人的公司，考虑到发行条件对发行人股权清晰、控制权稳定的要求，发行人应当实现工会和持股会的百分之百退出，股权直接量化到实际持有人，量化后不能出现股东人数超过 200 人的情形。

【关联规定】

新《公司法》第23条第3款。

《证券法》第9条：……（二）向特定对象发行证券累计超过二百人，但依法实施员工持股计划的员工人数不计算在内……

《私募投资基金监督管理暂行办法》第13条：……以合伙企业、契约等非法人形式，通过汇集多数投资者的资金直接或者间接投资于私募基金的，私募基金管理人或者私募基金销售机构应当穿透核查最终投资者是否为合格投资者，并合并计算投资者人数。但是，符合本条第（一）（二）（四）项规定的投资者投资私募基金的，不再穿透核查最终投资者是否为合格投资者和合并计算投资者人数。

《监管规则适用指引——发行类第4号》4-1：历史上自然人股东人数较多的核查要求

对于历史沿革涉及较多自然人股东的发行人，保荐机构、发行人律师应当核查历史上自然人股东入股、退股（含工会、职工持股会清理等事项）是否按照当时有效的法律法规履行了相应程序，入股或股权转让协议、款项收付凭证、工商登记资料等法律文件是否齐备，并抽取一定比例的股东进行访谈，就相关自然人股东股权变动的真实性、所履行程序的合法性，是否存在委托持股或信托持股情形，是否存在争议或潜在纠纷发表明确意见。对于存在争议或潜在纠纷的，保荐机构、发行人律师应对相关纠纷对发行人股权清晰稳定的影响发表明确意见。发行人以定向募集方式设立股份公司的，中介机构应以有权部门就发行人历史沿革的合规性、是否存在争议或潜在纠纷等事项的意见作为其发表意见的依据。

第九十三条【发起人义务】*

2018年修正案	新《公司法》
第七十九条　股份有限公司发起人承担公司筹办事务。 发起人应当签订发起人协议，明确各自在公司设立过程中的权利和义务。	第九十三条　股份有限公司发起人承担公司筹办事务。 发起人应当签订发起人协议，明确各自在公司设立过程中的权利和义务。

【内容变化】

无变化。

【分析解读】

股份有限公司发起人筹办事务主要包括制订公司章程、办理公开募集股份的核准手续、办理具体募集事宜、召开创立大会、申请设立登记等。

签订发起人协议，其作用在于确立公司的基本性质与结构，约定公司设立过程中的法律行为与法律关系，以避免日后产生纠纷。新《公司法》第93条关于股份有限公司签订发起人

---

* 执笔人：牛晓鑫。

协议的规定,具有强行法特点,设立发起人协议是发起人必须履行的义务。与之相对应,新《公司法》第43条则规定,有限责任公司签订发起人协议并非必需的,当事人可自行选择,系任意性规则。

新《公司法》第93条与新《公司法》第43条相互对应,呈现出股份有限公司与有限责任公司在设立程序上的差别,这种差别某种程度上体现了立法者对两种法定标准公司形态的现实预设之别,即股份有限公司对应规模较大的"中大型开放式企业",而有限责任公司对应规模较小的"小型封闭式企业"。

【实务研究】

1.公司实务:签订发起人协议时,应当重点关注以下几点:第一,应当明确各方的股权投资关系,避免被认定为借贷关系、项目合作开发关系等。第二,应当审查发起人的责任能力。由于发起人需要对发起设立公司的行为承担责任,所以发起人的背景、品德、个人能力、家庭情况、资产情况、名下公司情况、对外是否负担大额债务等在某种程度上会影响公司设立。第三,应当明确约定各发起人的出资责任、出资额、出资方式。第四,应当明确约定公司设立失败时发起人的责任。公司设立失败时,对外部而言,因设立行为产生的费用与债务,发起人对外应承担连带责任,若符合新《公司法》第105条第1款规定情形的,发起人还需返还认股人所缴股款并加算银行同期存款利息;对内部而言,公司在设立过程中产生的支出,如何分担应明确约定。另外,股东个人过失导致公司不能设立,致使其他股东利益受到损害时的责任分担也需要明确约定。第五,应当确保发起人协议与公司章程协同适用,注意发起人协议与公司章程的一致性及其自身的特殊规定。第六,其他约定。如果为了体现公司股东的个人资源、人格等非物质方面的贡献,让股东通过管理能力、渠道资源参与分配,也可以对利润分配作出不按照股权比例分配的约定。

2.律师实务:实务中发起人协议可能表述为"认购协议""出资协议""公司设立协议"等不同的合同名称,因此认定相关协议是否为发起人协议存在争议。原则上,发起人协议应符合以设立公司为主要目的,以确定公司的基本性质与结构为基本特征,以组建公司为目的,同时在实际执行中也应围绕设立新公司进行,否则将根据协议的具体内容来认定其性质。

【关联规定】

新《公司法》第43条、第105条。

 第九十四条【设立条件】*

2018 年修正案	新《公司法》
/	第九十四条 设立股份有限公司,应当由发起人共同制订公司章程。

---

* 执笔人:牛晓鑫。

【内容变化】

本条为新增条款。

【分析解读】

新《公司法》第 94 条明确了股份有限公司应由发起人共同制订公司章程。由于股份有限公司的设立分为发起设立和募集设立两种方式,故其章程制订也有所不同。

发起设立的股份有限公司:公司的全部股份由发起人认购,投资者并没有社会化,发起人制订的章程文本为公司登记前的最后一道程序。与有限责任公司一样,发起人应当在所制订的章程上签字或盖章,表示同意章程的内容,则标志着章程制定程序的结束。共同制订并不要求每一个发起人都积极地参与章程的起草讨论,只要在章程上签字或盖章,即可被认定为参与制定并同意其签字或者盖章的章程文本。

募集设立的股份有限公司:公司章程由发起人制订后,还应根据新公司法第 104 条第 1款第 2 项规定,由公司成立大会行使通过的公司章程的职权,应当经出席会议的认股人所持表决权过半数通过。募集设立的股份有限公司的章程,反映公司设立阶段的所有投资者的意志。

【实务研究】

1.公司实务:发起人可以通过公司章程自主约定公司治理架构和决策程序,制订股份有限公司章程时应当注意以下事项:第一,重要事项的审批规则。重要事项的特殊议事和表决规则可以在章程中作出特别提示,如股份回购、超额担保、关联担保回避、重大事项(修改章程、增减注册资本,以及公司合并、分立、解散或者变更公司形式)等的表决规则。第二,重要的职位任职要求。公司法定代表人通常由董事长担任,对于涉及单位责任双罚制等行政、刑事合规风险的可考虑由外聘的职业经理人担任法定代表人,还应该注意公司高管和控股股东单位的关系,在公司控股股东单位担任除董事、监事以外其他行政职务的人员,不得担任公司的高级管理人员;同时章程中建议保留重要副职的规定,以应对特殊需要。第三,股东会、董事会、监事会(审计委员会)和经理层形成的"三会一层"的权限划分,需要通过公司章程予以细化和明确,避免因授权不明导致公司运营秩序混乱。第四,利润分配条款。应当根据中国证券监督管理委员会(以下简称中国证监会)和上海证券交易所相关指引的要求和精神,制定公司章程利润分配条款。明确股东回报规划或者具体的现金分红政策、现金分红相对于股票股利在利润分配方式中的优先顺序,涉及股票股利分配的,可以在章程中明确差异化的现金分红政策以及规定具体现金分红基准和比例。第五,处理好公司章程和三会议事规则的关系。把握好三会议事规则和公司章程内容的重合和衔接,将重要的议事规则载入公司章程,而将具体的议事规则在三会规则中另行规定。

2.律师实务:起草、备案公司章程时应特别关注不同章程形成的时间顺序。如发起人先基于真实意思表示签订了一份章程,后因工商备案等需要又签订了第二份章程,并以此章程进行备案,若希望对内继续按照第一份章程执行,则应当另行书面约定:第二份章程仅为工商备案之用,对内不代表股东(发起人)真实意思表示,股东(发起人)内部的权利义务仍应以第一份章程为准。在公司注册后,以章程修正案的形式将真正使用的章程条款进行备案。

【关联规定】

新《公司法》第 95 条。

 第九十五条【公司章程】*

2018 年修正案	新《公司法》
第八十一条　股份有限公司章程应当载明下列事项： 　　（一）公司名称和住所； 　　（二）公司经营范围； 　　（三）公司设立方式； 　　（四）公司股份总数、每股金额和注册资本； 　　（五）发起人的姓名或者名称、认购的股份数、出资方式和出资时间； 　　（六）董事会的组成、职权和议事规则； 　　（七）公司法定代表人； 　　（八）监事会的组成、职权和议事规则； 　　（九）公司利润分配办法； 　　（十）公司的解散事由与清算办法； 　　（十一）公司的通知和公告办法； 　　（十二）股东大会会议认为需要规定的其他事项。	第九十五条　股份有限公司章程应当载明下列事项： 　　（一）公司名称和住所； 　　（二）公司经营范围； 　　（三）公司设立方式； 　　（四）公司注册资本、已发行的股份数和设立时发行的股份数，面额股的每股金额； 　　（五）发行类别股的，每一类别股的股份数及其权利和义务； 　　（六）发起人的姓名或者名称、认购的股份数、出资方式； 　　（七）董事会的组成、职权和议事规则； 　　（八）公司法定代表人的产生、变更办法； 　　（九）监事会的组成、职权和议事规则； 　　（十）公司利润分配办法； 　　（十一）公司的解散事由与清算办法； 　　（十二）公司的通知和公告办法； 　　（十三）股东会认为需要规定的其他事项。

【内容变化】

新《公司法》第 95 条较 2018 年修正案第 81 条，共有一项新增及两项调整内容，具体为：新增第（五）项，要求发行类别股的，每一类别股的股份数及其权利和义务，应当在公司章程中载明。修改原第（四）项为新第（四）项，需要在章程中载明的内容由"公司股份总数、每股金额和注册资本"改为"公司注册资本、已发行的股份数和设立时发行的股份数，面额股的每股金额"。修改原第（七）项为新第（八）项，需要在章程中载明的内容由"公司法定代表人"改为"公司法定代表人的产生、变更办法"。

【分析解读】

新《公司法》第 95 条是关于股份有限公司章程中法定要求载明的事项，与 2018 年修正

----

　　* 执笔人：章大成。

案相比,最大的变化体现在增加了两个原公司法所没有的新概念,即"类别股"与"无面额股"。

类别股指股份有限公司按照公司章程规定,可以发行与普通股权利不同的特别股份。根据新《公司法》第 144 条,类别股具体包括:(1)优先或者劣后分配利润或者剩余财产的股份;(2)每一股的表决权数多于或者少于普通股的股份;(3)转让须经公司同意等转让受限的股份;(4)国务院规定的其他类别股。其中前三类,也即投融资市场实践中已出现(或部分出现)的"优先分红/清算权""特殊表决权""股权转让限制"等条款安排。

无面额股有别于我国公司法历史上一贯采用的面额股。传统面额股要求股份公司在所发行的股份票面上标明票面金额,以"元/股"为单位,用以标识每一股股份在公司股本总额中所占的数额。相应地,无面额股制度不再要求在股票票面上标明票面金额,有别于现行公司法规定面额股股票不得折价发行的规定,无面额股制度将有利于活跃公司融资交易。

此外,新《公司法》第 95 条还有两个亮点内容:(1)第 4 项规定公司章程应载明公司股份总数和公司设立时发行的股份数,即区分了公司股份总数和公司设立时发行股份数的概念,从而更好地与授权资本制相匹配;删除了出资时间,进而与第 96 条明确的股份公司资本实缴制相匹配。(2)新《公司法》第 95 条将章程法定需要载明的"公司法定代表人"改为公司法定代表人的"产生、变更办法",这一改动将有利于消弭公司实践中因为法定代表人确定方式存在争议而引发的纠纷。

【实务研究】

1.公司实务:在新《公司法》正式实施之前,公司内部可根据后续融资等商业需求,考虑无面额股及类别股的设置,并根据新《公司法》第 95 条所明确列举的要求,逐项调整、更新现有公司章程。

2.律师实务:(1)针对类别股:新《公司法》实施之前,股份公司在投融资实践中主要以协议方式进行相关"优先股"的安排。此次修订,一方面将"同股同权"原则调整为"同类别同权",在制度上明确认可了有别于普通股权利的类别股权利,但同时也要求公司在章程层面明确披露类别股的具体权利义务,建议公司对现有的交易文件进行梳理,根据新《公司法》第 95 条的要求,将现有的有别于普通股的相关协议安排,调整约定类别股,并满足前述法定的章程规定要求,以确保新《公司法》项下赋予投资人股东的类别股待遇可以得到落实。(2)针对无面额:根据新《公司法》相关规定,公司可以选择维持过去的面额股模式,也可以选择全部转换为无面额模式。公司可根据是否需要进一步吸引融资,以及是否可能需要将红筹公司拆解回归 A 股市场等具体需要进行考虑,并及时完成工商变更登记。(3)针对授权资本制:在授权资本制规则框架下,股份公司的股东可以只认缴已发行股份的部分而非全部。相应地,股份公司的公司章程需要明确"公司注册资本、已发行的股份数和设立时发行的股份数"。

【关联规定】

新《公司法》第 142 条、第 144 条、第 145 条。

第九十六条【注册资本】*

2018 年修正案	新《公司法》
第八十条　股份有限公司采取发起设立方式设立的,注册资本为在公司登记机关登记的全体发起人认购的股本总额。在发起人认购的股份缴足前,不得向他人募集股份。 股份有限公司采取募集方式设立的,注册资本为在公司登记机关登记的实收股本总额。 法律、行政法规以及国务院决定对股份有限公司注册资本实缴、注册资本最低限额另有规定的,从其规定。	第九十六条　股份有限公司的注册资本为在公司登记机关登记的已发行股份的股本总额。在发起人认购的股份缴足前,不得向他人募集股份。 法律、行政法规以及国务院决定对股份有限公司注册资本最低限额另有规定的,从其规定。

【内容变化】

新《公司法》第 96 条相较于 2018 年修正案第 80 条,修改了股份公司注册资本的定义,由"发起人认购的股本总额"及"在公司登记机关登记的实收股本总额"改为"在公司登记机关登记的已发行股份"的股本总额。

【分析解读】

新《公司法》第 96 条对股份公司注册资本定义的改动,主要为了与新《公司法》第 152 条新增的股份公司授权资本制相适应。

根据新《公司法》第 152 条,公司章程或者股东会可以授权董事会在 3 年内决定发行不超过已发行股份 50% 的股份。在授权资本制规则框架下,不再要求股份公司所发行的股份在设立时即获得全部认缴,可以只认缴已发行股份的部分而非全部。

相应地,股份公司的公司章程需要明确"公司注册资本、已发行的股份数和设立时发行的股份数"(新《公司法》第 95 条);股份公司的注册资本则是"在公司登记机关登记的已发行股份的股本总额"(新《公司法》第 96 条);股份公司的发起人也无须全额认足公司所发行的全部股份,而只需要"认足公司章程规定的公司设立时应发行的股份"。

【实务研究】

新《公司法》第 96 条重新定义了股份公司的注册资本,系为配合新《公司法》授权资本制的关联条款。实务层面,可以根据授权资本制的核心内容进行考虑。

1.公司实务:对于股东人数较多且比较分散的股份公司而言,为促进融资,在新《公司法》框架下,可以授权由董事会进行股份发行,以提高决策效率。需要注意的是,如果涉及上

＊　执笔人:章大成。

市公司,由于现行监管规定与新《公司法》存在部分冲突,具体操作办法,还有待后续上市监管规定进行更新衔接。

2.律师实务:由于新《公司法》第96条对股份公司注册资本的概念进行了调整,为了更好地帮助公司进行授权资本制的配套调整,应当关注如下核心内容:(1)明确授权,可以通过修订公司章程增加授权条款,或以股东会决议的形式通过有关授权事项;(2)期限要求,根据《公司法》第152条,董事会的发行决策需要在3年的授权期限内作出;(3)规模限制,《公司法》第152条明确要求,公司董事会所能决定的发行规模受限于"不超过已发行股份百分之五十的股份";(4)程序要求,根据《公司法》第153条,"公司章程或者股东会授权董事会决定发行新股的,董事会决议应当经全体董事三分之二以上通过"。

【关联规定】

新《公司法》第152条、第153条。

 ### 第九十七条【发起人认购股份】*

2018年修正案	新《公司法》
第八十三条第一款　以发起设立方式设立股份有限公司的,发起人应当书面认足公司章程规定其认购的股份,并按照公司章程规定缴纳出资。以非货币财产出资的,应当依法办理其财产权的转移手续。 第八十四条　以募集设立方式设立股份有限公司的,发起人认购的股份不得少于公司股份总数的35%;但是,法律、行政法规另有规定的,从其规定。	第九十七条　以发起设立方式设立股份有限公司的,发起人应当认足公司章程规定的公司设立时应发行的股份。 以募集设立方式设立股份有限公司的,发起人认购的股份不得少于公司章程规定的公司设立时应发行股份总数的百分之三十五;但是,法律、行政法规另有规定的,从其规定。

【内容变化】

新《公司法》第97条第1款修改两部分:第一,对发起人认缴范围进行了措辞上的修正,即将"其认购的股份"修正为"公司设立时应发行的股份";第二,删除"并按照公司章程规定缴纳出资。以非货币财产出资的,应当依法办理其财产权的转移手续"等表述。

第97条第2款主要是对发起人认缴范围进行了措辞上的修正,即将"股份总数"修正为"公司设立时应发行股份总数"。

【分析解读】

新《公司法》第97条是关于股份有限公司发起人认购股份的规定。本次修订最大的变化在于新《公司法》将发起设立股份公司的认缴制修改为实缴制;新《公司法》第97条在

---

* 执笔人:高旷。

2018年修正案第83条基础上删除了"按照公司章程规定缴纳出资",同时新《公司法》第98条明确规定"发起人应当在公司成立前按照其认购的股份全额缴纳股款"。

新《公司法》将发起设立方式下的发起人认缴义务变更为实缴义务,可能的考量是新《公司法》第152条已引入授权资本制,赋予股份有限公司发行资本、股份的灵活性以及融资自主权。在授权资本制背景下,公司可以根据需求灵活调整资本额,因此给予发起人期限利益不再具有必要性。同时为有效防止注册资本虚化,采取发起设立的股份有限公司应当在发起人实缴后成立。

此外,本条对募集设立的股份有限公司认购股份比例进行了限制,即要求发起人认购股份不少于章程规定的公司设立时应发行股份总数的35%。

【实务研究】

1.公司实务:在股份有限公司中引入授权资本制,允许公司章程或者股东会授权董事会发行股份,同时要求发起人全额缴纳股款,既方便了公司设立、提高筹资灵活性,又减少了注册资本虚化等问题。在实务中,对于新设股份有限公司,应重点注意发起人的实缴义务。就存量股份有限公司而言,从认缴改为实缴,对于原先适用认缴制的发起人是个重大打击,由于发起人之间对各自的出资还要承担连带责任(新《公司法》第99条),所有发起人都将面临立即实缴出资的责任。对此,相关法律法规应该会设置一个相对合理的过渡期,例如《北京市市场监督管理局关于全面开展促进经营主体高质量发展试点工作的意见(征求意见稿)》第4点规定,存量股份有限公司全体股东应当在新《公司法》生效后3年以内缴足全部认购股份。

2.律师实务:新《公司法》虽然删除了2018年修正案第83条第2款瑕疵出资股东的违约责任相关规定,即"发起人不依照前款规定缴纳出资的,应当按照发起人协议承担违约责任",但仅是提示性条款的删除,并不意味着瑕疵出资股东无须承担相应违约责任。

【关联规定】

新《公司法》第99条、第152条。

《北京市市场监督管理局关于全面开展促进经营主体高质量发展登记试点工作的意见(征求意见稿)》:"……4.规范注册资本认缴出资额和出资期限。引导经营主体理性认缴出资数额,合理约定出资期限,依法履行出资责任,及时公示实缴出资情况,保障诚实守信的市场交易秩序。新《公司法》生效后,有限责任公司全体股东认缴的出资额由股东按照公司章程约定自公司成立之日起五年内缴足。股份有限公司发起人应当在设立登记前全额缴足其认购股份。存量有限责任公司应当在新《公司法》生效后3年以内将剩余出资期限调整至5年以内,存量股份有限公司全体股东应当在新《公司法》生效后3年以内缴足全部认购股份,法律、行政法规或者国务院决定另有规定的除外。涉及增加注册资本的,有限责任公司认缴出资期限自变更登记之日起最长不超过5年……"

第九十八条【出资方式】*

2018 年修正案	新《公司法》
第八十二条　发起人的出资方式,适用本法第二十七条的规定。	第九十八条　发起人应当在公司成立前按照其认购的股份全额缴纳股款。 发起人的出资,适用本法第四十八条、第四十九条第二款关于有限责任公司股东出资的规定。

【内容变化】

新《公司法》第 98 条第 1 款为新增条款,明确将发起设立方式下的发起人认缴义务变更为实缴义务;第 2 款无实质性变化。

【分析解读】

根据 2018 年修正案,无论是有限责任公司还是股份有限公司,均实行注册资本认缴制度。新《公司法》为配套授权资本制度,对股份有限公司的出资作了重大调整,明确要求发起人应当在公司成立前按照其认购的股份全额缴纳股款,换言之,股份有限公司实行完全注册资本实缴制。

【实务研究】

1.公司实务:总体而言,为适应我国经济发展,公司出资制度经历了从严到宽的过程,从严格实缴制到完全认缴制,再回到限期认缴制。1993 年《公司法》采取了严格的法定资本制,不仅要求出资一次性缴足、设定较高注册资本最低限额,还要求非货币出资比例不超过20％等。2005 年《公司法》放宽了对出资的限制,允许注册资本两年内缴足,并降低了注册资本最低限额。2013 年《公司法》进一步采取了注册资本认缴制,取消了对出资期限和最低注册资本的限制。注册资本认缴制实施以来,有相当数量的企业并未按照实际需要设定出资数额与缴付期限,而是尽可能拉长出资周期,认缴制逐渐沦为股东逃避出资责任的通道。鉴于此,新《公司法》第 47 条新增有限责任公司的股东认缴出资应在 5 年内缴足的规定,第 98 条新增股份有限公司发起人应当在公司成立前按照其认购的股份全额缴纳股款的规定。

2.律师实务:司法实践中,对于公司注册资本采取实缴制还是认缴制的问题存在广泛的争议。如果说针对有限责任公司的出资缴纳尚留有一点余地,即实行最长 5 年认缴期限制度,那么针对股份有限公司的出资缴纳直接改为严格的实缴制,就直接减少了注册资本虚化问题,防止股东通过期限利益恶意逃避出资责任。

---

* 执笔人:高旷。

【关联规定】

新《公司法》第 47 条、第 266 条。

 第九十九条【发起人的违约责任】*

2018 年修正案	新《公司法》
第八十三条第二款 发起人不依照前款规定缴纳出资的,应当按照发起人协议承担违约责任。	第九十九条　发起人不按照其认购的股份缴纳股款,或者作为出资的非货币财产的实际价额显著低于所认购的股份的,其他发起人与该发起人在出资不足的范围内承担连带责任。

【内容变化】

新《公司法》第 99 条相较于 2018 年修正案第 83 条第 2 款有较大修改。修订内容有以下 3 点:(1)其他发起人与该发起人在出资不足的范围内承担连带责任;(2)承担连带责任的情形限于出资不足和非货币财产的实际价额显著低于所认购的股份的两种情形;(3)此次修订的连带责任为法定的承担责任方式,改变了 2018 年修正案中按"发起人协议承担违约责任"的方式。

【分析解读】

新《公司法》第 99 条是关于股份有限公司的发起人在出资不足情况下需承担法律责任,同时其他发起人应承担连带责任的规定。出资是股份有限公司设立和发展的必要保障,各国公司法都规定发起人未依法全额出资时应当承担法律责任。2018 年修正案规定,未依法出资时,发起人根据"发起人协议"承担"违约责任",而新《公司法》未再保留同样的表述,而是强调承担的责任,其实质是从"违约责任"转变为法定的"连带责任"。2018 年修正案"发起人协议"项下的"违约责任"属于发起人自由约定的范围,其他发起人是否应当承担责任取决于具体的"约定",从保护债权人利益角度出发,显然存在可能被规避的情形;新《公司法》第 99 条强调其他发起人与该发起人在出资不足的范围内承担连带责任,将规避情形予以封闭,是立法进步,值得肯定。

【实务研究】

1.公司实务:发起人依法缴纳出资是法定义务,作为发起人的公司不仅要关注自己是否履行了出资义务,也需要关注其他发起人是否存在"出资不足"的情形,以非货币出资的情形,判断是否存在"出资不足"存在一定的难度,建议非货币出资时,公司应慎重审核相关资产评估报告。另外,也应当关注货币出资的股东是否存在通过往来款形式抽回股

---

*　执笔人:邵建波。

本或抽逃出资等情形,如果存在该类情形,应当及时催告相关股东补足出资或采取其他方式维权。

2.律师实务:追究设立股份公司时发起人承担出资不足的法律责任时,应同时关注其他发起人的连带责任,发生诉讼时,建议一并诉讼。关于承担连带责任的情形仅限于出资不足和非货币财产的实际价额显著低于所认购的股份的两种情形,其他侵害出资或公司利益的违法行为,不得纳入连带责任范围。本条规定中的"显著低于"如何理解,法律并未明确具体程度,究竟是低于70％,还是低于50％? 可能在公司法实施的早期阶段存在理解上的争议。这有待于将来司法解释予以明确,或在司法实务中通过判例方式形成实务界的共识。

【关联规定】

新《公司法》第48条、第49条、第50条、第98条。

 第一百条【募集股份的公告和认股书】*

2018 年修正案	新《公司法》
第八十五条 发起人向社会公开募集股份,必须公告招股说明书,并制作认股书。认股书应当载明本法第八十六条所列事项,由认股人填写认购股数、金额、住所,并签名、盖章。认股人按照所认购股数缴纳股款。	第一百条 发起人向社会公开募集股份,应当公告招股说明书,并制作认股书。认股书应当载明本法第一百五十四条第二款、第三款所列事项,由认股人填写认购的股份数、金额、住所,并签名或者盖章。认股人应当按照所认购股份足额缴纳股款。

【内容变化】

新《公司法》第100条相较于2018年修正案第85条增加了两处"应当",原条文"签名、盖章"为并列的顿号,修改为"签名或者盖章"。其他无实质性修改。

【分析解读】

新《公司法》第100条是关于募集股份的公告招股说明书和制作认股书的规定。新《公司法》规定招股说明书需要包含如下内容:(1)发行的股份总数;(2)面额股的票面金额和发行价格或者无面额股的发行价格;(3)募集资金的用途;(4)认股人的权利和义务;(5)股份种类及其权利和义务;(6)本次募股的起止日期及逾期未募足时认股人可以撤回所认股份的说明。《股票发行与交易管理暂行条例》规定的招股说明书内容更为详细,除了《公司法》规定内容之外,还包括公司下一年度的盈利预测文件,重要的合同,涉及公司的重大诉讼事项,公司董事、监事名单及其简历,审计报告等。

---

* 执笔人:邵建波。

认股书可以比招股说明书的内容简单一些,但必须依法包含《公司法》规定的招股说明书的 6 项内容。

根据《公司法》《证券法》,股份有限公司募集股份时,必须履行招股说明书的公告义务,以便公众知悉具体的招股情况,该说明书也是公众认购股份的重要投资决策资料。

认股书是股份认购人向股份有限公司作出认购股份意思表示的必要法律文件,股份认购人应当予以签字或盖章。股份认购人作出认购股份的意思表示后,应当依法履行缴纳股份认购款的义务,如果未履行,应承担相关法律责任。

【实务研究】

1.公司实务:公司公开募集股份时,制作招股说明书和认购书是法定的程序,招股说明书除严格执行《公司法》的规定之外,同时必须符合《证券法》以及相关股票上市规则的相关规定。制作招股说明书内容时,需要重点关注涉及股份公司的重大事项,例如经营情况、财务状况、涉诉状况等。

2.律师实务:招股说明书是公开募集和发行股份的必备文件,一般由发行人与保荐人(券商)共同制作,律师对招股说明书进行"帮助"审核。2022 年证监会《关于注册制下提高招股说明书信息披露质量的指导意见》提出了"律师可以会同保荐人起草招股说明书,提升招股说明书的规范性"。2023 年 10 月底,证监会、司法部联合发布了《律师事务所从事证券法律业务管理办法》,在该办法第 7 条中,强调律师事务所可以组织起草招股说明书等与证券业务活动相关的法律文件,并鼓励律师事务所在组织起草招股说明书时,对招股说明书中对投资者作出投资决策有重大影响的信息进行验证,制作验证笔录。目前已有相关案例,如 2022 年 10 月 10 日上市的富创精密的招股说明书被称为中国证券业史上首单由律师撰写的招股说明书。

【关联规定】

新《公司法》第 154 条。

《证券法》第 13 条:公司公开发行新股,应当报送募股申请和下列文件:……(四)招股说明书或者其他公开发行募集文件……

第 23 条:证券发行申请经注册后,发行人应当依照法律、行政法规的规定,在证券公开发行前公告公开发行募集文件,并将该文件置备于指定场所供公众查阅。

《股票发行与交易管理暂行条例》第 15 条:本条例第十三条所称招股说明书应当按照证监会规定的格式制作,并载明下列事项:

(一)公司的名称、住所;

(二)发起人、发行人简况;

(三)筹资的目的;

(四)公司现有股本总额,本次发行的股票种类、总额,每股的面值、售价,发行前的每股净资产值和发行结束后每股预期净资产值,发行费用和佣金;

……

(十六)证监会要求载明的其他事项。

第一百零一条【验资】*

2018 年修正案	新《公司法》
第八十九条　发行股份的股款缴足后,必须经依法设立的验资机构验资并出具证明。发起人应当自股款缴足之日起三十日内主持召开公司创立大会。创立大会由发起人、认股人组成。 发行的股份超过招股说明书规定的截止期限尚未募足的,或者发行股份的股款缴足后,发起人在三十日内未召开创立大会的,认股人可以按照所缴股款并加算银行同期存款利息,要求发起人返还。	第一百零一条　向社会公开募集股份的股款缴足后,应当经依法设立的验资机构验资并出具证明。

【内容变化】

新《公司法》第 101 条相较于 2018 年修正稿第 89 条,将股份有限公司发行股份需要验资证明的范围限定为"向社会公开募集股份"设立公司的情形,而"发起设立"及"向特定对象募集股份设立"公司的情形则不再需要提供验资证明。

【分析解读】

新《公司法》第 101 条是关于股份有限公司验资的相关规定,该条款仅保留了向社会公开募集股份设立公司的情形需要履行强制验资程序,对于发起设立及向特定对象募集股份设立股份有限公司的情形则不再要求履行验资程序。该规定主要基于司法实务界一般认为,验资报告仅是股东履行出资义务的初始证明,股东是否全面履行出资义务需要结合具体情况综合判断。同时新《公司法》关于股东未按期足额缴纳出资的惩戒性罚则也可以在一定程度上确保发起股东审慎履行其出资义务。因此一般认为强制验资存在的必要性已经大为减弱。但考虑到向社会公开募集股份的股东主体的不确定性及纯资合性等特点,仍然保留了向社会公开募集股份的强制验资程序。

【实务研究】

1.公司实务:新《公司法》相较于 2018 年修正案最大的改变就是由注册资本认缴制变更为注册资本实缴制,并且强化了关于股东未全面履行出资义务的惩戒罚则。虽然新《公司法》第 101 条仅仅规定向社会公开募集股份设立公司一种情形需要履行强制验资程序,但综合考量后续涉讼过程中关于是否全面履行出资义务的举证风险,公司设立时不区分设立形式而全面履行验资程序可能反而是公司确保自身免责的优选途径。

2.律师实务:有效建立股东全面履行出资义务举证责任分配的意识,在实务中督促客户在设立股份有限公司时尽可能由第三方出具有效合规的验资报告。

---

*　执笔人:孙俊杰。

【关联规定】

新《公司法》第 47 条、第 51 条、第 53 条、第 107 条。

 第一百零二条【股东名册】*

2018 年修正案	新《公司法》
第一百三十条　公司发行记名股票的,应当置备股东名册,记载下列事项: (一)股东的姓名或者名称及住所; (二)各股东所持股份数; (三)各股东所持股票的编号; (四)各股东取得股份的日期。 发行无记名股票的,公司应当记载其股票数量、编号及发行日期。	第一百零二条　股份有限公司应当制作股东名册并置备于公司。股东名册应当记载下列事项: (一)股东的姓名或者名称及住所; (二)各股东所认购的股份种类及股份数; (三)发行纸面形式的股票的,股票的编号; (四)各股东取得股份的日期。

【内容变化】

新《公司法》第 102 条相较于 2018 年修正稿第 130 条的主要变化包括:其一,要求股份有限公司必须制作股东名册,并删除无记名股票的相关规定;其二,要求记载股份种类;其三,明确纸面形式股票的记载要求。

【分析解读】

新《公司法》第 102 条系关于股份有限公司股东名册记载事项的规定。该条规定的变化主要是针对新《公司法》中对于 2018 年修正案的两项创新性改变而作出的针对性调整,分别为:第一,新《公司法》新增股份有限公司类别股制度,第 144 条规定股份有限公司可以按照公司章程的规定发行与普通股权利不同的类别股,与该制度相匹配,第 102 条明确要求股份有限公司股东名册应当载明股份种类;第二,新《公司法》第 147 条明确规定公司发行的股票应当为记名股票,该规定从制度上否定了无记名股票的存在,股份有限公司仅存在记名股票一种形式,与之相匹配,第 102 条也删除了关于无记名股票的相关规定。

根据当前股票登记结算体系已经基本实现无纸化的现状,第 102 条不再要求无纸化结算的股票登记编号,但对于尚存的纸面股票还是要求登记编号。

【实务研究】

1.公司实务:股东取得完整无瑕疵的股东资格和股东权利,除需要履行出资义务外,还应当经过一定形式的公示,而股东名册显然是该外化公示的主要形式。股份有限公司根据新《公司法》规定有为股东置备股东名册的法定义务,如由于公司未妥善登记并置备股东名

---

* 执笔人:孙俊杰。

册,进而造成股东权利的障碍,则可能面临损害赔偿的风险。

2.律师实务:对于股份有限公司股东权利的判定,除审查股东权利取得的实质要件外,审查股东名册等形式要件系判定股东权利完整性的主要指标。

【关联规定】

新《公司法》第 144 条第 1 款、第 147 条第 2 款。

第一百零三条【成立大会的召开】*

2018 年修正案	新《公司法》
第八十九条第一款　发行股份的股款缴足后,必须经依法设立的验资机构验资并出具证明。发起人应当自股款缴足之日起三十日内主持召开公司创立大会。创立大会由发起人、认股人组成。 第九十条第一款　发起人应当在创立大会召开十五日前将会议日期通知各认股人或者予以公告。创立大会应有代表股份总数过半数的发起人、认股人出席,方可举行。	第一百零三条　募集设立股份有限公司的发起人应当自公司设立时应发行股份的股款缴足之日起三十日内召开公司成立大会。发起人应当在成立大会召开十五日前将会议日期通知各认股人或者予以公告。成立大会应当有持有表决权过半数的认股人出席,方可举行。 以发起设立方式设立股份有限公司成立大会的召开和表决程序由公司章程或者发起人协议规定。

【内容变化】

新《公司法》第 103 条相较于 2018 年修正案第 89 条第 1 款、第 90 条第 1 款,除了表述用语规范之外,主要修改体现在:

第一,考虑到类别股的存在打破了既有"同股同权"的样态,募集设立股份有限公司的成立大会的出席股东要求由"股份总数过半数"调整为"表决权过半数"。

第二,发起设立的股份有限公司可自行约定成立大会的召开和表决程序,给予其较大的自治权限。

【分析解读】

新《公司法》第 103 条是关于股份有限公司成立大会召开的规定,其规定了发起设立、募集设立成立大会不同的召开程序。

募集设立公司成立大会是公司设立过程中的一个关键步骤,它标志着公司的正式成立。对于募集设立成立大会的召开程序,法律明确规定了各项程序的时间要求,以确保公司设立过程的高效进行。同时考虑到"类别股"的存在,成立大会的出席股东数量要求调整为持有表决权过半数,方可召开。

对于发起设立公司成立大会的召开和表决程序,新《公司法》第 103 条明确由公司章程

---

　*　执笔人:汪晨曦。

或者发起人协议约定,即对成立大会召开的时间、出席成员等程序性事项均由发起人通过依法作出决议的方式自行决定。这种灵活性有助于公司更好地适应市场和法律环境的变化,使公司治理更具有可操作性。

【实务研究】

1.公司实务:募集设立股份有限公司,应当按照新《公司法》第 103 条规定的时间按时召开成立大会,并将会议日期通知各认股人或者予以公告;对于发起设立股份有限公司,应当审视公司章程或发起人协议是否对成立大会的召开和表决程序进行约定,如果需要召开成立大会的,应当按照约定的内容、程序及时召开。此外,考虑到类别股的存在,成立大会应当有持有表决权过半数的认股人出席,因此在设立类别股时应明确该类别股所对应的表决权,并在成立大会召开时重点审查认股人的表决权,当持有表决权过半数的认股人出席后成立大会方可召开。

2.律师实务:在股份公司成立大会召开时,需要关注募集设立、发起设立的区别。对于募集设立股份有限公司,应重点关注成立大会召开的法定时效要求及认股人出席标准;对于发起设立股份有限公司,应提前与公司沟通确定是否需要设置成立大会,并在后续的章程或发起人协议起草中予以明确。

【关联规定】

新《公司法》第 105 条。

 第一百零四条【成立大会的职权】*

2018 年修正案	新《公司法》
第九十条第二款　创立大会行使下列职权:	第一百零四条　公司成立大会行使下列职权:
(一)审议发起人关于公司筹办情况的报告;	(一)审议发起人关于公司筹办情况的报告;
(二)通过公司章程;	(二)通过公司章程;
(三)选举董事会成员;	(三)选举董事、监事;
(四)选举监事会成员;	(四)对公司的设立费用进行审核;
(五)对公司的设立费用进行审核;	(五)对发起人非货币财产出资的作价进行审核;
(六)对发起人用于抵作股款的财产的作价进行审核;	(六)发生不可抗力或者经营条件发生重大变化直接影响公司设立的,可以作出不设立公司的决议。
(七)发生不可抗力或者经营条件发生重大变化直接影响公司设立的,可以作出不设立公司的决议。	成立大会对前款所列事项作出决议,应当经出席会议的认股人所持表决权过半数通过。
创立大会对前款所列事项作出决议,必须经出席会议的认股人所持表决权过半数通过。	

---

*　执笔人:汪晨曦。

【内容变化】

新《公司法》第104条相较于2018年修正案第90条第2款,除了规范表述用语之外,无实质重大修改。修订内容主要体现在其中一项职权由此前的"对发起人用于抵作股款的财产的作价进行审核",变更为"对发起人非货币财产出资的作价进行审核"。

【分析解读】

新《公司法》第104条是关于成立大会所行使职权的具体规定,公司成立大会中职权的行使直接影响着公司今后的设立和运营。

第一,审议发起人关于公司筹办情况的报告。公司筹办情况的报告通常包含公司的设立计划、股东组成、股份结构、资本筹集情况、商业计划等重要信息。

第二,通过公司章程。公司章程是公司重要的治理规则,是公司运行的基础,同时也是规定公司名称、住所、经营范围、组织结构、股东权益、各成员职权、议事规则等重大事项的基本文件。成立大会这一职权的行使在公司设立过程中具有决定性作用,应重点关注。

第三,选举董事、监事。董事是公司内部治理的主要力量,负责公司的经营决策,监事则负责监督公司的经营活动。这一职权的行使有助于建立公司的有效治理结构。

第四,对公司的设立费用进行审核。这包括审查公司设立过程中涉及的各项费用,如注册费用、名称核准费用、律师费等。

第五,对发起人非货币财产出资的作价进行审核。即认股人需要评估发起人提供的非货币财产是否符合公司设立的要求,其价值是否合理,不得高估或者低估作价。

第六,发生不可抗力或者经营条件发生重大变化直接影响公司设立的,可以作出不设立公司的决议。即认股人可根据实际情况选择不设立公司,以避免造成不必要的风险和损失。

【实务研究】

1.公司实务:第一,对于提交成立大会决议的各项文件,如公司筹办情况报告、公司章程、公司设立费用等,应确保内容真实、完整,合法合规。第二,对于董事、监事的选举,应根据新《公司法》及公司实际情况选择适合公司经营发展的人选。第三,对于发起人非货币财产出资作价审核,由于目前实务中,市场监督管理部门已不要求非货币出资必须提交评估报告、验资报告,非货币出资是否存在虚假出资、瑕疵出资成为事后判断问题。因此认股人在审核过程中,应比照章程出资比例仔细依法评估作价,必要时可交由专业机构评估作价。此外,由于非货币资产在投入之初也存在价值被低估的可能,实务中,可考虑对价值被高估、被低估的情形下调整股东持股比例进行明确约定。第四,对于作出不设立公司的决议,应重点审查影响公司成立的原因,并由出席会议的认股人决议(所持表决权过半数通过)。

2.律师实务:律师为公司成立大会提供法律审核服务的:第一,在公司章程交由成立大会决议前,律师应提早介入,就章程的合法合规性进行审查;第二,对于董事、监事的选举,应根据新《公司法》及公司章程,重点审查董事、监事的任职资格、人员要求,如是否存在不得任职的情形、是否不设监事等;第三,存在发起人以非货币财产出资的,律师应重点审查非货币出资权属问题,如是否存在争议或潜在纠纷、是否存在出资瑕疵;第四,对于成立大会各项决议的作出,应审查是否经出席会议的认股人所持表决权过半数通过。

【关联规定】

新《公司法》第 178 条。

《公司法司法解释（三）》第 9 条：出资人以非货币财产出资，未依法评估作价，公司、其他股东或者公司债权人请求认定出资人未履行出资义务的，人民法院应当委托具有合法资格的评估机构对该财产评估作价。评估确定的价额显著低于公司章程所定价额的，人民法院应当认定出资人未依法全面履行出资义务。

第 15 条：出资人以符合法定条件的非货币财产出资后，因市场变化或者其他客观因素导致出资财产贬值，公司、其他股东或者公司债权人请求该出资人承担补足出资责任的，人民法院不予支持。但是，当事人另有约定的除外。

 第一百零五条【创立大会的召开】 *

2018 年修正案	新《公司法》
第八十九条第二款　发行的股份超过招股说明书规定的截止期限尚未募足的，或者发行股份的股款缴足后，发起人在三十日内未召开创立大会的，认股人可以按照所缴股款并加算银行同期存款利息，要求发起人返还。 第九十一条　发起人、认股人缴纳股款或者交付抵作股款的出资后，除未按期募足股份、发起人未按期召开创立大会或者创立大会决议不设立公司的情形外，不得抽回其股本。	第一百零五条　公司设立时应发行的股份未募足，或者发行股份的股款缴足后，发起人在三十日内未召开成立大会的，认股人可以按照所缴股款并加算银行同期存款利息，要求发起人返还。 发起人、认股人缴纳股款或者交付非货币财产出资后，除未按期募足股份、发起人未按期召开成立大会或者成立大会决议不设立公司的情形外，不得抽回其股本。

【内容变化】

新《公司法》第 105 条相较于 2018 年修正案第 89 条第 2 款、第 91 条无实质重大修改。修订内容主要是对部分语句进行了规范化修正，如：将原来"发行的股份超过招股说明书规定的截止期限尚未募足的"扩充定义为"公司设立时应发行的股份未募足"，"创立大会"改成"成立大会"，"抵作股款"改成"非货币财产"。

【分析解读】

新《公司法》第 105 条就股份有限公司未按期召开成立大会的，对相应后果或认股人可以采取的救济手段作出规定，认股人有权按照所缴股款并加算银行同期存款利息，要求发起人返还。

该条第 2 款明确发起人、认股人不得任意抽回股本，第 1 款则规定两种例外情形：(1)公司设立时应发行的股份未募足。(2)发行股份的股款缴足后，发起人在 30 日内未召开成立大会。

---

* 执笔人：马恺羚。

【实务研究】

1.公司实务：公司设立时应发行的股份未募足，或者发行股份的股款缴足后，发起人在30日内未召开成立大会的，发起人将承担向认股人返还缴股款并加算银行同期存款利息的责任。因此发起人应及时关注发行的股份是否募足，如果发行股份的股款已缴足，发起人应及时在缴足后30日内召开成立大会，避免触发上述两种特殊情况，导致自身承担相关责任。此外，除上述两种特定情况，或者成立大会决议不设立公司的情形外，发起人不得抽回其股本，以规避相关法律风险。

2.律师实务：在发起设立股份公司时，需要关注发行的股份是否募足，如果发行股份的股款已缴足，应敦促发起人按照相关流程在30日内及时召开成立大会。此外，股款已缴或者交付非货币财产出资后不得随意抽回，应特别注意资金用途，不得挪作他用。

【关联规定】

新《公司法》第103条、第104条。

 第一百零六条【申请设立登记】*

2018 年修正案	新《公司法》
第九十二条　董事会应于创立大会结束后三十日内，向公司登记机关报送下列文件，申请设立登记： （一）公司登记申请书； （二）创立大会的会议记录； （三）公司章程； （四）验资证明； （五）法定代表人、董事、监事的任职文件及其身份证明； （六）发起人的法人资格证明或者自然人身份证明； （七）公司住所证明。 以募集方式设立股份有限公司公开发行股票的，还应当向公司登记机关报送国务院证券监督管理机构的核准文件。	第一百零六条　董事会应当授权代表，于公司成立大会结束后三十日内向公司登记机关申请设立登记。

【内容变化】

新《公司法》第106条相较于2018年修正案第92条，主要修改体现在董事会应当授权代表的申请设立登记，且删除了向公司登记机构提交的文件清单。原"以募集方式设立股份有限公司公开发行股票的，还应当向公司登记机关报送国务院证券监督管理机构的核准文

---

* 执笔人：马恺羚。

件"相关内容,则单独成立新《公司法》第 154 条。

【分析解读】

新《公司法》第 106 条是关于股份有限公司申请设立登记的规定。无论是原公司法还是新公司法,均对申请设立登记进行了规定,实务中,董事会成员几乎不会亲自去申请设立登记,而是采用授权模式,因此本次新《公司法》结合实务进行了调整,明确董事会应当授权代表进行设立登记。此外,法条中删除了申请文件清单,体现了法律的简洁性。

【实务研究】

1.公司实务:新《公司法》第 106 条明确了申请设立登记的义务主体为董事会(可授权代表),设立登记的时间为公司成立大会结束后 30 日内。因此董事会应注意相关时效,及时进行设立登记。

2.律师实务:公司成立大会结束后 30 日内,律师可协助准备相关文件,包括但不限于登记的事项如下:①名称;②住所;③注册资本;④经营范围;⑤法定代表人的姓名;⑥有限责任公司股东、股份有限公司发起人的姓名或者名称。公司登记机关应当将前款规定的公司登记事项通过国家企业信用信息公示系统向社会公示,并及时领取相关执照。

【关联规定】

新《公司法》第 29 条、第 30 条、第 32 条、第 33 条。

 第一百零七条【股东资本充实责任】*

2018 年修正案	新《公司法》
/	第一百零七条 本法第四十四条、第四十九条第三款、第五十一条、第五十二条、第五十三条的规定,适用于股份有限公司。

【内容变化】

新《公司法》第 107 条属于新增的引致条款,明示股份有限公司可以直接适用有限责任公司关于设立公司的责任承担、公司资本充实的相关规定。

【分析解读】

新《公司法》第 107 条是关于股份有限公司股东资本充实责任的规定。针对公司资本充实,既有司法实践中法院已然类推适用,《公司法》修订后成文法的明确可以起到提示和背书的作用。具体规定包括:股东的差额填补责任、损害赔偿责任及催缴失权机制,公司成立后董事会的核查、催缴义务及损害赔偿责任,抽逃出资的股东责任及过错董监高的连带责任。

---

* 执笔人:庄程巍。

股东的差额填补责任,指股东未按期足额缴纳出资的,除应当向公司足额缴纳外,还应当对给公司造成的损失承担赔偿责任。

股东的损害赔偿责任,指公司设立时的股东为设立公司从事的民事活动,其法律后果由公司承受;公司未成立时,其法律后果由公司设立时的股东负连带责任;第三人针对设立时的股东为设立公司以自己的名义从事民事活动产生的民事责任,有权选择请求公司或者公司设立时的股东承担;设立时的股东因履行公司设立职责造成他人损害的,公司或者无过错的股东承担赔偿责任后,可以向有过错的股东追偿。

股东的催缴失权机制,指股东未按期足额缴纳出资,且在收到书面催缴仍未缴纳的,其未缴纳部分股权将丧失。

董事会的核查、催缴义务及损害赔偿责任,指公司成立后,董事会应对股东出资情况予以核查,发现未足额缴纳的,应当履行书面催缴职责,否则将承担赔偿责任。

抽逃出资的股东责任及过错董监高的连带责任,指公司成立后,股东不得抽逃出资;抽逃出资的,有过错的董监高与股东承担连带赔偿责任。

【实务研究】

1.公司实务:股份有限公司的股东、董监高的责任在新的公司法中进一步加重。第一,存在未按期足额缴纳出资给公司造成损失的,股东面临赔偿责任;第二,股东将面临董事会催缴,造成损失的负有责任的董事承担赔偿责任;第三,未按规定出资,股东可能丧失其未缴纳出资的股权;第四,抽逃出资,负有责任的董事、监事、高级管理人员应当与该股东承担连带赔偿责任。

2.律师实务:重点关注股份有限公司股东未足额缴纳出资时,董事会应及时予以核查,并书面催缴,否则需要承担连带赔偿责任;股东抽逃出资的,负有责任的董事、监事、高级管理人员应当与该股东承担连带赔偿责任,需要董事、监事、高级管理人员对公司资金去向尽更大的管理、注意义务。

【关联规定】

新《公司法》第44条、第49条、第51条、第52条、第53条。

第一百零八条【发起人限制】*

2018 年修正案	新《公司法》
第九十五条 有限责任公司变更为股份有限公司时,折合的实收股本总额不得高于公司净资产额。有限责任公司变更为股份有限公司,为增加资本公开发行股份时,应当依法办理。	第一百零八条 有限责任公司变更为股份有限公司时,折合的实收股本总额不得高于公司净资产额。有限责任公司变更为股份有限公司,为增加注册资本公开发行股份时,应当依法办理。

---

* 执笔人:庄程巍。

【内容变化】

新《公司法》第108条相较于2018年修正案第95条,无实质修改。唯一修改体现在为增加资本公开发行股份时,由此前的"资本"变更为"注册资本"。

【分析解读】

新《公司法》第108条是关于有限责任公司变更为股份有限公司时,明确实收股本总额不得高于公司净资产额的规定。实收股本总额是公司注册资本的基础,而净资产额是公司的资产总额减去负债总额后的净值,反映公司的实际资产状况。如果实收股本总额超过公司净资产额,就意味着股东投入的资本超过了公司的实际资产价值,这是不合法的。

新《公司法》第108条还规定,有限责任公司变更为股份有限公司,为增加注册资本公开发行股份时,应当依法办理。

【实务研究】

1.公司实务:需要明确在有限责任公司变更为股份有限公司的过程中,实收股本总额不得高于公司净资产额,且需要经过股东会的审议和表决,并形成决议。决议中需要明确增加注册资本的数额、发行股份的方式、时间等事项。另外,根据新《公司法》,公司变更注册资本、发行新股等事项,需要向公司登记机关依法申请办理相关登记手续。登记机关会对申请材料进行审查,符合要求的予以登记,并发放新的营业执照。

2.律师实务:在实践操作中,律师基于本条应当重点审查在有限责任公司变更为股份有限公司的过程中,实收股本总额是否高于公司净资产额,且需要审查是否形成完整的股东会决议以及公司是否完成向登记机关办理相关登记手续。

【关联规定】

新《公司法》第12条、第227条。

《市场主体登记管理条例实施细则》第36条:市场主体变更注册资本或者出资额的,应当办理变更登记。

公司增加注册资本,有限责任公司股东认缴新增资本的出资和股份有限公司的股东认购新股的,应当按照设立时缴纳出资和缴纳股款的规定执行。股份有限公司以公开发行新股方式或者上市公司以非公开发行新股方式增加注册资本,还应当提交国务院证券监督管理机构的核准或者注册文件。

公司减少注册资本,可以通过国家企业信用信息公示系统公告,公告期45日,应当于公告期届满后申请变更登记。法律、行政法规或者国务院决定对公司注册资本有最低限额规定的,减少后的注册资本应当不少于最低限额。

外商投资企业注册资本(出资额)币种发生变更,应当向登记机关申请变更登记。

第一百零九条【重要资料的置备】*

2018 年修正案	新《公司法》
第九十六条　股份有限公司应当将公司章程、股东名册、公司债券存根、股东大会会议记录、董事会会议记录、监事会会议记录、财务会计报告置备于本公司。	第一百零九条　股份有限公司应当将公司章程、股东名册、股东会会议记录、董事会会议记录、监事会会议记录、财务会计报告、债券持有人名册置备于本公司。

【内容变化】

新《公司法》第 109 条相较于 2018 年修正案第 96 条，无实质重大修改。修订内容为两处：将"公司债券存根"改为"债券持有人名册"，同时把"股东大会"表述为"股东会"。

【分析解读】

首先，以"债券持有人名册"取代"公司债券存根"主要是鉴于公司债券无纸化的发展趋势，纸质存根已无必要保留。第二，本次公司法修订取消了"股东大会"这一称谓，新公司法不再区分有限责任公司股东会和股份有限公司股东大会，将公司权力机构称谓统一为"股东会"，所以此处的"股东大会会议记录"改为"股东会会议记录"。

【实务研究】

1.公司实务：新《公司法》第 109 条、第 198 条、第 201 条、第 202 条均提到了"债券持有人名册"这一名词，主要规定了什么情况下应当设置债券持有人名册及其内容。值得留意的是，原公司法第 97 条规定股东有权查阅公司债券存根，但新《公司法》第 110 条并未规定股东有权查阅债券持有人名册。结合新《公司法》第 109 条规定的债券持有人名册需要置备于股份有限公司，理论上说股东是可以查阅的，但第 110 条股东有权查阅的内容里未保留债权持有人名册，可能是考虑到债券持有人名册除初始持有人阶段外，在债券存续阶段，债券持有人变化后难以及时进行名册的更新，实际操作过程中发行人公司在债券存续阶段查询债券持有人名单比较困难，出于实务操作的考量，把股东可以查阅内容中的原存根簿、现债券持有人名册删除了。在关注第 109 条的同时，还需关注第 198 条、第 201 条、第 202 条。

2.律师实务：在股份有限公司置备重要资料时，需要关注债权持有人名册，并关注股东知情权的保障。

---

　*　执笔人：王晓华。

【关联规定】

新《公司法》第 198 条、第 201 条。

 第一百一十条【股份有限公司股东的查阅权】*

2018 年修正案	新《公司法》
第九十七条　股东有权查阅公司章程、股东名册、公司债券存根、股东大会会议记录、董事会会议决议、监事会会议决议、财务会计报告,对公司的经营提出建议或者质询。	第一百一十条　股东有权查阅、复制公司章程、股东名册、股东会会议记录、董事会会议决议、监事会会议决议、财务会计报告,对公司的经营提出建议或者质询。 连续一百八十日以上单独或者合计持有公司百分之三以上股份的股东要求查阅公司的会计账簿、会计凭证的,适用本法第五十七条第二款、第三款、第四款的规定。公司章程对持股比例有较低规定的,从其规定。 股东要求查阅、复制公司全资子公司相关材料的,适用前两款的规定。 上市公司股东查阅、复制相关材料的,应当遵守《中华人民共和国证券法》等法律、行政法规的规定。

【内容变化】

新《公司法》第 110 条相较于 2018 年修正案第 97 条,属于实质重大修改,新增了 3 个条款。主要修改内容有:第一,在股东通常享有的查阅权的基础上,增加了股份有限公司股东对公司章程等文件的复制权。第二,新增股份有限公司股东查阅公司会计账簿、会计凭证的准用规则及其条件。第三,新增股份有限公司股东对全资子公司相关材料享有查阅、复制权。第四,新增上市公司股东查阅、复制权的引致规定。

【分析解读】

本条在延续新《公司法》第 57 条针对有限责任公司股东知情权基础上,专门针对股份有限公司的股东知情权作出重大修订。

一是继续扩大了股东行使知情权的范围。新公司法针对股份有限公司的股东也同样扩大了股东查阅、复制内容的范围,在股东享有查阅权的基础上,增加了复制权。此规定对少数股东的保护更为全面有效。

---

* 执笔人:王晓华。

二是确定可查阅公司会计账簿、会计凭证的股东的范围——连续 180 日以上单独或者合计持有公司 3% 以上股份的股东,如此规定在一定程度上提高了股份有限公司股东行使知情权的门槛,防止权利被滥用,但同时,也授权公司可以通过章程对前述比例另行调整。

三是增加股东知情权的穿透行使的规定。股东能否对公司的子公司或其他关联公司穿透行使股东知情权,原公司法对此未作规定,学界也有不同的观点。司法实践中,法院对股东知情权的穿透行使较为谨慎,绝大多数法院都持反对观点。但是,实务中常有母公司管理层为规避中小股东对公司业务的监督,特意将某些业务分离而设立子公司,此时母公司中小股东对特定业务的知情权实质受到剥夺。

在此背景下,新《公司法》第 57 条第 5 款和第 110 条第 3 款新增了有限责任公司和股份有限公司股东有权对全资子公司穿透行使股东知情权,这是强化股东知情权保护的重要法律调整。不过,新公司法对股东穿透行使知情权仍采取较为谨慎的态度,将穿透对象限于全资子公司,对于实务中大量存在的控股子公司、二级子公司、三级子公司未作规定,可能是拟待司法实践的探索较为成熟后才纳入正式的法规。

【实务研究】

1.公司实务:股东知情权是公司股东了解公司经营及财务状况的基础手段,新公司法从多方面加强对股东知情权的保护,这对于保护股东尤其是中小股东权益,具有深远的影响。作为公司更应深刻理解股东知情权的法律规定,注重强化对股东知情权的保护。

关于原公司股东仅能查阅会计账簿,不能查阅原始会计凭证的规定,新公司法对此做了重大变革,回应了司法实践中关于股东查阅会计凭证的争议。有限公司股东查阅权范围包括原来规定的会计账簿,还包括新增加的会计凭证,股东有权依照法律规定向公司请求查阅会计账簿和会计凭证。这对公司来说,虽然增加了工作负担,且要面对股东的查阅、质疑,但对公司合法、规范经营提出了更高要求。

此外,新公司法删去了股份公司股东对公司债券存根的查阅、复制。因为新公司法增设股份公司股东查阅会计账簿的权利,会计账簿中已经含有相关债券信息,故不需要再作规定。

2.律师实务:律师要深刻理解公司法对股东知情权的保护由表面走向实质,由母公司穿透至全资子公司。律师要指导股份有限公司更加规范经营,指导股份有限公司将公司章程、股东名册、股东会会议记录、董事会会议决议、监事会会议决议、财务会计报告等重要文件置备于公司,保障股份有限公司股东的知情权。同时律师如果作为投资人聘请的法律顾问,可以从投资人的角度出发,在投资协议、股东协议、母公司和子公司的章程中约定扩大穿透式知情权适用的范围,保障投资人的知情权。

【关联规定】

新《公司法》第 57 条。

第二节 股东会[*]

第一百一十一条【股东会的组成与地位】

2018 年修正案	新《公司法》
第九十八条 股份有限公司股东大会由全体股东组成。股东大会是公司的权力机构,依照本法行使职权。	第一百一十一条 股份有限公司股东会由全体股东组成。股东会是公司的权力机构,依照本法行使职权。

【内容变化】

无论是在章节标题上还是在条文表述上,均将"股东大会"变更为"股东会"。

【分析解读】

本条是对股份有限公司股东会组成及权力地位的概况规定。股东会由股份有限公司全体股东组成,是公司的权力机构,并且有权决定公司的重大事项。

从立法的历史进程看,"股东大会"这一概念源于我国第一部《公司法》,至今已沿用 30 余年。而在新《公司法》中,这一概念正式退出历史舞台。从实质上分析,"股东大会"与"股东会"并无本质区别。立法之初,为了区分有限责任公司与股份有限公司,根据股东人数上限之多少而分别适用"股东会"及"股东大会"的概念。在新《公司法》中将"股东大会"概念与"股东会"概念统一,代表在制度制定上股份有限公司与有限责任公司实质上的融合与统一。

【实务研究】

1.公司实务:在新《公司法》施行后,公司各类决议、公文等文件的出具上,应当注意行文内容的规范,避免因"习惯"而将股份有限公司股东会继续"沿用"为股东大会。虽然从法律后果看并无实质差异,不会构成实质争议,但缺乏严谨性。

2.律师实务:一方面,应当及时提示作为股份有限公司的客户并帮助客户及时梳理公司各类文档,将文档内容与新《公司法》同步;另一方面,应当及时更新律师各类文档模板,避免提供给客户使用时出现纰漏。

【关联规定】

《上市公司股东大会规则》第 2 条:上市公司应当严格按照法律、行政法规、本规则及公司章程的相关规定召开股东大会,保证股东能够依法行使权利。

公司董事会应当切实履行职责,认真、按时组织股东大会。公司全体董事应当勤勉尽责,确保股东大会正常召开和依法行使职权。

---

[*] 执笔人:童哲、陈嘉禾、徐铎源、温莉。

第一百一十二条【股东会的职权】

2018 年修正案	新《公司法》
第九十九条　本法第三十七条第一款关于有限责任公司股东会职权的规定,适用于股份有限公司股东大会。	第一百一十二条　本法第五十九条第一款、第二款关于有限责任公司股东会职权的规定,适用于股份有限公司股东会。 本法第六十条关于只有一个股东的有限责任公司不设股东会的规定,适用于只有一个股东的股份有限公司。

【内容变化】

一是由于有限责任公司股东会职权发生变更,因此股份有限公司股东会职权发生相应变更,即由 2018 年修正案中的"第三十七条第一款关于有限责任公司股东会职权的规定"变更为新《公司法》"第五十九条第一款、第二款关于有限责任公司股东会职权的规定";二是新增一个股东的股份有限公司相关内容,引用了新《公司法》第 60 条之规定。

【分析解读】

本条涉及股份有限公司股东会职权的规定。一方面,在具体职权的规定上,引用了新《公司法》第 59 条的规定,并作出"公司章程规定的其他职权"的兜底规定。此处需要注意的是,公司是否可以通过章程的修改来改变《公司法》中对股东会职权的规定。从目前的主流理论看,基于保护股东利益,特别是保护中小股东利益的角度出发,应不允许通过公司内部章程变更的方式对新《公司法》已经明确列举的职权作出改变。但对于新《公司法》未列举的职权,公司可以通过章程进行补充。另一方面,在该条中新增了"一人"股份有限公司的规定,即明确了允许设立一个股东的股份有限公司,且无须设股东会。在"一人"股份有限公司的法律规定上,引用了新《公司法》第 59 条之规定。从这一角度看,也证明了在新《公司法》下,有限责任公司与股份有限公司的实质融合与统一。

【实务研究】

1.公司实务:一方面,在公司章程的制定上应当注意避免作出与新《公司法》明确列举的股东会职权不一致的规定;另一方面,公司在章程中对股东会职权进行补充时,也应注意是否与新《公司法》及其他相关法律的强制性规定相违背,避免出现名为补充实为变更的情形。此外,在设立"一人"股份有限公司时,股东决定应当采用书面形式,并由股东签名或者盖章后置备于公司。

2.律师实务:在审查、起草股东会决议、公司章程等文件时,应当与新《公司法》明确列举的内容相比对,并应注意相关内容的合法合规性,特别是在对公司章程进行补充、修改时,应注意补充、修改的内容是否与新《公司法》、章程其他内容等存在矛盾或冲突。

【关联规定】

《上市公司股东大会规则》第3条：股东大会应当在《公司法》和公司章程规定的范围内行使职权。

 第一百一十三条【股东会年会和临时会】

2018 年修正案	新《公司法》
第一百条　股东大会应当每年召开一次年会。有下列情形之一的，应当在两个月内召开临时股东大会： （一）董事人数不足本法规定人数或者公司章程所定人数的三分之二时； （二）公司未弥补的亏损达实收股本总额三分之一时； （三）单独或者合计持有公司百分之十以上股份的股东请求时； （四）董事会认为必要时； （五）监事会提议召开时； （六）公司章程规定的其他情形。	第一百一十三条　股东会应当每年召开一次年会。有下列情形之一的，应当在两个月内召开临时股东会议： （一）董事人数不足本法规定人数或者公司章程所定人数的三分之二时； （二）公司未弥补的亏损达股本总额三分之一时； （三）单独或者合计持有公司百分之十以上股份的股东请求时； （四）董事会认为必要时； （五）监事会提议召开时； （六）公司章程规定的其他情形。

【内容变化】

将"公司未弥补的亏损达实收股本总额三分之一时"修改为"公司未弥补的亏损达股本总额三分之一时"，删除"实收"二字。

【分析解读】

股份有限公司的股东会分为股东会年会、临时股东会两种。其中，股东会年会应当按照法律及公司章程规定，每年举行一次，以便于对公司战略方向、经营管理、生产投资等重大事项进行决议。

在股东会年会之外的时间里，当出现本条所列举的情形时，公司应当召开临时股东会，以利于重大事项的及时、高效决策。从制度设置的目的上看，临时股东会制度有助于随时决定经营中的各类突发重大事项，提高公司的经营决策效率，也有利于股东随时保护自身权益不受侵害。[①] 同时，临时股东会也是股东保护自身权益，制约董事会及公司高级管理人员的一种手段，避免董事会及公司高级管理人员在股东会年会外作出不利于公司及股东的行为而无及时有效的制止和决策措施。当然，除了新《公司法》明确列举的应当召开临时股东会的情形外，也给予公司自行决定召开临时股东会的权利，即可在公司章程中规定召开临时股东会的情形和事由。

①　王彦明、贾翱：《论股东的临时股东大会召集请求权——兼论中国相关公司立法的完善》，载《社会科学战线》2010年第5期。

【实务研究】

1.公司实务：一方面，公司应当按照法律规定每年召开股东会年会；另一方面，当出现需要召开临时股东会会议的情形时，应当在两个月内及时召开。在某些公司中，股东往往并不重视股东会会议的召开，认为没有什么"重大事项"就不必召开股东会年会，或者无视应召开临时股东会会议的情形。无论该种行为是否侵害了股东权益，其实股东会的召开有利于股东之间的交流，并有助于及时化解股东之间的矛盾、误会，也有利于公司经营决策的及时调整，更有利于公司的长久发展。在部分股权纠纷案件中，公司长期不召开股东会，最终导致公司"人合性"丧失、股东会失能，进而陷入经营僵局。

2.律师实务：从公司法律顾问角度，应及时提示公司召开股东会年会，及应随时关注是否满足需要召开临时股东会会议的条件。当注意到召开股东会会议条件满足时，应当及时提示公司准备召开股东会会议，以避免逾期召开而导致的程序瑕疵或合规风险。从小股东法律顾问的角度，应告知注意提议召开临时股东会会议的股东持股比例，若比例尚不足百分之十的，应当及时提示该股东，并告知是否需要联合其他股东一同提议，以达到法定比例。

【关联规定】

《上市公司股东大会规则》第4条：股东大会分为年度股东大会和临时股东大会。年度股东大会每年召开一次，应当于上一会计年度结束后的六个月内举行。临时股东大会不定期召开，出现《公司法》第一百条规定的应当召开临时股东大会的情形时，临时股东大会应当在二个月内召开。

公司在上述期限内不能召开股东大会的，应当报告公司所在地中国证券监督管理委员会（以下简称中国证监会）派出机构和公司股票挂牌交易的证券交易所（以下简称证券交易所），说明原因并公告。

第一百一十四条【股东会会议的召集与主持】

2018 年修正案	新《公司法》
第一百零一条　股东大会会议由董事会召集，董事长主持；董事长不能履行职务或者不履行职务的，由副董事长主持；副董事长不能履行职务或者不履行职务的，由半数以上董事共同推举一名董事主持。 董事会不能履行或者不履行召集股东大会会议职责的，监事会应当及时召集和主持；监事会不召集和主持的，连续九十日以上单独或者合计持有公司百分之十以上股份的股东可以自行召集和主持。	第一百一十四条　股东会会议由董事会召集，董事长主持；董事长不能履行职务或者不履行职务的，由副董事长主持；副董事长不能履行职务或者不履行职务的，由过半数的董事共同推举一名董事主持。 董事会不能履行或者不履行召集股东会会议职责的，监事会应当及时召集和主持；监事会不召集和主持的，连续九十日以上单独或者合计持有公司百分之十以上股份的股东可以自行召集和主持。 单独或者合计持有公司百分之十以上股份的股东请求召开临时股东会会议的，董事会、监事会应当在收到请求之日起十日内作出是否召开临时股东会会议的决定，并书面答复股东。

【内容变化】

一是将"半数以上董事"修改为"过半数的董事";二是新增第3款"单独或者合计持有公司百分之十以上股份的股东请求召开临时股东会会议的,董事会、监事会应当在收到请求之日起十日内作出是否召开临时股东会会议的决定,并书面答复股东"。

【分析解读】

本条主要规定了股东会会议的召集流程。在通常情况下,股东会需要由董事会负责召集,并且由董事长主持。

根据新《公司法》第59条及第182条之规定,临时股东会的重要职权之二便是选举和更换董事、监事,决定有关董事、监事的报酬事项,以及对董事、监事、高级管理人员关联交易的审查。因此,当临时股东会的会议内容或决议内容不利于董事会时,便会出现董事会怠于履行召集义务的可能。此外,还存在董事会由大股东控制,小股东难以"调动"董事会的情况。因此,当董事会怠于履职时,则应当由监事会负责召集及主持。

当董事会和监事会因失能、怠于履职等原因无法召集和主持股东会时,新《公司法》赋予股东自行召集、主持股东会的权利,即连续90日以上单独或者合计持有公司10%以上股份的股东可以自行召集和主持股东会。

在过往实践中,也存在单独或者合计持有公司10%以上股份的股东请求召开临时股东会会议的规定和情况,该等请求往往"石沉大海"。因此,在新《公司法》中新增了董事会、监事会应当在收到请求之日起10日内作出是否召开临时股东会会议的决定,并书面答复股东的规定。该款规定的增加是新《公司法》在保护小股东利益上的重要突破,在公司层面给予小股东救济自身权益的途径,要求董事会、监事会应积极回应小股东诉求,不得"无视"小股东的呼声。但是,对于"逾期书面答复"甚至"拒不书面答复"的后果及"罚则"仍需要进一步明确。

【实务研究】

1. 公司实务:从公司角度,应注意股东会的召集、主持等流程。首先,应当由董事会召集并由董事长主持。在董事会失能等无法召集的情形下,监事会应当发挥积极主动的作用,由监事会负责召集及主持。当遇到股东请求召开股东会时,应当注意审查股东持股比例及持股期限是否符合法律规定,同时应当在规定期限内就是否召开股东会书面答复股东。

2. 律师实务:对于律师而言,一方面应当提醒公司注意上述事项;另一方面在代理股东时,同样应当注意申请股东的持股比例及持股期限是否符合法律规定,同时在穷尽救济措施后,可以由连续90日以上单独或者合计持有公司10%以上股份的股东自行召集和主持股东会会议。但应当注意的是,请求召开股东会本身不可诉。

【关联规定】

《上市公司股东大会规则》第27条:股东大会由董事长主持。董事长不能履行职务或不履行职务时,由副董事长主持;副董事长不能履行职务或者不履行职务时,由半数以上董事共同推举的一名董事主持。

监事会自行召集的股东大会,由监事会主席主持。监事会主席不能履行职务或不履行职务时,由监事会副主席主持;监事会副主席不能履行职务或者不履行职务时,由半数以上监事共同推举的一名监事主持。

股东自行召集的股东大会,由召集人推举代表主持。

公司应当制定股东大会议事规则。召开股东大会时,会议主持人违反议事规则使股东大会无法继续进行的,经现场出席股东大会有表决权过半数的股东同意,股东大会可推举一人担任会议主持人,继续开会。

《九民纪要》第 29 条【请求召开股东(大)会不可诉】:公司召开股东(大)会本质上属于公司内部治理范围。股东请求判令公司召开股东(大)会的,人民法院应当告知其按照《公司法》第 40 条或者第 101 条规定的程序自行召开。股东坚持起诉的,人民法院应当裁定不予受理;已经受理的,裁定驳回起诉。

 第一百一十五条【股东会会议】

2018 年修正案	新《公司法》
第一百零二条 召开股东大会会议,应当将会议召开的时间、地点和审议的事项于会议召开二十日前通知各股东;临时股东大会应当于会议召开十五日前通知各股东;发行无记名股票的,应当于会议召开三十日前公告会议召开的时间、地点和审议事项。 单独或者合计持有公司百分之三以上股份的股东,可以在股东大会召开十日前提出临时提案并书面提交董事会;董事会应当在收到提案后二日内通知其他股东,并将该临时提案提交股东大会审议。临时提案的内容应当属于股东大会职权范围,并有明确议题和具体决议事项。 股东大会不得对前两款通知中未列明的事项作出决议。 无记名股票持有人出席股东大会会议的,应当于会议召开五日前至股东大会闭会时将股票交存于公司。	第一百一十五条 召开股东会会议,应当将会议召开的时间、地点和审议的事项于会议召开二十日前通知各股东;临时股东会会议应当于会议召开十五日前通知各股东。 单独或者合计持有公司百分之一以上股份的股东,可以在股东会会议召开十日前提出临时提案并书面提交董事会。临时提案应当有明确议题和具体决议事项。董事会应当在收到提案后二日内通知其他股东,并将该临时提案提交股东会审议;但临时提案违反法律、行政法规或者公司章程的规定,或者不属于股东会职权范围的除外。公司不得提高提出临时提案股东的持股比例。 公开发行股份的公司,应当以公告方式作出前两款规定的通知。 股东会不得对通知中未列明的事项作出决议。

【内容变化】

一是删除第 1 款中"发行无记名股票的,应当于会议召开三十日前公告会议召开的时间、地点和审议事项";二是将第 2 款中"单独或者合计持有公司百分之三以上股份的股东"修改为"单独或者合计持有公司百分之一以上股份的股东";三是在第 2 款中新增"临时提案应当有明确议题和具体决议事项";四是在第 2 款中新增"但临时提案违反法律、行政法规或者公司章程的规定",同时将"临时提案的内容应当属于股东大会职权范围"修改为"或者不属于股东会职权范围的除外"的除外条款,此外明确了"公司不得提高提出临时提案股东的持股比例";五是新增第 3 款"公开发行股份的公司,应当以公告方式作出前两款规定的通知";六是删除"无记名股票持有人出席股东大会会议的,应当于会议召开五日前至股东大会闭会时将股票交存于公司"。

【分析解读】

股东会会议的召开通知及公告程序必须符合法律规定。召开股东会年会,需要提前 20 日通知各股东;召开临时股东会会议,需要提前 15 日通知各股东。

股东在符合法律规定的前提下可以提出临时提案。第一,主体上必须是单独或者合计持有公司 1% 以上股份的股东,相较于 2018 年修正案,新《公司法》降低了临时提案所需持股比例的门槛,鼓励更多小股东参与到临时提案中来,也反映了新《公司法》保护中小股东权益的决心和宗旨;第二,临时提案必须在临时股东会会议召开前 10 日提交;第三,提案内容应当有具体事项和议题,必须是股东会职权范围内的事项,且不得违反法律、行政法规或者公司章程的规定。

董事会在收到临时提案后,应当提前 2 日通知其他股东,并提交股东会审议,对于通知中未列明的事项,股东会不得作出决议。新《公司法》明确规定了临时提案内容应当具体且应当提前通知股东,给予股东就临时提案以足够的思考和决断时间,并且明确规定对于未通知事项股东会不得作出决议,保障股东充分考虑、独立决策的权利,避免股东被临时提案"突袭"。

在此次新《公司法》中还特别增加条款,明确公司不得提高提出临时提案股东的持股比例。通过该种方法,来阻止大股东为维护自身利益而损害小股东提案权利,对维护小股东利益、维持资本市场健康发展有正向促进作用。

【实务研究】

1.公司实务:第一,公司应当特别注意股东会召开的程序合规,应当注意通知内容、通知期限、通知方式;第二,在股东提出临时提案时,应当注意临时提案的期限、内容、提案人的持股比例,在收到提案后 2 日内董事会应通知其他股东,并将该临时提案提交股东会审议;第三,新《公司法》生效后,公司不得通过提高临时提案股东持股比例的方式来阻却临时提案的提出。公司需要审查的是在临时提案中提案人的持股比例是否符合法定要求,否则即便作出决议,该决议亦是无效的。[①]

2.律师实务:公司股东会会议召集程序、表决方式违反法律、行政法规或者公司章程,或者决议内容违反公司章程的,股东自决议作出之日起 60 日内,可以请求人民法院撤销。但是,股东会会议召集程序或者表决方式仅有轻微瑕疵,对决议未产生实质影响的除外。未被通知参加股东会会议的股东自知道或者应当知道股东会决议作出之日起 60 日内,可以请求人民法院撤销;自决议作出之日起 1 年内没有行使撤销权的,撤销权消灭。

【关联规定】

《上市公司治理准则》

[①] 参见新疆维吾尔自治区昌吉回族自治州中级人民法院(2020)新 23 民终 231 号民事判决书。

第12条：上市公司应当在公司章程中规定股东大会的召集、召开和表决等程序。

上市公司应当制定股东大会议事规则，并列入公司章程或者作为章程附件。

第13条：股东大会提案的内容应当符合法律法规和公司章程的有关规定，属于股东大会职权范围，有明确议题和具体决议事项。

 第一百一十六条【股东表决权】

2018 年修正案	新《公司法》
第一百零三条　股东出席股东大会会议，所持每一股份有一表决权。但是，公司持有的本公司股份没有表决权。 股东大会作出决议，必须经出席会议的股东所持表决权过半数通过。但是，股东大会作出修改公司章程、增加或者减少注册资本的决议，以及公司合并、分立、解散或者变更公司形式的决议，必须经出席会议的股东所持表决权的三分之二以上通过。	第一百一十六条　股东出席股东会会议，所持每一股份有一表决权，类别股股东除外。公司持有的本公司股份没有表决权。 股东会作出决议，应当经出席会议的股东所持表决权过半数通过。 股东会作出修改公司章程、增加或者减少注册资本的决议，以及公司合并、分立、解散或者变更公司形式的决议，应当经出席会议的股东所持表决权的三分之二以上通过。

【内容变化】

一是在第 1 款中新增"类别股股东除外"，二是将"一般多数决"与"特别多数决"分为两款予以规定。

【分析解读】

在应用本条规定时应当注意与新《公司法》第 66 条的区别。在新《公司法》第 66 条中对有限责任公司的表决权作出规定，在有限责任公司中过半数或过三分之二的计算基数是全部表决权，而本条是"出席会议的股东所持表决权"。这是由于股份公司更具有"资合性"，出席股东会是股东的权利而非义务，既然是权利那便可以行使也可以放弃。

首次在新《公司法》中规定了"类别股"，也就是通常提及的"A 类股"及"B 类股"，即首次在立法层面确立了"同股不同权"，顺应了市场的发展。

公司在减资等特殊情形下，也可以持有自身股份，但公司作为享有独立人格的法人主体，为避免与股东身份混同，特别规定公司持有的本公司股份没有表决权。

在决议的分类上，分为"一般多数决"和"特别多数决"。所谓"一般多数决"是指表决权过半即可通过的决议，而"特别多数决"是指表决权在三分之二以上方可通过的决议。在决议事项上，适用"特别多数决"的事项可以用"增减资、改章程、合分散、改形式"的口诀予以记忆。

【实务研究】

一方面,由于在新《公司法》中已经明确允许"类别股"出现,那么在未来的股权设计中将根据股东或投资人入股目的的不同,设计不同类型的股份,例如拥有"一票否决权"或"仅有投票权而无表决权"等。另一方面,关于是否可以通过修改章程的方式改变法律规定的表决通过比例问题,通常来说并不允许降低法律规定的比例,但是允许予以提高,例如将"一般多数决"事项升级为"特别多数决"事项,或将"特别多数决"事项升级为需要全体股东一致同意事项。

【关联规定】

《上市公司股东大会规则》

第23条:股权登记日登记在册的所有普通股股东(含表决权恢复的优先股股东)或其代理人,均有权出席股东大会,公司和召集人不得以任何理由拒绝。

优先股股东不出席股东大会会议,所持股份没有表决权,但出现以下情况之一的,公司召开股东大会会议应当通知优先股股东,并遵循《公司法》及公司章程通知普通股股东的规定程序。优先股股东出席股东大会会议时,有权与普通股股东分类表决,其所持每一优先股有一表决权,但公司持有的本公司优先股没有表决权:

(一)修改公司章程中与优先股相关的内容;

(二)一次或累计减少公司注册资本超过百分之十;

(三)公司合并、分立、解散或变更公司形式;

(四)发行优先股;

(五)公司章程规定的其他情形。

上述事项的决议,除须经出席会议的普通股股东(含表决权恢复的优先股股东)所持表决权的三分之二以上通过之外,还须经出席会议的优先股股东(不含表决权恢复的优先股股东)所持表决权的三分之二以上通过。

第32条:股东大会就选举董事、监事进行表决时,根据公司章程的规定或者股东大会的决议,可以实行累积投票制。单一股东及其一致行动人拥有权益的股份比例在百分之三十及以上的上市公司,应当采用累积投票制。

前款所称累积投票制是指股东大会选举董事或者监事时,每一普通股(含表决权恢复的优先股)股份拥有与应选董事或者监事人数相同的表决权,股东拥有的表决权可以集中使用。

第35条:同一表决权只能选择现场、网络或其他表决方式中的一种。同一表决权出现重复表决的以第一次投票结果为准。

第36条:出席股东大会的股东,应当对提交表决的提案发表以下意见之一:同意、反对或弃权。证券登记结算机构作为内地与香港股票市场交易互联互通机制股票的名义持有人,按照实际持有人意思表示进行申报的除外。

未填、错填、字迹无法辨认的表决票或未投的表决票均视为投票人放弃表决权利,其所持股份数的表决结果应计为"弃权"。

第一百一十七条【董事、监事选举的累积投票制】

2018 年修正案	新《公司法》
第一百零五条　股东大会选举董事、监事,可以依照公司章程的规定或者股东大会的决议,实行累积投票制。 本法所称累积投票制,是指股东大会选举董事或者监事时,每一股份拥有与应选董事或者监事人数相同的表决权,股东拥有的表决权可以集中使用。	第一百一十七条　股东会选举董事、监事,可以按照公司章程的规定或者股东会的决议,实行累积投票制。 本法所称累积投票制,是指股东会选举董事或者监事时,每一股份拥有与应选董事或者监事人数相同的表决权,股东拥有的表决权可以集中使用。

【内容变化】

无实质变化。

【分析解读】

累积投票制度为一种特殊的投票制度。除特殊情况外,必须在公司章程有规定或股东会决议通过的情况下,方可适用累积投票制度。

在累积投票制度下,每一股份均拥有与应选董事或者监事人数相同的表决权,且可以集中用在某一候选人上。股东累积投票权,可以保障小股东的利益代言人获得董事会或监事会席位,有效保障、平衡大股东与小股东之间的利益,[①]以公式可以表示为:$M=S+1/B$,其中 S 是总股份数,B 是董(监)事会席位数,M 是想要获得一个董(监)事席位所需要的至少股份数。具体推导过程简述如下:

假设公司有甲、乙二位股东,假设甲股东持有 M 股份,票数为 BM,则乙股东持有 $(S-M)$ 股份,票数为 $B(S-M)$。如果甲需要占有一个董(监)事会席位,在 M 被定义为"获得一个董(监)事席位所需要的至少股份数"的前提下,BM 票数必须投给一个人。此处还有一个假设,便是若乙必然不会投票给甲的董(监)事席候选人,即 BM 必须大于其余的乙方董事票数,换言之,BM 必须大于 $B(S-M)/(B-1)$,经过转换即可得出 BM 需要大于 S,因为均为整数,因此只要令 $S+1$ 等于 BM 即可。转换后便是 $M=S+1/B$。

【实务研究】

1.公司实务:前述已经提及除特殊情况外,必须在公司章程有规定或股东会决议通过的情况下,方可使用累积投票制度。具体可以分为如下情形:

(1)在有限责任公司中,对于累积投票制的适用并未作规定;

(2)在一般的股份有限公司中,需要依照公司章程有规定或股东会决议通过的情况下,方可适用;

---

① 刘俊海:《我国〈公司法〉确认股东累积投票权的理论探讨》,载《江海学刊》1996 年第 3 期。

（3）在上市公司的例外情形，即在单一股东及其一致行动人拥有权益的股份比例在30%以上时，应当适用累积投票制。

2.律师实务：律师在服务客户的过程中，当遇到累积投票制时，应当审查是否属于公司章程有规定或股东会决议通过；若客户为上市公司，应当审查是否属于应当适用累积投票制之情形。

【关联规定】

《上市公司治理准则》第17条：董事、监事的选举，应当充分反映中小股东意见。股东大会在董事、监事选举中应当积极推行累积投票制。单一股东及其一致行动人拥有权益的股份比例在30%及以上的上市公司，应当采用累积投票制。采用累积投票制的上市公司应当在公司章程中规定实施细则。

《上市公司股东大会规则》第32条：股东大会就选举董事、监事进行表决时，根据公司章程的规定或者股东大会的决议，可以实行累积投票制。单一股东及其一致行动人拥有权益的股份比例在百分之三十及以上的上市公司，应当采用累积投票制。

前款所称累积投票制是指股东大会选举董事或者监事时，每一普通股（含表决权恢复的优先股）股份拥有与应选董事或者监事人数相同的表决权，股东拥有的表决权可以集中使用。

 第一百一十八条【出席股东会的代理】

2018 年修正案	新《公司法》
第一百零六条　股东可以委托代理人出席股东大会会议，代理人应当向公司提交股东授权委托书，并在授权范围内行使表决权。	第一百一十八条　股东委托代理人出席股东会会议的，应当明确代理人代理的事项、权限和期限；代理人应当向公司提交股东授权委托书，并在授权范围内行使表决权。

【内容变化】

将"股东可以委托代理人出席股东大会会议"修改为"股东委托代理人出席股东会会议的，应当明确代理人代理的事项、权限和期限"。

【分析解读】

出席股东会并行使表决权是每个股东固有的权利，应当予以保障。在商业实践中，股东因自身事务安排等原因，经常出现无法亲自前往股东会现场的情形。特别是在召开临时股东会会议的情形下，因会议本身属于临时举行，股东并不能保证一定能出席。当然，并不能因股东不能出席便剥夺其权利，由此衍生出，股东可以委托代理人出席股东会并行使表决权。

代理人参加股东会及行使表决权应当明确具体的代理事项、权限和期限,并记载于代理人提交给公司的授权委托书中。代理人行使表决权应当在授权范围内行使。

【实务研究】

1.公司实务:当公司遇到股东委托第三人代为参加股东会并行使代理权的情形,首先应当向相关股东核实委托的真实性,包括但不限于是否存在委托情形、代理人身份信息及其真实性、委托书内容的真实性,同时委托书应当与会议纪要一同归档、保存。在前述情况得以核实的前提下,应当注意代理人在代为行使股东权利时,是否超越授权权限,一旦发现代理人行使表决权存在越权情形,应当视为越权表决无效,并及时告知代理人、委托人,且应当计入会议纪要。

2.律师实务:一方面,律师应当协助公司核查前述内容;另一方面,若由律师起草授权委托书,应当与股东沟通,确认代理人具有相应的民事行为能力,明确代理事项、权限及期限,并准确记载于委托书中。

【关联规定】

《上市公司治理准则》第15条:股东大会会议应当设置会场,以现场会议与网络投票相结合的方式召开。现场会议时间、地点的选择应当便于股东参加。上市公司应当保证股东大会会议合法、有效,为股东参加会议提供便利。股东大会应当给予每个提案合理的讨论时间。

股东可以本人投票或者依法委托他人投票,两者具有同等法律效力。

《上市公司股东大会规则》第20条:公司应当在公司住所地或公司章程规定的地点召开股东大会。

股东大会应当设置会场,以现场会议形式召开,并应当按照法律、行政法规、中国证监会或公司章程的规定,采用安全、经济、便捷的网络和其他方式为股东参加股东大会提供便利。股东通过上述方式参加股东大会的,视为出席。

股东可以亲自出席股东大会并行使表决权,也可以委托他人代为出席和在授权范围内行使表决权。

 第一百一十九条【股东会会议记录】

2018 年修正案	新《公司法》
第一百零七条　股东大会应当对所议事项的决定作成会议记录,主持人、出席会议的董事应当在会议记录上签名。会议记录应当与出席股东的签名册及代理出席的委托书一并保存。	第一百一十九条　股东会应当对所议事项的决定作成会议记录,主持人、出席会议的董事应当在会议记录上签名。会议记录应当与出席股东的签名册及代理出席的委托书一并保存。

【内容变化】

无实质变化。

【分析解读】

股东会应当对所议事项的决定作成会议记录,在记录内容上,应当符合《上市公司股东大会规则》(2022年修订)第41条中所列具体事项。主持人、出席会议的董事应当在会议记录上签名,以保证记录内容的客观真实。最后,会议记录应当与出席股东的签名册及代理出席的委托书一并保存,以便于未出席股东和后入股股东进行查询了解。

【实务研究】

在股东会会议记录的事项上,无论是否上市公司,均建议根据《上市公司股东大会规则》(2022年修订)第41条予以记载,且出席会议的董事、监事、董事会秘书、召集人或其代表、会议主持人应当在会议记录上签名,并保证会议记录内容真实、准确和完整。会议记录应当与现场出席股东的签名册及代理出席的委托书、网络及其他方式表决情况的有效资料一并保存,保存期限不少于10年。

【关联规定】

《上市公司股东大会规则》第41条:股东大会会议记录由董事会秘书负责,会议记录应记载以下内容:

(一)会议时间、地点、议程和召集人姓名或名称;

(二)会议主持人以及出席或列席会议的董事、监事、董事会秘书、经理和其他高级管理人员姓名;

(三)出席会议的股东和代理人人数、所持有表决权的股份总数及占公司股份总数的比例;

(四)对每一提案的审议经过、发言要点和表决结果;

(五)股东的质询意见或建议以及相应的答复或说明;

(六)律师及计票人、监票人姓名;

(七)公司章程规定应当载入会议记录的其他内容。

出席会议的董事、监事、董事会秘书、召集人或其代表、会议主持人应当在会议记录上签名,并保证会议记录内容真实、准确和完整。会议记录应当与现场出席股东的签名册及代理出席的委托书、网络及其他方式表决情况的有效资料一并保存,保存期限不少于十年。

第三节　董事会、经理

 第一百二十条【董事会组成、任期】[*]

2018 年修正案	新《公司法》
第一百零八条　股份有限公司设董事会,其成员为五人至十九人。 董事会成员中可以有公司职工代表。董事会中的职工代表由公司职工通过职工代表大会、职工大会或者其他形式民主选举产生。 本法第四十五条关于有限责任公司董事任期的规定,适用于股份有限公司董事。 本法第四十六条关于有限责任公司董事会职权的规定,适用于股份有限公司董事会。	第一百二十条　股份有限公司设董事会,本法第一百二十八条另有规定的除外。 本法第六十七条、第六十八条第一款、第七十条、第七十一条的规定,适用于股份有限公司。

【内容变化】

一是删除"其成员为五人至十九人";二是增加"本法第一百二十八条另有规定的除外";三是董事会成员中是否需要职工代表、如何选取产生的规定,有限责任公司董事任期的规定,有限责任公司董事会职权的规定分别拆分至新《公司法》第 68 条第 1 款、第 70 条、第 67 条作相应表述,并规定适用于股份有限责任公司;四是增加本法"第七十一条的规定,适用于股份有限公司"。

【分析解读】

本条是关于股份有限公司董事会职权、组成、职工代表,董事任期、辞职和解任的规定。新《公司法》规定股份有限公司董事会成员为 3 人以上,不再设置人数上限。

对于规模较小或者股东人数较少的股份有限公司,可以不设董事会,设 1 名董事,行使董事会的职权,该董事可兼任公司经理。

有关股份有限公司董事会职权,职工代表,董事任期、辞任和解任,都适用新《公司法》关于有限责任公司的前述规定。

【实务研究】

1.公司实务:股份有限公司应当根据新《公司法》的规定,在章程中明确董事会行使的职权范围、董事长及副董事长的产生办法、董事的任期、董事任期届满未及时改选或者任期内辞任情况下原董事如何履职;股份有限公司职工人数 300 人以上的,除了依法设监事会并有

---

[*]　执笔人:陈天翔。

职工代表外,董事会成员中应当审查是否有职工代表;公司董事的辞任和解任需符合新《公司法》的规定。

2.律师实务:在审查公司章程时,需提醒客户写明董事会行使的职权范围、董事长及副董事长的产生办法、董事的任期、董事任期届满未及时改选或者任期内辞任情况下原董事如何履职;需提醒职工人数超过300人的客户,若未设立有职工代表的监事会,董事会成员中应当有职工代表;审查董事辞任是否符合新《公司法》规定的书面通知形式;审查股东会解任董事是否正当合法,若无正当理由,需提示客户存在赔偿风险。

【关联规定】

《上市公司治理准则》第25条:董事会的人数及人员构成应当符合法律法规的要求,专业结构合理。董事会成员应当具备履行职责所必需的知识、技能和素质。鼓励董事会成员的多元化。

第一百二十一条【审计委员会】*

2018 年修正案	新《公司法》
	第一百二十一条　股份有限公司可以按照公司章程的规定在董事会中设置由董事组成的审计委员会,行使本法规定的监事会的职权,不设监事会或者监事。 审计委员会成员为三名以上,过半数成员不得在公司担任除董事以外的其他职务,且不得与公司存在任何可能影响其独立客观判断的关系。公司董事会成员中的职工代表可以成为审计委员会成员。 审计委员会作出决议,应当经审计委员会成员的过半数通过。 审计委员会决议的表决,应当一人一票。 审计委员会的议事方式和表决程序,除本法有规定的外,由公司章程规定。 公司可以按照公司章程的规定在董事会中设置其他委员会。

【内容变化】

本条为新增条款,规定审计委员会组成及议事规则。

＊　执笔人:陈天翔。

【分析解读】

2017 年公布的《国务院办公厅关于进一步完善国有企业法人治理结构的指导意见》指出:"董事会应当设立提名委员会、薪酬与考核委员会、审计委员会等专门委员会,为董事会决策提供咨询,其中薪酬与考核委员会、审计委员会应由外部董事组成。"

考虑到监事会制度于公司治理过程中严重失位的情况,新《公司法》将审计委员会职权扩大至"监事会的职权",并要求审计委员会过半数成员需同时满足两个条件:①不得在公司担任除董事以外的其他职务;②不得与公司存在任何可能影响其独立客观判断的关系。

审计委员会是董事会的一个专门工作机构,除负责内外审计沟通外,还负责监督检查内部制度的制定和执行情况,审核公司财务信息的形成及其披露,对内部控制目标的实现起着重要作用。公司设置审计委员会可以代替监事会的职能。

【实务研究】

1.公司实务:若公司董事会拟设立审计委员会,应当在公司章程中明确相关内容;审计委员会人数是否符合 3 人以上的新《公司法》规定;审计委员会的议事方式、表决程序是否符合章程规定。

2.律师实务:对于设立审计委员会的,提醒客户在公司章程中明确设立程序,审议章程中是否明确审计委员会的议事方式、表决程序,审查审计委员会的人数是否符合 3 人以上的新《公司法》规定,审查审计委员会过半数成员中是否符合不在公司担任董事以外的其他职务、与公司不存在任何可能影响其独立客观判断的关系的客观要件,审查审计委员会作出的决议通过要件是否满足一人一票、是否满足审计委员会成员的过半数通过等要求。

【关联规定】

《上市公司治理准则》

第 38 条:上市公司董事会应当设立审计委员会,并可以根据需要设立战略、提名、薪酬与考核等相关专门委员会。专门委员会对董事会负责,依照公司章程和董事会授权履行职责,专门委员会的提案应当提交董事会审议决定。

专门委员会成员全部由董事组成,其中审计委员会、提名委员会、薪酬与考核委员会中独立董事应当占多数并担任召集人,审计委员会的召集人应当为会计专业人士。

第 39 条:审计委员会的主要职责包括:

(一)监督及评估外部审计工作,提议聘请或者更换外部审计机构;

(二)监督及评估内部审计工作,负责内部审计与外部审计的协调;

(三)审核公司的财务信息及其披露;

(四)监督及评估公司的内部控制;

(五)负责法律法规、公司章程和董事会授权的其他事项。

第一百二十二条【董事会的组成与召集主持】＊

2018 年修正案	新《公司法》
第一百零九条　董事会设董事长一人,可以设副董事长。董事长和副董事长由董事会以全体董事的过半数选举产生。 董事长召集和主持董事会会议,检查董事会决议的实施情况。副董事长协助董事长工作,董事长不能履行职务或者不履行职务的,由副董事长履行职务;副董事长不能履行职务或者不履行职务的,由半数以上董事共同推举一名董事履行职务。	第一百二十二条　董事会设董事长一人,可以设副董事长。董事长和副董事长由董事会以全体董事的过半数选举产生。 董事长召集和主持董事会会议,检查董事会决议的实施情况。副董事长协助董事长工作,董事长不能履行职务或者不履行职务的,由副董事长履行职务;副董事长不能履行职务或者不履行职务的,由过半数的董事共同推举一名董事履行职务。

【内容变化】

将"半数以上"修改为"过半数"。根据《民法典》第 1259 条来理解本条的含义为"半数以上"包含半数,"过半数"则不包含半数。因此若副董事长不能履行职务或者不履行职务的,需要超过一半载重的董事共同推举一名董事履职。

【分析解读】

本条是关于股份有限公司董事长、副董事长的产生及其职权,以及董事会的规定。

董事会是股份有限公司常设的负责执行公司经营事务、行使公司经营决策权的机构。新《公司法》对于董事会人数不再设置上限。对于由较多人组成的集体,有必要设置董事长,负责董事会的召开和主持等事务。同时,公司根据实际情况可以设置副董事长,以协助董事长工作。董事长和副董事长均须董事会全体董事过半数选举产生。

董事长的职权主要包括召集和主持董事会会议以及检查董事会决议的实施情况。根据新《公司法》第 114 条的规定,董事长还有主持股东会会议的职权。

除此之外,根据《上市公司治理准则》,董事会可以授权董事长在闭会期间行使董事会部分职权,但须符合相关规定。

【实务研究】

1.公司实务:董事会设董事长、副董事长的,应当符合过半数董事民主选举产生的规定。对于董事长不能履行职务或者不履行职务的,副董事长应当履行职务;若副董事长不能履行职务或者不履行职务的,由超过一半的董事共同选举一名董事履行职务。

2.律师实务:对于客户拟设立董事长、副董事长的,应该通过见证等方式,见证董事选举过程是否客观、公正、公平、民主,是否满足"过半数"客观要件;对于董事长不能或不履行职

＊　执笔人:陈天翔。

务,而副董事长也不能或不履行职务的,可通过见证方式,见证推选代为履职的董事的选举过程是否客观、公正、公平、民主,是否满足"过半数"的客观要件。

【关联规定】

《上市公司治理准则》第 33 条:董事会授权董事长在董事会闭会期间行使董事会部分职权的,上市公司应当在公司章程中明确规定授权的原则和具体内容。上市公司重大事项应当由董事会集体决策,不得将法定由董事会行使的职权授予董事长、总经理等行使。

《民法典》第 1259 条:民法所称的"以上""以下""以内""届满",包括本数;所称的"不满""超过""以外",不包括本数。

 第一百二十三条【董事会的召开】*

2018 年修正案	新《公司法》
第一百一十条 董事会每年度至少召开两次会议,每次会议应当于会议召开十日前通知全体董事和监事。 代表十分之一以上表决权的股东、三分之一以上董事或者监事会,可以提议召开董事会临时会议。董事长应当自接到提议后十日内,召集和主持董事会会议。 董事会召开临时会议,可以另定召集董事会的通知方式和通知时限。	第一百二十三条 董事会每年度至少召开两次会议,每次会议应当于会议召开十日前通知全体董事和监事。 代表十分之一以上表决权的股东、三分之一以上董事或者监事会,可以提议召开临时董事会会议。董事长应当自接到提议后十日内,召集和主持董事会会议。 董事会召开临时会议,可以另定召集董事会的通知方式和通知时限。

【内容变化】

将"董事会临时会议"修改为"临时董事会会议"。

【分析解读】

本条是关于董事会召开、通知、主持以及临时董事会会议的规定。

董事会会议是董事会行使其职权的方式之一,每年至少召开 2 次,就董事会职权范围内的事项进行决议。若出现涉及董事会职权的事项,公司可以召开临时董事会会议。可以提议召开临时董事会会议的主体包括:(1)代表 1/10 以上表决权的股东;(2)1/3 以上董事;(3)监事会。

董事会召开定期会议,应当由董事长将会议时间、地点、决议事项等内容依照公司章程规定的方式,在会议召开 10 日前通知全体董事和监事;而对于临时董事会会议,在出现公司章程规定的应当召开临时会议的情况或前述主体提议召开临时会议时,董事长应当在 10 日内召集和主持临时会议,但其通知可以不依照前述定期会议的通知方式和时限进行。

---

　* 执笔人:陈天翔。

【实务研究】

1.公司实务:公司应当每年至少召开 2 次董事会会议,每次会议召开 10 日前应当按照章程规定的方式通知全体董事以及监事,对于未按时参加董事会的董事需确认参会通知已按照新《公司法》及公司章程规定合法送达,否则存在程序瑕疵;需召开临时董事会会议的,提议召开的主体需符合代表 1/10 以上表决权的股东、1/3 以上董事、监事会中的其中一项,符合召开临时董事会会议条件的,董事长需按照新《公司法》自收到提议后 10 日内完成召集和主持董事会会议相关工作。

2.律师实务:提示客户每年度至少召开 2 次董事会会议,通过见证方式,确保董事会会议召开 10 日前全体董事已收到参会时间、地点、决议事项等内容且依照公司章程规定的方式送达,召开过程中参会董事的签名真实,参会董事授权代表授权资料齐全以及签名真实,董事会议题评议、表决过程民主、公正、公平。对于召开临时董事会会议的,提示客户确保提议主体符合新《公司法》规定的 3 类主体之一,并确保提议主体需真实意思表示,进而督促董事长按照新《公司法》规定履行召集和主持临时董事会会议的必要职务,对于特别紧急的,可以选择较为灵活变通的通知方式,确保全体董事能收到参会通知,保留确认收悉参会通知的相关依据,并告知可不受通知时限的限制。

【关联规定】

《上市公司治理准则》

第 30 条:董事会应当定期召开会议,并根据需要及时召开临时会议。董事会会议议题应当事先拟定。

第 31 条:董事会会议应当严格依照规定的程序进行。董事会应当按规定的时间事先通知所有董事,并提供足够的资料。两名及以上独立董事认为资料不完整或者论证不充分的,可以联名书面向董事会提出延期召开会议或者延期审议该事项,董事会应当予以采纳,上市公司应当及时披露相关情况。

 第一百二十四条【董事会的议事规则】*

2018 年修正案	新《公司法》
第一百一十一条　董事会会议应有过半数的董事出席方可举行。董事会作出决议,必须经全体董事的过半数通过。 董事会决议的表决,实行一人一票。 第一百一十二条第二款　董事会应当对会议所议事项的决定作成会议记录,出席会议的董事应当在会议记录上签名。	第一百二十四条　董事会会议应当有过半数的董事出席方可举行。董事会作出决议,应当经全体董事的过半数通过。 董事会决议的表决,应当一人一票。 董事会应当对所议事项的决定作成会议记录,出席会议的董事应当在会议记录上签名。

---

* 执笔人:陈天翔。

【内容变化】

将"董事会决议的表决,实行一人一票"修改为"董事会决议的表决,应当一人一票"。

【分析解读】

本条是关于股份有限公司董事会会议举行、决议效力、会议表决以及会议记录的规定。

董事会通过召开会议的方式行使职权,本条对董事会会议的程序作出要求:一是出席人数,二是表决比例要求。首先,为保证董事会决议能够代表大多数董事的意思,有利于公司经营以及股东利益,董事会会议应有过半数董事出席方可举行;其次,为保证董事会决议能反映大多数董事意愿,只有全体董事过半数通过,董事会决议才有效力。

与股东会会议"一股一票"规定不同,董事会实行一人一票的表决方式,每一位董事只享有一票表决权。

董事会举行会议时,应当对会议内容进行记录并制作会议记录,即将董事会会议情况留存真实证据,以便在需要了解时进行查阅。会议记录由出席会议的董事签名,以保证会议内容的真实、准确以及表明董事对其在会议上的言行负责。

【实务研究】

1.公司实务:公司召开董事会,需满足参会董事人数超过全体董事的一半的要求,否则存在程序瑕疵;董事会决议的通过,需满足全体董事过半数一致同意的要求,董事一人仅一票;公司召开董事会,需记录会议召开内容、由参会董事签名确认并保留完整,以确保召开过程有据可查。

2.律师实务:律师通过见证方式,参与客户董事会召开程序,确保召开前置程序合法,可由律师等第三方机构参与记录董事会召开内容,尽可能详尽记录董事会召开内容,确保每一位参会董事的言行客观真实,确保每一位参会董事会议纪要署名的真实性;对于董事会中评议表决的议题,确认各位董事表决均为真实意思表示,记录表决过程、表决结果。最后完成董事会会议召开所形成相关文书的归档工作,确保事后有据可查。

【关联规定】

《上市公司治理准则》第32条:董事会会议记录应当真实、准确、完整。出席会议的董事、董事会秘书和记录人应当在会议记录上签名。董事会会议记录应当妥善保存。

第一百二十五条【董事的赔偿责任】*

2018 年修正案	新《公司法》
第一百一十二条第一款　董事会会议,应由董事本人出席;董事因故不能出席,可以书面委托其他董事代为出席,委托书中应载明授权范围。 第一百一十二条第三款　董事应当对董事会的决议承担责任。董事会的决议违反法律、行政法规或者公司章程、股东大会决议,致使公司遭受严重损失的,参与决议的董事对公司负赔偿责任。但经证明在表决时曾表明异议并记载于会议记录的,该董事可以免除责任。	第一百二十五条　董事会会议,应当由董事本人出席;董事因故不能出席,可以书面委托其他董事代为出席,委托书应当载明授权范围。 董事应当对董事会的决议承担责任。董事会的决议违反法律、行政法规或者公司章程、股东会决议,给公司造成严重损失的,参与决议的董事对公司负赔偿责任;经证明在表决时曾表明异议并记载于会议记录的,该董事可以免除责任。

【内容变化】

一是将"委托书中应载明"修改为"委托书应当载明";二是将"股东大会决议"修改为"股东会决议";三是将"致使公司遭受"修改为"给公司造成";四是删除"但"。

【分析解读】

本条是关于董事会会议的出席、对董事会决议承担责任的规定。

对于董事出席董事会会议的要求,通常情况下,董事应当本人出席,对股东会负责,在董事会上就公司经营和业务执行发表自己的意见,从而作出有利于公司发展的决议。但在董事出现特殊情况无法本人出席时可以书面委托其他董事代为出席。值得注意的是,董事委托他人代为出席董事会会议必须符合两个条件:(1)只能委托本公司其他董事代为出席,不能委托董事以外的其他人代为出席;(2)应出具书面委托书,且应当载明授权范围。另外,根据《上市公司治理准则》,独立董事不得委托非独立董事代为投票。

董事应当对董事会决议承担责任,以保证董事履行对公司的忠实、勤勉义务,防止作出违反法律、行政法规、公司章程的决议,造成重大损失。

董事对公司负赔偿责任需要满足以下条件:(1)董事会的决议违反法律、行政法规或者公司章程、股东会决议;(2)给公司造成严重损失;(3)该董事参与了董事会决议并对决议投赞成票。作为接受股东委托参与公司经营和业务执行的董事,应当遵守法律和公司章程的规定,勤勉尽责,维护公司和股东的利益。当董事会作出的决议符合前述条件时,对该决议表明异议的董事,能够证明其在表决时曾表明异议并记载于会议记录的,则可以不承担赔偿责任。

---

*　执笔人:陈天翔、叶倩冰。

【实务研究】

1.公司实务：公司召开董事会，参会董事应当本人参加，若因特殊原因确无法参加的，可书面委托其他董事代为出席并列明授权范围，公司应当指定员工或者委托第三方做好董事会召开会议纪要，尽可能详尽地记录各董事的参会情况，对于委托其他董事代为出席的，应另行要求受托方写明无法参会的特殊原因并在会中告知其他参会董事；对于董事会会议中表决的决议，需尽可能详尽地记录每一位参会董事的表决过程、表决结果，若存在最终与决议通过不一致的董事意见，需尽可能详尽地记录该董事的异议结论及相关理由，最终形成书面会议记录，供各参会董事签字确认。

2.律师实务：可接受客户委托参与见证董事会召开程序，确保召开程序合法、参会董事均为本人，对于委托出席的董事确保授权意思真实、授权资料完整合法、具体授权内容明确。对于董事会表决通过的决议，需详细记录每一位参会董事的表决意见，包括但不限于表决结果、表决理由等，同时确保参会董事会上发表的意见均为其真实意思，由参会董事签字确认参会内容的真实性。最终可按照客户需求，出具书面正式见证意见，以确保见证过程、见证内容的真实、有效，同时对整个见证过程中形成的书面资料进行归档保留，以确保事后有据可查。

【关联规定】

《上市公司治理准则》第22条：董事应当保证有足够的时间和精力履行其应尽的职责。

董事应当出席董事会会议，对所议事项发表明确意见。董事本人确实不能出席的，可以书面委托其他董事按其意愿代为投票，委托人应当独立承担法律责任。独立董事不得委托非独立董事代为投票。

 第一百二十六条【经理的产生和职权】*

2018 年修正案	新《公司法》
第一百一十三条　股份有限公司设经理，由董事会决定聘任或者解聘。 本法第四十九条关于有限责任公司经理职权的规定，适用于股份有限公司经理。	第一百二十六条　股份有限公司设经理，由董事会决定聘任或者解聘。 经理对董事会负责，根据公司章程的规定或者董事会的授权行使职权。经理列席董事会会议。

【内容变化】

一是删除"本法第四十九条关于有限责任公司经理职权的规定，适用于股份有限公司经理"；二是增加"经理对董事会负责，根据公司章程的规定或者董事会的授权行使职权。经理列席董事会会议"。

---

* 执笔人：陈天翔。

【分析解读】

经理是指辅助董事会进行日常经营管理、具体公司业务的高级管理人员,经理由董事会任免,对董事会负责。

新《公司法》不再以列举的方式规定经理的职权,而是由公司章程规定或董事会授权。该修订充分尊重公司或董事会的意思自治,以确认经理职权范围,使经理行使职权更加灵活,有利于公司的日常生产经营。

【实务研究】

1.公司实务:公司召开董事会,应该要求经理列席参会,并做好必要的辅助工作;公司应当通过章程规定或者董事会授权方式确定经理的职权范围,并要求经理就其职权范围所形成的书面资料予以签名确认,以防其越权;董事会应当制定经理聘任和解聘的具体制度流程。

公司应当根据自身情况,在章程中制定符合公司实际要求的经理的职权和具体实施办法。

2.律师实务:提示客户召开董事会时,需要求经理列席参会;结合客户实际情况,规范聘任、解聘经理的制度,可通过章程规定方式明确经理职权范围,并要求经理对章程中有关其职权内容予以签字确认。在公司日常生产经营管理中,如需另行委托经理行使章程中未规定的其他职权,可代公司董事会起草特定的授权委托书,明确授权行使的具体职权范围,由经理在受托人处签名确认。

【关联规定】

《上市公司章程指引》第128条:经理对董事会负责,行使下列职权:

(一)主持公司的生产经营管理工作,组织实施董事会决议,并向董事会报告工作;

(二)组织实施公司年度经营计划和投资方案;

(三)拟订公司内部管理机构设置方案;

(四)拟订公司的基本管理制度;

(五)制定公司的具体规章;

(六)提请董事会聘任或者解聘公司副经理、财务负责人;

(七)决定聘任或者解聘除应由董事会决定聘任或者解聘以外的负责管理人员;

(八)本章程或董事会授予的其他职权。

经理列席董事会会议。

第一百二十七条【董事兼任经理】*

2018 年修正案	新《公司法》
第一百一十四条　公司董事会可以决定由董事会成员兼任经理。	第一百二十七条　公司董事会可以决定由董事会成员兼任经理。

【内容变化】

本条未变化。

【分析解读】

本条是针对董事会成员兼任经理的规定,在新《公司法》中依旧沿用了董事会成员可以兼任董事的规定。董事会在日常经营管理中具有决定性地位。通过董事会的决议,决定董事会成员兼任经理的角色,可以充分提高公司履行事务的执行效率。

【实务研究】

1.公司实务:新《公司法》不再有"执行董事"称谓,而是设立了"执行公司事务的董事",法定代表人由执行公司事务的董事或经理担任。董事会和章程可以约定对经理人员选聘,体现新法对公司自治的尊重。

2.律师实务:公司在治理中,应充分考虑经理职能的作用,再自行制定适合本公司的经理职权。

【关联规定】

《上市公司章程指引》第 96 条第 3 款:董事可以由经理或者其他高级管理人员兼任,但兼任经理或者其他高级管理人员职务的董事以及由职工代表担任的董事,总计不得超过公司董事总数的二分之一。

第一百二十八条【董事会简化】**

2018 年修正案	新《公司法》
第一百一十五条　公司不得直接或者通过子公司向董事、监事、高级管理人员提供借款。	第一百二十八条　规模较小或者股东人数较少的股份有限公司,可以不设董事会,设一名董事,行使本法规定的董事会的职权。该董事可以兼任公司经理。

---

* 执笔人:叶倩冰。

** 执笔人:叶倩冰。

【内容变化】

本条是新增条款。新增规模较小或股东人数较少的股份有限公司可不设董事会而设一名董事的规定;明确该董事可以兼任公司经理。删除了 2018 年《公司法》第 115 条"公司不得直接或者通过子公司向董事、监事、高级管理人员提供借款"。

【分析解读】

本条调整董事机构设置,规模较小的股份公司可以不设董事会,只设一名董事,删除了"执行董事"这一称谓。精简了董事会机构设置,让管理者更加高效管理。

【实务研究】

1.公司实务:若规模较小的公司在治理过程中,设置了一名董事兼任经理的,可以在公司章程中对其职权进行补充细化。新《公司法》明确董监高人员忠实义务和勤勉义务,特别是对于董事会决议、以董事名义对外订立协议、自我交易、公司机会、同业竞争等做了特别约定。

2.律师业务:提示客户通过章程规定方式确认经理的职权范围,并要求经理就其职权范围所形成的书面资料予以签字确认,以防其越权。在公司日常生产经营管理中,如需另行委托经理行使章程中未规定的其他职权,可代公司董事会起草特定的授权委托书,明确授权行使的具体职权范围,由经理在受托人处签名确认。

 第一百二十九条【董监高的报酬披露】*

2018 年修正案	新《公司法》
第一百一十六条 公司应当定期向股东披露董事、监事、高级管理人员从公司获得报酬的情况。	第一百二十九条 公司应当定期向股东披露董事、监事、高级管理人员从公司获得报酬的情况。

【内容变化】

本条未发生变化。

【分析解读】

本条是关于对股东披露董事、监事、高级管理人员的报酬的规定,有利于加强股东对高管的监督。

【实务研究】

1.公司实务:公司应当定期向股东披露董事、监事、高级管理人员从公司获得报酬的情况。公司章程或者股东大会通过决议方式可对公司向股东披露董监高报酬的期限与方式作出规定。董事、监事、高级管理人员报酬的披露以一年一次为宜,公司可采取直接向股东告知、在媒

---

　　* 执笔人:叶倩冰。

体上公告或者由董事会在股东大会上报告等方式向股东进行披露。上市公司应根据中国证监会等的规定披露董监高报酬。向股东披露董事、监事、高级管理人员的报酬，有利于上市公司中小股东了解公司经营情况和信息，一方面可以保护自己的利益，另一方面也可以对公司高级管理人员进行监督。

2.律师实务：提示客户关于公司董监高存在的报酬披露义务。可通过章程规定方式明确董监高报酬披露的期限以及方式，并要求董监高对章程中有关内容予以签字确认，如果通过股东大会决议方式确认，参与见证股东大会召开程序，确保召开程序合法，记录参会人员表决意见，由参会人员签字确认表决的真实性。可接受客户委托，参与见证披露过程，确保股东有渠道知悉董监高报酬情况，若是通过股东大会报告方式披露，确保召开程序的合法性，最后由参会股东签字确认参会内容的真实性。最终可按照客户需求，出具书面正式见证意见，以确保见证过程、见证内容的真实、有效，同时对整个见证过程中形成的书面资料进行归档保留，以确保事后有据可查。

【关联规定】

《上市公司信息披露管理办法》第 14 条：年度报告应当记载以下内容：……（五）董事、监事、高级管理人员的任职情况、持股变动情况、年度报酬情况……

第四节　监事会

 第一百三十条【监事会的组成和任期】*

2018 年修正案	新《公司法》
第一百一十七条　股份有限公司设监事会，其成员不得少于三人。 监事会应当包括股东代表和适当比例的公司职工代表，其中职工代表的比例不得低于三分之一，具体比例由公司章程规定。监事会中的职工代表由公司职工通过职工代表大会、职工大会或者其他形式民主选举产生。 监事会设主席一人，可以设副主席。监事会主席和副主席由全体监事过半数选举产生。监事会主席召集和主持监事会会议；监事会主席不能履行职务或者不履行职务的，由监事会副主席召集和主持监事会会议；监事会副主席不能履行职务或者不履行职务的，由半数以上监事共同推举一名监事召集和主持监事会会议。 董事、高级管理人员不得兼任监事。 本法第五十二条关于有限责任公司监事任期的规定，适用于股份有限公司监事。	第一百三十条　股份有限公司设监事会，本法第一百二十一条第一款、第一百三十三条另有规定的除外。 监事会成员为三人以上。监事会成员应当包括股东代表和适当比例的公司职工代表，其中职工代表的比例不得低于三分之一，具体比例由公司章程规定。监事会中的职工代表由公司职工通过职工代表大会、职工大会或者其他形式民主选举产生。 监事会设主席一人，可以设副主席。监事会主席和副主席由全体监事过半数选举产生。监事会主席召集和主持监事会会议；监事会主席不能履行职务或者不履行职务的，由监事会副主席召集和主持监事会会议；监事会副主席不能履行职务或者不履行职务的，由过半数的监事共同推举一名监事召集和主持监事会会议。 董事、高级管理人员不得兼任监事。 本法第七十七条关于有限责任公司监事任期的规定，适用于股份有限公司监事。

---

*　执笔人：蒋美美。

【内容变化】

新《公司法》第 130 条相较于 2018 年修正案第 117 条,有实质性的重大修改。新《公司法》第 130 条第 1 款补充明确了新增的第 121 条、第 133 条之规定,股份有限公司可以按照公司章程的规定在董事会中设置由董事组成的审计委员会,行使本法规定的监事会的职权,不设监事会或者监事;规模较小或者股东人数较少的股份有限公司,可以不设监事会,设 1 名监事,行使本法规定的监事会的职权。

同时,新《公司法》第 130 条第 2 款将原 2018 年修正案第 117 条第 1 款中监事会成员人数"不得少于三人"的表述修改为了"三人以上";第 130 条第 3 款将原 2018 年修正案第 117 条第 3 款中监事会副主席不能履行职务或者不履行职务的,由"半数以上"监事共同推举 1 名监事召集和主持监事会会议,修改为了"过半数"的监事共同推举 1 名监事召集和主持监事会会议。

【分析解读】

新《公司法》第 130 条是关于股份有限公司监事会的设立规则。

第一,关于股份有限公司可以不设监事会或者监事的两种法定情形:(1)根据新《公司法》第 121 条之规定,股份有限公司可按照公司章程的规定在董事会中设置由董事组成的审计委员会,行使本法规定的监事会的职权,不设监事会或者监事。(2)根据新《公司法》第 133 条之规定,规模较小或者股东人数较少的股份有限公司,可以不设监事会,设 1 名监事,行使本法规定的监事会的职权。

第二,监事会成员人数需为 3 人以上。根据《民法典》第 1259 条之规定,"以上"表述意思为含本数,故监事会成员人数至少为 3 人。

第三,监事会成员应当包括股东代表和适当比例的公司职工代表,其中职工代表的比例不得低于 1/3,具体比例由公司章程规定。职工代表需通过职工代表大会等民主程序选举产生。

第四,监事会设主席 1 人,可以设副主席。监事会主席和副主席由全体监事过半数选举产生。监事会主席召集和主持监事会会议;监事会主席不能履行职务或者不履行职务的,由监事会副主席召集和主持监事会会议;监事会副主席不能履行职务或者不履行职务的,由过半数以上的监事共同推举 1 名监事召集和主持监事会会议。

第五,董事、高级管理人员不得兼任监事。根据新《公司法》第 265 条第 1 款之规定,高级管理人员,是指公司的经理、副经理、财务负责人,上市公司董事会秘书和公司章程规定的其他人员。

第六,关于股份有限公司监事的任期,参照新《公司法》第 77 条关于有限责任公司监事任期的规定执行。

【实务研究】

1.公司实务:根据本条,对于股份有限公司是否设立监事会/监事的问题,公司可结合实际经营规模、人员情况等决定。如公司规模较小或股东人数较少,可以不予设立监事会,设 1 名监事。规模较大的公司除设立监事会以外,也可采取单层制的公司治理方式,可以按照公司章程的规定在董事会中设置由董事组成的审计委员会,行使新《公司法》规定的监事会的职权,不设监事会或监事。同时,公司董事会成员中的职工代表可以成为审计委员会成员。但此处也对公司董事会成员的选任,以及公司章程等文件内容提出了更高的要求。建议股份有限公司结合实际管理需要,充分考虑后再选择董事会单层治理还是董事会、监事会双层并行治理,实施灵活有效的公司治理模式。

2.律师实务:重视股份有限公司设立时公司章程、股东会决议、董事会决议等文件的草拟,重视协助公司进行职工代表的选举工作,重点提示公司董事会、审计委员会、监事会/监事之间的法律关系,及互相之间的职权转移模式。

【关联规定】

新《公司法》第77条、第121条、第133条。

第一百三十一条【监事会的职权及费用】*

2018 年修正案	新《公司法》
第一百一十八条　本法第五十三条、第五十四条关于有限责任公司监事会职权的规定,适用于股份有限公司监事会。 监事会行使职权所必需的费用,由公司承担。	第一百三十一条　本法第七十八条至第八十条的规定,适用于股份有限公司监事会。 监事会行使职权所必需的费用,由公司承担。

【内容变化】

基于新《公司法》对于有限责任公司及股份有限公司监事会职权内容的修改以及条文数量的变化,新《公司法》第131条第1款相较于2018年修正案第118条第1款,将原先的"第五十三条、第五十四条"监事会职权规定修改为了"第七十八条至第八十条"。

【分析解读】

新《公司法》第131条是关于股份有限公司监事会职权内容及费用的规定。

第一,新《公司法》第78条、第79条沿用了2018年修正案第53条、第54条关于有限责任公司监事会职权规定的相关内容,其同样适用于股份有限公司监事会。

第二,新《公司法》第80条新增董事、高级管理人员对监事会提交执行职务报告的义务,有限责任公司监事会对董事、高级管理人员进行履职监督的条款规定同样适用于股份有限公司。监事会可要求董事、高级管理人员提交执行职务的报告,扩大了监事会的职权。这意味着新《公司法》施行以后,股份有限公司监事会也可要求董事、高级管理人员提交履职报告,并要求其提交指定的情况说明和材料,对公司经营情况、中高管理层人员履职情况进行更为全面的监督,对违法违规和违反公司章程的董事、高级管理人员进行警示并提出处理建

---

*　执笔人:蒋美美。

议,保护有利于公司的经营者和决策方针。

第三,股份有限公司监事会行使职权所必需的费用由公司承担,其中包括必要的调查费用,委托第三方会计师事务所所需的费用等。合理合法地行使监事会职权并不会增加监事会成员的经济负担,反而有利于促进监事会积极履行监督职责,为公司的发展保驾护航。

【实务研究】

1.公司实务:新《公司法》第 80 条新增的有限责任公司监事会职权内容同样适用于股份有限公司,股份有限公司监事会可通过行使职权,加强对董事、高级管理人员的履职监督。对于部分负有竞业禁止义务的董事、高级管理人员,可进一步监督其竞业禁止义务的履行情况,以保障公司核心管理层的稳定及保护公司的商业秘密、技术信息等。另外,新《公司法》第 265 条将财务负责人列为高级管理人员,公司监事会也可监督财务负责人的履行情况,通过财务负责人的履职报告,以间接对公司资本、公司利润分配等情况进行监督,并了解公司股东查阅账册等情况。

2.律师实务:对于负有竞业禁止义务的董事、监事、高级管理人员,除了协助公司草拟合适的公司章程及书面文件约定董事、监事、高级管理人员对公司的忠诚义务外,还要提示公司充分利用监事会的职权进行监督,帮助公司减少核心人员流失导致商业秘密泄露的风险。

【关联规定】

新《公司法》第 78 条、第 79 条、第 80 条。

 第一百三十二条【监事会的会议制度】 *

2018 年修正案	新《公司法》
第一百一十九条 监事会每六个月至少召开一次会议。监事可以提议召开临时监事会会议。 监事会的议事方式和表决程序,除本法规定的外,由公司章程规定。 监事会决议应当经半数以上监事通过。 监事会应当对所议事项的决定作成会议记录,出席会议的监事应当在会议记录上签名。	第一百三十二条 监事会每六个月至少召开一次会议。监事可以提议召开临时监事会会议。 监事会的议事方式和表决程序,除本法有规定的外,由公司章程规定。 监事会决议应当经全体监事的过半数通过。 监事会决议的表决,应当一人一票。 监事会应当对所议事项的决定作成会议记录,出席会议的监事应当在会议记录上签名。

【内容变化】

新《公司法》将监事会决议应当"经半数以上监事通过"改为"经全体监事的过半数通过",增加"监事会决议的表决,应当一人一票"的规定。

---

* 执笔人:祝琳。

【分析解读】

本条规定了股份有限公司中监事会的议事制度,修订此内容有以下三方面的改进:

第一,2018年《公司法》第119条中"监事会决议应当经半数以上监事通过"的"监事"应当理解为全体监事还是出席会议的监事存在争议。本次修订明确为全体监事。

第二,由于监事会人数可为偶数,"过半数"比"半数以上"更严格严谨。"过半数"是超过半数,不包括半数;而"半数以上"一般认为包括半数。《民法典》第1259条规定,民法所称的"以上""以下""以内""届满",包括本数;所称的"不满""超过""以外",不包括本数。本次修订为避免形成表决僵局,严格遵循了多数决原则,即以多数人的意见为准。

第三,实行一人一票的监事法定表决制更能体现民主性。

【实务研究】

1.公司实务:我国公司法对股份有限公司监事会和监事的地位、职权、作用作了明确规定,但在现实中,大众对监事会和监事的认识还比较浅,认为监事会只是摆设。为此,在制定监事会议事规则时,需要依照法律的规定和公司的具体情况制定,使议事规则具有实际可操作性和适用性。监事会议事规则应当制定更加具体和可操作的工作细则,明确会议召开的方式、表决方式、奖惩规定等,对不履行监事职责,致使公司出现管理者违法损害股东利益长期失察的,应当追究监事的连带法律责任等。

2.律师实务:监事会的议事方式和表决程序,除《公司法》有规定的外,由公司章程规定。对律师来说,应当为公司章程和监事会议事规则当好参谋、把好合法合规关。

【关联规定】

新《公司法》第130条第3款。

 第一百三十三条【不设监事会的情形】*

2018 年修正案	新《公司法》
/	第一百三十三条　规模较小或者股东人数较少的股份有限公司,可以不设监事会,设一名监事,行使本法规定的监事会的职权。

【内容变化】

本条为新增条款。

【分析解读】

2018年修正案第51条第1款:"有限责任公司设监事会,其成员不得少于三人。股东

＊ 执笔人:祝琳。

人数较少或者规模较小的有限责任公司,可以设一至二名监事,不设监事会。"有限责任公司可以不设监事会,但股份有限公司并无此规定。

新《公司法》新增了规模较小或者股东人数较少的股份有限公司不设监事会的条件,体现对公司自治的尊重,有利于实现灵活化、低成本的公司治理。

同时新《公司法》新增了有限责任公司经全体股东一致同意可以不设监事的规定,但此规定并未扩张至股份有限公司。在设立审计委员会或者经全体股东一致同意的情况下,有限责任公司可以不设监事会或监事。相比之下,股份有限公司则仅可以在董事会设立审计委员会的情况下才可以不设监事会或监事。

【实务研究】

1.公司实务:从法律层面看,监事会设立的变化是股份有限公司组织架构上的巨大突破,强化了公司在生产经营中的自主选择权。新《公司法》生效后,股份有限公司可以据此精简监事架构,降低公司治理成本、提高公司治理效率。

2.律师实务:律师要关注、重点指导公司防范新《公司法》施行后监事的产生来源及监督职权无法有效行使的风险。

【关联规定】

新《公司法》第 83 条、第 130 条第 1 款。

第五节　上市公司组织机构的特别规定[*]

 第一百三十四条【上市公司的定义】

2018 年修正案	新《公司法》
第一百二十条　本法所称上市公司,是指其股票在证券交易所上市交易的股份有限公司。	第一百三十四条　本法所称上市公司,是指其股票在证券交易所上市交易的股份有限公司。

【内容变化】

本条无变化。

【分析解读】

根据股份有限公司的股票是否在证券交易所交易,可以将其分为上市公司和非上市公司两种形式。本条规定,上市公司是指其股票在证券交易所上市交易的股份有限公司。

---

[*]　执笔人:夏关根、闻倩玉。

【实务研究】

　　1.公司实务：公司应注意区分"上市公司"与"挂牌公司"的概念，"上市公司"仅限于其股票在证券交易所上市交易的公司。例如，全国中小企业股份转让系统不是法律意义上的证券交易所，故在股转系统挂牌的公司不是上市公司。

　　2.律师实务：律师应提请公司注意区分交易相对方是否属于公司法规定的上市公司。若交易相对方属于上市公司，则公司需要承担对上市公司交易真实性的审查义务。例如，境内上市公司为公司提供担保的，即便境内上市公司已根据《公司法》由董事会或股东大会对担保事项进行决议，但如果公司未审查境内上市公司公开披露的对外担保的信息，或者未根据境内上市公司公开披露的对外担保的信息签订担保合同的，人民法院也应认为担保合同对境内上市公司不发生效力，此时境内上市公司既不承担担保责任，也不承担其他赔偿责任。

 第一百三十五条【对外购买、出售重大资产及为他人提供担保的特殊审议程序】

2018 年修正案	新《公司法》
第一百二十一条　上市公司在一年内购买、出售重大资产或者担保金额超过公司资产总额百分之三十的，应当由股东大会作出决议，并经出席会议的股东所持表决权的三分之二以上通过。	第一百三十五条　上市公司在一年内购买、出售重大资产或者向他人提供担保的金额超过公司资产总额百分之三十的，应当由股东会作出决议，并经出席会议的股东所持表决权的三分之二以上通过。

【内容变化】

　　本条无变化。

【分析解读】

　　新《公司法》第 15 条赋予公司通过章程自由安排对外担保的决议机关的权利，即公司可以自行选择由董事会或由股东会决议对外担保事项。但由于上市公司的公众属性，重大的资产处分行为及重大数额的担保均会影响投资者利益，因此本条规定，对一些可能影响上市公司市值的资产处分及担保事项必须由股东会决议，并应由出席会议的股东所持表决权的2/3 以上通过，不可仅经过董事会决议。

【实务研究】

　　1.公司实务：若公司为上市公司，公司在 1 年内发生购买、出售重大资产或者向他人提供担保的金额超过公司资产总额 30% 的，应召开股东会，并经出席会议的股东所持表决权的 2/3 以上通过。同时，公司应履行公告及信息披露的义务。若公司的交易对手为上市公司，在接受上市公司的担保之时，应当充分认识到上市公司对外担保是上市公司重大交易事项而非一般交易事项，除审查交易相对方签约人的身份外还需要审查其签署合同的授权来源。公司应以上市公司公开披露的信息作为签订担保合同的基础,履行实质审查义务,否则可能会面临上市公司不承担担保责任或者赔偿责任的法律后果。

2.律师实务:律师为上市公司提供服务时,在遇到上市公司发生购买、出售重大资产或者向他人提供担保的金额超过公司资产总额30％等情形时,律师应提请公司履行召开股东会以及公告及信息披露义务;律师审查交易相对方为上市公司的交易合同时,应审查上市公司的章程、签约人的身份及授权文件,同时应审查上市公司关于此项交易的公开披露信息。

【关联规定】

《证券法》第80条:发生可能对上市公司、股票在国务院批准的其他全国性证券交易场所交易的公司的股票交易价格产生较大影响的重大事件,投资者尚未得知时,公司应当立即将有关该重大事件的情况向国务院证券监督管理机构和证券交易场所报送临时报告,并予公告,说明事件的起因、目前的状态和可能产生的法律后果。

前款所称重大事件包括:

……

(三)公司订立重要合同、提供重大担保或者从事关联交易,可能对公司的资产、负债、权益和经营成果产生重要影响;

……

公司的控股股东或者实际控制人对重大事件的发生、进展产生较大影响的,应当及时将其知悉的有关情况书面告知公司,并配合公司履行信息披露义务。

《最高人民法院关于适用〈中华人民共和国民法典〉有关担保制度的解释》第9条:相对人根据上市公司公开披露的关于担保事项已经董事会或者股东大会决议通过的信息,与上市公司订立担保合同,相对人主张担保合同对上市公司发生效力,并由上市公司承担担保责任的,人民法院应予支持。

相对人未根据上市公司公开披露的关于担保事项已经董事会或者股东大会决议通过的信息,与上市公司订立担保合同,上市公司主张担保合同对其不发生效力,且不承担担保责任或者赔偿责任的,人民法院应予支持。

相对人与上市公司已公开披露的控股子公司订立的担保合同,或者相对人与股票在国务院批准的其他全国性证券交易场所交易的公司订立的担保合同,适用前两款规定。

《上海证券交易所股票上市规则》6.1.10:上市公司发生"提供担保"交易事项,除应当经全体董事的过半数审议通过外,还应当经出席董事会会议的三分之二以上董事审议通过,并及时披露。

担保事项属于下列情形之一的,还应当在董事会审议通过后提交股东大会审议:

(一)单笔担保额超过上市公司最近一期经审计净资产10％的担保;

(二)上市公司及其控股子公司对外提供的担保总额,超过上市公司最近一期经审计净资产50％以后提供的任何担保;

(三)上市公司及其控股子公司对外提供的担保总额,超过上市公司最近一期经审计总资产30％以后提供的任何担保;

(四)按照担保金额连续12个月内累计计算原则,超过上市公司最近一期经审计总资产

30％的担保；

（五）为资产负债率超过70％的担保对象提供的担保；

（六）对股东、实际控制人及其关联人提供的担保；

（七）本所或者公司章程规定的其他担保。

上市公司股东大会审议前款第（四）项担保时，应当经出席会议的股东所持表决权的三分之二以上通过。

《深圳证券交易所股票上市规则》6.1.1：本节所称重大交易，包括除上市公司日常经营活动之外发生的下列类型的事项：

（一）购买资产；

（二）出售资产；

（三）对外投资（含委托理财、对子公司投资等）；

（四）提供财务资助（含委托贷款等）；

（五）提供担保（含对控股子公司担保等）；

（六）租入或者租出资产；

（七）委托或者受托管理资产和业务；

（八）赠与或者受赠资产；

（九）债权或者债务重组；

（十）转让或者受让研发项目；

（十一）签订许可协议；

（十二）放弃权利（含放弃优先购买权、优先认缴出资权利等）；

（十三）本所认定的其他交易。

《上市公司股东大会规则》第5条：公司召开股东大会，应当聘请律师对以下问题出具法律意见并公告：

（一）会议的召集、召开程序是否符合法律、行政法规、本规则和公司章程的规定；

（二）出席会议人员的资格、召集人资格是否合法有效；

（三）会议的表决程序、表决结果是否合法有效；

（四）应公司要求对其他有关问题出具的法律意见。

 第一百三十六条【独立董事】

2018 年修正案	新《公司法》
第一百二十二条　上市公司设独立董事，具体办法由国务院规定。	第一百三十六条　上市公司设独立董事，具体管理办法由国务院证券监督管理机构规定。 上市公司的公司章程除载明本法第九十五条规定的事项外，还应当依照法律、行政法规的规定载明董事会专门委员会的组成、职权以及董事、监事、高级管理人员薪酬考核机制等事项。

【内容变化】

本条相较于 2018 年修正案第 122 条,修改了两处:一是将上市公司设独立董事的具体办法"由国务院规定"修改为"由国务院证券监督管理机构规定";二是增加第 2 款内容,"上市公司的公司章程除载明本法第九十五条规定的事项外,还应当依照法律、行政法规的规定载明董事会专门委员会的组成、职权以及董事、监事、高级管理人员薪酬考核机制等事项"。

【分析解读】

独立董事是指不在上市公司担任除董事外的其他职务,并与其所受聘的上市公司及其主要股东、实际控制人不存在直接或者间接利害关系,或者其他可能影响其进行独立客观判断关系的董事。

独立董事所起的作用是参与决策、监督制衡、提供专业咨询,维护上市公司整体利益,保护中小股东合法权益等。因此,上市公司设立独立董事,并由中国证监会出台独立董事管理办法,具有重要意义。

【实务研究】

1.公司实务:上市公司的独立董事,应符合《上市公司独立董事管理办法》规定的任职条件,不得与所受聘的上市公司及其主要股东、实际控制人存在直接或间接的利害关系,或者存在其他可能影响独立董事进行独立客观判断的关系。独立董事履行参与董事会决策、对潜在重大利益冲突事项进行监督、对公司经营发展提供专业建议等职责,每年在上市公司的现场工作时间不少于 15 日;上市公司制定公司章程,应当依照法律、行政法规的规定载明董事会专门委员会的组成、职权以及董事、监事、高级管理人员薪酬考核机制等事项。

2.律师实务:律师在上市公司选聘独立董事时,应提请公司审查独立董事是否符合《上市公司独立董事管理办法》规定的任职条件,是否存在违反独立性不得担任上市公司独立董事的情形。在上市公司独立董事履职的过程中,律师应提请上市公司审核独立董事是否按照管理办法履行职责,是否存在违反管理办法之情形;律师在审核上市公司章程时,除应审核章程是否载明新《公司法》第 95 条规定的事项之外,还应着重审核章程是否载明董事会专门委员会的组成、职权以及董事、监事、高级管理人员薪酬考核机制等事项。

【关联规定】

《上市公司独立董事管理办法》

第 7 条:担任独立董事应当符合下列条件:

(一)根据法律、行政法规和其他有关规定,具备担任上市公司董事的资格;

(二)符合本办法第六条规定的独立性要求;

(三)具备上市公司运作的基本知识,熟悉相关法律法规和规则;

(四)具有五年以上履行独立董事职责所必需的法律、会计或者经济等工作经验;

（五）具有良好的个人品德，不存在重大失信等不良记录；

（六）法律、行政法规、中国证监会规定、证券交易所业务规则和公司章程规定的其他条件。

第 17 条：独立董事履行下列职责：

（一）参与董事会决策并对所议事项发表明确意见；

（二）对本办法第二十三条、第二十六条、第二十七条和第二十八条所列上市公司与其控股股东、实际控制人、董事、高级管理人员之间的潜在重大利益冲突事项进行监督，促使董事会决策符合上市公司整体利益，保护中小股东合法权益；

（三）对上市公司经营发展提供专业、客观的建议，促进提升董事会决策水平；

（四）法律、行政法规、中国证监会规定和公司章程规定的其他职责。

第 18 条：独立董事行使下列特别职权：

（一）独立聘请中介机构，对上市公司具体事项进行审计、咨询或者核查；

（二）向董事会提议召开临时股东大会；

（三）提议召开董事会会议；

（四）依法公开向股东征集股东权利；

（五）对可能损害上市公司或者中小股东权益的事项发表独立意见；

（六）法律、行政法规、中国证监会规定和公司章程规定的其他职权。

独立董事行使前款第一项至第三项所列职权的，应当经全体独立董事过半数同意。

独立董事行使第一款所列职权的，上市公司应当及时披露。上述职权不能正常行使的，上市公司应当披露具体情况和理由。

第一百三十七条【审计委员会】

2018 年修正案	新《公司法》
/	第一百三十七条　上市公司在董事会中设置审计委员会的，董事会对下列事项作出决议前应当经审计委员会全体成员过半数通过： （一）聘用、解聘承办公司审计业务的会计师事务所； （二）聘任、解聘财务负责人； （三）披露财务会计报告； （四）国务院证券监督管理机构规定的其他事项。

【内容变化】

本条为新增条款。

【分析解读】

根据 2023 年颁布的《上市公司独立董事管理办法》，上市公司应当在董事会中设置审计委员会。审计委员会成员应当为不在上市公司担任高级管理人员的董事，其中独立董事应当过半数，并由独立董事中会计专业人士担任召集人。

上市公司董事会审计委员会负责审核公司财务信息及其披露、监督及评估内外部审计工作和内部控制工作，负责披露财务会计报告及定期报告中的财务信息、内部控制评价报告；聘用或者解聘承办上市公司审计业务的会计师事务所；聘任或者解聘上市公司财务负责人；因会计准则变更以外的原因作出会计政策、会计估计变更或者重大会计差错更正等工作，以及法律、行政法规、中国证监会规定和公司章程规定的其他事项。

本条属于本次公司法修订的重大改革，启用单层制治理结构将大大减轻原三会程序的繁冗复杂，提升治理效率，并进一步促进上市公司审计、财务工作明确化、规范化。

【实务研究】

1.公司实务：公司为上市公司的，应在董事会中设立审计委员会，审计委员会成员应当为不在上市公司担任高级管理人员的董事，其中独立董事应当过半数，并由独立董事中会计专业人士担任召集人；上市公司董事会对下列事项作出决议前应当经审计委员会全体成员过半数通过：（1）聘用、解聘承办公司审计业务的会计师事务所；（2）聘任、解聘财务负责人；（3）披露财务会计报告；（4）国务院证券监督管理机构规定的其他事项。

2.律师实务：律师为上市公司提供服务时，应提请公司在董事会中设立审计委员会，同时应提请公司审核审计委员会成员是否符合《上市公司独立董事管理办法》规定的选任条件，独立董事的人数是否符合要求等；律师在审核上市公司董事会决议时，若董事会决议内容为必须经过审计委员会全体成员过半数通过的，应告知公司应先行履行审计委员会的审议程序，否则董事会决议存在无效的风险。

【关联规定】

新《公司法》第 69 条、第 121 条。

《上市公司独立董事管理办法》第 26 条：上市公司董事会审计委员会负责审核公司财务信息及其披露、监督及评估内外部审计工作和内部控制，下列事项应当经审计委员会全体成员过半数同意后，提交董事会审议：

（一）披露财务会计报告及定期报告中的财务信息、内部控制评价报告；

（二）聘用或者解聘承办上市公司审计业务的会计师事务所；

（三）聘任或者解聘上市公司财务负责人；

（四）因会计准则变更以外的原因作出会计政策、会计估计变更或者重大会计差错更正；

（五）法律、行政法规、中国证监会规定和公司章程规定的其他事项。

审计委员会每季度至少召开一次会议，两名及以上成员提议，或者召集人认为有必要时，可以召开临时会议。审计委员会会议须有三分之二以上成员出席方可举行。

第一百三十八条【董事会秘书】

2018 年修正案	新《公司法》
第一百二十三条　上市公司设董事会秘书，负责公司股东大会和董事会会议的筹备、文件保管以及公司股东资料的管理，办理信息披露事务等事宜。	第一百三十八条　上市公司设董事会秘书，负责公司股东会和董事会会议的筹备、文件保管以及公司股东资料的管理，办理信息披露事务等事宜。

【内容变化】

本条无实质变化。

【分析解读】

本条是关于上市公司董事会秘书的规定。上市公司必须设董事会秘书一职，董事会秘书属于上市公司的高级管理人员，负责公司股东会和董事会会议的筹备、文件保管以及公司股东资料的管理，办理信息披露事务等事宜。董事会秘书作为上市公司与证券交易所之间的指定联络人以及信息披露事务部门的直接管理人，主要负责公司信息披露和投资者关系管理、筹备组织股东会和董事会会议等事宜，是上市公司必须设立的高级管理人员。

【实务研究】

1.公司实务：上市公司应设立董事会秘书职位，董事会秘书是上市公司的高级管理人员，董事会秘书的提名与任免应符合法律法规及公司章程的规定；上市公司召开股东会时，董事会秘书必须列席会议，董事会秘书负责股东会的会议记录，并应当在会议记录上签名；存在新《公司法》第178条规定情形的，不得担任上市公司的董事会秘书。

2.律师实务：律师为上市公司提供服务时，应提请上市公司设立董事会秘书职位。律师应提请上市公司审核提名的董事会秘书是否符合任职条件，除新《公司法》第265条规定不得担任公司董事、监事、高级管理人员的情形外，沪、深市各板块关于董事会秘书的禁止任职情形亦各有不同；律师应提请上市公司注意，董事会秘书作为公司的高级管理人员，应履行公司法关于高级管理人员的规定义务，例如根据新《公司法》第180条、第181条的规定，参与事务管理的控股股东、实控人和董监高应当采取措施避免自身利益与公司利益冲突，不得利用职权牟取不正当利益。在执行职务时，应为公司的最大利益尽到管理者通常应有的合理注意义务等。

【关联规定】

新《公司法》第178条、第265条。

《上市公司章程指引》第67条：股东大会召开时，本公司全体董事、监事和董事会秘书应当出席会议，经理和其他高级管理人员应当列席会议。

第133条：公司设董事会秘书，负责公司股东大会和董事会会议的筹备、文件保管以及公司股东资料管理,办理信息披露事务等事宜。

董事会秘书应遵守法律、行政法规、部门规章及本章程的有关规定。

 第一百三十九条【关联交易事项审议规则】

2018 年修正案	新《公司法》
第一百二十四条　上市公司董事与董事会会议决议事项所涉及的企业有关联关系的,不得对该项决议行使表决权,也不得代理其他董事行使表决权。该董事会会议由过半数的无关联关系董事出席即可举行,董事会会议所作决议须经无关联关系董事过半数通过。出席董事会的无关联关系董事人数不足三人的,应将该事项提交上市公司股东大会审议。	第一百三十九条　上市公司董事与董事会会议决议事项所涉及的企业或者个人有关联关系的,该董事应当及时向董事会书面报告。有关联关系的董事不得对该项决议行使表决权,也不得代理其他董事行使表决权。该董事会会议由过半数的无关联关系董事出席即可举行,董事会会议所作决议须经无关联关系董事过半数通过。出席董事会会议的无关联关系董事人数不足三人的,应当将该事项提交上市公司股东会审议。

【内容变化】

相较于 2018 年修正案,本条将董事关联交易事项的范围从"上市公司董事与董事会会议决议事项所涉及的企业有关联关系"扩大为"上市公司董事与董事会会议决议事项所涉及的企业或者个人有关联关系"。同时,增加了存在关联关系的董事向董事会书面报告的义务。

【分析解读】

本次新《公司法》对关联交易强化了程序控制,对关联交易的立场是限制交易而并非禁止交易。本条规定,董事与董事会会议决议事项所涉及的企业或者个人存在关联关系的,关联董事应当就此种关联关系向董事会履行报告义务。本条对于董事设置的报告义务,是基于董事对公司负有忠实义务的体现,目的是让公司有效知情审议,避免公司利益受损。

新《公司法》第185 条规定了审议机关(董事会或股东会)审议关联交易的规则,本条是上市公司审议关联交易的特别规则。新《公司法》第185 条规定审议机关对关联交易事项进行决议时,关联董事不得参与表决,其表决权不计入表决权总数,即关联董事要回避表决,排除了关联董事的表决权。出席董事会会议的无关联关系董事人数不足 3 人的,应当将该事项提交股东会审议。上市公司董事关联交易审议规则大致同前,但要求更为严格,关联董事除不得行使表决权,也不得代理其他董事行使表决权。

【实务研究】

1.公司实务:上市公司召开董事会会议,应提前将董事会决议事项通知全体董事,同时应告知全体董事,若与会董事与董事会会议决议事项涉及的企业或者个人有关联关系的,应当及时向董事会书面报告。董事会对此类事项进行表决时,关联董事应当回避表决,并且关联董事不得代理其他董事行使表决权。若出现董事会会议的无关联关系的董事不足 3 人的,则公司应当将此事项提交上市公司股东会审议;董事对上市公司负有忠实义务,若董事从事关联交易、谋取属于上市公司商业机会、经营同类业务,且未依法履行相关程序时,面临收入归上市公司、承担赔偿责任、被诉等法律风险。

2.律师实务:律师在审核上市公司董事会会议决议程序合法性时,请注意审核公司是否执行上市公司关联董事的回避制度,并提请关联董事就关联交易事项向董事会履行书面报告义务。关联董事回避表决的情况下,出现董事会会议的无关联关系的董事不足 3 人时,则公司应当将此事项提交股东会审议;律师应提请上市公司董事注意,董事对公司负有忠实义务,不得利用职权从事关联交易、谋取属于公司商业机会、经营同类业务,否则将承担相应的法律责任。

【关联规定】

新《公司法》第 180 条、第 182 条、第 183 条、第 184 条、第 185 条。

《公司法司法解释(五)》第 1 条第 1 款:关联交易损害公司利益,原告公司依据民法典第八十四条、公司法第二十一条规定请求控股股东、实际控制人、董事、监事、高级管理人员赔偿所造成的损失,被告仅以该交易已经履行了信息披露、经股东会或者股东大会同意等法律、行政法规或者公司章程规定的程序为由抗辩的,人民法院不予支持。

 第一百四十条【信息披露】

2018 年修正案	新《公司法》
/	第一百四十条　上市公司应当依法披露股东、实际控制人的信息,相关信息应当真实、准确、完整。 禁止违反法律、行政法规的规定代持上市公司股票。

【内容变化】

本条为新增条款。

【分析解读】

本条的立法意义在于规避实际控制人实施不当关联交易损害公司及债权人利益,破坏证券市场交易规范。

2018 年修正案第 216 条规定:"实际控制人,是指虽不是公司的股东,但通过投资关系、协议或者其他安排,能够实际支配公司行为的人。"

新《公司法》第 265 条规定:"实际控制人,是指通过投资关系、协议或者其他安排,能够实际支配公司行为的人。"

新《公司法》对实际控制人的定义有重大调整,其认为实际控制人是指通过投资关系、协议或者其他安排,能够实际支配公司行为的人,删除了 2018 年修正案"不是公司股东"的规定,这意味着实际控制人也可以是公司股东。

本条规定确认了上市公司股票代持的效力问题,即原则上无效。

【实务研究】

1.公司实务:上市公司的收购、合并、分立、发行股份、回购股份等行为导致上市公司股本总额、股东、实际控制人等发生重大变化的,公司应当依法履行报告、公告义务,及时披露权益变动情况。公司未按照相关法律法规履行披露义务的,将面临被处以警告、责令改正、罚款、追究刑事责任的法律风险。

2.律师实务:在新《公司法》背景下,律师为上市公司提供服务时,应协助公司厘清实际控制人的概念,提请公司按照《上市公司信息披露管理办法》的规定,及时披露股东及实际控制人的信息,履行报告、公告义务,确保所披露信息的真实性、准确性及完整性,并应告知公司、控股股东、实际控制人未履行信息披露义务可能承担的法律风险。

【关联规定】

新《公司法》第 265 条第 3 项。

《上市公司信息披露管理办法》第 3 条第 1 款:信息披露义务人应当及时依法履行信息披露义务,披露的信息应当真实、准确、完整,简明清晰、通俗易懂,不得有虚假记载、误导性陈述或者重大遗漏。

第 27 条:涉及上市公司的收购、合并、分立、发行股份、回购股份等行为导致上市公司股本总额、股东、实际控制人等发生重大变化的,信息披露义务人应当依法履行报告、公告义务,披露权益变动情况。

第 53 条:上市公司未按本办法规定制定上市公司信息披露事务管理制度的,由中国证监会责令改正;拒不改正的,给予警告并处国务院规定限额以下罚款。

第 54 条:信息披露义务人未按照《证券法》规定在规定期限内报送有关报告、履行信息披露义务,或者报送的报告、披露的信息有虚假记载、误导性陈述或者重大遗漏的,由中国证监会按照《证券法》第一百九十七条处罚。

上市公司通过隐瞒关联关系或者采取其他手段,规避信息披露、报告义务的,由中国证监会按照《证券法》第一百九十七条处罚。

《证券法》第 78 条第 2 款:信息披露义务人披露的信息,应当真实、准确、完整,简明清晰,通俗易懂,不得有虚假记载、误导性陈述或者重大遗漏。

第 197 条:信息披露义务人未按照本法规定报送有关报告或者履行信息披露义务的,责令改正,给予警告,并处以五十万元以上五百万元以下的罚款;对直接负责的主管人员和其他直接责任人员给予警告,并处以二十万元以上二百万元以下的罚款。发行人的控股股东、实际控制人组织、指使从事上述违法行为,或者隐瞒相关事项导致发生上述情形的,处以五十万元以上五百万元以下的罚款;对直接负责的主管人员和其他直接责任人员,处以二十万元以上二百万元以下的罚款。

信息披露义务人报送的报告或者披露的信息有虚假记载、误导性陈述或者重大遗漏的,责令改正,给予警告,并处以一百万元以上一千万元以下的罚款;对直接负责的主管人员和其他直接责任人员给予警告,并处以五十万元以上五百万元以下的罚款。发行人的控股股东、实际控制人组织、指使从事上述违法行为,或者隐瞒相关事项导致发生上述情形的,处以一百万元以上一千万元以下的罚款;对直接负责的主管人员和其他直接责任人员,处以五十万元以上五百万元以下的罚款。

 第一百四十一条【交叉持股的限制】

2018 年修正案	新《公司法》
/	第一百四十一条　上市公司控股子公司不得取得该上市公司的股份。 上市公司控股子公司因公司合并、质权行使等原因持有上市公司股份的,不得行使所持股份对应的表决权,并应当及时处分相关上市公司股份。

【内容变化】

本条为新增条款。

【分析解读】

本条的立法意义在于规范上市公司经营管理层利用交叉持股架空公司股东权利导致内部绝对控制的行为,防止资本空虚,避免交叉持股造成资本虚高从而误导投资者和债权人的现象。

【实务研究】

1.公司实务:上市公司的控股子公司因公司合并、质权行使等原因持有上市公司股份的,不得行使表决权,同时应按照不同证券交易所规定的上市规则要求,在规定的期限内依法消除该情形。该情形消除之前,上市公司控股子公司享有的股份不计入出席股东会有表决权的股份总数。

2.律师实务:实践中,证券监管部门对于拟上市企业,往往并不支持其母子公司间的交叉持股。因此,律师为拟上市企业提供上市辅导时,应建议拟上市企业在上市申报前处理母子公司间的交叉持股以降低风险,减少对公司治理的负面影响。对于即将出现的母子公司间交叉持股,其持股比例不宜过高且可以通过放弃表决权的方式减少影响。而对于已经存在的母子公司间交叉持股的,律师应协助公司厘清具体持股情况,按照不同证券交易所规定的上市规则要求在规定的期限内依法消除该情形。

【关联规定】

《北京证券交易所股票上市规则(试行)》第 4.1.12 条第 3 款:上市公司控股子公司不得取得该上市公司的股份。确因特殊原因持有股份的,应当在 1 年内依法消除该情形。前述情形消除前,相关子公司不得行使所持股份对应的表决权,且该部分股份不计入出席股东大会有表决权的股份总数。

《深圳证券交易所股票上市规则》第3.4.15条：上市公司控股子公司不得取得该上市公司发行的股份。确因特殊原因持有股份的，应当在1年内消除该情形。前述情形消除前，相关子公司不得行使所持股份对应的表决权。

《上海证券交易所股票上市规则》第3.4.15条：上市公司控股子公司不得取得该上市公司发行的股份。确因特殊原因持有股份的，应当在1年内消除该情形。前述情形消除前，相关子公司不得行使所持股份对应的表决权。

第六章　股份有限公司的股份发行和转让

导言[*]

　　本章内容是关于股份有限公司的股份发行与转让,与第五章"股份有限公司的设立和组织机构"共同组成关于股份有限公司的相关规定。

　　本章分为两节,包括"股份发行"和"股份转让"两部分的规范内容,与2018年修正案的第五章相对应,但是在制度内容以及法条规范表述上均有较大调整,相关主体尤其是股份有限公司应当对该部分法条内容的变化予以高度重视。

　　其中较为重要的修改包括:在"股份发行"一节,首先,新《公司法》正式引入无面额股,从根本上使得股份的发行更为灵活,克服传统面额股无法折价发行的弊端,正面回应了理论界与实务界对于面额股已无法与公司经营发展现状相适应的质疑。其次,正式引入类别股,通过对类别股的种类、章程记载事项、双重表决机制等内容进行规定,首次将股份有限公司可以发行类别股以法律条文的形式予以明确,确立股份公司也可以实行"同股不同权"的规则,在满足投资人或股东不同的投资利益诉求的同时,也能有效制约类别股股东和普通股股东之间可能存在的权利失衡问题。新《公司法》正式引入授权资本制,在允许授予董事会发行股份的同时,配套规定"授权董事会决定发行新股须经过的董事会多数决",既能体现授权资本制灵活适应了公司经营的需要,又避免资金的冻结、闲置,提高投资效率的优点,还建立相适应的约束机制,尽可能地避免公司设立中的商业欺诈和投机行为。最后,由于引入"无面额股""发行注册制"等新制度,所以针对招股说明书记载事项内容等规范也作了相应调整,以保证法律体系的严谨与自洽。

　　在"股份转让"一节,新《公司法》第157条进一步细化2018年修正案第137条股份有限公司转让的原则性规定,即不仅可以对内转让,也可以对外转让。允许股份自由转让,能够在全社会范围内促进资金在各公司、各行业、各地区的流动,实现资金这一最稀缺资源的市场配置。同时,还明确公司章程可以规定限制股权转让的条款。首先,第157条肯定章程限制股份转让的正当性在于衔接新《公司法》第144条的类别股规则,实现了前后规范条文之间的呼应与联动;其次,新《公司法》还进一步限制控股股东和实际控制人的股份转让,第160条规定质押股份的限制转让,在原有规则的基础上进一步规定增设"双控人"的股份转让限制,不仅可以保证公司健康稳定发展,还能维护市场经济秩序;再次,新《公司法》还引入异议股东的股份回购请求权,明确股份有限公司的股东亦可适用该传统

　　---

　　[*]　执笔人:童哲、陈嘉禾、徐铎源、温莉。

规则,这主要是因为考虑到我国股份公司中有相当一部分公司属于封闭性股份公司,该类公司的投资人数较少,且其股份转让未能像上市公司那般自由,可能存在股东压迫等情形;最后,新《公司法》还新增了财务资助条款,主要内容为原则上公司不得实行财务资助,但公司实施员工持股计划除外,如果满足法律规定的特定情形,则允许公司实行财务资助,但要求股东会决议或授权董事会决议。

综上所述,无论是"股份发行"还是"股份转让"章节,都存在着对法条表述的完善优化、对传统制度的重大突破以及对全新制度的引入落地,这些修改都将对股份有限公司及股东、投资者等主体的法定权利义务产生重大影响,笔者将在后文进行详述。

第一节　股份发行 *

 第一百四十二条【面额股与无面额股】

2018 年修正案	新《公司法》
第一百二十五条第一款　股份有限公司的资本划分为股份,每一股的金额相等。	第一百四十二条　公司的资本划分为股份。公司的全部股份,根据公司章程的规定择一采用面额股或者无面额股。采用面额股的,每一股的金额相等。 公司可以根据公司章程的规定将已发行的面额股全部转换为无面额股或者将无面额股全部转换为面额股。 采用无面额股的,应当将发行股份所得股款的二分之一以上计入注册资本。

【内容变化】

本条为新增条款,并将"股份公司"修改为"公司"。

【分析解读】

本条首次系统地规定了无面额股的相关内容:一是公司章程可以自行决定发行面额股还是无面额股;二是公司章程可以决定面额股与无面额股的自由转换;三是发行无面额股时应将所得的 1/2 以上股款计入注册资本。

首先,本条提到了股份公司可以发行无面额股,并非强制性规定,但如果选择发行无面额股,就必须将全部股份转换为无面额股,不能出现部分股份设定面额、部分股份未设定面额的情况。

此外,在股份无面额的情况下,不能按照传统公司法的规定,以投资金额减去注册资本等于资本公积的方式来区分注册资本和资本公积金。所以本条通过法定方式明确无面额股模式下的注册资本和资本公积金的计算方式,即"采用无面额股的,应当将发行股份所得股款的二分之一以上计入注册资本"。

＊　执笔人:童哲、温莉、陈嘉禾、徐铎源。

无面额股卸载了股票本不该承担的功能,还原了股份的真实面貌,有利于进一步释放市场活力。该制度可以从根本上使得股份的发行价格更加灵活,克服了面额股不得折价发行的弊端。如公司陷入困境时,可不受制于面额低价向战略投资者发行无面额股,使公司得到救助;低价向企业创始人、核心员工发行无面额股,使其在公司中发挥更大作用。[①]

【实务研究】

1.公司实务:新《公司法》引入无面额股制度,同时保留了面额股制度,所以面额股的存废及转换问题是值得考虑的。笔者建议,可以适用"新公司新办法,老公司老办法"的思路解决,即已经发行面额股的公司可以选择沿用,比如一些股票流动性比较小的公司;若一旦改为采用无面额股后,就不应再转回面额股了,否则会过度增加相应成本。新《公司法》修订后设立的公司,可尽量选择采用无面额股,毕竟无面额股制度对资本维持以及投融资活动均具有较大的积极作用。

尤其是对于上市公司而言,其发行的股票,是以人民币标明面值的,在面额股制度下进行调整有可能涉及修改公司章程中关于面值的规定,而修改公司章程需要股东大会2/3以上的特别决议通过,实施难度较大。如果公司发行的是无面额股,则不涉及修改公司章程中的股票面额,手续相应会比较简单,应优先选择。

2.律师实务:律师应依据新《公司法》对公司的股份发行及面额转换等业务进行审查,防止同一公司既发行面额股,又发行无面额股,避免公司股东的平等权益遭受破坏,降低投资者判断公司价值的复杂程度,防止对股票市场价格发行机制与价值发现机制的运作产生不良影响,杜绝因不合规行为造成公司面临处罚风险。

 第一百四十三条【同股同权】

2018 年修正案	新《公司法》
第一百二十六条　股份的发行,实行公平、公正的原则,同种类的每一股份应当具有同等权利。 同次发行的同种类股票,每股的发行条件和价格应当相同;任何单位或者个人所认购的股份,每股应当支付相同价额。	第一百四十三条　股份的发行,实行公平、公正的原则,同类别的每一股份应当具有同等权利。 同次发行的同类别股份,每股的发行条件和价格应当相同;认购人所认购的股份,每股应当支付相同价额。

【内容变化】

将第 1 款中的"种类"修改为"类别",第 2 款中的认购主体由"任何单位或者个人"修改为"认购人"。

---

①　朱慈蕴、梁泽宇:《无面额股制度引入我国公司法路径研究》,载《扬州大学学报(人文社会科学版)》2021 年第 2 期。

【分析解读】

本条规范未作实质性改动,值得说明的是,在本条接下来的几个条文中,引入了"类别股"制度,说明股份公司一直秉持的"同股同权"原则首次得到了突破,笔者将在后文予以详述。如果重新对本条规范进行解读,应当理解为股份有限公司发行股份时,同一类别内的股东之间仍然遵循"同股同权"的原则,"种类"向"类别"的转变则是为类别股的问世作了铺垫。

【实务研究】

1.公司实务:公司对同次发行的同类别股票应当一视同仁,赋予同等的权利。也就是说,同一类别内的股东之间仍然遵循"同股同权"的原则,禁止出现同类股东权利不平等现象。

2.律师实务:虽然新《公司法》的修订正式放开了股份有限公司同股不同权的股权设计结构,但是对于同类别股票仍然应当同股同权,包括类别股的发行,这一点往往容易被发行人所忽视,所以作为外聘律师,应当起到审慎监督的作用,避免因股权结构设计的不合规而带来法律风险。

 第一百四十四条【类别股】

2018 年修正案	新《公司法》
第一百三十一条　国务院可以对公司发行本法规定以外的其他种类的股份,另行作出规定。	第一百四十四条　公司可以按照公司章程的规定发行下列与普通股权利不同的类别股: （一）优先或者劣后分配利润或者剩余财产的股份; （二）每一股的表决权数多于或者少于普通股的股份; （三）转让须经公司同意等转让受限的股份; （四）国务院规定的其他类别股。 公开发行股份的公司不得发行前款第二项、第三项规定的类别股;公开发行前已发行的除外。 公司发行本条第一款第二项规定的类别股的,对于监事或者审计委员会成员的选举和更换,类别股与普通股每一股的表决权数相同。

【内容变化】

本条为新增条款,通过吸收 2013 年《国务院关于开展优先股试点的指导意见》[①]的相关规则,正式形成类别股的发行规则。

【分析解读】

随着市场经济的深入发展,"同股同权"越来越不能满足投资者的多样化投资需求。因此本条修订新增了类别股制度,以此鼓励投资者投资,促进公司融资。本条通过"列举＋概

---

① 2013 年 11 月 30 日,国务院以"国发〔2013〕46 号"印发《国务院关于开展优先股试点的指导意见》。

括的立法模式规定了股份有限公司可发行的类别股种类,主要为:(1)与财产权利有关的优先股或劣后股;(2)特殊表决权股;(3)转让受限股。除此之外,还有国务院规定的其他类别股作为兜底,给类别股留存了政策调整的窗口。

与此同时,为维护公平性,保护普通投资者的权益,公开发行股份的公司不得发行表决权具有差异化的股份以及转让时受到限制的股份,但是公开发行前已发行的除外,且对于监事或者审计委员会成员的选举和更换事项决议,即便公司发行了本条前两款所述类别股也不影响表决权相同。

【实务研究】

1.公司实务:股份有限公司在进行类别股的发行时,应当注意必须按照本条规定来决定类别股的种类,除优先股/劣后股、特殊表决权股以及转让受限股和国务院部门规章规定的其他类别股外,不能自行创设任何种类或功能的类别股。

2.律师实务:囿于类别股制度是首次出现在我国商事领域内,是全新的制度规则,所以律师应该充分发挥专业特长,对公司类别股的发行业务尽到审查职责,提供尽量全面的法律服务,对于一些现有条文规范并未完全释明清楚的问题,应当采取保守审慎态度,避免不被司法认可的风险。尤其在公开发行股份时,绝对不能发行表决权类别股与转让受限类别股,在公司进行监事或者审计委员会成员的选举和更换时,应当明确议事规则也应采用"同股同权"的基本原则,不受到类别股的影响,否则将面临程序不合法结果被撤销等风险。

【关联规定】

《证券法》第 69 条第 2 款:上市公司发行不同种类股份的,收购人可以针对不同种类股份提出不同的收购条件。

《优先股试点管理办法》第 3 条:上市公司可以发行优先股,非上市公众公司可以向特定对象发行优先股。

第一百四十五条【类别股发行规则】

2018 年修正案	新《公司法》
/	第一百四十五条　发行类别股的公司,应当在公司章程中载明以下事项: (一)类别股分配利润或者剩余财产的顺序; (二)类别股的表决权数; (三)类别股的转让限制; (四)保护中小股东权益的措施; (五)股东会认为需要规定的其他事项。

【内容变化】

本条为新增条款。

【分析解读】

本条仅适用于发行类别股的股份有限公司,主要参考了《上市公司章程指引》(2023年修订)》第16条,规定了发行类别股的公司章程应载明类别股的特定内容:类别股分配利润或者剩余财产的顺序、类别股的表决权数、类别股的转让限制、保护中小股东权益的措施以及股东会会议认为需要规定的其他事项。本条是对第144条的补充规定。在章程中对前述内容进行规范的目的是建立类别股股东的约束/保护机制,在实施类别股制度下充分保护中小股东的合法权益。对于投资人而言,该等要求在章程层面披露类别股约定的规范,有利于在各投资人之间相互明确类别股安排,减少不同轮次、股份类型投资人之间的权利冲突,降低交易成本。

【实务研究】

1.公司实务:根据本条规范,如果公司选择发行类别股,就必须在章程中载明类别股安排及配套措施,这是对以往章程惯例及定式思维的突破,尽管一审稿中要求公司通过企业信息公示系统公示公司章程的规定未被新《公司法》采纳,但实操中通过在市场监督管理局调档等途径还是能较为便捷地查阅到公司章程,如何在类别股信息的保密需求与法定公示要求之间取得平衡,也是实务当中需要公司与外聘律师等专业人员共同考虑的问题。但无论如何,本条规范所确立的类别股公开披露制度是法定义务,只要选择发行类别股,就必须在章程中作出相应的修改调整,并重新发布,避免因违反强制性规定而承担相应的合规风险。

2.律师实务:除平衡上述保密需求和公示要求之间的平衡外,律师也需要充分了解公司、发起人股东的真实需求,兼顾中小股东权益的保护,替公司在章程中设计符合法律规定且明确的条款,对公司利润或者剩余财产的分配顺序、类别股的表决权数、类别股的转让限制、中小股东权益的保护及股东会认为需要规定的其他事项作出清晰的、具有可操作性的规定,以避免公司运营过程中因存在不同类别股份而出现纠纷。

第一百四十六条【类别股股东表决权的行使】

2018年修正案	新《公司法》
/	第一百四十六条　发行类别股的公司,有本法第一百一十六条第三款规定的事项等可能影响类别股股东权利的,除应当依照第一百一十六条第三款的规定经股东会决议外,还应当经出席类别股股东会议的股东所持表决权的三分之二以上通过。 公司章程可以对需经类别股股东会议决议的其他事项作出规定。

【内容变化】

本条为新增条款。

【分析解读】

本条引入类别股股东表决权的行使规则,规定发行类别股的公司有修改公司章程,增加或者减少注册资本,公司合并、分立、解散或者变更公司形式等可能损害类别股股东的决议事项时的特别决议规则,即经过股东会决议及类别股股东会议双重表决才能确定。一方面保护了类别股股东的权利,防止被普通股股东侵害;另一方面也通过明确列举的方式限制了类别股表决权的行使范围,避免类别股股东的权利滥用,实现巧妙制衡。

【实务研究】

1.公司实务:发行类别股的公司应当注意,除修改公司章程,增加或者减少注册资本,公司合并、分立、解散或者变更公司形式需要经过股东会决议及类别股股东会议双重表决是法定义务,应当严格履行外,还有第2款作为兜底条款为公司的意思自治留下了广阔的空间,即公司可以自行在章程中对需经类别股股东会议决议的其他事项作出规定。

至于可以将哪些事项列入前述特殊决议议事规则中,应当由公司基于内部类别股与普通股之间的关系及具体股权架构,结合公司的生产经营管理等诸多方面进行考虑,对于一般公司而言,变更公司名称或经营范围的小幅度修改可能不会直接影响或损害到类别股股东尤其是优先股股东的权益,但考虑到有的公司名称也是属于公司的重要无形资产,且经营范围与公司的业务具有较强的关联性,可能仅作小的修改但最终通过风险传导,损害类别股股东的权益。由此可见,允许在公司章程中增加与类别股股东权益无直接关联的分类表决事项,能遏制普通股股东打着合法旗号损害优先股股东权益的行为,实现对类别股股东权益保护的"前端控制"。

2.律师实务:律师应当结合自己的专业知识及实务经验,帮助公司识别出具体决议事项可能对公司发展及股东权益保护产生的影响,来判断应当将哪些事项归入前述特殊议事规则中,并提示公司依法依章程进行决议,避免程序不合规的风险;还应当帮助公司把握好双重表决事项的扩张尺度,因为如果过分扩大前述事项范围,会造成股东大会决议效率低下,增加决议成本,阻碍公司的经营自由,损害公司适应市场环境的灵活性,引发类别股股东的道德风险,如类别股股东可能滥用否决权对公司和普通股股东进行威胁以获取不正当利益。

 第一百四十七条【股份的形式】

2018 年修正案	新《公司法》
第一百二十五条第二款　公司的股份采取股票的形式。股票是公司签发的证明股东所持股份的凭证。 第一百二十九条　公司发行的股票,可以为记名股票,也可以为无记名股票。 公司向发起人、法人发行的股票,应当为记名股票,并应当记载该发起人、法人的名称或者姓名,不得另立户名或者以代表人姓名记名。	第一百四十七条　公司的股份采取股票的形式。股票是公司签发的证明股东所持股份的凭证。 公司发行的股票,应当为记名股票。

【内容变化】

删除"也可以为无记名股票。公司向发起人、法人发行的股票,应当为记名股票,并应当记载该发起人、法人的名称或者姓名,不得另立户名或者以代表人姓名记名"。

【分析解读】

记名股票是指在股票票面和股东名册上记载股东姓名或名称的股票。而无记名股票在股票上不记载股东姓名或名称,股东名册上也只需记载发行的无记名股票数量、编号及发行日期。之前的法律也一直规定,公司除必须向发起人和法人发行记名股票外,向其他人发行无记名股票和记名股票均可。

但本条的出台正式宣告取消了公司发行无记名股票的权利。相较于记名股票,无记名股票具有发行手续简单、流通性强的优点,但同时也存在保存安全性差,一旦遗失便丧失股东权利,增大经营风险等缺点。禁止公司发行无记名股票最主要的原因,还是考虑到配合打击洗钱、贪污腐败、非法融资等金融威胁,防止无记名股票被滥用于洗钱、腐败、非法融资等活动,这也是应对国际国内双重风险压力之举措。

【实务研究】

1.公司实务:因为删除无记名股票这一变动十分重大,未发行过无记名股票的公司应当避免惯性思维和经验主义,避免再次发行无记名股票而形成于法无据的尴尬处境。而对于发行过无记名股票的公司来讲,本条在实务适用中遇到的最大问题就是已经存在的无记名股票应当如何处理,新《公司法》也并未对此问题作出解释与回应。那么如果将无记名股票全部转为记名股票,考虑到中国庞大的市场又需要给予多久的处理时间?如果股东不将手中的无记名股票转换为记名股票又会有怎样相应的惩罚?公司应当履行哪些义务?目前尚无明文规定。

2.律师实务:面对法律缺位,相信国家后续会相继出台对应的司法解释或其他层级的规范性文件予以解释说明。律师应当时刻注意法律法规或司法解释的更新,及时根据法律动态来思考和协助公司制定应对措施,识别其中的合规风险,积极履行法定义务,让不记名股票逐步退出历史舞台。

【关联规定】

《国务院关于股份有限公司境内上市外资股的规定》第3条:公司发行的境内上市外资股,采取记名股票形式,以人民币标明面值,以外币认购、买卖,在境内证券交易所上市交易。发行境内上市外资股的公司向境内投资人发行的股份(以下简称内资股),采取记名股票形式。

 第一百四十八条【股票发行价格】

2018 年修正案	新《公司法》
第一百二十七条　股票发行价格可以按票面金额,也可以超过票面金额,但不得低于票面金额。	第一百四十八条　面额股股票的发行价格可以按票面金额,也可以超过票面金额,但不得低于票面金额。

【内容变化】

增加了"面额股",使用"面额股股票"的概念。

【分析解读】

因新《公司法》引入了无面额股制度,所以本条中的主语明确限缩为"面额股股票"。面额股股票是指按照公司章程的规定在票面上注明金额的股票,票面金额是指印刷在股票票面上的金额,表示每一单位的股份所代表的资本额。面额股票的发行价格可以等于票面金额实行平价发行,也可以超过票面金额实行溢价发行,但不得低于票面金额来折价发行。

【实务研究】

1.公司实务:股份有限公司在发行股票时应当注意,如果发行的股票种类为面额股,则不能突破"禁止折价发行"的禁律,如果折价发行面额股,则会导致章程确定的资本虚假,影响资本充实,进而损害股东以及债权人的利益,危及公司的财产。美国公司法将折价发行的股份称为"掺水股",如果股东认购了掺水的面额股,那么该股东具有补足差额,去除掺水的责任。在新《公司法》引入了无面额股以后,对于股票不能折价的弊端正式得到了解决,尤其是避免了在公司经营困难时难以得到战略投资的尴尬处境,所以对于面额股依旧禁止折价发行,两类股票并行不悖,优势互补,促进公司的良性发展。

2.律师实务:律师也应当按照新《公司法》的规定,注意审查并提醒公司发行股票的种类是否能够折价发行,避免后续承担合规风险,增加运营成本。

【关联规定】

《证券法》第32条:股票发行采取溢价发行的,其发行价格由发行人与承销的证券公司协商确定。

 ## 第一百四十九条【股票的形式及载明的事项】

2018 年修正案	新《公司法》
第一百二十八条　股票采用纸面形式或者国务院证券监督管理机构规定的其他形式。 　　股票应当载明下列主要事项: 　　(一)公司名称; 　　(二)公司成立日期; 　　(三)股票种类、票面金额及代表的股份数; 　　(四)股票的编号。 　　股票由法定代表人签名,公司盖章。 　　发起人的股票,应当标明发起人股票字样。	第一百四十九条　股票采用纸面形式或者国务院证券监督管理机构规定的其他形式。 　　股票采用纸面形式的,应当载明下列主要事项: 　　(一)公司名称; 　　(二)公司成立日期或者股票发行的时间; 　　(三)股票种类、票面金额及代表的股份数,发行无面额股的,股票代表的股份数。 　　股票采用纸面形式的,还应当载明股票的编号,由法定代表人签名,公司盖章。 　　发起人股票采用纸面形式的,应当标明发起人股票字样。

【内容变化】

一是将需要载明本条所述事项的股票形式限缩为"股票采用纸面形式"的;二是将"公司成立日期"修改为"公司成立日期或者股票发行的时间";三是增加"发行无面额股的,股票代表的股份数";四是增加"股票采用纸面形式的,还应当载明股票的编号,由法定代表人签名,公司盖章";五是将"应当标明发起人股票字样"条件修改为"发起人股票采用纸面形式的"。

【分析解读】

该条实际上是对规范条文表述进行了更加严谨的修改,只有采用纸面形式的股票才需要载明前述具体信息。首先,第2款将日期信息增加了新的选项,即股票发行日期和公司成立日期都具有记载重要时间节点的作用。其次,为配套无面额股发行制度,还对无面额股的纸质股票提出了要求,即需要记载"股票代表的股份数"。除此之外,还要求应当载明股票的编号及发起人股票字样,由法定代表人签名,公司盖章。

【实务研究】

1.公司实务:股份有限公司在发行股票时,除了传统的纸面形式外,还可以采取利用计算机存储信息等无纸化股票形式,特殊的就是由国务院证券监督管理机构规定的其他形式。另外,股份有限公司的纸面股票、纸面债券,均需要公司法定代表人签名后,对外发行,强化了法定代表人的责任意识,有利于督促法定代表人审慎履职,促进公司的良性经营。尤其还要注意新法新增的记载事项,即股票的编号、无面额股的实际股份数等。

2.律师实务:随着新《公司法》的出台,律师应提醒公司关于法定代表人权利和职责的条款存在着多处变动,体现了对现实需求的觉察和法定代表人权责一定程度的强化,哪些职责和权利发生了变化,是强化还是削弱?这些都是需要公司和律师共同掌握的内容。只有充分了解变与不变,才能给公司及法定代表人做好法律参谋。

 第一百五十条【股票交付】

2018 年修正案	新《公司法》
第一百三十二条　股份有限公司成立后,即向股东正式交付股票。公司成立前不得向股东交付股票。	第一百五十条　股份有限公司成立后,即向股东正式交付股票。公司成立前不得向股东交付股票。

【内容变化】

本条无变化。

【分析解读】

本条沿用了2018年修正案的原文,并未作任何改动,规定了交付股票的时间节点,即在股份有限公司成立后才能向股东交付股票,公司成立前不能交付股票。

【实务研究】

1.公司实务:在实务中,公司应当注意向股东交付或配发股票的时间节点。如果在公司成立前交付,可能会导致交付行为的效力无效或被撤销;如果股东已经将股票进行了处分,则会引发较为烦琐的一系列处置问题。

2.律师实务:律师应当提醒公司,如果公司基于对普通职工进行股权激励等目的设立职工持股会,应当在向职工持股会交付股票或其他持股证明材料时进行释明,告知参与持股会的职工并非公司的股东,其所持有的由职工持股会颁发的股权证不具有公司股东出资证明书的效力。

 第一百五十一条【发行新股的股东会决议】

2018 年修正案	新《公司法》
第一百三十三条　公司发行新股,股东大会应当对下列事项作出决议: （一）新股种类及数额; （二）新股发行价格; （三）新股发行的起止日期; （四）向原有股东发行新股的种类及数额。 第一百三十五条　公司发行新股,可以根据公司经营情况和财务状况,确定其作价方案。	第一百五十一条　公司发行新股,股东会应当对下列事项作出决议: （一）新股种类及数额; （二）新股发行价格; （三）新股发行的起止日期; （四）向原有股东发行新股的种类及数额; （五）发行无面额股的,新股发行所得股款计入注册资本的金额。 公司发行新股,可以根据公司经营情况和财务状况,确定其作价方案。

【内容变化】

一是新增"发行无面额股的,新股发行所得股款计入注册资本的金额",二是将 2018 年修正案第 133 条和第 135 条进行了合并。

【分析解读】

本条是为配套无面额股发行制度,新增关于发行无面额股所得股款注入注册资本需要通过股东会决议的规定,另外也沿用了 2018 年修正案第 135 条的内容,即新股发行时,公司有自主定价权,可以根据自身的经营状况及财务状况,确定其作价方案。

【实务研究】

1.公司实务:根据新《公司法》第 142 条的规定,公司有权决定是否设置资本公积金科目,如果公司章程明确规定要设置资本公积金,公司应当将发行股份应得股款的 1/2 以上列入注册资本,余者纳入资本公积金。公司章程也可以规定股款全部计入注册资本,此时在会计上可以不设置资本公积金科目。值得注意的是,发行无面额股具体的所得股款计入注册资本的金额需要通过股东会决议。

2.律师实务:由于无面额股没有面值和溢价,也就不能按照面额股模式的规则来区分注册资本和资本公积金。律师应当尽到监督和提醒的职责,防止程序不合法而导致计入金额无效。

【关联规定】

《证券法》第12条:公司首次公开发行新股,应当符合下列条件:

(一)具备健全且运行良好的组织机构;

(二)具有持续经营能力;

(三)最近三年财务会计报告被出具无保留意见审计报告;

(四)发行人及其控股股东、实际控制人最近三年不存在贪污、贿赂、侵占财产、挪用财产或者破坏社会主义市场经济秩序的刑事犯罪;

(五)经国务院批准的国务院证券监督管理机构规定的其他条件。

上市公司发行新股,应当符合经国务院批准的国务院证券监督管理机构规定的条件,具体管理办法由国务院证券监督管理机构规定。

公开发行存托凭证的,应当符合首次公开发行新股的条件以及国务院证券监督管理机构规定的其他条件。

 第一百五十二条【授权资本制】

2018 年修正案	新《公司法》
/	第一百五十二条　公司章程或者股东会可以授权董事会在三年内决定发行不超过已发行股份百分之五十的股份。但以非货币财产作价出资的应当经股东会决议。 董事会依照前款规定决定发行股份导致公司注册资本、已发行股份数发生变化的,对公司章程该项记载事项的修改不需再由股东会表决。

【内容变化】

该条为新增条款,引入授权资本制。

【分析解读】

第1款允许股份公司的章程或者股东会将股份发行的权限授予董事会,但数量不超过已发行股份的50%。第2款规定董事会发行股份后修改关于公司章程中的公司注册资本和已发行股份数的相应变化不需要经过股东会表决。以上规范正式引入授权资本制。

在新《公司法》修订以前,我国一直采用法定资本制。两种制度之间的区别如下表所示。

法定资本制	1.章程规定公司资本总额,公司资本总额必须在公司设立时一次发行,由股东认足后公司方能成立。2.增发新股应召开股东会,履行法定的增资程序,修改章程规定的资本总额。
授权资本制	1.章程规定资本总额,且资本总额在公司设立时不必全部发行,只需发行并认足部分即可成立公司,其余部分由董事会决定发行的时间和次数。[①] 2.授权资本制下,"可发行的资本总额""设立时已发行资本"有不同的含义。"资本总额"可界分董事会与股东会的权力,在授权范围内由董事会决定授权资本的发行,增资决议由董事会作出,授权资本发行完毕,公司欲再行增资的,须经股东会决议。[②]

引入授权资本制的优势在于:公司不必一次发行全部资本、股份,减轻公司设立的难度;授权董事会自行决定发行资本,不需经股东会决议并变更公司章程,简化公司增资程序;董事会根据公司经营情况发行资本,既灵活适应了公司经营的需要,又避免资金的冻结、闲置,提高了投资效率。同时为防止实收资本与公司资产的脱节,平衡公司利益与债权人利益,立法对授权资本制进行了必要的限制,明确董事会决定发行股份的期限为 3 年,比例为 50%。

【实务研究】

1.公司实务:公司应当注意股东会可向董事会授权的范围,不能违法授权。非货币财产出资事项,对公司资产质量、其他股东利益均有影响,也应当经股东会决议。

对上市公司而言,还可以采取如下措施:(1)增设外部董事。外部董事和独立董事一般由法律、财务、经济、管理等领域的专业人士担任,且与所在公司没有重要的业务联系。因此,其履行职务时,一方面可以发挥其专业能力进行判断,避免公司决策错误;一方面可以发挥其独立性,与内部董事互为补充,并对内部董事进行监督。(2)设置自身相对独立的审计委员会,并参照上市公司监管规定详细确定审计委员会的具体职责范围,例如将董事会发行股份事宜、对董事的监督事宜、股份发行定价事宜等纳入审计委员会职责中,以确保股份发行符合公司利益以及相关决策的公平、合理、公正。

2.律师实务:律师应当注意到的一个重要问题是,授权资本制可能会导致董事会的权力过大,导致股东与小股东间的权益失衡等问题。应当提醒公司通过设置基本制度框架,形成各治理部门权力平衡与制约,以达到利益合理分配的目的。具体而言,公司治理需要加大董事会决策透明度和公开度,加强股东会监督机制以及完善信息披露机制,以适应新的资本制度。而公司章程,则应在新《公司法》资本授权制的法律框架下对公司实际情况进行针对性设计,以承载上述目的,并成为最终的成果交付及文件依据。

【关联规定】

《上市公司治理准则》

---

① 冯果:《论授权资本制下认缴制的去与留》,载《政法论坛》2022 年第 6 期。
② 李建伟:《授权资本发行制与认缴制的融合——公司资本制度的变革及公司法修订选择》,载《现代法学》2021 年第 6 期。

第38条:上市公司董事会应当设立审计委员会,并可以根据需要设立战略、提名、薪酬与考核等相关专门委员会。专门委员会对董事会负责,依照公司章程和董事会授权履行职责,专门委员会的提案应当提交董事会审议决定。专门委员会成员全部由董事组成,其中审计委员会、提名委员会、薪酬与考核委员会中独立董事应当占多数并担任召集人,审计委员会的召集人应当为会计专业人士。

第39条:审计委员会的主要职责包括:(一)监督及评估外部审计工作,提议聘请或者更换外部审计机构;(二)监督及评估内部审计工作,负责内部审计与外部审计的协调;(三)审核公司的财务信息及其披露;(四)监督及评估公司的内部控制;(五)负责法律法规、公司章程和董事会授权的其他事项。

 第一百五十三条【董事会决议发行新股】

2018 年修正案	新《公司法》
/	第一百五十三条 公司章程或者股东会授权董事会决定发行新股的,董事会决议应当经全体董事三分之二以上通过。

【内容变化】

本条为新增条款,引入授权董事会决定发行新股的,董事会决议应当系多数决的规则。

【分析解读】

本条承接上条,在授权资本制度下又要求董事会决定发行新股的决议应当按照绝对多数决原则。考虑到发行新股会带来公司股东结构、资本规模的变化,授权资本制下新股的灵活发行也可能导致公司名义资本与实缴资本的脱节,故对董事会决定发行新股的决议程序设置更严格的要求是十分必要的,即新股发行的董事会决议程序为经全体董事 2/3 以上通过。[①]

【实务研究】

1.公司实务:股份有限公司应当注意,本条的设计初衷是在授予董事会发行新股权的同时,建立起相适应的约束机制。所以按照本条规范来进行决议,相当于要求董事会成员负有信义义务,而决策标准依托于该信义义务,当经多数决的董事会授权发行的决议出现问题时,可以通过审查是否违背信义义务,追究"偷懒"或"自肥"的董事的责任,这样才能保证对于董事会新股发行的决议最大限度的科学性与战略正确性,避免授权资本制带来的负面影响。

2.律师实务:律师应当尽到监督及提醒义务。作为新《公司法》的新增条文,本条归于授权资本制项下的配套规则,公司在实际适用中可能存在不适应、无经验等问题,需要在律师的帮助下充分利用条文及授权资本制来促进公司的良性发展。

---

① 王艳丽等:《新〈公司法〉条文详解、理论探讨、典型案例》,法律出版社 2024 年版,第 246 页。

第一百五十四条【公开募集股份】

2018 年修正案	新《公司法》
第八十五条　发起人向社会公开募集股份，必须公告招股说明书，并制作认股书。认股书应当载明本法第八十六条所列事项，由认股人填写认购股数、金额、住所，并签名、盖章。认股人按照所认购股数缴纳股款。 第一百三十四条第一款　公司经国务院证券监督管理机构核准公开发行新股时，必须公告新股招股说明书和财务会计报告，并制作认股书。 第八十六条　招股说明书应当附有发起人制订的公司章程，并载明下列事项： （一）发起人认购的股份数； （二）每股的票面金额和发行价格； （三）无记名股票的发行总数； （四）募集资金的用途； （五）认股人的权利、义务； （六）本次募股的起止期限及逾期未募足时认股人可以撤回所认股份的说明。	第一百五十四条　公司向社会公开募集股份，应当经国务院证券监督管理机构注册，公告招股说明书。 招股说明书应当附有公司章程，并载明下列事项： （一）发行的股份总数； （二）面额股的票面金额和发行价格或者无面额股的发行价格； （三）募集资金的用途； （四）认股人的权利和义务； （五）股份种类及其权利和义务； （六）本次募集的起止日期及逾期未募足时认股人可以撤回所认股份的说明。 公司设立时发行股份的，还应当载明发起人认购的股份数。

【内容变化】

一是将 2018 年修正案第 85 条整体修改为"公司向社会公开募集股份，应当经国务院证券监督管理机构注册，公告招股说明书"；二是删掉"附有发起人制订的"对所附公司章程的限定；三是在招股说明书的载明事项中删掉原有的"无记名股票的发行总数"，增加"或者无面额股的发行价格""股份种类及其权利和义务"。

【分析解读】

本条是关于公司向社会公开募集股份时必须在国务院证券监督管理机构注册并公告招股说明书的规定。新《公司法》将 2018 年修正案第 85 条、第 86 条及第 134 条进行了整合，形成内容更为全面、逻辑更为顺畅的规范条文。

由于我国公开发行股份已经由"核准制"转变为"注册制"，所以对应的规范部分也进行了调整。首先，在条文内容方面，本条取消了招股说明书应当附有"发起人制订"的公司章程限制，意味着附有最新生效的、修改后的章程也是可以的。其次，对公司的设立方式进行了区分，将原条文中的"发起人认购的股份数"调整为"发行的股份总数"，并在第 3 款添加了需要载明"发起人认购的股份数"的情况，使得条文逻辑更为清晰流畅。再次，由于无记名股票正式从我国历史舞台退出，所以原对应条款中"无记名股票的发行总数"理应删除。最后，由于新《公司法》正式引入无面额股，所以本条也将票面金额细分为面额股的票面金额和无面额股的票面金额，与其他条款相呼应，完善了规范体系。

【实务研究】

1.公司实务:股份有限公司应当注意,如果采用募集设立方式,即由发起人认购设立公司时应发行股份的一部分,其余股份向特定对象募集或者向社会公开募集,需要在招股说明书中载明发起人认购的份数,而采用发起设立的公司则不需要。另外,为完善民营企业债券融资支持机制,我国全面实行股票发行注册制,促进资本市场平稳健康发展。所以对于股票发行这一传统业务,公司应当充分理解全新制度,摒弃已经被淘汰的制度带来的固有思维,弄懂"注册制",用好"注册制"。

2.律师实务:在全面施行注册制的情况下,信息甄别与价值判断的责任归还投资者,证监会只对上市企业披露信息的完整性、真实性与准确性进行审核,而不对企业的主体结构、盈利能力和运营模式表态。这大大降低了企业的上市门槛,提高了上市效率。但门槛的降低并不意味着公司的上市标准也应当随之降低,而是更应该充分发挥自律性,积极履行信息披露义务,对于企业的实际情况做到实事求是,相关文件材料不过度"美化包装",坚决杜绝虚假陈述行为,保障广大投资者的切身利益。律师在帮助公司开展股票公开发行业务时,应当督促提醒并同企业一起承担相应的社会责任,维护我国金融市场的秩序稳定,保障金融行业的健康发展。

【关联规定】

《证券法》

第9条:公开发行证券,必须符合法律、行政法规规定的条件,并依法报经国务院证券监督管理机构或者国务院授权的部门注册。未经依法注册,任何单位和个人不得公开发行证券。证券发行注册制的具体范围、实施步骤,由国务院规定。

有下列情形之一的,为公开发行:(一)向不特定对象发行证券;(二)向特定对象发行证券累计超过二百人,但依法实施员工持股计划的员工人数不计算在内;(三)法律、行政法规规定的其他发行行为。

非公开发行证券,不得采用广告、公开劝诱和变相公开方式。

第11条:设立股份有限公司公开发行股票,应当符合《中华人民共和国公司法》规定的条件和经国务院批准的国务院证券监督管理机构规定的其他条件,向国务院证券监督管理机构报送募股申请和下列文件:(一)公司章程;(二)发起人协议;(三)发起人姓名或者名称,发起人认购的股份数、出资种类及验资证明;(四)招股说明书;(五)代收股款银行的名称及地址;(六)承销机构名称及有关的协议。

依照本法规定聘请保荐人的,还应当报送保荐人出具的发行保荐书。

法律、行政法规规定设立公司必须报经批准的,还应当提交相应的批准文件。

 第一百五十五条【股票承销】

2018 年修正案	新《公司法》
第八十七条　发起人向社会公开募集股份,应当由依法设立的证券公司承销,签订承销协议。	第一百五十五条　公司向社会公开募集股份,应当由依法设立的证券公司承销,签订承销协议。

【内容变化】

将"发起人"修改为"公司"。

【分析解读】

本条并未作实质性变更,是关于公开发行股份承销的规定。公司向社会公开募集股份,属于大规模发行。为保障发行成功,防范不规范操作,必须由证券公司承销,而不能由公司自行发售。承销是指证券公司与股票发行人约定,由证券公司在规定期限内将股票售出,发行人支付报酬的行为,一般包括包销与代销。包销就是证券公司将发行人发行的股票全部购入后向公众出售,承销期结束,未售出的股票由证券公司承担,不能再退还给发行人。代销就是证券公司代发行人发行股票,向公众出售,承销期结束,未售出的股票由证券公司退还发行人,自己无须购买未发行出去的部分。

【实务研究】

1.公司实务:公司作为发行人,在取得了中国证监会予以注册的决定后,发行人和主承销商就应当及时向交易所报备发行与承销方案。发行与承销方案应当包括发行方案、初步询价公告(如有)、投资价值研究报告(如有)、战略配售方案(如有)、超额配售选择权实施方案(如有)等内容。交易所在收到发行与承销方案后5个工作日内表示无异议的,发行人和主承销商可依法刊登招股意向书或招股说明书,启动发行工作。首次公开发行股票,可以通过向投资者询价的方式确定股票发行价格,也可以通过发行人与主承销商自主协商直接定价等其他合法可行的方式确定发行价格。实践中主要有三种方式:直接定价、初步询价后定价以及采用累计投标询价方式定价。

另外,首次公开发行证券采用直接定价方式的,发行人和主承销商向交易所报备的发行与承销方案应明确,发行价格对应的市盈率不得超过同行业上市公司二级市场平均市盈率,已经或者同时境外发行的,确定的发行价格不得超过发行人境外市场价格。

2.律师实务:律师在证券法律服务过程中出具的专业意见,是证券投资人投资决策的重要依据,也是维护证券市场健康发展的重要保障。如果律师在证券法律服务过程中不能保持独立,势必影响证券投资人利益,破坏证券市场的健康发展。因而律师在提供证券法律服务过程中应保持独立。如果律师、律师事务所与发行人之间存在关联关系,或其他可能影响律师独立性的事项,律师不能为发行人提供证券法律服务。

【关联规定】

《证券法》

第26条:发行人向不特定对象发行的证券,法律、行政法规规定应当由证券公司承销的,发行人应当同证券公司签订承销协议。证券承销业务采取代销或者包销方式。

证券代销是指证券公司代发行人发售证券,在承销期结束时,将未售出的证券全部退还给发行人的承销方式。

证券包销是指证券公司将发行人的证券按照协议全部购入或者在承销期结束时将售后剩余证券全部自行购入的承销方式。

第27条：公开发行证券的发行人有权依法自主选择承销的证券公司。

第28条：证券公司承销证券，应当同发行人签订代销或者包销协议，载明下列事项：

（一）当事人的名称、住所及法定代表人姓名；（二）代销、包销证券的种类、数量、金额及发行价格；（三）代销、包销的期限及起止日期；（四）代销、包销的付款方式及日期；（五）代销、包销的费用和结算办法；（六）违约责任；（七）国务院证券监督管理机构规定的其他事项。

第31条：证券的代销、包销期限最长不得超过九十日。

证券公司在代销、包销期内，对所代销、包销的证券应当保证先行出售给认购人，证券公司不得为本公司预留所代销的证券和预先购入并留存所包销的证券。

第33条：股票发行采用代销方式，代销期限届满，向投资者出售的股票数量未达到拟公开发行股票数量百分之七十的，为发行失败。发行人应当按照发行价并加算银行同期存款利息返还股票认购人。

第34条：公开发行股票，代销、包销期限届满，发行人应当在规定的期限内将股票发行情况报国务院证券监督管理机构备案。

 第一百五十六条【代收股款】

2018 年修正案	新《公司法》
第八十八条　发起人向社会公开募集股份，应当同银行签订代收股款协议。 代收股款的银行应当按照协议代收和保存股款，向缴纳股款的认股人出具收款单据，并负有向有关部门出具收款证明的义务。 第一百三十六条　公司发行新股募足股款后，必须向公司登记机关办理变更登记，并公告。	第一百五十六条　公司向社会公开募集股份，应当同银行签订代收股款协议。 代收股款的银行应当按照协议代收和保存股款，向缴纳股款的认股人出具收款单据，并负有向有关部门出具收款证明的义务。 公司发行股份募足股款后，应予公告。

【内容变化】

将"发起人"修改为"公司"，删除"必须向公司登记机关办理变更登记"。

【分析解读】

公司向社会公开募集股份，为保障募集资金的安全性，还应当与银行签订代收股款协议，证券公司承销股票所得股款由银行代收。按照协议，银行应当及时代为收取公开募集所得股款并保存于本银行，向认股人出具证明其已经缴纳股款的书面证明，并向相关部门出具收款证明。

公司在发行新股募足股款之后，应当将募股情况予以公告，以便公司股东与社会公众了解公司资本变动情况。

【实务研究】

1.公司实务：本条对于公司来说最重要的就是与银行签订代收股款协议，协议内容应当合法且全面,对发行的股份种类、数量、价格、支付方式、迟延利息、手续费、保密条款等核心要素进行明确约定。本条虽对发行流程进行了简化,但必须向社会公告披露相关信息。

2.律师实务:律师应当协助公司对代收股款协议进行法律审查,杜绝股款回收风险,保障公司的合法权益。

【关联规定】

《证券法》第 14 条:公司对公开发行股票所募集资金,必须按照招股说明书或者其他公开发行募集文件所列资金用途使用;改变资金用途,必须经股东大会作出决议。擅自改变用途,未作纠正的,或者未经股东大会认可的,不得公开发行新股。

《上市公司监管指引第 2 号——上市公司募集资金管理和使用的监管要求》(2022 年修订)第 6 条:上市公司募集资金应当按照招股说明书或者其他公开发行募集文件所列用途使用。上市公司改变招股说明书或者其他公开发行募集文件所列资金用途的,必须经股东大会作出决议。

第 7 条:上市公司募集资金原则上应当用于主营业务。除金融类企业外,募集资金投资项目不得为持有交易性金融资产和可供出售的金融资产、借予他人、委托理财等财务性投资,不得直接或间接投资于以买卖有价证券为主要业务的公司。

科创板上市公司募集资金使用应符合国家产业政策和相关法律法规,并应当投资于科技创新领域。

第二节　股份转让

 第一百五十七条【一般规定】*

2018 年修正案	新《公司法》
第一百三十七条　股东持有的股份可以依法转让。	第一百五十七条　股份有限公司的股东持有的股份可以向其他股东转让,也可以向股东以外的人转让;公司章程对股份转让有限制的,其转让按照公司章程的规定进行。

【内容变化】

本条为 2023 年修订的修改条款,其进一步细化了股份有限公司股权转让的原则性规定,并强调了股份公司的章程可以对股份转让进行合法合理的限制。

【分析解读】

股份转让一般是通过股票这一媒介来实现的。股票转让指的是股票所有人把自己持有

---

*　执笔人:操志斌。

的股票让与他人,从而使他人成为公司股东的行为。

本条所涉的股份转让,是特指股份有限公司的股份转让,与有限责任公司的股权转让有一定区别。股份有限公司注重资合性,股份转让不涉及其他股东的优先购买权;有限责任公司注重人合性,股东向其他股东以外的人转让股权,受"经其他股东过半数同意""优先购买权"等的限制。

有些股份有限公司在经营管理中,也有人合性的属性。本次修订,允许股份有限公司对股份转让作出一定的限制,但该限制必须在公司章程中予以记载而使市场交易主体知悉。其目的是促使股份有限公司加强信息披露、规范交易行为,从而保护不特定投资者的合法权益。

该条款,较修订之前的规定,内容更加丰富,合法合规经营的空间更广阔,在不违反法律等强制性规定的情形下,股份公司的章程具有优先性,对增加市场活跃度有明显益处。

【实务研究】

1.公司实务:在制定公司章程的过程中,须注意以下事项:须合理合法,不得与现行有效的法律法规中效力性的强制性规定相冲突。不得完全禁止股份转让。过度限制也应受到一定的制约,以符合股权财产性的属性。作为一种财产权,具有可转让性,转让股份是一项基本的财产权利。禁止转让股份,不符合财产权利的本质,也与《公司法》的立法目的相冲突。对于股份对价及交易方式,即使是公司内部发行的,也须尊重市场规则,不得强买强卖。

2.律师实务:新《公司法》明确公司章程对股份转让可进行一定的限制,律师需重点关注章程条款的合法性审查与差异化设计。一方面,确保限制性条款符合立法目的(如维系公司人合性、保护中小股东权益),避免因过度限制(如完全禁止转让)或显失公平而无效;另一方面,结合公司类型及股东需求灵活构建限制规则(如股权激励平台设定回购机制、明确优先购买权行权期限),并配套股东协议、信息披露及内部合规流程以防范纠纷。

【关联规定】

新《公司法》第 160 条、第 162 条、第 185 条。

《证券法》第 60 条:国有独资企业、国有独资公司、国有资本控股公司买卖上市交易的股票,必须遵守国家有关规定。

 第一百五十八条【场所】*

2018 年修正案	新《公司法》
第一百三十八条 股东转让其股份,应当在依法设立的证券交易场所进行或者按照国务院规定的其他方式进行。	第一百五十八条 股东转让其股份,应当在依法设立的证券交易场所进行或者按照国务院规定的其他方式进行。

---

* 执笔人:操志斌。

【内容变化】

本条是股份有限公司股份转让的场所和方式的规定,与2018年修正案相比,未发生变化。

【分析解读】

股份有限公司股份转让的场所必须是依法设立的证券交易场所,或者国务院规定的其他方式。

根据《证券法》,证券交易所、国务院批准的其他全国性证券交易场所为证券集中交易提供场所和设施,组织和监督证券交易。

根据中国证监会令第192号《证券交易所管理办法》,证券交易所的职能为组织和监督证券交易。《证券交易所管理办法》第7条对证券交易所的职能作了详细规定。我国目前有3个证券交易所,分别是1990年成立的上海证券交易所和深圳证券交易所、2021年成立的公司制证券交易所——北京证券交易所。

除上述证券交易所,国务院还规定了其他方式进行股份有限公司股份转让,主要包括全国中小企业股份转让系统、证券公司柜台市场、区域性股权市场(如北京股权交易中心)等。

【实务研究】

1.公司实务:非上市非公开发行股份的公司,其股权转让没有在证券交易所内或国务院规定的其他方式进行,对该股份转让协议是否有效,法律并未规定。司法实务中倾向认定该规定为非效力性强制性规定,若发生违反,也不必然导致股份转让无效。

2.律师实务:新公司法强制要求股份转让须在合法证券交易场所或依国务院规定的方式进行,强化交易程序合规性,律师须重点核查交易场所资质(如区分上市公司与非上市公司适用场所)、确保转让方式合法性(如协议转让需匹配登记结算规则),尤其对非上市公司特殊交易(如代持还原、对赌回购),应通过"场所合规审查＋协议条款留痕(如交割流程、违约责任)"双重机制防控风险,避免因程序瑕疵导致转让效力争议或监管合规问题。

【关联规定】

《证券法》第96条第1款:证券交易所、国务院批准的其他全国性证券交易场所为证券集中交易提供场所和设施,组织和监督证券交易,实行自律管理,依法登记,取得法人资格。

中国证券监督管理委员会令第192号《证券交易所管理办法》第6条:证券交易所组织和监督证券交易,实施自律管理,应当遵循社会公共利益优先原则,维护市场的公平、有序、透明。

第7条:证券交易所的职能包括:

(一)提供证券交易的场所、设施和服务;

(二)制定和修改证券交易所的业务规则;

(三)依法审核公开发行证券申请;

(四)审核、安排证券上市交易,决定证券终止上市和重新上市;

（五）提供非公开发行证券转让服务；

（六）组织和监督证券交易；

（七）对会员进行监管；

（八）对证券上市交易公司及相关信息披露义务人进行监管；

（九）对证券服务机构为证券上市、交易等提供服务的行为进行监管；

（十）管理和公布市场信息；

（十一）开展投资者教育和保护；

（十二）法律、行政法规规定的以及中国证监会许可、授权或者委托的其他职能。

《国务院关于全国中小企业股份转让系统有关问题的决定》（国发〔2013〕49号）第1条：全国股份转让系统是经国务院批准，依据证券法设立的全国性证券交易场所，主要为创新型、创业型、成长型中小微企业发展服务。境内符合条件的股份公司均可通过主办券商申请在全国股份转让系统挂牌，公开转让股份，进行股权融资、债权融资、资产重组等。申请挂牌的公司应当业务明确、产权清晰、依法规范经营、公司治理健全，可以尚未盈利，但须履行信息披露义务，所披露的信息应当真实、准确、完整。

《证券公司柜台市场管理办法（试行）》第2条：证券公司柜台市场是指证券公司为与特定交易对手方在集中交易场所之外进行交易或为投资者在集中交易场所之外进行交易提供服务的场所或平台。

《非上市公众公司监督管理办法》第4条：公众公司公开转让股票应当在全国中小企业股份转让系统进行，公开转让的公众公司股票应当在中国证券登记结算公司集中登记存管。

 第一百五十九条【股票转让方式】*

2018年修正案	新《公司法》
第一百三十九条 记名股票，由股东以背书方式或者法律、行政法规规定的其他方式转让；转让后由公司将受让人的姓名或者名称及住所记载于股东名册。 股东大会召开前二十日内或者公司决定分配股利的基准日前五日内，不得进行前款规定的股东名册的变更登记。但是，法律对上市公司股东名册变更登记另有规定的，从其规定。 第一百四十条 无记名股票的转让，由股东将该股票交付给受让人后即发生转让的效力。	第一百五十九条 股票的转让，由股东以背书方式或者法律、行政法规规定的其他方式进行；转让后由公司将受让人的姓名或者名称及住所记载于股东名册。 股东会会议召开前二十日内或者公司决定分配股利的基准日前五日内，不得变更股东名册。法律、行政法规或者国务院证券监督管理机构对上市公司股东名册变更另有规定的，从其规定。

---

* 执笔人：操志斌。

【内容变化】

本条为 2023 年修订的修改条款,这里不再将股票区分为记名股票和不记名股票;删除了 2018 年修正案第 140 条的内容,即不再强调股票交付这一行为作为无记名股票转让的生效要件;同时,规定行政法规或者国务院证券监督管理机构对上市公司股东名册变更的相关限制具有优先性。

【分析解读】

新《公司法》第 147 条规定,公司的股份采取股票的形式。股票是公司签发的证明股东所持股份的凭证。公司发行的股票,应当为记名股票。记名股票,是以背书方式或者法律、行政法规规定的其他方式转让。背书,是有价证券转让的一种法定形式。记名股票转让,即记名股票上所记载的股东作为背书人,一般是针对非公开发行股份的公司的股票。股票上签章,指的是在股票背面或者股票所黏附的粘单上记载受让人(被背书人)的名称或姓名,以表示将该股票所代表的股东权利转让给受让人的行为。

股票转让后,公司将受让人的姓名或者名称及住所记载于股东名册。按照新《公司法》第 56 条的规定,股东名册记载下列事项:"(一)股东的姓名或者名称及住所;(二)股东认缴和实缴的出资额、出资方式和出资日期;(三)出资证明书编号;(四)取得和丧失股东资格的日期。记载于股东名册的股东,可以依股东名册主张行使股东权利。"股东名册是确认记名股票股东身份的根据,也是记名股票股东向公司主张行使股东权利的依据。股票记载与股东名册不一致的,股东名册记载的内容具有优先性。

新《公司法》第 115 条规定,召开股东会会议,应当将会议召开的时间、地点和审议的事项于会议召开 20 日前通知各股东;临时股东会会议应当于会议召开 15 日前通知各股东。结合本条"股东会会议召开前二十日内或者公司决定分配股利的基准日前五日内,不得变更股东名册"之规定,可以看出其立法目的是让公司记名股票股东相对确定,保证股东大会的顺利召开、公司利润分配方案的顺利推进。若实际发生变更,则由原记名股票的转让人作为股东(而不是受让人),参加股东大会,行使股东权利。

2018 年修正案第 139 条第 2 款规定,法律对上市公司股东名册变更登记另有规定的,从其规定。本次修订,增加了行政法规或者国务院证券监督管理机构对上市公司股东名册变更的相关限制具有优先性的规定,突出行政机关依法对市场的管理职能。

【实务研究】

1.公司实务:股东名册记载内容须规范。股东会会议召开前 20 日内或者公司决定分配股利的基准日前 5 日内,变更股东名册是不被允许的,否则公司记名股东依旧是法律上的行权者。

2.律师实务:股票转让后,由公司将受让人的姓名或者名称及住所记载于股东名册,在实务中,易被忽略。股东会会议召开前 20 日内或者公司决定分配股利的基准日前 5 日内,变更股东名册,股东会决议有被依法撤销的风险。

【关联规定】

新《公司法》第 56 条、第 115 条、第 147 条。

《证券法》第 108 条：证券公司根据投资者的委托，按照证券交易规则提出交易申报，参与证券交易所场内的集中交易，并根据成交结果承担相应的清算交收责任。证券登记结算机构根据成交结果，按照清算交收规则，与证券公司进行证券和资金的清算交收，并为证券公司客户办理证券的登记过户手续。

 第一百六十条【限制规定】*

2018 年修正案	新《公司法》
第一百四十一条　发起人持有的本公司股份，自公司成立之日起一年内不得转让。公司公开发行股份前已发行的股份，自公司股票在证券交易所上市交易之日起一年内不得转让。 公司董事、监事、高级管理人员应当向公司申报所持有的本公司的股份及其变动情况，在任职期间每年转让的股份不得超过其所持有本公司股份总数的百分之二十五；所持本公司股份自公司股票上市交易之日起一年内不得转让。上述人员离职后半年内，不得转让其所持有的本公司股份。公司章程可以对公司董事、监事、高级管理人员转让其所持有的本公司股份作出其他限制性规定。	第一百六十条　公司公开发行股份前已发行的股份，自公司股票在证券交易所上市交易之日起一年内不得转让。法律、行政法规或者国务院证券监督管理机构对上市公司的股东、实际控制人转让其所持有的本公司股份另有规定的，从其规定。 公司董事、监事、高级管理人员应当向公司申报所持有的本公司的股份及其变动情况，在就任时确定的任职期间每年转让的股份不得超过其所持有本公司股份总数的百分之二十五；所持本公司股份自公司股票上市交易之日起一年内不得转让。上述人员离职后半年内，不得转让其所持有的本公司股份。公司章程可以对公司董事、监事、高级管理人员转让其所持有的本公司股份作出其他限制性规定。 股份在法律、行政法规规定的限制转让期限内出质的，质权人不得在限制转让期限内行使质权。

【内容变化】

本条为 2023 年修订的修改条款，删除了 2018 年修正案第 141 条"发起人持有的本公司股份，自公司成立之日起一年内不得转让"之规定；明确规定了公司董事、监事、高级管理人员转让股份受限的起算时间为"在就任时确定的任职期间"，笔者认为此处存在表意不清之嫌；新增"股份在法律、行政法规规定的限制转让期限内出质的，质权人不得在限制转让期限内行使质权"之规定，意为限售期内股份存在质押的，质权人在股份限售期内不得行使其质权。

---

* 执笔人：操志斌。

【分析解读】

本次修订,删除了 2018 年修正案第 141 条"发起人持有的本公司股份,自公司成立之日起一年内不得转让"之规定。法律、行政法规或者国务院证券监督管理机构对上市公司的股东、实际控制人转让其所持有的本公司股份另有规定的,从其规定。2017 年 6 月 8 日,中国证监会在《发行监管问答——关于首发企业中创业投资基金股东的锁定期安排》首发审核中对发行人控股股东、实际控制人所持股票锁定期的一般性要求中明确:证券交易所《股票上市规则》规定,发行人控股股东和实际控制人所持股份自发行人股票上市之日起 36 个月内不得转让。对于发行人没有或难以认定实际控制人的,为确保发行人股权结构稳定、正常生产经营不因发行人控制权发生变化而受到影响,审核实践中,要求发行人的股东按持股比例从高到低依次承诺其所持股份自上市之日起锁定 36 个月,直至锁定股份的总数不低于发行前股份总数的 51%。[①]

限制公司董事、监事、高级管理人员转让其所持有的股份,与之前基本相同。

公司章程可以对公司董事、监事、高级管理人员转让其所持有的本公司股份作出其他限制性规定,但实务中,一般认为不得对抗法院的强制执行,但此观点也颇具争议。最高人民法院在(2014)执复字第 6 号中认为,《公司章程》关于股东不得向股东以外的人转让股权的规定,是对于股东在民事活动中向公司以外的平等主体转让股权的限制,在生效判决已确认申请执行人对案涉质押股权享有优先受偿权的情况下,人民法院依据生效判决强制执行被执行人质押的股权,可以不受《公司章程》的约束。

股份在法律、行政法规规定的限制转让期限内出质的,质权人不得在限制转让期限内行使质权。

《最高人民法院执行工作办公室关于上市公司发起人股份质押合同及红利抵债协议效力问题请示案的复函》(〔2002〕执他字第 22 号)中曾有类似的观点:公司法规定的对发起人股份转让的期间限制,应当理解为是对股权实际转让的时间的限制,而不是对达成股权转让协议的时间的限制。故只要质押权行使时间已经过了禁止转让期,该质押合同不因设定质押时间在禁止转让期内而无效。但是对于股份红利,质押的效力只能及于质押权行使期到来之后产生的红利,对于此前的红利,质押权人不可行使质押权。

【实务研究】

1.公司实务:发行人首次公开发行股票前已发行的股份,不仅须注意自公司股票在证券交易所上市交易之日起 1 年内不得转让的规定,还须注意法律、行政法规或者国务院证券监督管理机构对上市公司的股东、实际控制人转让其所持有的本公司股份的相关限制。

2.律师实务:对董事、监事、高级管理人员的一些特殊限制,是实务中需要着重考量的因素。公司董事、监事、高级管理人员利用因职务便利所掌握的信息进行内幕交易、损害公司外部第三人的利益以及损害公司利益、公司中小股东利益等,往往是纠纷多发的节点。

---

① 中国证监会:《发行监管问答——关于首发企业中创业投资基金股东的锁定期安排》,http://www.csrc.gov.cn/shanxi/c1055540/c1609276/content.shtml,最后访问时间:2024 年 10 月 29 日。

【关联规定】

《上海证券交易所股票上市规则》

第 3.1.9 条:发行人首次公开发行股票前已发行的股份,自发行人股票上市之日起 1 年内不得转让。

第 3.1.10 条:发行人向本所申请其首次公开发行股票上市时,其控股股东和实际控制人应当承诺:自发行人股票上市之日起 36 个月内,不转让或者委托他人管理其直接和间接持有的发行人首次公开发行股票前已发行的股份,也不由发行人回购该部分股份。发行人应当在上市公告书中披露上述承诺。

自发行人股票上市之日起 1 年后,出现下列情形之一的,经上述承诺主体申请并经本所同意,可以豁免遵守上述承诺:

(一)转让双方存在实际控制关系,或者均受同一实际控制人所控制,且受让方承诺继续遵守上述承诺;

(二)因上市公司陷入危机或者面临严重财务困难,受让人提出挽救公司的方案获得该公司股东大会审议通过和有关部门批准,且受让人承诺继续遵守上述承诺;

(三)本所认定的其他情形。

发行人没有或者难以认定控股股东、实际控制人的,按照相关规定承诺所持首次公开发行前股份自发行人股票上市之日起 36 个月内不得转让的股东,适用前款第(一)项规定。

第一百六十一条【异议股东的股份回购】*

2018 年修正案	新《公司法》
/	第一百六十一条 有下列情形之一的,对股东会该项决议投反对票的股东可以请求公司按照合理的价格收购其股份,公开发行股份的公司除外: (一)公司连续五年不向股东分配利润,而公司该五年连续盈利,并且符合本法规定的分配利润条件; (二)公司转让主要财产; (三)公司章程规定的营业期限届满或者章程规定的其他解散事由出现,股东会通过决议修改章程使公司存续。自股东会决议作出之日起六十日内,股东与公司不能达成股份收购协议的,股东可以自股东会决议作出之日起九十日内向人民法院提起诉讼。 公司因本条第一款规定的情形收购的本公司股份,应当在六个月内依法转让或者注销。

---

* 执笔人:操志斌。

【内容变化】

本条为 2023 年修订的新增条款,是关于股份公司异议股东的股份回购请求权事项的规定。股份公司异议股东的股份回购请求权排除公司合并和分立这些情形,剩余内容与本法第 89 条基本一致。

【分析解读】

股份公司根据股份持有者身份为不特定或特定来划分,有不公开发行股份的公司和公开发行股份的公司。本条主要针对不公开发行股份的公司。公开发行股份公司的股票持有者,一般可以通过股票交易市场自由交易,不需要特别规定其股份回购请求权。

公司收购本公司股份,实际上相当于股东撤资。新增条款对这一行为进行了严格限制,主要如下:

1.主要针对非公开发行股份的公司,公开发行股份的公司不在此列。

2.公司连续 5 年不向股东分配利润,而公司该 5 年连续盈利,并且符合本法规定的分配利润条件。

3.公司存在转让主要财产的情形。此举是因为非公开发行股份公司的股东一般按照"资本多数决"形成决议,所以有必要通过异议股东的股份回购请求权规定来保护中小股东的权益。

4.公司章程规定的营业期限届满或者章程规定的其他解散事由出现,股东会通过决议修改章程使公司存续。公司章程应对公司及其成员、机构具有约束力,应在法律框架内反映股东意志。① 公司解散事由出现,股东可以退出公司。因修改章程使公司存续,不应当强制异议股东继续留在公司。

另外,关于股份对价,公司需按照合理的价格收购其股份;关于收购协议,公司与异议股东双方可协商一致决定,否则异议股东可以自股东会决议作出之日起 90 日内向人民法院提起诉讼。

【实务研究】

1.公司实务:需注意公司股东会就收购股份的决议作出之日起 60 日内,异议股东与公司需达成股份收购协议,否则股东可以自股东会决议作出之日起 90 日内向人民法院提起诉讼。公司方面,其收购的异议股东的股份,应当在 6 个月内依法转让或者注销。实务中需注意这些期间。

2.律师实务:如出现公司合并、分立或转让主要财产,公司 5 年连续盈利却连续 5 年不向股东分配利润、解散事由出现、公司的控股股东滥用股东权利而严重损害公司或者其他股东利益等情形,据此可以保护异议股东的合法权益。

【关联规定】

新《公司法》第 89 条。

---

① 王军:《中国公司法》,高等教育出版社 2017 年第 2 版,第 266 页。

第一百六十二条【股份回购】*

2018 年修正案	新《公司法》
第一百四十二条 公司不得收购本公司股份。但是，有下列情形之一的除外： （一）减少公司注册资本； （二）与持有本公司股份的其他公司合并； （三）将股份用于员工持股计划或者股权激励； （四）股东因对股东大会作出的公司合并、分立决议持异议，要求公司收购其股份； （五）将股份用于转换上市公司发行的可转换为股票的公司债券； （六）上市公司为维护公司价值及股东权益所必需。 公司因前款第（一）项、第（二）项规定的情形收购本公司股份的，应当经股东大会决议；公司因前款第（三）项、第（五）项、第（六）项规定的情形收购本公司股份的，可以依照公司章程的规定或者股东大会的授权，经三分之二以上董事出席的董事会会议决议。 公司依照本条第一款规定收购本公司股份后，属于第（一）项情形的，应当自收购之日起十日内注销；属于第（二）项、第（四）项情形的，应当在六个月内转让或者注销；属于第（三）项、第（五）项、第（六）项情形的，公司合计持有的本公司股份数不得超过本公司已发行股份总额的百分之十，并应当在三年内转让或者注销。 上市公司收购本公司股份的，应当依照《中华人民共和国证券法》的规定履行信息披露义务。上市公司因本条第一款第（三）项、第（五）项、第（六）项规定的情形收购本公司股份的，应当通过公开的集中交易方式进行。 公司不得接受本公司的股票作为质押权的标的。	第一百六十二条 公司不得收购本公司股份。但是，有下列情形之一的除外： （一）减少公司注册资本； （二）与持有本公司股份的其他公司合并； （三）将股份用于员工持股计划或者股权激励； （四）股东因对股东会作出的公司合并、分立决议持异议，要求公司收购其股份； （五）将股份用于转换公司发行的可转换为股票的公司债券； （六）上市公司为维护公司价值及股东权益所必需。 公司因前款第一项、第二项规定的情形收购本公司股份的，应当经股东会决议；公司因前款第三项、第五项、第六项规定的情形收购本公司股份的，可以按照公司章程或者股东会的授权，经三分之二以上董事出席的董事会会议决议。 公司依照本条第一款规定收购本公司股份后，属于第一项情形的，应当自收购之日起十日内注销；属于第二项、第四项情形的，应当在六个月内转让或者注销；属于第三项、第五项、第六项情形的，公司合计持有的本公司股份数不得超过本公司已发行股份总数的百分之十，并应当在三年内转让或者注销。 上市公司收购本公司股份的，应当依照《中华人民共和国证券法》的规定履行信息披露义务。 上市公司因本条第一款第三项、第五项、第六项规定的情形收购本公司股份的，应当通过公开的集中交易方式进行。公司不得接受本公司的股份作为质权的标的。

【内容变化】

本条在修订时，除了一些词语在严谨性方面作了调整，整体意思基本未变化。主要表现在：2018 年修正案第 142 条第 1 款第 4 项、第 2 款中"股东大会"改为"股东会"；第 1 款第 5

---

* 执笔人：操志斌。

项"将股份用于转换上市公司发行的可转换为股票的公司债券"中,删去"上市"二字;第2款中"依照公司章程的规定"改为"依照公司章程";第3款中"已发行股份总额的百分之十"改为"已发行股份总数的百分之十";第5款"公司不得接受本公司的股票作为质押权的标的"改为"公司不得接受本公司的股份作为质权的标的"。这些修订,词句表述,较之前更为严谨,实质性内容未变化。

【分析解读】

股份回购,即公司按一定的程序购回自身发行或流通在外的股份的行为。按照传统理论,股份回购弊端重重。随着市场经济的发展,在特定情形下,股份回购自有其存在的价值。主要表现在:

1.通过股份回购这种股本收缩的方法,减少对外发行的股份,发挥财务杠杆效应,减少资本冗余,实现公司价值优化。

2.调节市场股票供应量,让股价的价值回归正常范围。

3.考虑财税方面的因素,公司常以股份回购替代现金红利的分配,即股份回购可以在一定情形下作为公司股利分配的替代手段。

4.股份回购被用于抵御恶意收购等,维持公司控制权。

5.通过股份回购,实现职工持股计划和股票期权制度等,有利于保持公司股份结构。

股份回购须具备一定的情形,即:

1.减少公司注册资本(需经股东会决议);

2.与持有本公司股份的其他公司合并(需经股东会决议);

3.将股份用于员工持股计划或者股权激励(按照公司章程或者股东会的授权,经2/3以上董事出席的董事会会议决议);

4.股东因对股东会作出的公司合并、分立决议持异议,要求公司收购其股份;

5.将股份用于转换公司发行的可转换为股票的公司债券(按照公司章程或者股东会的授权,经2/3以上董事出席的董事会会议决议);

6.上市公司为维护公司价值及股东权益所必需(按照公司章程或者股东会的授权,经2/3以上董事出席的董事会会议决议)。

另外,回购事项,还须遵守《证券法》《上市公司信息披露管理办法》等法规中有关信息披露的规定及集中交易方式等。

【实务研究】

1.公司实务:公司要收购本公司股份,一定要注意符合上述6个条件之一。

2.律师实务:公司要收购本公司股份,股东会决议的程序性规范是必备的;实体性方面要斟酌的主要是公司章程、对价的公平合理性方面。

【关联规定】

新《公司法》第89条。

《上市公司信息披露管理办法》第27条:涉及上市公司的收购、合并、分立、发行股份、回购股份等行为导致上市公司股本总额、股东、实际控制人等发生重大变化的,信息披露义务人应当依法履行报告、公告义务,披露权益变动情况。

 第一百六十三条【禁止财务资助制度及其例外情形】*

2018 年修正案	新《公司法》
/	第一百六十三条 公司不得为他人取得本公司或者其母公司的股份提供赠与、借款、担保以及其他财务资助,公司实施员工持股计划的除外。 为公司利益,经股东会决议,或者董事会按照公司章程或者股东会的授权作出决议,公司可以为他人取得本公司或者其母公司的股份提供财务资助,但财务资助的累计总额不得超过已发行股本总额的百分之十。董事会作出决议应当经全体董事的三分之二以上通过。 违反前两款规定,给公司造成损失的,负有责任的董事、监事、高级管理人员应当承担赔偿责任。

【内容变化】

本条为 2023 年修订的新增条款,主要是禁止财务资助制度及其例外的情形。

【分析解读】

公司不得为他人提供财务资助,具有以下特征:

1.资助,指的是财务方面的资助,表现形式有提供赠与、借款、担保以及其他方式等。这一点,《深圳证券交易所上市公司自律监管指引第 1 号——主板上市公司规范运作》关于财务资助行为的定义略显不同:财务资助行为是指上市公司及其控股子公司有偿或无偿提供资金、委托贷款等行为,同时,在主营业务外以实物资产、无形资产等方式对外提供资助、为他人承担费用、无偿提供资产使用权的费用明显低于同行业一般水平及构成实质性财务资助的其他行为视同财务资助行为。

2.资助行为的目的是为他人取得本公司或者其母公司的股份。股份是权益证券,包括可转换为股票的可转换债券,但不包括债券,换言之,公司资助他人取得本公司所发行的债券,不属于财务资助禁止制度的适用范围。①

3.禁止资助他人购买本公司股份,或者本公司的控股公司的股份,不禁止公司资助他人

---

* 执笔人:操志斌。

① 沈朝晖:《财务资助行为的体系化规制——兼评释 2021〈公司法(修订草案)〉第 174 条》,载《中国政法大学学报》2022 年第 5 期。

取得子公司的股份。[①]

4.为公司实施员工持股计划的财务资助不在禁止之列。

5.为公司利益,并有合法决议,且财务资助的累计总额不超过已发行股本总额的 10% 的,不在禁止之列。

6.违反规定给公司造成损失的,负有责任的董事、监事、高级管理人员须承担赔偿责任。

【实务研究】

1.公司实务:公司对个人的赠与、借款、担保以及其他方式的资助,在公司实际经营中经常发生。如果不是为了公司的利益,那么合规审查就显得十分必要。

2.律师实务:显性的财务资助比较容易判断,隐形的资助五花八门。比如,为激励对象提供资助、通过其利益相关方向参与认购的投资者提供资助、发行人和承销商通过其利益相关方向参与认购的投资者提供资助、使用超募资金用于永久补充流动资金等。此外是程序性的资助,如上市公司提供法律允许的财务资助,需要经全体董事的过半数通过且出席董事会会议的 2/3 以上董事审议同意并及时披露。

【关联规定】

《上市公司股权激励管理办法》第 21 条第 2 款:上市公司不得为激励对象依股权激励计划获取有关权益提供贷款以及其他任何形式的财务资助,包括为其贷款提供担保。

《公司债券发行与交易管理办法》第 45 条:……不得直接或通过其利益相关方向参与认购的投资者提供财务资助……

《证券发行与承销管理办法》第 27 条:……发行人和承销商及相关人员不得有下列行为:……(五)直接或通过其利益相关方向参与认购的投资者提供财务资助或者补偿。

《上海证券交易所股票上市规则》第 6.1.9 条:上市公司提供财务资助需要经全体董事的过半数通过且出席董事会会议的三分之二以上董事审议同意并及时披露;且构成以下情形的需提交股东大会审议:单笔财务资助金额超过上市公司最近一期经审计净资产的 10%、被资助对象最近一期财务报表数据显示资产负债率超过 70%、最近 12 个月内财务资助金额累计计算超过上市公司最近一期经审计净资产的 10%、交易所或者公司章程规定的其他情形。

第 6.3.10 条:上市公司不得为本规则第 6.3.3 条规定的关联人提供财务资助……

《上交所监管指引 1 号》第 6.3.23 条:上市公司使用超募资金用于永久补充流动资金的,应承诺在补充流动资金后的 12 个月内不为控股子公司以外的对象提供财务资助。

《深圳证券交易所上市公司自律监管指引第 3 号——行业信息披露》第 10.9 条:上市公司直接或间接与其员工共同投资开展房地产业务的,应当明确上市公司不得对参与主体提供借款、担保或者任何融资便利。

《北京证券交易所股票上市规则(试行)》第 7 条:公司对除控股子公司以外的对象提供财务资助,应经出席董事会会议的三分之二以上董事通过后及时履行披露义务,构成下列情

[①] 沈朝晖:《财务资助行为的体系化规制——兼评释 2021〈公司法(修订草案)〉第 174 条》,载《中国政法大学学报》2022 年第 5 期。

形的应提交股东大会审议:被资助对象最近一期的资产负债率超过 70%、单次财务资助金额或者连续 12 个月内累计提供财务资助金额超过公司最近一期经审计净资产的 10%、证监会或北交所或公司章程规定的其他情形。

第一百六十四条【股票被盗、遗失或者灭失的规定】*

2018 年修正案	新《公司法》
第一百四十三条　记名股票被盗、遗失或者灭失,股东可以依照《中华人民共和国民事诉讼法》规定的公示催告程序,请求人民法院宣告该股票失效。人民法院宣告该股票失效后,股东可以向公司申请补发股票。	第一百六十四条　股票被盗、遗失或者灭失,股东可以依照《中华人民共和国民事诉讼法》规定的公示催告程序,请求人民法院宣告该股票失效。人民法院宣告该股票失效后,股东可以向公司申请补发股票。

【内容变化】

本条,新法删除了"记名"二字,基本无变化。

【分析解读】

2023 年修订的《民事诉讼法》第 229 条规定,可以背书转让的票据持有人,因票据被盗、遗失或者灭失,可以向票据支付地的基层人民法院申请公示催告。法律规定可以申请公示催告的其他事项,适用本章规定。依据本条结合上述规定,股票被盗、遗失或者灭失的,可以依法申请公示催告程序,请求人民法院宣告该股票失效。人民法院决定受理申请的,在 3 日内发出公告,催促利害关系人申报权利。公示催告期间,人民法院根据情况决定,但不得少于 60 日。利害关系人应当在公示催告期间向人民法院申报。人民法院收到利害关系人的申报后,应当裁定终结公示催告程序,并通知申请人。申请人可以向人民法院起诉。没有人申报的,人民法院应当根据申请人的申请,作出判决,宣告股票失效。判决须公告。人民法院宣告该股票失效后,股东可以向公司申请补发股票。

【实务研究】

1.公司实务:须依法进行公示催告程序,须向有管辖权的人民法院提出公示催告申请。股票失效的除权判决作出并生效后,股东要向相关公司申请补发股票。

2.律师实务:人民法院收到利害关系人的申报或异议后,人民法院就裁定终结公示催告程序,此时申请要维护自身权益,须通过诉讼方式解决。

【关联规定】

《民事诉讼法》

第 229 条:按照规定可以背书转让的票据持有人,因票据被盗、遗失或者灭失,可以向票

---

* 执笔人:操志斌。

据支付地的基层人民法院申请公示催告。依照法律规定可以申请公示催告的其他事项,适用本章规定。

申请人应当向人民法院递交申请书,写明票面金额、发票人、持票人、背书人等票据主要内容和申请的理由、事实。

第 230 条:人民法院决定受理申请,应当同时通知支付人停止支付,并在三日内发出公告,催促利害关系人申报权利。公示催告的期间,由人民法院根据情况决定,但不得少于六十日。

第 231 条:支付人收到人民法院停止支付的通知,应当停止支付,至公示催告程序终结。

公示催告期间,转让票据权利的行为无效。

 ## 第一百六十五条【上市公司股票交易】*

2018 年修正案	新《公司法》
第一百四十四条　上市公司的股票,依照有关法律、行政法规及证券交易所交易规则上市交易。	第一百六十五条　上市公司的股票,依照有关法律、行政法规及证券交易所交易规则上市交易。

【内容变化】

本条无变化。

【分析解读】

本条规定了上市公司股票上市交易,必须遵守有关法律、行政法规及证券交易所交易规则。具体的上市条件和程序,《证券法》予以明确,如《证券法》第 12 条、第 37 条、第 38 条等。其股票须经国务院证券监督管理机构核准之后才能公开发行,然后再向相关证券交易所提出申请,由证券交易所依法审核,并签订上市的相关协议等。上市公司的股票只能在证券交易所上市交易,这与本法第 158 条的相关规定是吻合的。

【实务研究】

1.公司实务:股票上市交易,须遵守证券交易所的相关规则。

2.律师实务:公开发行股票,须符合《公司法》规定的条件和国务院证券监督管理机构规定的其他条件。

【关联规定】

《证券交易所管理办法》第 62 条:证券交易所应当与申请证券上市交易的公司订立上市协议,确定相互间的权利义务关系。上市协议的内容与格式应当符合法律、行政法规、部门规章的规定。

上市协议应当包括下列内容:(一)上市证券的品种、名称、代码、数量和上市时间;(二)

---

* 执笔人:操志斌、叶倩冰。

上市费用的收取;(三)证券交易所对证券上市交易公司及相关主体进行自律管理的主要手段和方式,包括现场和非现场检查等内容;(四)违反上市协议的处理,包括惩罚性违约金等内容;(五)上市协议的终止情形;(六)争议解决方式;(七)证券交易所认为需要在上市协议中明确的其他内容。

《证券法》第 37 条第 1 款:公开发行的证券,应当在依法设立的证券交易所上市交易或者在国务院批准的其他全国性证券交易场所交易。

 第一百六十六条【上市公司信息披露】*

2018 年修正案	新《公司法》
第一百四十五条 上市公司必须依照法律、行政法规的规定,公开其财务状况、经营情况及重大诉讼,在每会计年度内半年公布一次财务会计报告。	第一百六十六条 上市公司应当依照法律、行政法规的规定披露相关信息。

【内容变化】

删除上市公司信息披露的具体要求"公开其财务状况、经营情况及重大诉讼,在每会计年度内半年公布一次财务会计报告",变更为宽泛的概述条款。

【分析解读】

本条修改为概述性条款,披露的内容应当遵守法律、行政法规的要求。财务状况、经营情况及重大诉讼及公司财务报告等,对股票价格、波动具有重大影响,应当依法及时、完整、真实地披露。

【实务研究】

1.公司实务:上市公司针对对股票价格有重要影响的事件,应当依法及时、真实、完整、清晰地披露,不得有虚假、误导性陈述及重大遗漏。

2.律师实务:特别提醒,在给上市公司梳理合规手册,处理重大敏感事件、财务波动以及高管人事情况时,应当真实、完整、及时披露。

【关联规定】

《证券法》第 79 条:上市公司、公司债券上市交易的公司、股票在国务院批准的其他全国性证券交易场所交易的公司,应当按照国务院证券监督管理机构和证券交易场所规定的内容和格式编制定期报告,并按照以下规定报送和公告:(一)在每一会计年度结束之日起四个月内,报送并公告年度报告,其中的年度财务会计报告应当经符合本法规定的会计师事务所

---

* 执笔人:叶倩冰。

审计;(二)在每一会计年度的上半年结束之日起二个月内,报送并公告中期报告。

 第一百六十七条【股东资格的继承】*

2018 年修正案	新《公司法》
第七十五条　自然人股东死亡后,其合法继承人可以继承股东资格;但是,公司章程另有规定的除外。	第一百六十七条　自然人股东死亡后,其合法继承人可以继承股东资格;但是,股份转让受限的股份有限公司的章程另有规定的除外。

【内容变化】

自然人股东死亡后,对于股东资格继承的规定。

【分析解读】

新《公司法》对自然人股东死亡后股东资格继承问题作了更加明确的规定,特别是对于股份有限公司,公司章程另有规定的除外。自然人股东的合法继承人可以继承股东资格。

【实务研究】

1.公司实务:自然人股东死亡后,继承权作为一项基本民事权利,其个人合法财产的财务权,可以被继承。本条规定了具有人身专属性的股东资格除股份转让受限的股份有限公司之外,也可以被继承。因此,有限责任公司的自然人股东死亡后,继承人即便是未成年人,也可以继承股东资格。对于股份公司来说,对于股东身份的限制应该明确约定在公司章程中。

2.律师实务:公司自然人控股股东死亡后,其他小股东在不配合的情况下,其合法继承人提议并召开了关于股权继承及将公司法定代表人、执行董事变更的股东会。但公司小股东以合法继承人未取得股东身份、无权召开临时股东会为由请求撤销前述股东会决议,类似主张在司法实践中可能难以获得法院支持。

【关联规定】

《民法典》第 124 条:自然人依法享有继承权。

自然人合法的私有财产,可以依法继承。

---

* 执笔人:叶倩冰。

第七章　国家出资公司组织机构的特别规定

导言[*]

本章是将 2018 年修正案第二章"有限责任公司的设立和组织机构"之第四节"国有独资公司的特别规定"修改并提级成章的。

我国《公司法》从出台到历次修订(正),都与国资国企改革有着密切关系。"1993 年《公司法》颁布之初,就承担了推动国有企业改革和发展的重大责任"[①],因为当时需要将法人财产权和现代企业制度等重大政策与改革措施上升为法律,既巩固国企改革成果,也为继续深化国资国企改革提供法律依据。2015 年 8 月 24 日,中共中央、国务院发布了《关于深化国有企业改革的指导意见》,拉开了新一轮国资国企改革的序幕。经过将近 8 年的改革实践,形成了丰硕成果,积累了大量经验,这些成果和经验同样需要上升为国家法律规定。有关人员在做本次《公司法(修订草案)》说明时,明确提出:"修改公司法,是深化国有企业改革、完善中国特色现代企业制度的需要"。本章关于国家出资公司中中国共产党组织的领导作用、董事会成员"外大于内"、监事会改革为董事会下设审计委员会、内合规和风险管理等规定,都是在国资国企改革中形成的可复制、可推广的成功经验,这些经验上升为法律规定,必将对以后的改革提供法律引领,推动国资国企更具市场活力、更具市场竞争力,从而更好实现保值增值和做强做优做大。

2018 年修正案第 78 条规定,设立股份有限公司,应当有 2 人以上作为发起人,因此,国有独资公司的组织形式只能是有限责任公司,将关于国有独资公司的特别规定放在有限责任公司一章中,于逻辑结构上是合理的。新《公司法》第 92 条规定,一个发起人也可以发起设立股份有限公司,[②]因此,国有独资公司也是可以采取股份有限公司形式的,所以,新《公司法》将关于国家出资公司的特别规定放在有限责任公司和股份有限公司的专章规定之后,于立法技术上更为先进。

本章章题将 2018 年修正案中的"国有独资公司"变更为"国家出资公司",其原因是:经过国企混合所有制改革,特别是部分国有独资公司改制为股份公司并整体上市后,股权(份)结构变得多元化,大量国家出资公司不再是国有独资公司形式,若仍坚持原来表述,则势必限缩了履行出资人职责的机构对国有公司的监管,不利于国有资产的保值增值。

---

[*]　执笔人:张建军。

[①]　刘俊海:《现代公司法》,法律出版社 2008 年版,第 696 页。

[②]　1993 年《公司法》第 75 条第 2 款曾规定"国有企业改建为股份有限公司的,发起人可以少于五人,但应当采取募集设立方式",2005 年《公司法》第一次修订时,删除了该款规定,发起人的下限也从 5 人修改为 2 人以上。

新《公司法》第168条第2款明确规定"本法所称国家出资公司,是指国家出资的国有独资公司、国有资本控股公司,包括国家出资的有限责任公司、股份有限公司",可见新《公司法》中"国家出资公司"比2018年修正案中的"国有独资公司"之外延更为广泛,这体现了国家对国有资产监管的范围进一步扩大,而国家出资公司的组织形式也同时变得更加灵活多样,国家出资设立国有企业可以借助更多样的组织形式,使国有资本的市场适应能力和竞争力更强大,这既是国企改革实践经验的法定化,也为做强做优做大国有资本、国有企业提供了更多的法律选择、更好的法律基础。

此外,2018年修正案第64条规定"国有独资公司的设立和组织机构,适用本节规定",但纵观该节全部7个条款,其实没有一个条款涉及国有独资公司的设立,其规定的全部是国有独资公司的组织形式。新《公司法》第168条去掉了"设立"二字,并在章题中明确本章仅是针对国家出资公司"组织机构"的特别规定,一是立法技术上显得更为严谨;二是突出履行出资人职责的机构对国家出资公司的监管,仅是通过对公司组织机构、出资人委派的董事和高级管理人员的监管来实现"管资本"的国资监管重点;三是国家出资公司在"设立"等方面适用与非国有企业同样的法律规定,表明国家出资公司虽然姓"国",但同样是市场主体之一,在经营上没有特殊性,更体现了市场主体之间的平等性和法律适用的公平性,有利于建设市场化法治化国家化的一流营商环境,立法者的深谋远虑值得敬佩。

值得注意的是,本章规定似乎从字面上看,仅指国家出资设立的一级公司,但国家出资的一级公司再投资设立的下属全资公司、控股公司在组织机构,特别是党的领导作用发挥、董事和高级管理人员的委派与管理等方面,均应适用本章规定,其原因是国家出资设立的一级公司往往是管理中心、投资平台,而实际的生产经营业务是由其再投资的下属公司实现的,如果下属公司的组织机构不遵守本章规定,势必会削弱对国有资本的监管,不利于国有资产保值增值,也不利国家出资设立公司战略目标的实现。从这个意义上说,国家出资的各级公司再投资设立下属公司时,必须承担起履行出资人职责的机构同样的职责,应当严格遵守本章关于履行出资人职责的机构的全部规定。

第一百六十八条【适用范围】*

2018年修正案	新《公司法》
第六十四条　国有独资公司的设立和组织机构,适用本节规定;本节没有规定的,适用本章第一节、第二节的规定。 本法所称国有独资公司,是指国家单独出资、由国务院或者地方人民政府授权本级人民政府国有资产监督管理机构履行出资人职责的有限责任公司。	第一百六十八条　国家出资公司的组织机构,适用本章规定;本章没有规定的,适用本法其他规定。 本法所称国家出资公司,是指国家出资的国有独资公司、国有资本控股公司,包括国家出资的有限责任公司、股份有限公司。

＊　执笔人:杨成、朱健。

【内容变化】

一是扩大了适用范围,由国有独资公司扩大到国有独资公司、国有资本控股公司,由有限责任公司扩大到有限责任公司和股份有限公司;二是限缩了适用范围,将国家出资公司的设立交由新《公司法》相关普遍性规定进行调整,本章仅调整国家出资公司的组织机构;三是删除了"由国务院或者地方人民政府授权本级人民政府国有资产监督管理机构履行出资人职责"等文字,而由新《公司法》第169条进行专门规定。

【分析解读】

一是扩大了适用主体范围,将适用主体从国有独资公司扩大到了国家独资公司和国有资本控股公司,将出资人范围从国务院国有资产监督管理委员会(以下简称国资委)扩大到了包括国资委在内的所有国家出资机构。二是明确了国家出资公司的组织机构形式,呼应适用主体范围的扩大,国家出资的有限责任公司、股份有限公司应包括国有独资、国有资本控股的有限责任公司和国有资本控股的股份有限公司,背景原因是经过多年的股权多元化改革和混合所有制改革,国家出资设立的一些集团公司不再是国有独资公司形式。三是立法表述更严谨,删除2018年修正案中"设立"两字,明确本章仅是针对国家出资公司"组织机构"的特别规定,既体现国家出资公司的特殊性,也体现国家出资公司与其他公司的平等法律适用。

【实务研究】

1.公司实务:本条规定虽扩大了本章的适用主体范围,但从本章具体条款来看,除本条外,仅第169条、第170条、第177条适用于国有资本控股公司,其他均是国有独资公司的规定条款,在适用过程中要加以区分。在适用国有资本控股公司对应条款时,除了单一国有出资人控股公司外,还应包括多个国有出资人共同控股公司。另外,从文字上看似乎本条仅适用于国家出资设立的一级公司,但基于国有企业管理的实际和相关规定,应对本条做扩大解释,即国家出资公司再出资设立的各级独资公司、国家资本控股公司均应遵守本章规定,进行"穿透式"监管。

2.律师实务:律师在为国家出资公司提供法律合规服务时,应准确识别所服务公司的"国"的属性,严格按照法律法规对国家出资公司的特别规定精准提供法律服务。

【关联规定】

《中华人民共和国企业国有资产管理法》第5条:本法所称国家出资企业,是指国家出资的国有独资企业、国有独资公司,以及国有资本控股公司、国有资本参股公司。

《企业国有资产交易监督管理办法》第4条:本办法所称国有及国有控股企业、国有实际控制企业包括:

(一)政府部门、机构、事业单位出资设立的国有独资企业(公司),以及上述单位、企业直接或间接合计持股为100%的国有全资企业;

(二)本条第(一)款所列单位、企业单独或共同出资,合计拥有产(股)权比例超过50%,且其中之一为最大股东的企业;

(三)本条第(一)、(二)款所列企业对外出资,拥有股权比例超过50%的各级子企业;

（四）政府部门、机构、事业单位、单一国有及国有控股企业直接或间接持股比例未超过50％，但为第一大股东，并且通过股东协议、公司章程、董事会决议或者其他协议安排能够对其实际支配的企业。

 第一百六十九条【履行出资人职责的机构】*

2018 年修正案	新《公司法》
/	第一百六十九条 国家出资公司，由国务院或者地方人民政府分别代表国家依法履行出资人职责，享有出资人权益。国务院或者地方人民政府可以授权国有资产监督管理机构或者其他部门、机构代表本级人民政府对国家出资公司履行出资人职责。 代表本级人民政府履行出资人职责的机构、部门，以下统称为履行出资人职责的机构。

【内容变化】

本条为新增条款。

【分析解读】

国企改革是我国经济体制改革的重要环节，改革开放以来，我国经济实现了从计划经济到市场经济的转变，政府和企业的关系也经历了从附属关系到授权关系再到出资关系的转变。特别是在 2003 年以后，全国各地通过组建国资监管系统，集中统一行使国有资产出资人职责和监管职责，在政府机构设置上实现了政企分开、政资分开。近些年，国资监管机构大力推动经营性国有资产集中统一监管，致力于解决"九龙治水"的问题，以发挥专业化体系化监管优势。目前，上海等一些省市已经实现了经营性国有资产集中统一监管的目标，但是也还有部分省份尚未全部完成经营性资产集中统一监管的工作任务。

改革是一个循序渐进的过程，既需要通过法律来巩固改革的经验成果，也需要法律来为改革指明方向。管理国有企业的法律主要有两部，即《公司法》和《企业国有资产管理法》（以下简称《国资法》），其他还有有关部门出台的一些规范性文件（如《国有企业公司章程制定管理办法》等），新《公司法》在吸收《国资法》和这些规范性文件中有关出资人职责方面规定精神的基础上，又作了新的调整，把特别法的部分规定纳入一般法，既肯定《国资法》的功能作用，也为《国资法》下一步的修订工作奠定了基础。

【实务研究】

1.公司实务：根据本条表述，国务院或者地方政府既可以授权一个机构或部门代表本级

---

* 执笔人：李超、王倩。

政府履行出资人职责,也可以授权多个机构或部门代表本级政府履行出资人职责;可以授权一个机构或部门履行所有国家出资公司的出资人职责,也可以授权多个机构或部门分别履行国家出资公司的出资人职责。实务中会存在国资委以外的机构履行出资人职责的情形,企业应该与这些履行出资人职责机构充分对接,掌握不同履行出资人职责机构之间的管理差别。

2.律师实务:区分公共管理机构和履行出资人职责机构之间的差异,特别要厘清作为公共管理机构出台的行政规范性文件和作为履行出资人职责机构出台的政策文件的位阶关系和适用范围。

【关联规定】

《国资法》第 11 条:国务院国有资产监督管理机构和地方人民政府按照国务院的规定设立的国有资产监督管理机构,根据本级人民政府的授权,代表本级人民政府对国家出资企业履行出资人职责。

国务院和地方人民政府根据需要,可以授权其他部门、机构代表本级人民政府对国家出资企业履行出资人职责。

代表本级人民政府履行出资人职责的机构、部门,以下统称履行出资人职责的机构。

 第一百七十条【党组织的领导作用】*

2018 年修正案	新《公司法》
/	第一百七十条 国家出资公司中中国共产党的组织,按照中国共产党章程的规定发挥领导作用,研究讨论公司重大经营管理事项,支持公司的组织机构依法行使职权。

【内容变化】

本条为新增条款。

【分析解读】

习近平总书记强调,坚持党对国有企业的领导是重大政治原则,必须一以贯之。[①] 前些年,国有企业重大董事会议题已普遍实行党委(组)会审议前置,在实践基础上,新《公司法》以立法形式,确立这一重大政治原则,落实中国共产党组织在国家出资公司治理结构中的法

---

* 执笔人:潘佳玲、王文静。

① 《习近平在全国国有企业党的建设工作会议上强调:坚持党对国企的领导不动摇》,http://www.xinhuanet.com/politics/2016-10/11/c_1119697415.htm? open_source = weibo_search,最后访问时间:2024 年 12 月 10 日。

定地位。同时,本条也是体现发挥党组织严格监督作用,深层次响应新《公司法》第20条强化发挥公司公益性作用、承担社会责任的需要。

党组织的领导作用表现在两个方面:一是研究讨论公司重大经营管理事项,二是支持公司的组织机构依法行使职权。

结合新《公司法》第18条规定,本条在一定程度上也区分党组织在不同类型经营主体中发挥领导作用和政治核心作用的不同。

【实务研究】

1.公司实务:虽然党组织和董事会在国家出资公司治理结构中是双向进入的,但是党组织更多是"研究讨论",最终形成一种集体意志,而董事会更多是体现每个参会董事议事的独立意志,因此两者对重大经营管理事项可能存在意见不一致,如何最大限度地避免这种情形的出现? 比较务实的做法是,相关决策议案的主责部门在起草议案时,应充分考虑党组织和董事会关注的不同重点,会前也可和党组织成员及董事进行充分沟通,争取顺利通过。如党组织作出不同意提交董事会审议的决定的,如有必要,可修改完善后再次提交党组织研究讨论。如党组织审议通过而董事会不能通过的,则党组织应尊重董事会的决议,以体现董事会的权责相当,这也是党组织"支持公司的组织机构依法行使职权"的要求。

2.律师实务:外聘律师为公司的重大经营管理事项提供法律审核服务的,应提前到党组织研究讨论之前,确保党组织的决议合法合规,为后期董事会的审议奠定坚实基础。

【关联规定】

《中国共产党章程》第33条第2款:国有企业党委(党组)发挥领导作用,把方向、管大局、保落实,依照规定讨论和决定企业重大事项……

《中国共产党国有企业基层组织工作条例(试行)》第11条:国有企业党委(党组)发挥领导作用,把方向、管大局、保落实,依照规定讨论和决定企业重大事项。主要职责是……(三)研究讨论企业重大经营管理事项,支持股东(大)会、董事会、监事会和经理层依法行使职权……

 第一百七十一条【章程制定人】[*]

2018 年修正案	新《公司法》
第六十五条 国有独资公司章程由国有资产监督管理机构制定,或者由董事会制订报国有资产监督管理机构批准。	第一百七十一条 国有独资公司章程由履行出资人职责的机构制定。

---

[*] 执笔人:薛继帆、丁思齐。

【内容变化】

一是将"国有资产监督管理机构"修改为"履行出资人职责的机构",二是删除"或者由董事会制订报国有资产监督管理机构批准"。

【分析解读】

本条的适用对象为国有独资公司,即国家出资设立的全资公司,包括国有独资有限责任公司和只有履行出资人职责的机构作为一名发起人设立的股份有限公司,但不包括国家出资与其他投资者共同设立的控股公司、参股公司等。

新《公司法》第45条规定"设立有限责任公司,应当由股东共同制定公司章程",第94条规定"设立股份有限公司,应当由发起人共同制订公司章程"。由于国有独资公司只有一名股东或发起人,因此,只能由履行出资人职责的机构制定公司章程。又由于新《公司法》第172条的规定,本条删除了2018年《公司法》第65条的后半句,同时,国有独资公司章程的修改亦应由履行出资职责的机构进行,同样不得授权董事会修改公司章程。

公司章程是公司内部宪章,国有独资公司章程的制定和修改由履行出资人职责的机构行使,可以使国有独资公司治理更规范,利益相关方利益更均衡,使履行出资人职责的机构对国有独资公司的监管更科学,对国家利益的保护更充分。

需要注意的是,新《公司法》施行后,《国有企业公司章程制定管理办法》第16条中部分规定将不再适用。

【实务研究】

1.公司实务:可以预见,新《公司法》施行后,所有国有独资公司的章程都需要修改,以体现法律的新规定、新要求。履行出资人职责的机构应提前谋划,认真研究,及时修改。由于国有独资公司既有共性(如党的领导),也有个性(如不同行业、不同规模等因素所带来的监管特殊性),因此,履行出资人职责的机构可以对共性内容拟订标准条款,对个性内容则应根据不同国有独资公司的特殊情况量身定制相应章程条款。

对国家出资公司来说,投资设立全资子公司的,也应参照本条规定,由股东或发起人制定或修改公司章程。

2.律师实务:对律师来说,应当为履行出资人职责的机构、国有独资公司制定和修改所出资公司的章程当好参谋,把好合法合规关。

【关联规定】

《国有企业公司章程制定管理办法》第16条:国有独资公司章程由出资人机构负责制定,或者由董事会制订报出资人机构批准。出资人机构可以授权新设、重组、改制企业的筹备机构等其他决策机构制订公司章程草案,报出资人机构批准。

第一百七十二条【股东职权行使】*

2018 年修正案	新《公司法》
第六十六条　国有独资公司不设股东会,由国有资产监督管理机构行使股东会职权。国有资产监督管理机构可以授权公司董事会行使股东会的部分职权,决定公司的重大事项,但公司的合并、分立、解散、增加或者减少注册资本和发行公司债券,必须由国有资产监督管理机构决定;其中,重要的国有独资公司合并、分立、解散、申请破产的,应当由国有资产监督管理机构审核后,报本级人民政府批准。 　前款所称重要的国有独资公司,按照国务院的规定确定。	第一百七十二条　国有独资公司不设股东会,由履行出资人职责的机构行使股东会职权。履行出资人职责的机构可以授权公司董事会行使股东会的部分职权,但公司章程的制定和修改,公司的合并、分立、解散、申请破产,增加或者减少注册资本,分配利润,应当由履行出资人职责的机构决定。

【内容变化】

　　一是将"国有资产监督管理机构"修改为"履行出资人职责的机构";二是删除"决定公司的重大事项";三是将"公司章程的制定和修改""申请破产""分配利润"规定为不得授权事项,将"发行公司债券"从不得授权事项中移除;四是"必须"修改为"应当";五是删除"重要的国有独资公司"相关表述。

【分析解读】

　　国务院国资委《国企改革三年行动方案(2020—2022 年)》提出,要突出重点任务,抓好中国特色现代企业制度建设,董事会要定战略、作决策、防风险,全面依法落实董事会各项法定权利。

　　新《公司法》在沿用 2018 年修正案第 66 条的基础上,进一步巩固了国企三年改革行动的成果。将事关国有独资公司经营发展和出资人核心利益等重大事项统一交由履行出资人职责的机构决定,其他公司日常经营管理行为的决策交由董事会统一行使,既体现履行出资人职责的机构"管资本"的改革目标,也可以提高公司的决策效率,以灵活适应瞬息万变的市场竞争环境。

　　本条修订的重大变化是增加履行出资职责的机构不得授权董事会行使的职权范围,其中公司章程的制定和修改与第 171 条规定相适应,只是表述角度不同而已;申请破产将可能导致公司注销,与解散的后果其实相同,都是事关公司命运和出资人核心利益的大事;利润分配关乎投资回报与国有资产的管理,是股东最为看重的投资目的之一。而将"发行公司债券"从不得授权事项中移除,是因为债券的发行实是公司的具体经营管理行为,且有利于公司发展,同时,债券的发行还有国家相关部门在实体和程序上的强监管,因此,抓大放小,可以授权董事会高效决策。

　　但根据《国资法》第 12 条、第 34 条的规定,国资企业的某些重大事项,履行出资人职责的机构也无权决定,必须报请本级人民政府批准。这是属于履行出资职责的机构与本级人

---

　　* 执笔人:李奕、林聿文。

民政府上下级之间的行政管理事项,本质上不在《公司法》的调整范围内,由《国资法》调整已可满足,无须重复,不重复反而使法律更具逻辑严密性。

【实务研究】

1.公司实务:国有独资公司应与履行出资人职责的机构充分协商沟通,在章程中应专条明确履行出资人职责的机构的决策事项(应当包括本条中不得授权董事会决策的事项),以及本应由股东(会)决策但履行出资人职责的机构已授权给公司董事会决策的事项,且这些规定不能仅仅在章程中简单以"公司属国有独资公司"表述来代替。

2.律师实务:律师在为国有独资公司提供法律服务时,需关注董事会决策内容是否涉及"公司章程的制定和修改,公司的合并、分立、解散、申请破产,增加或者减少注册资本,分配利润"这7个重大事项,并且需关注其他应当报请本级人民政府批准的重大事项,提请公司董事会注意决策不得越位,并做到程序到位。

【关联规定】

《国资法》

第12条第3款:履行出资人职责的机构对法律、行政法规和本级人民政府规定须经本级人民政府批准的履行出资人职责的重大事项,应当报请本级人民政府批准。

第34条第1款:重要的国有独资企业、国有独资公司、国有资本控股公司的合并、分立、解散、申请破产以及法律、行政法规和本级人民政府规定应当由履行出资人职责的机构报经本级人民政府批准的重大事项,履行出资人职责的机构在作出决定或者向其委派参加国有资本控股公司股东会会议、股东大会会议的股东代表作出指示前,应当报请本级人民政府批准。

 第一百七十三条【董事会】*

2018 年修正案	新《公司法》
第六十七条　国有独资公司设董事会,依照本法第四十六条、第六十六条的规定行使职权。董事每届任期不得超过三年。董事会成员中应当有公司职工代表。 董事会成员由国有资产监督管理机构委派;但是,董事会成员中的职工代表由公司职工代表大会选举产生。 董事会设董事长一人,可以设副董事长。董事长、副董事长由国有资产监督管理机构从董事会成员中指定。	第一百七十三条　国有独资公司的董事会依照本法规定行使职权。 国有独资公司的董事会成员中,应当过半数为外部董事,并应当有公司职工代表。 董事会成员由履行出资人职责的机构委派;但是,董事会成员中的职工代表由公司职工代表大会选举产生。 董事会设董事长一人,可以设副董事长。董事长、副董事长由履行出资人职责的机构从董事会成员中指定。

---

* 执笔人:丁思齐、杜谨汐。

【内容变化】

一是删除国有独资公司董事任期的限制,二是新增董事会成员中"应当过半数为外部董事"的规定。

【分析解读】

外部董事过半数制度是新一轮国企改革的重要成果,也是避免"内部人"控制的有益经验,是加强内部监督管理,确保公司治理规范和国有资产保值增值的重要手段。

国有企业外部董事制度主要是借鉴新加坡淡马锡的董事会制度。目前,我国已经形成一套成熟的公开遴选、考核评价和退出机制。外部董事由国资委或者集团公司委派,不在任职企业领取薪酬,与任职企业不存在劳动合同关系,因此能保持一定的独立性,能够制约经理层和内部董事,实现决策权与执行权分离,防止"内部人"控制。国务院国资委多次公开表示,外部董事制度比国有控股上市公司的独立董事制度运行效果更好。

由于国有独资公司没有股东会,因此董事会成员不是由股东会选举产生,而是由履行出资人职责的机构委派。董事长、副董事长由履行出资人职责的机构从董事会成员中指定,而不是由董事会选举产生,充分体现出资人意志。实践中,国有独资公司董事长一般兼任党委书记,而党委书记一般是中管干部、省管干部或市管干部,所以国有独资公司的董事长一般不可能让董事会成员自行选举产生。能够担任职工董事的一般也不是普通员工,目前主要是专职党委副书记、工会主席等。

职工董事代表职工利益,其职责既是保护职工权益,也维护国有企业广大职工当家作主的权利。新《公司法》第1条立法宗旨中增加了"保护……职工……的合法权益",因此,关于职工董事的规定正是立法宗旨的具体体现。

需要注意的是,新《公司法》关于董事的任职资格、义务和责任的规定,并未区分内部董事、外部董事和职工董事,也就是说,即使是外部董事、职工董事,也必须和其他董事一样,具备董事的任职资格,履行董事的全部义务,承担董事应承担的所有责任,当然,也享有同等的权利。

需要明确的是,国有独资公司的外部董事与上市公司的独立董事不同。独立董事主要代表中小股东的利益,独立于大股东与管理层;外部董事仅独立于管理层,但不独立于大股东。在国有独资公司中,由于出资人仅是履行出资人职责的机构一家,所以外部董事本身就是履行出资人职责机构的代表。

【实务研究】

1.公司实务:国有独资公司应为外部董事、职工董事执行公司职务提供必要的便利,最好能体现在公司章程或公司治理和运行的规章制度之中,以便他们能正确履职、全面履职,这是他们承担责任的必要前提。

另外,除国有独资公司,国家出资公司所属全资子公司也同样在大力推进外部董事过半数制度。

此外,《浙江省国资委关于深化省属企业子企业董事会建设的指导意见》(浙国资董事〔2023〕2号)对优化董事会组织结构、推动董事会高效履行职权、健全董事会运行机制等作了进一步的明确和规范,具有很强的指导意义。

2.律师实务:律师在为国有独资公司及其下属全资子公司提供法律服务时,应关注公司章程中关于董事会成员构成和产生的规定是否符合新《公司法》的规定,并为外部董事、职工董事执行公司事务提供法律保障。

【关联规定】

《国务院办公厅关于上市公司独立董事制度改革的意见》(国办发〔2023〕9 号):……鼓励上市公司优化董事会组成结构,上市公司董事会中独立董事应当占三分之一以上,国有控股上市公司董事会中外部董事(含独立董事)应当占多数……

第一百七十四条【经理的任免与兼任】*

2018 年修正案	新《公司法》
第六十八条 国有独资公司设经理,由董事会聘任或者解聘。经理依照本法第四十九条规定行使职权。经国有资产监督管理机构同意,董事会成员可以兼任经理。	第一百七十四条 国有独资公司的经理由董事会聘任或者解聘。经履行出资人职责的机构同意,董事会成员可以兼任经理。

【内容变化】

一是删除"经理依照本法第四十九条规定行使职权",二是将"经国有资产监督管理机构同意"修改为"经履行出资人职责的机构同意"。

【分析解读】

2018 年修正案第 49 条对经理的职权以列举方式作出规定,新《公司法》第 74 条规定"经理对董事会负责,根据公司章程的规定或者董事会的授权行使职权",将经理由法定职权改为意定职权,尊重公司的意思自治,突出公司章程在治理中的根基作用,故而新《公司法》第 174 条删除"经理依照本法第四十九条规定行使职权"。

将"经国有资产监督管理机构同意"修改为"经履行出资人职责的机构同意"则是依据新《公司法》第 169 条第 2 款的规定:"代表本级人民政府履行出资人职责的机构、部门,以下统称为履行出资人职责的机构。"同时,随着国有资产监管体制的改革,这样的规定更加明确履行出资人职责的机构的重要职责,使得决策过程更加透明化。此外,董事会成员兼任经理可能会影响现代企业制度要求的企业所有权和经营权分离原则,而由履行出资人职责的机构来对这种兼任行为进行同意,更是为确保企业的治理结构符合现代企业制度的要求。

【实务研究】

1.公司实务:董事会成员兼任经理的情形可以根据公司实际情况和履行出资人职责的机构的意见决定是否合并职务。这可能有助于提高决策效率和治理水平,但也要确保董事

---

* 执笔人:林聿文、王文婷。

会成员在决策时能够公正地代表公司的利益,公司要注意防范兼职可能带来的利益冲突。为防止兼任制度可能带来的权力滥用,公司应建立有效的制衡机制,例如其他董事会成员的监督权、严格的合规要求和处罚措施等。

2.律师实务:律师在为客户提供法律服务时,需要关注董事会成员兼任经理的合规性,以及是否得到履行出资人职责的机构同意。同时,律师应当提醒客户关注与此相关的利益冲突问题,并在公司章程中对此作出相应安排。

【关联规定】

《国资法》第25条:未经履行出资人职责的机构同意,国有独资企业、国有独资公司的董事、高级管理人员不得在其他企业兼职……

 第一百七十五条【董事、高级管理人员兼职】 *

2018年修正案	新《公司法》
第六十九条　国有独资公司的董事长、副董事长、董事、高级管理人员,未经国有资产监督管理机构同意,不得在其他有限责任公司、股份有限公司或者其他经济组织兼职。	第一百七十五条　国有独资公司的董事、高级管理人员,未经履行出资人职责的机构同意,不得在其他有限责任公司、股份有限公司或者其他经济组织兼职。

【内容变化】

一是删除"董事长、副董事长",二是将"国有资产监督管理机构"修改为"履行出资人职责的机构"。

【分析解读】

本条既是禁止性条款,也是程序性条款。

新《公司法》第180条至第184条关于董事、监事、高级管理人员对公司负有忠实、勤勉义务的规定,作为国有独资公司的董事(包括外部董事、职工董事)、高级管理人员自然都应该严格遵守。之所以本条还要作出特别规定,是因为国有独资公司经营管理的都是国有资产,董事全是由履行出资人职责的机构委派、高级管理人员是由董事会聘任的,为避免国有资产流失、防止董事和高级管理人员出现廉洁从业风险,这些人确有必要在其他公司或经济组织兼职的,应经履行出资人职责的机构批准同意。

国有独资公司的董事、高级管理人员擅自在其他公司或经济组织兼职的,可能会受到党纪、政纪处分,情节严重的,还可能承担刑事责任,如《中华人民共和国刑法》(以下简称《刑法》)第165条规定的非法经营同类营业罪等。

虽然本条的适用对象仅为国有独资公司的董事、高级管理人员,但必须明确的是,所有

---

* 　执笔人:杜谨汐、金卓青。

国有企业中属于党管干部范畴的董事、监事、高级管理人员,兼职前都应按规定经上级组织部门批准同意,并按规定报告个人兼职与取薪取酬情况。

【实务研究】

1.公司实务:国有独资公司应当根据《公司法》,以及《国有企业领导人员廉洁从业规定》等,制定规章制度或者将该规定的要求纳入公司章程,建立健全监督制约机制,明确董事、高级管理人员的行为规范。

2.律师实务:为所服务的国有独资公司做好公司治理顶层架构,在发现兼职情况时,应及时提醒国有独资公司的董事或高级管理人员国有企业领导人员原则上不得兼职,即便经批准同意兼职的,也不得擅自领取报酬。

【关联规定】

《国资法》第 25 条:未经履行出资人职责的机构同意,国有独资企业、国有独资公司的董事、高级管理人员不得在其他企业兼职。未经股东会、股东大会同意,国有资本控股公司、国有资本参股公司的董事、高级管理人员不得在经营同类业务的其他企业兼职。

未经履行出资人职责的机构同意,国有独资公司的董事长不得兼任经理。未经股东会、股东大会同意,国有资本控股公司的董事长不得兼任经理。

董事、高级管理人员不得兼任监事。

《刑法》第 165 条:【非法经营同类营业罪】国有公司、企业的董事、监事、高级管理人员,利用职务便利,自己经营或者为他人经营与其所任职公司、企业同类的营业,获取非法利益,数额巨大的,处三年以下有期徒刑或者拘役,并处或者单处罚金;数额特别巨大的,处三年以上七年以下有期徒刑,并处罚金。

 第一百七十六条【审计委员会】*

2018 年修正案	新《公司法》
第七十条 国有独资公司监事会成员不得少于五人,其中职工代表的比例不得低于三分之一,具体比例由公司章程规定。 监事会成员由国有资产监督管理机构委派;但是,监事会成员中的职工代表由公司职工代表大会选举产生。监事会主席由国有资产监督管理机构从监事会成员中指定。 监事会行使本法第五十三条第(一)项至第(三)项规定的职权和国务院规定的其他职权。	第一百七十六条 国有独资公司在董事会中设置由董事组成的审计委员会行使本法规定的监事会职权的,不设监事会或者监事。

---

* 执笔人:王文婷、宋衍骏。

【内容变化】

删除对国有独资公司监事会设置、监事会人员构成的相关规定,修改为允许国有独资公司在董事会中设置由董事组成的审计委员会,审计委员会行使本法规定的监事会职权的,不设监事会或者监事。

【分析解读】

新《公司法》引入单层制公司治理模式实属一大亮点,而此模式在国有独资公司领域的适用,是深化国有企业改革、巩固国有企业治理改革成果、完善中国特色现代企业制度的有益尝试。

长期以来,双层制公司治理模式深入人心。2018 年修正案的规范体系强制要求设立监事会,即董事会作为公司的执行机构负责公司的经营管理事务,监事或监事会作为公司的监督机构承担监督职责。但从实际运用上,由于监事会缺乏全面的制度保障,监事会监督效果未能达到制度设计预期。[①]

国有独资公司监事会伴随国资监管体系优化而不断调整,先后经历稽查特派员、国有重点大型企业监事会、监事会功能归属合并入审计署等阶段,监事会这一形式逐渐弱化。[②] 结合实践看,新《公司法》并未强制要求国有独资公司设置审计委员会来硬性取代监事会,而是明确允许国有独资公司自主选择监督模式,即可选择单层制公司治理模式,设置由董事组成的审计委员会行使本法规定的监事会职权,不设监事会或者监事。

值得注意的是,本条的适用范围仅为国有独资公司,按照文义解释来看,本条仅对集团层面一级公司作出一定限制,二、三级企业仍然可以按照本法其他条款更为灵活地自主选择监督模式。同时,在董事会设置了审计委员会并行使监事会职权的,公司不再设立监事会。

【实务研究】

1.公司实务:目前监事会制度和审计委员会制度的具体运行规则尚不完善,在实施细节上缺乏相应的制度设计,如审计委员会职权不清晰、人员组成及议事规则缺少明确要求,相应事项有赖于公司章程对其进行细化明确,即公司章程应具体规定审计委员会行使监事会职权的具体事项。

2.律师实务:审计委员会制度尚存在众多需要探讨和明确的问题,有赖于司法实践不断补充完善。例如:审计委员会作为董事会下设专业委员会,其如何行使监督董事的职权;在公司不设置监事(会)的情况下,股东代表诉讼的前置程序如何满足;审计委员会是否可以替代监事会成为诉讼主体;审计委员会承担监事会的履职风险,应如何设置与监督模式相匹配的利益激励与责任约束机制;等等。律师在为国有独资公司客户提供服务时,不仅要关注新的变化,也要注重和其他法律法规、监管文件的衔接,并为公司起草完备的章程规定,使监督制度能够有效顺利运转。

---

① 刘俊海:《论基于理性自治的公司监督模式创新——兼评〈公司法(修订草案)〉中监事会与董事会审计委员会"二选一"模式》,载《中国社会科学院大学学报》2023 年第 4 期。

② 知本咨询国企治理管控研究院:《国企监事会未来怎么改革? 先看看两类监事会 30 年变化历程》,https://mp.weixin.qq.com/s/aZsh-AXmqzX1Wq_pvYbZsA,最后访问时间:2024 年 12 月 5 日。

【关联规定】

《国务院办公厅关于进一步完善国有企业法人治理结构的指导意见》(国办发〔2017〕36号)：⋯⋯董事会应当设立提名委员会、薪酬与考核委员会、审计委员会等专门委员会,为董事会决策提供咨询,其中薪酬与考核委员会、审计委员会应由外部董事组成⋯⋯

《深化党和国家机构改革方案》：优化审计署职责。改革审计管理体制,保障依法独立行使审计监督权,是健全党和国家监督体系的重要内容。为整合审计监督力量,减少职责交叉分散,避免重复检查和监督盲区,增强监督效能,将国家发展和改革委员会的重大项目稽察、财政部的中央预算执行情况和其他财政收支情况的监督检查、国务院国有资产监督管理委员会的国有企业领导干部经济责任审计和国有重点大型企业监事会的职责划入审计署,相应对派出审计监督力量进行整合优化,构建统一高效审计监督体系。

不再设立国有重点大型企业监事会。

第一百七十七条【内部监督、风控与合规】*

2018 年修正案	新《公司法》
/	第一百七十七条 国家出资公司应当依法建立健全内部监督管理和风险控制制度,加强内部合规管理。

【内容变化】

本条为新增条款。

【分析解读】

新《公司法》强调国家出资公司要建立内部监管、风险控制、合规管理"三位一体"的大监督体系,这是近年来国有企业改革成果和经验的体现,同时也对深化国企改革、完善公司治理、建设世界一流示范企业提出进一步要求。

党和国家历来重视风险管理,国家出资公司的风险管理更是做强、做优、做大国有资本、国有企业的根本要求,所以,《公司法》首次将国家出资公司的内部监督管理、风险控制、合规管理上升为国家基本法律规定。

公司内部监督管理的目的在于规范公司治理,防范控制公司风险;风险控制的范畴包括政策风险、市场风险、财务风险、法律风险、合规风险、涉外政治风险等各种风险,应取风险的广义;合规管理主要是避免公司因违法违规经营所可能导致的风险。三者各有侧重,但都是为防范控制以确保国有资产保值增值,确保国家出资公司行稳致远。

本条规定虽是新增,但有其深厚的实践基础,是实践成果和经验的升华。譬如合规,中国银监会早在 2006 年就出台《商业银行合规风险管理指引》,国家标准化管理委员会 2017

---

* 执笔人：金卓青、杨成。

年制定了 ISO 19600《合规管理体系 指南》(GB/T 35770—2017)国家标准,国务院国资委 2018 年发布《中央企业合规管理指引(试行)》,并在 2022 年以国务院令的形式颁布《中央企业合规管理办法》,经历行业规范性文件、国家标准、部门规章,最终成为国家法律的过程。

【实务研究】

1.公司实务:在实际工作中,内部监督管理、风险管理、合规管理这三个体系存在一定的重叠,并与公司内部控制、内部审计、纪检巡察等有十分密切的关系,因此,国家出资公司应从体制机制上创新、整合、协同,共同发力,以取得整体效能。在这方面,许多中央企业探索的内控、风控、法务、合规、审计、纪检等"六合一"模式值得研究和借鉴。

2.律师实务:本条新增规定无疑为社会律师开拓新的业务领域提供法律契机,律师应顺势而为,在传统的法律审查、尽职调查、纠纷处理等业务之外,及时研究公司的全面风险管理和合规管理对律师业务的新需求,特别是在合规体系建设、专项合规突破和合规管理落地见效方面,更应学习、研究和实践。合规管理需要做到"因企制宜",律师应深度了解公司生产经营管理的各方面,为公司量身定制合规体系、制度、指引、清单等,以求得"全面合规、本质合规、持续合规"的实际效果。律师参与公司合规管理可以起到多方面作用。在合规管理体系建设阶段,律师可利用专业知识协助公司做好顶层架构搭建和制度设计,从源头防范和控制合规风险;在合规不起诉和合规整改阶段,律师可以通过调查诊断、成因分析、流程控制等手段化解合规风险,最终实现制度对业务流程的覆盖,从而实现降低风险的最终目的。

【关联规定】

《中央企业合规管理办法》第 3 条第 1 款:本办法所称合规,是指企业经营管理行为和员工履职行为符合国家法律法规、监管规定、行业准则和国际条约、规则,以及公司章程、相关规章制度等要求。

《国资法》第 17 条第 2 款:国家出资企业应当依法建立和完善法人治理结构,建立健全内部监督管理和风险控制制度。

第八章 公司董事、监事、高级管理人员的资格和义务

本章章题与 2018 年修正案第六章章题完全一致,但内容变化较大。

公司是拟制法人,其意志的形成和执行必须依靠自然人。由于股东除通过股东会行使股东职权研究决定公司特别重大事项外,一般并不实际经营管理公司,在公司治理实务中,董事会、监事会、经理层的作用比股东会的作用往往更大,而董事、监事、经理,作为日常经营管理公司的自然人,其道德素养、经验能力、职业操守、处事作风等对公司的规范治理、稳健经营、长远发展,股东投资目的的实现,利益相关方的保护,公司社会责任的正确适当履行等都具有至关重要的意义。因此,新《公司法》除在其他条款中具体规定董事、监事、高级管理人员的职权、义务和责任外,还以专章形式对其任职资格和通常义务进行具体规定。

本次《公司法》修订的一个重要方面就是增加董事、监事和高级管理人员的各项义务,加重其法律责任。如新《公司法》新增的第 51 条规定了董事会应对股东的出资情况进行核查,发现股东未按期足额缴纳出资的,应当由董事会向该股东发出书面催缴书催缴出资,若未尽到该项义务,给公司造成损失的,负有责任的董事应当承担赔偿责任。与此相适应,本章对公司董事、监事、高级管理人员的规定,一是提高了任职资格要求,新增"被宣告缓刑的,自缓刑考验期满之日起未逾二年"和"被人民法院列为失信被执行人"的,不得担任公司董事、监事、高级管理人员;二是具体化董事、监事、高级管理人员的忠实、勤勉义务,以及不可为、如何为、不当行为后果的规定;三是新增过错赔偿责任和连带责任规定;四是明确公司可以为在职董事投保责任保险。部分条款还将对董事、监事、高级管理人员的要求延及其近亲属或控股股东。规定更加明确,表述更加严谨,立法技术更加科学。

本章属强制性规定,所有规定不可以通过公司章程或其他文件予以减免,公司章程等文件的规定只能高于本章要求,且即使公司章程不规定这些内容,本章规定也是当然适用的,公司,公司股东,公司的董事、监事、高级管理人员都必须遵守本章规定。这体现《公司法》姓"私"也姓"公"的公法属性,其目的是追求公司的效率和公平的价值目标,体现国家意志对公司生活的干预,是公司法达成公司目标的一个手段。[①]

同时,本章中关于董事的规定,适用于各种身份的董事,包括股东委派的董事、职工董事、外部董事、独立董事等。

---

* 执笔人:张建军。

① 刘俊海:《现代公司法》,法律出版社 2008 年版,第 4 页。

第一百七十八条【任职资格】*

2018 年修正案	新《公司法》
第一百四十六条　有下列情形之一的,不得担任公司的董事、监事、高级管理人员: (一)无民事行为能力或者限制民事行为能力; (二)因贪污、贿赂、侵占财产、挪用财产或者破坏社会主义市场经济秩序,被判处刑罚,执行期满未逾五年,或者因犯罪被剥夺政治权利,执行期满未逾五年; (三)担任破产清算的公司、企业的董事或者厂长、经理,对该公司、企业的破产负有个人责任的,自该公司、企业破产清算完结之日起未逾三年; (四)担任因违法被吊销营业执照、责令关闭的公司、企业的法定代表人,并负有个人责任的,自该公司、企业被吊销营业执照之日起未逾三年; (五)个人所负数额较大的债务到期未清偿。 公司违反前款规定选举、委派董事、监事或者聘任高级管理人员的,该选举、委派或者聘任无效。 董事、监事、高级管理人员在任职期间出现本条第一款所列情形的,公司应当解除其职务。	第一百七十八条　有下列情形之一的,不得担任公司的董事、监事、高级管理人员: (一)无民事行为能力或者限制民事行为能力; (二)因贪污、贿赂、侵占财产、挪用财产或者破坏社会主义市场经济秩序,被判处刑罚,或者因犯罪被剥夺政治权利,执行期满未逾五年,被宣告缓刑的,自缓刑考验期满之日起未逾二年; (三)担任破产清算的公司、企业的董事或者厂长、经理,对该公司、企业的破产负有个人责任的,自该公司、企业破产清算完结之日起未逾三年; (四)担任因违法被吊销营业执照、责令关闭的公司、企业的法定代表人,并负有个人责任的,自该公司、企业被吊销营业执照、责令关闭之日起未逾三年; (五)个人因所负数额较大债务到期未清偿被人民法院列为失信被执行人。 违反前款规定选举、委派董事、监事或者聘任高级管理人员的,该选举、委派或者聘任无效。 董事、监事、高级管理人员在任职期间出现本条第一款所列情形的,公司应当解除其职务。

【内容变化】

本条将被宣告缓刑及被列为失信被执行人增加到第 1 款第 2 项与第 5 项的禁止情形中,或提高董监高的任职要求(缓刑考验期满未逾二年),或明确了决定标准(被列为失信被执行人)。

【分析解读】

本条是对公司董事、监事、高级管理人员任职资格的规定,相较于 2018 年修正案,进一步提高公司董事、监事、高级管理人员的任职资格要求。

---

* 执笔人:宋衍骏、李超。

值得注意的是,本条第 1 款第 5 项"个人因所负数额较大债务到期未清偿被人民法院列为失信被执行人"的规定,实际上是将《"构建诚信 惩戒失信"合作备忘录》(文明办〔2014〕4 号)中"失信被执行人为自然人的,不得担任企业的法定代表人、董事、监事、高级管理人员等"的规定上升到公司法层面。同时,此项修改也使得本条款更加具有可操作性。

虽然相较于 2018 年修正案,本条对于董监高的任职资格要求并未出现较大变化,但国有企业因其在国家经济中的特殊地位,对公司高级管理人员的任免更应当符合法定程序,避免出现聘任无效情形。

同时,针对中央企业的董事、监事、高级管理人员而言,还有一项特殊限制,即该人员信息不应当在中央企业禁入限制人员信息管理系统中。

【实务研究】

1.公司实务:董监高个人遵法崇德对其执行公司职务至关重要,法律规定的任职资格是其履行忠实、勤勉义务的必要前提,公司在聘任董监高人员时应严格按法律规定审查其任职资格,避免聘任无效情形出现。

2.律师实务:律师在为公司提供日常法律服务过程中,一是应协助公司完善审查董监高人员任职资格证明文件的机制和审查要点,二是应针对新《公司法》中关于董事、监事、高级管理人员义务及任职资格的具体规定及时作出风险提示。

【关联规定】

《国资法》第 23 条:履行出资人职责的机构任命或者建议任命的董事、监事、高级管理人员,应当具备下列条件:

(一)有良好的品行;

(二)有符合职位要求的专业知识和工作能力;

(三)有能够正常履行职责的身体条件;

(四)法律、行政法规规定的其他条件。

董事、监事、高级管理人员在任职期间出现不符合前款规定情形或者出现《中华人民共和国公司法》规定的不得担任公司董事、监事、高级管理人员情形的,履行出资人职责的机构应当依法予以免职或者提出免职建议。

《中央企业禁入限制人员信息管理办法(试行)》第 3 条第 1 款:本办法所称禁入限制,是指国资委和中央企业根据有关规定,对相关违规经营投资责任人作出在一定时期内不得担任中央企业董事、监事、高级管理人员的处理。其中高级管理人员包括企业的经理、副经理、财务负责人、董事会秘书和公司章程规定的其他人员。

第 7 条:追责部门应当于禁入限制处理生效之日起 10 个工作日内,在履行内部审批手续后,将禁入限制人员信息采集录入中央企业禁入限制人员信息管理系统。

第一百七十九条【义务渊源】*

2018 年修正案	新《公司法》
第一百四十七条　董事、监事、高级管理人员应当遵守法律、行政法规和公司章程,对公司负有忠实义务和勤勉义务。 董事、监事、高级管理人员不得利用职权收受贿赂或者其他非法收入,不得侵占公司的财产。	第一百七十九条　董事、监事、高级管理人员应当遵守法律、行政法规和公司章程。

【内容变化】

本条内容未发生实质变化,只是将董监高的忠实、勤勉义务等内容在新《公司法》后述条款中进行规定。

【分析解读】

本条明确董监高义务渊源,即其在公司法上的义务来自法律、行政法规和公司章程。该项内容的文字表述自 2005 年《公司法》第一次修订以来未做变更,意味着国家立法机关、理论界及实务界均对董事、监事、高级管理人员的义务渊源达成共识。董监高受聘对公司生产经营管理行使相关决策权、监督权和管理权,其职务行为直接事关公司、股东、职工、合作伙伴的权益以及市场经济秩序的稳定。董监高的行为如违反法律、行政法规或公司章程规定,将导致相关行为违法、无效或者侵犯他人权益,相关主体的权益将受到侵害,董监高个人也将承担相应的法律责任,包括民事法律责任、行政法律责任和刑事法律责任。

【实务研究】

1.公司实务:公司应将董监高列入公司重点普法对象名单之中,并对其开展有针对性有实效的普法宣传工作。董事、监事和高级管理人员应当具备良好的法治思维和法治素养,时刻关注、了解并掌握与公司生产经营管理紧密相关的法律和行政法规,在履行职务时应当首先重点关注行为的合法性,坚守住合法的底线。同时,还应时刻关注相关法律和行政法规的立改废情况,及时落实新法律和行政法规的要求。此外,董事、监事和高级管理人员应遵守公司章程,严格按照公司章程规定的权限、程序和职责履行职务。此处要关注的是,无论是否参与公司章程的制定和决策,一旦被聘任,董事、监事和高级管理人员都应当按照章程规定履职并承担相应责任。

---

* 执笔人:朱健、潘佳玲。

2.律师实务：协助公司梳理董监高为执行公司职务时所应知应会的法律和行政法规，为其开出应知应会的法律、行政法规清单并随时更新，定期对这些人员开展普法宣传，随时回答他们的法律咨询问题。

【关联规定】

《证券法》第94条：……投资者保护机构对损害投资者利益的行为，可以依法支持投资者向人民法院提起诉讼。

发行人的董事、监事、高级管理人员执行公司职务时违反法律、行政法规或者公司章程的规定给公司造成损失……可以为公司的利益以自己的名义向人民法院提起诉讼，持股比例和持股期限不受《中华人民共和国公司法》规定的限制。

 第一百八十条【忠实、勤勉义务之概括规定】*

2018 年修正案	新《公司法》
第一百四十七条 董事、监事、高级管理人员应当遵守法律、行政法规和公司章程，对公司负有忠实义务和勤勉义务。 董事、监事、高级管理人员不得利用职权收受贿赂或者其他非法收入，不得侵占公司的财产。	第一百八十条 董事、监事、高级管理人员对公司负有忠实义务，应当采取措施避免自身利益与公司利益冲突，不得利用职权牟取不正当利益。 董事、监事、高级管理人员对公司负有勤勉义务，执行职务应当为公司的最大利益尽到管理者通常应有的合理注意。 公司的控股股东、实际控制人不担任公司董事但实际执行公司事务的，适用前两款规定。

【内容变化】

本条主要是对忠实、勤勉义务进行了具体规定，增加公司的控股股东和实际控制人的忠实、勤勉义务的规定，同时将 2018 年修正案中的"董事、监事、高级管理人员应当遵守法律、行政法规和公司章程"，以及"董事、监事、高级管理人员不得利用职权收受贿赂或者其他非法收入，不得侵占公司的财产"等内容分别单独规定在新《公司法》第 179 条、第 181 条。

【分析解读】

2018 年修正案第 147 条对公司董事、监事、高级管理人员的忠实义务和勤勉义务仅作了原则性规定，新《公司法》则进一步对忠实和勤勉义务作了具体界定，并在新《公司

---

* 执笔人：王倩、薛继帆。

法》第 181 条至第 184 条以列举方式明确董监高忠实、勤勉义务的消极义务,形成完整的义务体系。

忠实义务的核心是正确区分公司利益与自身利益,要求不得损公肥私,判断标准是董监高主观上是否知晓自身利益与公司利益可能会存在冲突,客观上是否采取措施避免利益冲突,以及自身利益的获取是否利用公司职权。

勤勉义务的核心是尽心尽力,判断标准是董监高尽到管理者通常应有的合理注意为公司谋取最大利益,采用理性管理者标准,不作高水准道德或能力要求。

新《公司法》还将忠实义务、勤勉义务的主体扩大到公司控股股东和实际控制人,这有利于保护公司或其他股东的利益。当控股股东滥用权力影响公司经营时,公司或其他股东可根据该条规定追究控股股东或实际控制人的责任。当然,本款规定仅适用于虽不担任公司董事但实际执行公司事务的控股股东或实际控制人。

【实务研究】

1.公司实务:公司应当在章程或其他规章制度中完善董监高忠实义务、勤勉义务的具体规定,并明确控股股东、实际控制人的忠实、勤勉义务;公司董监高及控股股东、实际控制人应当了解其对公司的履职义务,并在履职过程中进行必要的留痕,以应对潜在履职不当的风险。此外,国有企业及上市公司还应关注《国资法》和《上市公司章程指引》(2023 修订)的有关规定。

2.律师实务:律师在为客户提供法律服务时,应协助客户在公司章程或规章制度中对董监高及控股股东、实际控制人的忠实、勤勉义务作出具体规定,特别是判断标准,并告知相关人员或股东违法后果。

【关联规定】

《国资法》第 26 条:国家出资企业的董事、监事、高级管理人员,应当遵守法律、行政法规以及企业章程,对企业负有忠实义务和勤勉义务,不得利用职权收受贿赂或者取得其他非法收入和不当利益,不得侵占、挪用企业资产,不得超越职权或者违反程序决定企业重大事项,不得有其他侵害国有资产出资人权益的行为。

《上市公司章程指引》第 97 条:董事应当遵守法律、行政法规和本章程,对公司负有下列忠实义务……

第 98 条:董事应当遵守法律、行政法规和本章程,对公司负有下列勤勉义务……

第 125 条:……本章程第九十七条关于董事的忠实义务和第九十八条第(四)项、第(五)项、第(六)项关于勤勉义务的规定,同时适用于高级管理人员。

第 135 条:公司高级管理人员应当忠实履行职务,维护公司和全体股东的最大利益……

第 137 条:监事应当遵守法律、行政法规和本章程,对公司负有忠实义务和勤勉义务……

第一百八十一条【忠实义务之禁止性规定】*

2018 年修正案	新《公司法》
第一百四十七条第二款　董事、监事、高级管理人员不得利用职权收受贿赂或者其他非法收入,不得侵占公司的财产。 第一百四十八条　董事、高级管理人员不得有下列行为: (一)挪用公司资金; (二)将公司资金以其个人名义或者其他个人名义开立账户存储; (三)违反公司章程的规定,未经股东会、股东大会或者董事会同意,将公司资金借贷给他人或者以公司财产为他人提供担保; (四)违反公司章程的规定或者未经股东会、股东大会同意,与本公司订立合同或者进行交易; (五)未经股东会或者股东大会同意,利用职务便利为自己或者他人谋取属于公司的商业机会,自营或者为他人经营与所任职公司同类的业务; (六)接受他人与公司交易的佣金归为己有; (七)擅自披露公司秘密; (八)违反对公司忠实义务的其他行为。 董事、高级管理人员违反前款规定所得的收入应当归公司所有。	第一百八十一条　董事、监事、高级管理人员不得有下列行为: (一)侵占公司财产、挪用公司资金; (二)将公司资金以其个人名义或者以其他个人名义开立账户存储; (三)利用职权贿赂或者收受其他非法收入; (四)接受他人与公司交易的佣金归为己有; (五)擅自披露公司秘密; (六)违反对公司忠实义务的其他行为。

【内容变化】

一是扩大了责任主体的范围,新增监事不得违反忠实义务的规定;二是删除第 3 项,并将 2018 年修正案第 148 条第 1 款第 4 项、第 5 项,第 2 款分别单独规定为新《公司法》第 182 条、第 183 条、第 184 条、第 186 条(具体详见后文相应条款分析);三是将"利用职权收受贿赂……"改为"利用职权贿赂……"。

【分析解读】

新《公司法》第 181 条至第 184 条都是对董监高忠实、勤勉义务的规定。但为何新《公司法》将 2018 年修正案中第 147 条第 2 款和第 148 条合并,同时将 148 条拆分? 不难看出,一是对监事作出与董事、高级管理人员相同的要求,扩大监事的忠实义务范围,使董监高忠实义务标准得以统一;二是新《公司法》第 181 条与其余条款相比,列举的 5 项禁止性行为没有

---

*　执笔人:王文静、李奕。

任何的豁免条件,只要采取相应的行为即违反法律规定,应承担相应的法律后果;三是设置兜底条款,留下了自由裁量的空间。

董监高违反忠实义务,意味着以职务便利利用公司资源为个人谋利,本质上构成对公司的侵权,应按照新《公司法》第186条、第188条承担相应的责任。新《公司法》中的"利用职权贿赂或者收受其他非法收入"与2018年修正案中的"利用职权收受贿赂或者其他非法收入"虽然只是将"收受"二字移动了位置,但实际上是将行贿与受贿并举,增加董监高不得行贿的法定义务,扩大董监高禁止性行为的范围。《刑法》第382条、第384条、第385条、第389条分别规定了贪污罪、挪用公款罪、受贿罪、行贿罪,董监高违反忠实义务达到特定标准的行为可能触发上述刑事犯罪。

【实务研究】

1.公司实务:董监高的责任风险加剧,公司应建立完善的法律合规制度,提高对法律合规风险的防范能力。具体而言,可在企业章程、内部规章等文件中针对性明确忠实义务项下的人员范围、职责范围、决策程序等具体内容,为公司管理提供依据,也为相关人员的合法履职提供指引。公司董监高在参与日常事务管理时,也应当采取措施避免自身利益与公司利益冲突,不得利用职权谋取不正当利益,同时注意保守公司秘密。违反忠实义务的"其他行为"作为该条的兜底条款,使得公司在制定内部法律合规制度时具有一定裁量空间。兜底条款针对隐形变异的违法行为进行约束,能够弥补条款滞后性和损害不可预见性的弱点,比如禁止董监高离任后从事竞业、策反核心职员、抢占公司商业机会等此类未明确约定在公司法中但可能给公司造成损失的行为。但公司在适用该兜底条款时需要把握行为的违法性、危害性、主观性,综合考虑董监高的职务性质、社会资源、委任背景,在制定内部法律合规制度时才能具有针对性。建议公司在章程或者规章制度中具体补充规定董监高必须履行的可预见的义务,最大限度规范董监高的履职行为,避免董监高的履职风险。

2.律师实务:律师不仅应从公司法角度为公司董监高提供履职辅导,更应协助公司建立完善的合规制度特别是刑事合规制度,提高公司和个人对刑事风险的防范能力。如律师是公司常年法律顾问,可根据公司所在行业,有预见性地判断并向公司指出常见的董监高违反忠实义务的行为以及损害结果,明晰兜底条款在该公司的适用方向。

【关联规定】

《刑法》

第382条:【贪污罪】国家工作人员利用职务上的便利,侵吞、窃取、骗取或者以其他手段非法占有公共财物的,是贪污罪。

受国家机关、国有公司、企业、事业单位、人民团体委托管理、经营国有财产的人员,利用职务上的便利,侵吞、窃取、骗取或者以其他手段非法占有国有财物的,以贪污论。

与前两款所列人员勾结,伙同贪污的,以共犯论处。

第384条第1款:【挪用公款罪】国家工作人员利用职务上的便利,挪用公款归个人使用,进行非法活动的,或者挪用公款数额较大、进行营利活动的,或者挪用公款数额较大、超过三个月未还的,是挪用公款罪,处五年以下有期徒刑或者拘役;情节严重的,处五年以上有期徒刑。挪用公款数额巨大不退还的,处十年以上有期徒刑或者无期徒刑。

第 385 条:【受贿罪】国家工作人员利用职务上的便利,索取他人财物的,或者非法收受他人财物,为他人谋取利益的,是受贿罪。

国家工作人员在经济往来中,违反国家规定,收受各种名义的回扣、手续费,归个人所有的,以受贿论处。

第 389 条:【行贿罪】为谋取不正当利益,给予国家工作人员以财物的,是行贿罪。

在经济往来中,违反国家规定,给予国家工作人员以财物,数额较大的,或者违反国家规定,给予国家工作人员以各种名义的回扣、手续费的,以行贿论处。

因被勒索给予国家工作人员以财物,没有获得不正当利益的,不是行贿。

第 390 条:【对犯行贿罪的处罚】对犯行贿罪的,处三年以下有期徒刑或者拘役,并处罚金;因行贿谋取不正当利益,情节严重的,或者使国家利益遭受重大损失的,处三年以上十年以下有期徒刑,并处罚金;情节特别严重的,或者使国家利益遭受特别重大损失的,处十年以上有期徒刑或者无期徒刑,并处罚金或者没收财产。

······

行贿人在被追诉前主动交待行贿行为的,可以从轻或者减轻处罚······

第 391 条:【对单位行贿罪】为谋取不正当利益,给予国家机关、国有公司、企业、事业单位、人民团体以财物的,或者在经济往来中,违反国家规定,给予各种名义的回扣、手续费的,处三年以下有期徒刑或者拘役,并处罚金;情节严重的,处三年以上七年以下有期徒刑,并处罚金。

单位犯前款罪的,对单位判处罚金,并对其直接负责的主管人员和其他直接责任人员,依照前款的规定处罚。

 ### 第一百八十二条【关联交易规则】*

2018 年修正案	新《公司法》
第一百四十八条　董事、高级管理人员不得有下列行为: ······ (四)违反公司章程的规定或者未经股东会、股东大会同意,与本公司订立合同或者进行交易; ······	第一百八十二条　董事、监事、高级管理人员,直接或者间接与本公司订立合同或者进行交易,应当就与订立合同或者进行交易有关的事项向董事会或者股东会报告,并按照公司章程的规定经董事会或者股东会决议通过。 董事、监事、高级管理人员的近亲属、董事、监事、高级管理人员或者其近亲属直接或者间接控制的企业,以及与董事、监事、高级管理人员有其他关联关系的关联人,与公司订立合同或者进行交易,适用前款规定。

---

* 执笔人:杨成、林聿文。

【内容变化】

一是新增董监高就"直接或者间接与本公司订立合同或者进行交易"(统称关联交易)的报告义务;二是扩大本条适用主体范围,董监高或者其近亲属直接或者间接控制的企业,以及与董监高有其他关联关系的关联人均适用本条规定;三是董事会或者股东会的决议通过应符合公司章程的规定。

【分析解读】

本条是从 2018 年修正案第 148 条"董事、高级管理人员不得有下列行为"中分离出来单独成条的,将禁止性规范与限制性规范相分离,立法技术更加严谨科学。

本条规定,使董监高与公司订立合同或者发生交易的规则更加合理、科学和可操作,对保护公司以及公司相关利益方的权利更加有利。扩大关联交易规则的适用对象范围,强化对关联人交易的界定,更符合其他法律法规关于关联关系的定义,保持与其他法律法规规定的一致性;增加董监高对关联交易的报告(信息披露)义务,更有利于公司及时、全面、准确知晓关联交易的发生并及时进行审议和决策,有利于更好保护公司利益;要求董事会或者股东对董监高的关联交易的审议决策必须符合公司章程规定,表明董监高的关联交易是重要的公司治理事项,体现章程作为公司内部宪章的法律属性。

【实务研究】

1.公司实务:对董监高关联交易的决议通过应属公司章程的必备条款。公司应根据实际情况,制定董监高关联交易规则,对董监高关于关联交易的报告时间、报告内容、未按规定报告的后果、是否区分不同身份(如董事长与普通董事、内部董事与外部董事)、不同关联交易(如公司是否单纯获利、标的额大小、是否在公司主营业务与辅助业务范围)等分别由董事会或者股东会决议通过,以及董事会、股东会的会议程序和表决机制等,在公司章程中进行明确具体的规定。

2.律师实务:律师应协助公司在章程中详细规定关联交易的具体规则,拟订好章程条款,并协助企业准确完整识别董监高及其关联人(企业),准确完整识别关联交易,在识别、认定和审查过程中,律师应加强穿透核查,避免遗漏间接关联交易情况,保障关联交易合法合规。

【关联规定】

《民法典》第 84 条:营利法人的控股出资人、实际控制人、董事、监事、高级管理人员不得利用其关联关系损害法人的利益;利用关联关系造成法人损失的,应当承担赔偿责任。

《公司法司法解释(五)》第 1 条第 1 款:关联交易损害公司利益,原告公司依据民法典第八十四条、公司法第二十一条规定请求控股股东、实际控制人、董事、监事、高级管理人员赔偿所造成的损失,被告仅以该交易已经履行了信息披露、经股东会或者股东大会同意等法律、行政法规或者公司章程规定的程序为由抗辩的,人民法院不予支持。

《国资法》第 43 条:国家出资企业的关联方不得利用与国家出资企业之间的交易,谋取不当利益,损害国家出资企业利益。

本法所称关联方,是指本企业的董事、监事、高级管理人员及其近亲属,以及这些人员所有或者实际控制的企业。

第45条:未经履行出资人职责的机构同意,国有独资企业、国有独资公司不得有下列行为:

（一）与关联方订立财产转让、借款的协议；

（二）为关联方提供担保；

（三）与关联方共同出资设立企业,或者向董事、监事、高级管理人员或者其近亲属所有或者实际控制的企业投资。

第46条:国有资本控股公司、国有资本参股公司与关联方的交易,依照《中华人民共和国公司法》和有关行政法规以及公司章程的规定,由公司股东会、股东大会或者董事会决定。由公司股东会、股东大会决定的,履行出资人职责的机构委派的股东代表,应当依照本法第十三条的规定行使权利。

公司董事会对公司与关联方的交易作出决议时,该交易涉及的董事不得行使表决权,也不得代理其他董事行使表决权。

第72条:在涉及关联方交易、国有资产转让等交易活动中,当事人恶意串通,损害国有资产权益的,该交易行为无效。

《上市公司信息披露管理办法》第41条:上市公司董事、监事、高级管理人员、持股百分之五以上的股东及其一致行动人、实际控制人应当及时向上市公司董事会报送上市公司关联人名单及关联关系的说明。上市公司应当履行关联交易的审议程序,并严格执行关联交易回避表决制度。交易各方不得通过隐瞒关联关系或者采取其他手段,规避上市公司的关联交易审议程序和信息披露义务。

 第一百八十三条【谋取商业机会】 *

2018 年修正案	新《公司法》
第一百四十八条第一款第五项　董事、高级管理人员不得有下列行为： （五）未经股东会或者股东大会同意,利用职务便利为自己或者他人谋取属于公司的商业机会,自营或者为他人经营与所任职公司同类的业务；	第一百八十三条　董事、监事、高级管理人员,不得利用职务便利为自己或者他人谋取属于公司的商业机会。但是,有下列情形之一的除外： （一）向董事会或者股东会报告,并按照公司章程的规定经董事会或者股东会决议通过； （二）根据法律、行政法规或者公司章程的规定,公司不能利用该商业机会。

---

　*　执笔人:潘佳玲、杜谨汐。

【内容变化】

一是主体范围增加监事;二是增加董监高的报告程序,并增加董事会作为决议通过的机构;三是新增加一类除外适用情形,即"根据法律、行政法规或者公司章程的规定,公司不能利用该商业机会";四是删除"自营或者为他人经营与所任职公司同类的业务"表述。

【分析解读】

与 2018 年修正案第 148 条第 1 款第 5 项相比,本条进一步作了更具体明确的规定即放宽除外情形适用的程序性规定,这是因为本次立法修订考虑到合理利用公司商业机会的决议时,部分公司可能会出现股东会召集困难的情形;周全考虑各类公司经营中的可能性情形,当依法依规依章"公司不能利用该商业机会",也应当向董事、监事、高级管理人员开放此类商业机会,更加体现立法者致力于激发市场创新活力的初衷。

根据本条规定,董监高谋取属于公司的商业机会的行为一般是禁止的,这是忠实义务的必然要求,但考虑到经济活动的复杂性,除外规定在符合法律要求的前提下,董监高可以利用商业机会开展经济活动:首先,欲利用这种商业机会的董监高根据公司章程规定向董事会或者股东会履行事前报告义务;其次,公司董事会或股东会对其决议通过表示同意,或者根据法律、行政法规或者公司章程的规定,公司不能利用该商业机会,有报告而未通过的,董监高也不得实施该商业机会。

需要注意的是,对比此前《公司法》一审稿和二审稿新增的豁免情形"董事会或者股东会明确拒绝该商业机会",新《公司法》正式发布时删去审议稿的前述规定。归根到底,也是为避免董监高人为操纵公司治理机构通过所谓"明确拒绝"的公司商业机会,从而实现为自己非法牟利的可能,实际上也侧面体现新《公司法》立法目的之"完善产权保护制度、依法加强产权保护"。

【实务研究】

1.公司实务:公司应当根据本条规定,在章程中对董监高禁止谋取公司的商业机会进行明确规定,同时也应结合公司实际情况进一步确定除外适用情形的决策机构为股东会还是董事会,公司合理评估区分后应在章程中规定哪些属于"公司不能利用商业机会",避免没有章程规定导致董监高有权随意运用公司不能利用的商业机会进行牟利。

2.律师实务:律师在为公司提供法律服务时,应尽到提醒责任,提示所在公司的董监高应站在公司利益最大化角度,利用公司的商业机会为公司争取利益,以尽到忠实义务。如果自身或关联方想利用属于本公司不能利用的商业机会应提前报公司进行决策。同时,根据公司内部管理需要,也可以提示公司建立董监高及其近亲属对外经营情况、兼职情况等的定期备案机制。

第一百八十四条【同业竞争的限制】*

2018 年修正案	新《公司法》
第一百四十八条第一款第五项　董事、高级管理人员不得有下列行为： （五）未经股东会或者股东大会同意，利用职务便利为自己或者他人谋取属于公司的商业机会，自营或者为他人经营与所任职公司同类的业务。	第一百八十四条　董事、监事、高级管理人员未向董事会或者股东会报告，并按照公司章程的规定经董事会或者股东会决议通过，不得自营或者为他人经营与其任职公司同类的业务。

【内容变化】

一是将监事增加至同业竞争限制的人员范围中；二是将"利用职务便利为自己或者他人谋取属于公司的商业机会"相关内容拆分至新《公司法》第 183 条做单独表述；三是增加董监高同类业务经营需"向董事会或者股东会报告，并按照公司章程的规定经董事会或者股东会决议通过"，增加董事会对相关人员经营同类业务的决议通过权；四是删除了"利用职务便利"。

【分析解读】

2018 年修正案规定董监高的忠实、勤勉义务，但在消极义务的列举中，仅写明董事和高级管理人员不得从事的行为，而未将监事列入。此次新《公司法》第 181 条至第 184 条明确监事和董事、高级管理人员一样具有不得从事的违反忠实义务的具体行为，对董监高的忠实、勤勉义务进行统一规定。

与之相呼应，同时通过的《刑法修正案（十二）》也将非法经营同类罪的对象从董事、经理扩展到董事、监事、高级管理人员，与新《公司法》的规定进行衔接。

对董监高的同业竞争，立法上倾向于限制而非禁止，即同业经营行为必须经过有权机构同意方可实行。在 2018 年修正案基础上，新《公司法》补充规定董事会同样可以依据章程的规定享有董监高经营同类业务的决定权，原因是董事会会议更为经常，对董监高能否经营同类业务的决定更为迅速及时，同时也符合董事会决定公司日常经营的职权范畴规定。

在程序上，先是董监高向董事会或股东会报告，然后是董事会或者股东会决议通过。如通过，董监高方可经营同类业务；如不同意，则董监高不得经营同类业务。

【实务研究】

1.公司实务：公司应当根据新《公司法》的规定，在章程中对董监高竞业限制的审议机构作明确规定，在审议相关事项时，需符合董事会或股东会的召集程序和表决机制，确保决议合法有效。此外，根据新《公司法》第 185 条的规定，无关联董事少于 3 人的，该事项应提交

＊　执笔人：薛继帆、王文婷。

股东会审议。

2.律师实务:在审议公司章程时,需提醒客户写明董监高竞业限制的审议机构和表决机制;对于在他方公司任职董监高的人员表明其同业经营行为合规性时,应要求对方出具公司章程及机构决议以便查阅核实。

【关联规定】

《刑法修正案(十二)》第1条:在刑法第一百六十五条中增加一款作为第二款,将该条修改为:"国有公司、企业的董事、监事、高级管理人员,利用职务便利,自己经营或者为他人经营与其所任职公司、企业同类的营业,获取非法利益,数额巨大的,处三年以下有期徒刑或者拘役,并处或者单处罚金;数额特别巨大的,处三年以上七年以下有期徒刑,并处罚金。

其他公司、企业的董事、监事、高级管理人员违反法律、行政法规规定,实施前款行为,致使公司、企业利益遭受重大损失的,依照前款的规定处罚。"

 第一百八十五条【关联董事回避规则】*

2018 年修正案	新《公司法》
/	第一百八十五条　董事会对本法第一百八十二条至第一百八十四条规定的事项决议时,关联董事不得参与表决,其表决权不计入表决权总数。出席董事会会议的无关联关系董事人数不足三人的,应当将该事项提交股东会审议。

【内容变化】

本条为新增条款。

【分析解读】

早在 2005 年《公司法》修订案第 125 条中就规定上市公司董事回避表决制度。本条第一句一是明确公司董事会在审议关联交易、商业机会、竞业禁止等事项下,排除关联董事的表决权;二是将董事回避从上市公司扩大到一般公司;三是明确关联董事回避下的表决权不计入总数的规则。第二句是因关联董事回避导致出席董事会的董事少于 3 人时,该事项无论公司章程如何规定,均应提交股东会审议,这为第一句的实践起到制度保障作用。

关于本条值得一提的是,2016 年曾发生过一起万科董事会之争,源于万科章程未明确规定关联董事回避时其表决权是否计入总数。在 2016 年 6 月,万科召开审议某项重大资产重组方案的董事会,按照万科的公司章程,重大资产重组方案在董事会上获得通过的标准是需要 2/3 以上的董事会成员赞成。会议召开时,独立董事张某平表示其由于利益冲突将回

---

*　执笔人:李奕、金卓青。

避表决。但由于万科章程并未明确规定表决基数是按照全体董事计算还是以不计入关联董事后的数量计算,故当时该议案是否有超过 2/3 的董事同意产生了巨大的争议。该条对于关联董事回避是否应计入表决权总数作了明确约定,避免此类纠纷的再现。

【实务研究】

1.公司实务:公司运用关联董事回避制度,首先要明确关联董事回避情形。公司章程应明确规定利益冲突、关联交易、公司机会、竞业禁止的情形,厘清关联董事的内涵和外延,比如公司与公司董事是否有公开交易或隐形交易;公司董事是否为与本公司交易的其他法人或其他组织的董事;董事是否在与公司交易的其他公司中持有股权或其他财产性利益。其次要从公司利益角度出发,看待关联董事回避的必要性,而非局限于条款约定,如董事不回避将导致个人利益和公司利益产生冲突,影响决策的公正性,从而危害公司利益,由此应当适当扩大回避的范畴。最后,公司也应当建立相对应的董事回避审查程序和事后监督机制,通过申请、审查认定、公告等程序,确保回避制度不会被滥用,不会被董事作为恶意改变席位比例的工具从而影响决策的过程和结果。

2.律师实务:在公司董事提出关联回避申请时,律师应当配合公司对关联董事的利益冲突进行认定,做好把关工作,避免董事进行错误申请或者恶意申请,从而保证回避制度的有效运行。

【关联规定】

新《公司法》第 139 条。

第一百八十六条【违规所得的归属】*

2018 年修正案	新《公司法》
第一百四十八条第二款　董事、高级管理人员违反前款规定所得的收入应当归公司所有。	第一百八十六条　董事、监事、高级管理人员违反本法第一百八十一条至第一百八十四条规定所得的收入应当归公司所有。

【内容变化】

一是违规所得主体范围增加监事;二是对违规的具体内容由 1 款扩充为 4 条,增大适用范围,涵括董监高违反忠实义务的所有方面。

【分析解读】

该条规定董事、监事、高级管理人员违背忠实义务获取的违法违规收益应当归属于公司。董监高违反对公司的忠实义务,直接损害公司利益,间接损害公司相关利益主体(如股

---

* 执笔人:丁思齐、宋衍骏。

东、职工、债权人等)的利益,通过法律强制性规定,让董监高违反忠实义务时无利可得,使董监高违反忠实义务时没有违法违规获利的动力,这是促使董监高严格履行对公司忠实义务的基本保障。新《公司法》用 7 个条款,全面规定忠实义务的基本要求、禁止性规定、限制性规定、程序、后果等内容,可谓全面而具体,具有较强的操作性,这对规范董监高的关联交易行为,保护公司和相关利益方的利益具有重要意义。

【实务研究】

1.公司实务:本条规定属于强制性规定,不以公司章程是否规定为前提,但根据新《公司法》第 182 条的规定,董监高的关联交易规则已属公司章程的必备条款,因此,公司应在公司章程中将本条规定细化为章程的具体条款,对董监高违反忠实义务所得收入的认定、收入金额的确定、收入归属公司的程序等进行有可操作性的规定。

公司董监高应在了解法律、公司章程等规定的职权范围、权限和履职流程后,尽到合理注意义务,加强个人行为约束。

2.律师实务:律师首先应协助公司完善章程条款,做到内容合法合理、程序完善可行;在具体案件中,律师应会同会计师等从法律和财务角度正确认定董监高的违法违规行为和收入数额。

【关联规定】

《刑法》第 165 条第 1 款:【非法经营同类营业罪】国有公司、企业的董事、监事、高级管理人员,利用职务便利,自己经营或者为他人经营与其所任职公司、企业同类的营业,获取非法利益,数额巨大的,处三年以下有期徒刑或者拘役,并处或者单处罚金;数额特别巨大的,处三年以上七年以下有期徒刑,并处罚金。

第 166 条第 1 款:【为亲友非法牟利罪】国有公司、企业、事业单位的工作人员,利用职务便利,有下列情形之一,致使国家利益遭受重大损失的,处三年以下有期徒刑或者拘役,并处或者单处罚金;致使国家利益遭受特别重大损失的,处三年以上七年以下有期徒刑,并处罚金:

(一)将本单位的盈利业务交由自己的亲友进行经营的;

(二)以明显高于市场的价格从自己的亲友经营管理的单位采购商品、接受服务或者以明显低于市场的价格向自己的亲友经营管理的单位销售商品、提供服务的;

(三)从自己的亲友经营管理的单位采购、接受不合格商品、服务的。

第 169 条之一:【背信损害上市公司利益罪】上市公司的董事、监事、高级管理人员违背对公司的忠实义务,利用职务便利,操纵上市公司从事下列行为之一,致使上市公司利益遭受重大损失的,处三年以下有期徒刑或者拘役,并处或者单处罚金;致使上市公司利益遭受特别重大损失的,处三年以上七年以下有期徒刑,并处罚金:

(一)无偿向其他单位或者个人提供资金、商品、服务或者其他资产的;

(二)以明显不公平的条件,提供或者接受资金、商品、服务或者其他资产的;

(三)向明显不具有清偿能力的单位或者个人提供资金、商品、服务或者其他资产的;

(四)为明显不具有清偿能力的单位或者个人提供担保,或者无正当理由为其他单位或者个人提供担保的;

（五）无正当理由放弃债权、承担债务的；

（六）采用其他方式损害上市公司利益的。

上市公司的控股股东或者实际控制人，指使上市公司董事、监事、高级管理人员实施前款行为的，依照前款的规定处罚。

犯前款罪的上市公司的控股股东或者实际控制人是单位的，对单位判处罚金，并对其直接负责的主管人员和其他直接责任人员，依照第一款的规定处罚。

《刑法修正案（十二）》第 1 条：在刑法第一百六十五条中增加一款作为第二款，将该条修改为："国有公司、企业的董事、监事、高级管理人员，利用职务便利，自己经营或者为他人经营与其所任职公司、企业同类的营业，获取非法利益，数额巨大的，处三年以下有期徒刑或者拘役，并处或者单处罚金；数额特别巨大的，处三年以上七年以下有期徒刑，并处罚金。

其他公司、企业的董事、监事、高级管理人员违反法律、行政法规规定，实施前款行为，致使公司、企业利益遭受重大损失的，依照前款的规定处罚。"

第 2 条：在刑法第一百六十六条中增加一款作为第二款，将该条修改为："国有公司、企业、事业单位的工作人员，利用职务便利，有下列情形之一，致使国家利益遭受重大损失的，处三年以下有期徒刑或者拘役，并处或者单处罚金；致使国家利益遭受特别重大损失的，处三年以上七年以下有期徒刑，并处罚金：

（一）将本单位的盈利业务交由自己的亲友进行经营的；

（二）以明显高于市场的价格从自己的亲友经营管理的单位采购商品、接受服务或者以明显低于市场的价格向自己的亲友经营管理的单位销售商品、提供服务的；

（三）从自己的亲友经营管理的单位采购、接受不合格商品、服务的。

其他公司、企业的工作人员违反法律、行政法规规定，实施前款行为，致使公司、企业利益遭受重大损失的，依照前款的规定处罚。"

 第一百八十七条【列席股东会】*

2018 年修正案	新《公司法》
第一百五十条第一款　股东会或者股东大会要求董事、监事、高级管理人员列席会议的，董事、监事、高级管理人员应当列席并接受股东的质询。	第一百八十七条　股东会要求董事、监事、高级管理人员列席会议的，董事、监事、高级管理人员应当列席并接受股东的质询。

【内容变化】

删除"股东大会"。

---

* 执笔人：林聿文、杨成。

【分析解读】

新《公司法》取消 2018 年修正案中对于"股东大会"的概念，将公司权力机构概念统一为"股东会"，故而本条删除"股东大会"表述属于非实质性变动。

新《公司法》第 187 条强调董事、监事、高级管理人员在股东会上的列席义务和接受股东质询的责任，这一规定有助于加强公司内部监督，防止董事、监事、高级管理人员权力滥用损害公司和股东的权益，促进公司内部权力运行的透明化和规范化，同时有助于股东了解公司的运营情况、财务情况等信息，保护股东的知情权和监督权，促进公司的长期稳定发展。

【实务研究】

1. 公司实务：本条是股东权益保护条款，规定董事、监事、高级管理人员的义务和股东的权利，这就要求董事、监事、高级管理人员在行使股东赋予的公司治理权力过程中，要始终以维护股东权益为出发点。同时，在列席股东会前应充分准备，了解公司的运营情况、财务情况等信息，及时识别和应对潜在的问题和风险，更加注重合规问题和风险管理，从而避免或减少违规行为和法律纠纷。

2. 律师实务：股东可能会对董事、监事、高级管理人员提出涉及潜在法律风险的质询，例如公司合规问题、潜在的纠纷等，此时律师应事先为潜在法律风险提供专业的法律意见，协助公司制定应对策略，确保董事、监事、高级管理人员在回答质询时能够维护公司的利益。

 第一百八十八条【赔偿责任构成要件】[*]

2018 年修正案	新《公司法》
第一百四十九条　董事、监事、高级管理人员执行公司职务时违反法律、行政法规或者公司章程的规定，给公司造成损失的，应当承担赔偿责任。	第一百八十八条　董事、监事、高级管理人员执行职务违反法律、行政法规或者公司章程的规定，给公司造成损失的，应当承担赔偿责任。

【内容变化】

删除"执行公司职务"中的"公司"一词。

【分析解读】

本条规定董监高承担赔偿责任的构成要件。

本条规定，承担责任的主体是公司董事、监事、高级管理人员；客观方面是董监高有违反

---

[*] 执笔人：杜谨汐、李超。

法律、行政法规或公司章程规定,并导致公司遭受损失的行为,无损失则无赔偿责任。新《公司法》第 188 条规定董监高的义务渊源,即承担责任的依据是董监高的行为违反法律、行政法规或公司章程。新《公司法》对董监高的责任和义务进行了更加全面具体的规定,相应地董监高承担损害赔偿责任的情形也更加明确。公司董监高损害公司利益时,应当依法承担损害赔偿责任。至于主观方面,即董监高是否存在故意或过失,则在所不问。

新《公司法》修订过程中,是否应设置董事对第三人承担民事责任以及如何进行制度设计,是立法争论的焦点之一。[①] 为优化公司治理体制机制,新《公司法》将董事和高级管理人员对第三人承担民事责任予以明确。与本条规定不同,新《公司法》第 191 条规定"……董事、高级管理人员存在故意或者重大过失的,也应当承担赔偿责任",董事、高级管理人员对第三人承担赔偿责任,需以主观上存在故意或重大过失为构成要件。

【实务研究】

1.公司实务:国有企业公司董监高应注意在执行职务行为时应尽到忠实、勤勉义务以及其他职责范围内应尽的义务,避免给公司造成损失。作为国有企业董事,还应充分掌握当地国资监管机构编制的董事会工作规则中关于董事会成员的职责、权利和义务方面的具体要求,外部董事还应对照外部董事履职指南开展工作。

2.律师实务:律师在为国有企业提供法律服务时,应及时提醒董监高其职务行为的风险并明确告知后果,应当避免故意及重大过失,尽量避免一般过失。

【关联规定】

《民法典》第 62 条:法定代表人因执行职务造成他人损害的,由法人承担民事责任。

法人承担民事责任后,依照法律或者法人章程的规定,可以向有过错的法定代表人追偿。

第 84 条:营利法人的控股出资人、实际控制人、董事、监事、高级管理人员不得利用其关联关系损害法人的利益;利用关联关系造成法人损失的,应当承担赔偿责任。

《证券法》第 94 条:……发行人的董事、监事、高级管理人员执行公司职务时违反法律、行政法规或者公司章程的规定给公司造成损失,发行人的控股股东、实际控制人等侵犯公司合法权益给公司造成损失,投资者保护机构持有该公司股份的,可以为公司的利益以自己的名义向人民法院提起诉讼,持股比例和持股期限不受《中华人民共和国公司法》规定的限制。

《企业破产法》第 125 条:企业董事、监事或者高级管理人员违反忠实义务、勤勉义务,致使所在企业破产的,依法承担民事责任。

有前款规定情形的人员,自破产程序终结之日起三年内不得担任任何企业的董事、监事、高级管理人员。

---

① 郭富青:《我国公司法设置董事对第三人承担民事责任的三重思考》,载《法律科学》2024 年第 1 期。

第一百八十九条【股东代表诉讼】*

2018 年修正案	新《公司法》
第一百五十一条 董事、高级管理人员有本法第一百四十九条规定的情形的,有限责任公司的股东、股份有限公司连续一百八十日以上单独或者合计持有公司百分之一以上股份的股东,可以书面请求监事会或者不设监事会的有限责任公司的监事向人民法院提起诉讼;监事有本法第一百四十九条规定的情形的,前述股东可以书面请求董事会或者不设董事会的有限责任公司的执行董事向人民法院提起诉讼。 监事会、不设监事会的有限责任公司的监事,或者董事会、执行董事收到前款规定的股东书面请求后拒绝提起诉讼,或者自收到请求之日起三十日内未提起诉讼,或者情况紧急、不立即提起诉讼将会使公司利益受到难以弥补的损害的,前款规定的股东有权为了公司的利益以自己的名义直接向人民法院提起诉讼。 他人侵犯公司合法权益,给公司造成损失的,本条第一款规定的股东可以依照前两款的规定向人民法院提起诉讼。	第一百八十九条 董事、高级管理人员有前条规定的情形的,有限责任公司的股东、股份有限公司连续一百八十日以上单独或者合计持有公司百分之一以上股份的股东,可以书面请求监事会向人民法院提起诉讼;监事有前条规定的情形的,前述股东可以书面请求董事会向人民法院提起诉讼。 监事会或者董事会收到前款规定的股东书面请求后拒绝提起诉讼,或者自收到请求之日起三十日内未提起诉讼,或者情况紧急、不立即提起诉讼将会使公司利益受到难以弥补的损害的,前款规定的股东有权为公司利益以自己的名义直接向人民法院提起诉讼。 他人侵犯公司合法权益,给公司造成损失的,本条第一款规定的股东可以依照前两款的规定向人民法院提起诉讼。 公司全资子公司的董事、监事、高级管理人员有前条规定情形,或者他人侵犯公司全资子公司合法权益造成损失的,有限责任公司的股东、股份有限公司连续一百八十日以上单独或者合计持有公司百分之一以上股份的股东,可以依照前三款规定书面请求全资子公司的监事会、董事会向人民法院提起诉讼或者以自己的名义直接向人民法院提起诉讼。

【内容变化】

主要变化为新增第 4 款,规范股东针对全资子公司的代表诉讼,将股东代表诉讼的被告范围扩张至全资子公司的董事、高级管理人员。

【分析解读】

股东代表诉讼制度赋予股东代表公司起诉履职失当的董监高以维护公司合法权益的权利,新《公司法》引入双重股东代表诉讼制度,穿透母、子公司独立人格的面纱,将派生诉讼制度的救济范围向下扩张一层至子公司,以期更好地维护母公司中小股东的利益。为保障股

---

* 执笔人:王文婷、潘佳玲。

东行权的顺利,新《公司法》第57条第5款也配套新设了股东对公司全资子公司相关材料的查阅、复制权利,以知情权保障股东代表诉讼的落地。

【实务研究】

1.公司实务:按照公司股权控制情况,对外投资的公司可以分为全资子公司、控股子公司、参股公司。在实践中,也存在以协议、人事安排等方式实现对另一公司事实控制的情况。从文义解释上,本条仅限制以全资控股的股权控制关系中的母子公司,对孙公司及更多层级公司未作限制。在开展合作时,要注意提防控股股东通过全资孙公司直接开展业务,而使中小股东再次面临维权困局。同时,要充分考虑母公司中小股东代为诉讼的可能性,在作为控股股东时,要妥善处理好与中小股东之间的关系。

2.律师实务:双重股东代表诉讼制度在实践中应同时注重积极运用和避免公司遭遇滥诉风险。积极运用上,要注意满足前置条件,例如应满足子公司内部治理机构及子公司股东无法行使或怠于行使诉权、满足一定股权持有时间和比例等,也要考虑在不设置监事会情况下,如何满足股东代表诉讼前置程序的问题。避免公司遭遇滥诉风险上,要关注司法实践中有无对该制度的更具约束性的适用条件,在具体案件中,注意搜集其主观恶性证据。

第一百九十条【股东对董事和高管的直接诉讼】*

2018 年修正案	新《公司法》
第一百五十二条 董事、高级管理人员违反法律、行政法规或者公司章程的规定,损害股东利益的,股东可以向人民法院提起诉讼。	第一百九十条 董事、高级管理人员违反法律、行政法规或者公司章程的规定,损害股东利益的,股东可以向人民法院提起诉讼。

【内容变化】

本条无变化。

【分析解读】

理解本条的重点在于区分"损害股东利益责任纠纷"与"损害公司利益责任纠纷"、"股东直接诉讼"与"股东代表诉讼"两组概念。本条适用前提是股东的利益因董事、高级管理人员的行为受到直接损失,该案由下的股东可以直接以自己作为原告针对董事或高级管理人员直接提起诉讼。

第一,本条下损害股东利益的责任主体为董事和高级管理人员,其中高级管理人员是指公司的经理、副经理、财务负责人,上市公司董事会秘书和公司章程规定的其他人员;第二,该条责任构成中暗含"股东利益直接受到损害"与"董事、高级管理人员违反法律、行政法规

---

* 执笔人:金卓青、薛继帆。

或者公司章程的规定"的行为之间存在因果关系,一般表现为股东在其持股期间,董事、高级管理人员违反法定的忠实、勤勉义务,致使股东利益受到损害(如知情权、表决权、分红权、优先认股权等),这种损害区别于一般情况下因公司利益受损而带来的股东利益减损;第三,股东作为原告起诉区别于股东作为原告提起股东代表诉讼,股东直接诉讼的原告可以是公司的任何董事和/或高级管理人员,且无持股比例的限制,其在程序上也无须经过公司内部前置程序;第四,胜诉利益直接归属提起诉讼的股东而非公司。

需要注意的是,虽然本章规定公司监事也和董事、高级管理人员一样对公司负有忠实、勤勉义务,但本条规定的股东直接诉讼的对象不包括公司监事,因为监事的职权主要是监督,而不直接对公司的生产经营进行决策。

【实务研究】

1.公司实务:公司股东起诉公司的董事或者高级管理人员,往往会给公司造成不利影响,因此,公司应加强对董事、高级管理人员的行为约束,使董事、高级管理人员正确执行职务,避免给公司股东造成利益损害。

2.律师实务:实践中,该条款适用时的常见争议有:(1)其他股东以及第三人是否可以作为该条下的侵权主体。根据文义解释,侵权责任主体限于董事和高级管理人员。但近年来,司法实践越来越倾向于肯定其他股东可以成为该条下的适格被告。(2)股权代持情况下,实际股东是否可以成为该条下的适格原告。针对这一问题,目前裁判中依然存在较大争议。因此,律师在为公司或公司股东提供相关法律服务时,应认真研究法律规定和生效判决,避免不当诉讼的发生。

【关联规定】

新《公司法》第 21 条、第 180 条、第 181 条、第 188 条、第 189 条。

 第一百九十一条【对第三人责任】*

2018 年修正案	新《公司法》
/	第一百九十一条　董事、高级管理人员执行职务,给他人造成损害的,公司应当承担赔偿责任;董事、高级管理人员存在故意或者重大过失的,也应当承担赔偿责任。

【内容变化】

本条为新增条款。

----

* 执笔人:宋衍骏、李奕。

【分析解读】

本条是对公司董事、高级管理人员职务侵权问题的规定。相较于 2018 年修正案,本条从法律上强化董事、高级管理人员对第三人的法律责任,客观上提高董事、高级管理人员对公司的忠实、勤勉义务要求,增加其履职风险,同时也从正面回应了董事、高级管理人员因履行职务损害第三人利益时的赔偿责任问题。

随着社会经济的不断发展,董事、高级管理人员以公司名义实施侵犯广大投资者、消费者权益的现象屡禁不止,常有董事、高级管理人员利用自身对公司的控制权进行利益输送、损害第三人合法权益。但因公司人格独立制度为《公司法》的一项基本制度,司法实践中常常针对公司作出处罚而无法有效追及具体的侵权责任人,导致董事、高级管理人员等实际获利者逃避制裁。在此背景下,新《公司法》第 191 条应运而生。

本条赔偿责任主体首先是公司,其次是董事、高级管理人员,但董事、高级管理人员承担赔偿责任的前提是其主观上具有故意或者重大过失,即公司承担责任实行的是无过错责任原则,董事或高级管理人员承担责任实行的是过错责任原则。但董事、高级管理人员是直接向第三人承担责任,还是公司承担责任后向公司承担责任,尚需要配套规定予以明确。董事、高级管理人员直接向第三人承担损害赔偿责任,会增加第三人的举证难度和成本(第三人需要举证证明董事、高级管理人员存在故意或重大过失),在公司承担责任后向公司承担责任,则可能增加公司的维权成本。

另外,本条规定的主体范围不包括公司监事,因为监事执行的是监督职责,并不直接侵害第三人利益。

【实务研究】

1. 公司实务:本条增加违反忠实、勤勉义务的董事、高级管理人员的行为成本,也与《民法典》第 1191 条及《证券法》第 85 条相互配合,为公司内部治理提供基本遵循,倒逼董事、高级管理人员严格履职。公司应在公司章程或内部规章制度中明确董事、高级管理人员的履职要求,敦促公司董事、高级管理人员审慎行使自身权利,避免对第三人造成侵权。

这一规定也为公司进一步明确责任划分提供法律依据。以往,由公司对外独立承担责任,第三人难以追责至公司的董事及其他高级管理人员,易使相关人员忽视第三人合理诉求,形成监管的空白地带。新《公司法》出台后,将有效改变这一状况,公司及董事、高级管理人员对外承担责任的范围进一步明晰。因此,公司也应当在内部制度中设立红线、明确要求,为判断董事、高级管理人员是否存在故意或者重大过失提供判断依据。

2. 律师实务:在为公司提供法律服务时,应当从两个角度着重把握。一是要针对公司日常经营过程中可能出现的侵害第三人利益的情形提供专业的履职建议,提前评估公司决策潜在的侵权风险;二是在侵权行为发生后,律师应当及时帮助公司董事、高级管理人员理清法律关系,明确相关人员承担责任的范围,主动消解经营风险。

【关联规定】

《民法典》第 1191 条第 1 款:用人单位的工作人员因执行工作任务造成他人损害的,由用人单位承担侵权责任。用人单位承担侵权责任后,可以向有故意或者重大过失的工作人员追偿。

《证券法》第85条：信息披露义务人未按照规定披露信息，或者公告的证券发行文件、定期报告、临时报告及其他信息披露资料存在虚假记载、误导性陈述或者重大遗漏，致使投资者在证券交易中遭受损失的，信息披露义务人应当承担赔偿责任；发行人的控股股东、实际控制人、董事、监事、高级管理人员和其他直接责任人员以及保荐人、承销的证券公司及其直接责任人员，应当与发行人承担连带赔偿责任，但是能够证明自己没有过错的除外。

《最高人民法院关于适用〈中华人民共和国公司法〉若干问题的规定（二）》第18条：有限责任公司的股东、股份有限公司的董事和控股股东未在法定期限内成立清算组开始清算，导致公司财产贬值、流失、毁损或者灭失，债权人主张其在造成损失范围内对公司债务承担赔偿责任的，人民法院应依法予以支持。

有限责任公司的股东、股份有限公司的董事和控股股东因怠于履行义务，导致公司主要财产、账册、重要文件等灭失，无法进行清算，债权人主张其对公司债务承担连带清偿责任的，人民法院应依法予以支持。

上述情形系实际控制人原因造成，债权人主张实际控制人对公司债务承担相应民事责任的，人民法院应依法予以支持。

第19条：有限责任公司的股东、股份有限公司的董事和控股股东，以及公司的实际控制人在公司解散后，恶意处置公司财产给债权人造成损失，或者未经依法清算，以虚假的清算报告骗取公司登记机关办理法人注销登记，债权人主张其对公司债务承担相应赔偿责任的，人民法院应依法予以支持。

第20条：公司解散应当在依法清算完毕后，申请办理注销登记。公司未经清算即办理注销登记，导致公司无法进行清算，债权人主张有限责任公司的股东、股份有限公司的董事和控股股东，以及公司的实际控制人对公司债务承担清偿责任的，人民法院应依法予以支持。

公司未经依法清算即办理注销登记，股东或者第三人在公司登记机关办理注销登记时承诺对公司债务承担责任，债权人主张其对公司债务承担相应民事责任的，人民法院应依法予以支持。

《公司法司法解释（三）》第13条第4款：股东在公司增资时未履行或者未全面履行出资义务，依照本条第一款或者第二款提起诉讼的原告，请求未尽公司法第一百四十七条第一款规定的义务而使出资未缴足的董事、高级管理人员承担相应责任的，人民法院应予支持；董事、高级管理人员承担责任后，可以向被告股东追偿。

第14条第2款：公司债权人请求抽逃出资的股东在抽逃出资本息范围内对公司债务不能清偿的部分承担补充赔偿责任、协助抽逃出资的其他股东、董事、高级管理人员或者实际控制人对此承担连带责任的，人民法院应予支持；抽逃出资的股东已经承担上述责任，其他债权人提出相同请求的，人民法院不予支持。

第一百九十二条【控股股东、实际控制人的连带责任】*

2018 年修正案	新《公司法》
/	第一百九十二条　公司的控股股东、实际控制人指示董事、高级管理人员从事损害公司或者股东利益的行为的，与该董事、高级管理人员承担连带责任。

【内容变化】

本条为新增条款。

【分析解读】

纵观新《公司法》，可以发现《公司法》的本次修订更加强化控股股东和实际控制人的责任。现实生活中，有的公司的控股股东、实际控制人为规避自身责任不愿担任董事、高级管理人员，或者因为其他原因没有资格担任董事、高级管理人员，但为谋取自身利益，往往通过各种手段指示公司董事、高级管理人员左右公司决策，从而成为公司的"影子董事""影子高管"，实践表明，这种"影子董事""影子高管"的行为往往会损害公司或其他股东的利益。一直以来，公司"影子董事""影子高管"是行政监管的盲区，也是司法审理的难点。新《公司法》第 180 条规定"影子董事""影子高管"与公司董事、高级管理人员同样负有忠实义务、勤勉义务，为"影子董事""影子高管"承担责任提供依据。本条进一步沿用《民法典》中共同侵权的逻辑，认定"影子董事""影子高管"与公司董事、高级管理人员为共同侵权人，在其指示董事、高级管理人员从事损害公司或者股东利益的行为时，须与董事、高级管理人员承担连带责任。

如何认定"影子董事""影子高管"实施"指示"董事、高级管理人员的行为呢？新《公司法》没有明确规定，但参照《信息披露违法行为行政责任认定规则（2011）》第 18 条第 2 款规定，可以理解"指示"包括"不当为"而"为"，和法定"当为"而"不为"两种，当然其承担连带责任另一前提应是有损害公司或者股东利益的结果。

控股股东、实际控制人往往有权直接或间接向公司委派（推荐）董事、高级管理人员，并规定所委派（推荐）人员必须向其负责，具体表现形式可能是委派人员需要按其意志进行投票表决，或按其意志进行公司经营管理活动，这种情况下，极有可能被认定为典型的"指示"行为。

【实务研究】

1.公司实务：公司应在章程或规章制度中对控股股东、实际控制人的行为进行制度规范，对控股股东、实际控制人委派（推荐）的董事、高级管理人员的履职行为进行规范，并加强

---

* 执笔人：王倩、丁思齐。

对这些人员的履职管理和监督。

2.律师实务:"影子董事""影子高管"对董事、高级管理人员的"指示"往往是隐性的,在追究其连带责任时举证往往会存在一定难度,律师应协助公司完善议事履职规则、过程留痕、证据保全等方面的规定,在需要追究控股股东、实际控制人的连带责任时,应协助公司有理有力地进行处理。

【关联规定】

《民法典》第 1169 条第 1 款:教唆、帮助他人实施侵权行为的,应当与行为人承担连带责任。

《信息披露违法行为行政责任认定规则(2011)》第 18 条第 2 款:控股股东、实际控制人直接授意、指挥从事信息披露违法行为,或者隐瞒应当披露信息、不告知应当披露信息的,应当认定控股股东、实际控制人指使从事信息披露违法行为。

 第一百九十三条【董事责任保险制度】[*]

2018 年修正案	新《公司法》
/	第一百九十三条　公司可以在董事任职期间为董事因执行公司职务承担的赔偿责任投保责任保险。 公司为董事投保责任保险或者续保后,董事会应当向股东会报告责任保险的投保金额、承保范围及保险费率等内容。

【内容变化】

本条为新增条款。

【分析解读】

本条规定董事责任保险的投保和报告事宜。董事责任的投保主体为公司而非董事本人,保险期间为"董事任职期间",投保范围为"董事因执行公司职务承担的赔偿责任"。公司可以自主决定是否为董事投保责任保险,并不强制。但如果公司为董事责任投保,董事会须向股东会报告责任保险的投保金额、承保范围及保险费率等内容。

"董事会是一个意思决定机关,而非公司的代表机关"^①,因此董事"执行公司职务"与通常所说的职务行为具有本质区别,董事因执行职务而造成的赔偿责任本只应由董事个人而不是由公司承担。新《公司法》强化董事履职义务和赔偿责任,一定程度上增加董事的履职风险,通过投保董事责任保险,在一定程度上可以减弱董事的履职风险。

---

* 执笔人:张建军、王文静。

① 刘俊海:《现代公司法》,法律出版社 2008 年版,第 422 页。

但是,是否投保以后就一定免除董事的赔偿责任?结合新《公司法》第191条和第192条的规定,如董事存在故意或重大过失,或损害公司利益的行为是在公司控股股东、实际控制人指示下作出的,保险公司并不必然承担保险责任,具体可根据公司与保险人的保险合同确定。同时,此项的保险责任指的是财产方面的赔偿责任,如董事涉嫌刑事犯罪,则须依法追究其刑事责任。

本条规定是一个提示性规范,无论法律上是否有此规定,都不影响公司为董事投保责任保险,本条规定只是提供更明确的法律依据,公司可以依法为董事购买责任保险。本条规定的实质意义主要在于第2款,即公司为董事购买责任保险后,董事会应当向股东会报告责任保险的投保金额、承保范围及保险费率等内容,否则是董事会履职不到位。

【实务研究】

1.公司实务:公司是否一定要为董事购买责任保险?一般取决于对各种因素的综合考量。譬如公司董事会中的董事全部由股东委派,股东管理又十分规范的话,由于董事的表决往往是股东意志的体现,其履职风险相对较小,则可以不为董事购买责任保险。又譬如公司股东在公司中的诉求差别较大,董事身份多样,董事履职风险也随之加大,购买董事责任保险就很有必要。

公司在为董事购买责任保险时,应合理确定保险范围、除外责任、赔偿上限等内容,既要保证董事大胆行使职权,又要保证董事勤勉尽责,还要考虑公司保费承受能力等。

2.律师实务:律师为公司提供本项法律服务时,一是要帮助公司合理确定是否需要为董事购买责任保险;二是要与公司认真研究确定保险范围、除外责任等保险合同条款内容;三是要对公司董事进行履职法律培训,帮助公司董事全面理解责任与义务,依法合规执行公司职务;四是在为公司重大决策提供法律审核时,应尽职尽责,使违法违规的议题不得提交董事会讨论决策。

第九章 公司债券[*]

导 言

　　本章是将 2018 年修正案第七章"公司债券"和新《公司法》第九章"公司债券"对比，结合涉及公司债券的其他法律法规、行业规则，分析并提炼成章的。与 2018 年修正案相比，新《公司法》在保留公司债券主体内容的基础上，修改、新增部分条款，使得新《公司法》与公司债券相关的其他法律法规（如《证券法》《公司债券发行与交易管理办法》等）的规定共同组成更为有机统一的规则体系。

　　本章内容涵盖公司债券的基本要素以及公开发行、纸面形式发行、记名债券、持有人名册、登记结算机构、转让、可转换债券、持有人会议、受托管理人等多个方面。此外，对债券持有人会议、债券受托管理人的设立及其义务进行了详细说明，旨在提高公司发行债券的灵活性，增强债券市场的规范性和透明度，同时保护投资者权益。通过法规的详细对比和分析，展示中国公司债券法律环境的发展变化，对实务操作具有重要指导意义。

第一百九十四条【基本要素】

2018 年修正案	新《公司法》
第一百五十三条　本法所称公司债券，是指公司依照法定程序发行、约定在一定期限还本付息的有价证券。 　　公司发行公司债券应当符合《中华人民共和国证券法》规定的发行条件。	第一百九十四条　本法所称公司债券，是指公司发行的约定按期还本付息的有价证券。 　　公司债券可以公开发行，也可以非公开发行。 　　公司债券的发行和交易应当符合《中华人民共和国证券法》等法律、行政法规的规定。

【内容变化】

　　本章明确公司债券既可以公开发行，也可以非公开发行；将债券的交易纳入本条调整范围。

【分析解读】

　　2018 年修正案虽然没有明确规定公司债券可以非公开发行，但也没有禁止公司债券以非公开方式发行。2019 年《证券法》第 9 条则依照"公开性"标准，将证券发行分为"公开发

---

　　* 执笔人：马朕卓、汪浩然。

行"和"非公开发行",再通过列举 3 种公开发行的方式,达到正向规定证券公开发行、反向界定非公开发行的效果。参照该规定,公司债券发行若不属于所列 3 种情形者,即应归入非公开发行。[①] 因此,在本条修订前,债券市场中早已存在以非公开方式发行债券的实践方式。

【实务研究】

1.公司实务:2024 年 12 月 27 日,中国证券业协会发布修订后的《非公开发行公司债券项目承接负面清单指引》(2024 年修订),规定非公开发行公司债券项目承接实行负面清单管理,承销机构项目承接不得涉及负面清单限制的范围。

2.律师实务:律师在为公司非公开发行债券提供法律服务时,应注意识别发行人是否在负面清单之内,对负面清单中无法或不便核查的内容,可以采取让发行人作出书面承诺的方式,以规避因违规发行可能产生的连带责任。

【关联规定】

《证券法》第 9 条:公开发行证券,必须符合法律、行政法规规定的条件,并依法报经国务院证券监督管理机构或者国务院授权的部门注册。未经依法注册,任何单位和个人不得公开发行证券。证券发行注册制的具体范围、实施步骤,由国务院规定。

有下列情形之一的,为公开发行:

(一)向不特定对象发行证券;

(二)向特定对象发行证券累计超过二百人,但依法实施员工持股计划的员工人数不计算在内;

(三)法律、行政法规规定的其他发行行为。

非公开发行证券,不得采用广告、公开劝诱和变相公开方式。

《非公开发行公司债券项目承接负面清单指引》(2024 年修订)附录《非公开发行公司债券项目承接负面清单》:

一、存在以下情形的发行人

(一)对已公开发行的公司债券或者其他债务有违约或延迟支付本息的事实,仍处于继续状态。

(二)存在违规对外担保或者资金被关联方或第三方以借款、代偿债务、代垫款项等方式违规占用的情形,仍处于继续状态。

(三)公司被中国证监会行政处罚,或作为公司债券发债主体,因违反公司债券相关规定被中国证监会采取行政监管措施、被证券交易所等自律组织采取纪律处分措施,涉及整改事项且尚未完成整改的。

(四)最近两年内财务报表曾被注册会计师出具保留意见且保留意见所涉及事项的重大影响尚未消除,或被注册会计师出具否定意见或者无法表示意见的审计报告。

(五)因严重违法失信行为,被有权部门认定为失信被执行人、失信生产经营单位或者其他失信单位,并被暂停或限制发行公司债券。

---

① 叶林:《公司债券非公开发行的规范模式》,载《法学研究》2021 年第 3 期。

（六）擅自改变前次发行公司债券募集资金的用途或违反前次公司债券申请文件中所作出的承诺，尚未完成整改的。

（七）本次发行募集资金用途违反相关法律法规或募集资金投向不符合国家产业政策。

（八）除金融类企业外，本次发行债券募集资金用途为持有以交易为目的的金融资产、委托理财等财务性投资，或本次发行债券募集资金用途为直接或间接投资于以买卖有价证券为主要业务的公司。

（九）本次发行不符合地方政府债务管理规定或者本次发行新增地方政府债务的。

（十）本次发行文件存在虚假记载、误导性陈述或重大遗漏。

（十一）存在严重损害投资者合法权益和社会公共利益情形。

 第一百九十五条【公开发行】

2018 年修正案	新《公司法》
第一百五十四条　发行公司债券的申请经国务院授权的部门核准后，应当公告公司债券募集办法。 公司债券募集办法中应当载明下列主要事项： （一）公司名称； （二）债券募集资金的用途； （三）债券总额和债券的票面金额； （四）债券利率的确定方式； （五）还本付息的期限和方式； （六）债券担保情况； （七）债券的发行价格、发行的起止日期； （八）公司净资产额； （九）已发行的尚未到期的公司债券总额； （十）公司债券的承销机构。	第一百九十五条　公开发行公司债券，应当经国务院证券监督管理机构注册，公告公司债券募集办法。 公司债券募集办法应当载明下列主要事项： （一）公司名称； （二）债券募集资金的用途； （三）债券总额和债券的票面金额； （四）债券利率的确定方式； （五）还本付息的期限和方式； （六）债券担保情况； （七）债券的发行价格、发行的起止日期； （八）公司净资产额； （九）已发行的尚未到期的公司债券总额； （十）公司债券的承销机构。

【内容变化】

将公司债券核准制更新为注册制；调整公开发行公司债券统一由国务院证券监督管理机构注册。

【分析解读】

本条的修改源于在我国债券市场发展过程中由不同机构管理公司债和企业债的发行这一历史原因。公司债是由股份有限公司或有限责任公司发行的债券，而企业债主要是由央企、国企或国有控股企业发行的债券，二者在发行定价方式、募集资金用途、发行市场方面均存在区别。此外,在发展过程中,公司债和企业债此前一直是由不同主管机构来管理的,公司债由证监会来监管,而企业债由国家发改委来监管。

2023年4月18日公布的《中国证监会 国家发展改革委关于企业债券发行审核职责划转过渡期工作安排的公告》明确规定:中国证监会履行企业债券发行注册职责。中央国债登记结算有限责任公司(以下简称中央结算公司)、中国银行间市场交易商协会已受理未注册的企业债券申请,报中国证监会履行发行注册程序。由此,证监会统一负责公司债和企业债的管理,同时为保证职责的平稳过渡,将2023年4月21日至2023年10月20日这6个月设置为过渡期,在过渡期内证监会只需负责企业债券的集中注册,受理审核、发行承销、登记托管等安排保持不变,仍由中央结算公司负责受理工作,中央结算公司、中国银行间市场交易商协会负责审核工作。

新《公司法》将"发行公司债券的申请经国务院授权的部门核准"修改为"公开发行公司债券,应当经国务院证券监督管理机构注册",在法律层面上将公司债券核准制更新为注册制,同时也反映出公司债券、企业债券已被纳入证监会统一监管的实际情况。[①]

【实务研究】

1.公司实务:面对债券发行方式以及监管机构的转变,发行债券的公司、企业应该及时关注证监会发布的关于债券注册制改革的相关指导意见。《中国证券监督管理委员会公告〔2023〕46号——关于深化债券注册制改革的指导意见》提出将压实发行人主体责任,督促中介机构履职尽责。因此,发行人应当加强募集资金专户管理,规范募集资金使用,按要求定期披露募集资金使用情况,严禁挪用募集资金以及控股股东、实际控制人违规占用募集资金等行为,并进一步做好信息披露工作。

2.律师实务:在注册制下,公司需要依法将与上市有关的一切文件、资料递交给监管机构审查,没有后续的其他审查环节,这对投资者的甄别能力要求也更高。因此,律师在辅助企业进行证券发行时,需要更加谨慎地帮助企业做好信息披露工作,避免发行人提供的文件材料存在虚假、误导或者遗漏的情况。

【关联规定】

《国务院办公厅关于贯彻实施修订后的证券法有关工作的通知》:……二、稳步推进证券公开发行注册制……(二)落实好公司债券公开发行注册制要求。依据修订后的证券法规定,公开发行公司债券应当依法经证监会或者国家发展改革委注册。依法由证监会负责作出注册决定的公开发行公司债券申请,由证监会指定的证券交易所负责受理、审核。依法由国家发展改革委负责作出注册决定的公开发行公司债券申请,由国家发展改革委指定的机构负责受理、审核。申请公开发行公司债券的发行人,除符合证券法规定的条件外,还应当具有合理的资产负债结构和正常的现金流量。鼓励公开发行公司债券的募集资金投向符合国家宏观调控政策和产业政策的项目建设……

---

① 王赛赛、刘孟浩:《穿透迷雾:解密新公司法第九章——公司债券制度》,https://mp.weixin.qq.com/s/pb7igU8L1IPvwzDvBWZxew,最后访问时间:2024年1月18日。

第一百九十六条【纸面形式发行】

2018 年修正案	新《公司法》
第一百五十五条 公司以实物券方式发行公司债券的,必须在债券上载明公司名称、债券票面金额、利率、偿还期限等事项,并由法定代表人签名,公司盖章。	第一百九十六条 公司以纸面形式发行公司债券的,应当在债券上载明公司名称、债券票面金额、利率、偿还期限等事项,并由法定代表人签名,公司盖章。

【内容变化】

将"实物券方式"的说法调整为"纸面形式"。

【分析解读】

无论是以"实物券方式"还是以"纸面形式"发行公司债券,在实务中都较为鲜见。自我国债券市场诞生以来,债券市场登记托管制度经历从分散到集中、从混乱到优化、从低效到高效的发展历程。其中,债券市场无纸化就是其中重要的改革成果。自 1991 年起,财政部在国债市场化、无纸化方面作出诸多努力,1993 年发行 20 亿元无纸化国库券,1995 年年底进行了国债招标发行试点。但当时债券无纸化尚未完全实现,债券登记托管也较为分散且自成体系,证券交易所的登记托管机构、地方证券交易中心的登记托管机构、证券经纪机构均可从事相关业务。1996 年,国债全部通过招标方式发行,实现无纸化、多品种发行。同年发行无纸化的 10 年期长期附息国债,成为国债市场的主体品种。1998 年,在国债发展基础上,国家开发银行率先以市场化手段发行政策性金融债。此后,我国债券市场迅速发展,国债、政策性金融债、企业债、央行票据等券种持续扩展,债券现货交易、回购交易、国债期货交易等交易方式不断创新。[1]

【实务研究】

1.公司实务:中央结算公司成立后,充分利用信息技术的优势,在国内率先推出债券无纸化条件下的中央登记托管体制,并对遗留的实物券实行"非移动化"集中保管,结束我国实物债券分散托管的历史,扭转当时因债券分散托管造成的混乱局面,维护国家信用和金融稳定。例如,中央结算公司为债券派发代码和简称,协助发行人为债券申请国际证券识别码(ISIN 码);依托自主打造的中债综合业务系统及多次重大升级改造,持续完善"一体化"服务,实现一只债券从发行、登记托管、交易、结算清算、付息兑付等全流程数据的电子化、不落地传输,显著降低债券市场发行人和投资人的运作成本,简化业务流程,有效规避各业务环节和不同机构之间系统衔接、数据交换的风险。[2]

---

[1] 王琼、刘一楠:《我国债券市场登记托管体制的历史沿革》,载《债券》2021 年第 9 期。

[2] 王琼、刘一楠:《我国债券市场登记托管体制的历史沿革》,载《债券》2021 年第 9 期。

2.律师实务:从律师角度来看,现在公司债券基本是记账式债券,凭证式鲜见,基本都实现电子化操作。因此,本条的修改对公司债券发行实务并不会产生较大影响。

【关联规定】

《证券法》

第39条:证券交易当事人买卖的证券可以采用纸面形式或者国务院证券监督管理机构规定的其他形式。

第45条:通过计算机程序自动生成或者下达交易指令进行程序化交易的,应当符合国务院证券监督管理机构的规定,并向证券交易所报告,不得影响证券交易所系统安全或者正常交易秩序。

 第一百九十七条【记名债券】

2018 年修正案	新《公司法》
第一百五十六条　公司债券,可以为记名债券,也可以为无记名债券。	第一百九十七条　公司债券应当为记名债券。

【内容变化】

取消无记名债券。

【分析解读】

无记名债券也被称为实物债券,其是指在券面上不需注明债权人姓名,也不在公司名册上登记,持券人只凭息票领取利息。反之,在公司债券上记载债权人姓名或名称的,即记名公司债券。这种分类的意义首先体现在对两者转让程序的法律规定的不同上。2018年修正案规定,无记名公司债券的转让,以公司债券的交付而发生法律效力;记名公司债券的转让,除交付债券外,还必须将受让人的有关事项记载于公司债券存根簿上,只有这样其转让才发生法律效力。本次公司法修订后新发行的公司债券只能够为记名债券,因此,其转让的法律效力应该遵守新《公司法》的规定,由债券持有人以背书方式或者法律、行政法规规定的其他方式转让;转让后由公司将受让人的姓名或者名称及住所记载于公司债券持有人名册。

【实务研究】

1.公司实务:新《公司法》实施后,取消无记名债券形式,公司所发行的全部债券应为记名债券,公司需要积极和债券登记公司配合,在债券交易流通期间做好相应的债券结算变更登记。

2.律师实务:在2018年修正案调整下,记名债券和无记名债券两者灭失时的补救方法不同。通常记名债券灭失时可以通过公示催告程序向法院申请宣告债券无效,由公司补发债券;而无记名债券就无法得到这样的保护。本次公司法修订后,由于无记名债券形式的取消,新发行的债券灭失后的补救方法也更加有保障,律师在面对记名债券投资者客户债券灭失情况时,可以尽快采取补救措施,维护客户的合法权益。

 第一百九十八条【持有人名册】

2018 年修正案	新《公司法》
第一百五十七条　公司发行公司债券应当备公司债券存根簿。 发行记名公司债券的,应当在公司债券存根簿上载明下列事项: (一)债券持有人的姓名或者名称及住所; (二)债券持有人取得债券的日期及债券的编号; (三)债券总额,债券的票面金额、利率、还本付息的期限和方式; (四)债的发行日期。 发行无记名公司债券的,应当在公司债券存根簿上载明债券总额、利率、偿还期限和方式、发行日期及债券的编号。	第一百九十八条　公司发行公司债券应当备公司债券持有人名册。 发行公司债券的,应当在公司债券持有人名册上载明下列事项: (一)债券持有人的姓名或者名称及住所; (二)债券持有人取得债券的日期及债券的编号; (三)债券总额,债券的票面金额、利率、还本付息的期限和方式; (四)债券的发行日期。

【内容变化】

将"债券存根簿"统一修改为"债券持有人名册";配套删除无记名债券的债券存根簿内容相关规定。

【分析解读】

随着债券登记电子化程度的不断提升,债券存根簿在实践中也已经逐渐被电子信息化的债券持有人名册所取代。本次公司法修订将债券存根簿相关内容修改为债券持有人名册,实则是为适应实践中债券早已采用的债券登记结算信息化系统。

此外,本条删除无记名债券存根簿登记相关内容也是与新《公司法》取消无记名债券形式相对应。

【实务研究】

1.公司实务:以中国结算公司为例,其发布的《中国证券登记结算有限责任公司证券登记规则》明确规定其为债券发行人提供的证券持有人名册服务。银行间市场清算所股份有限公司(以下简称上海清算所)于 2022 年 8 月 22 日发布《关于推出持有人名册查询线上办理服务的通知》,宣布即日起推出持有人名册查询业务全流程线上办理服务,已有注册用户的发行人及主承销商可通过网站平台,申请查询历史 90 日以内及预约查询未来 15 日以内的持有人名册。① 鉴于当下债券登记结算业务线上化的趋势,公司应当尽快熟悉各登记结算机构的线上操作流程。

2.律师实务:律师在为发行人提供法律服务时,也需要尽快熟悉各结算登记机构的结算登记业务流程,做好线上平台操作技能的更新,在法律服务工作过程中提高工作效率。

【关联规定】

《证券登记结算管理办法》(2022 修订)第 31 条:证券在证券交易场所交易的,证券登记结算机构应当根据证券交易的交收结果办理证券持有人名册的变更登记。

证券以协议转让、继承、捐赠、依法进行的财产分割、强制执行、行政划拨等方式转让,或因证券增发、配股、缩股等情形导致证券数量发生变化的,证券登记结算机构根据业务规则变更相关证券账户的余额,并相应办理证券持有人名册的变更登记。

证券因质押、锁定、冻结等原因导致其持有人权利受到限制的,证券登记结算机构应当在证券持有人名册或投资者证券持有记录上加以标记。

 第一百九十九条【登记结算机构】

2018 年修正案	新《公司法》
第一百五十八条　记名公司债券的登记结算机构应当建立债券登记、存管、付息、兑付等相关制度。	第一百九十九条　公司债券的登记结算机构应当建立债券登记、存管、付息、兑付等相关制度。

【内容变化】

"记名公司债券的登记结算机构"修改为"公司债券的登记结算机构"。

【分析解读】

证券结算是指证券交易完成后,对买卖双方应收应付的证券和价款进行核定计算,并完成证券由卖方向买方的转移和相对应的资金由买方向卖方的转移的过程。同时,由于结算是进行下一轮交易的前提,结算能否顺利进行,直接关系到交易后买卖双方权责关系的完结,从而直接影响交易的正常进行和市场的正常运转。证券登记结算机构就是为证券的发行和交易活动办理登记、存管、结算业务的中介服务机构。在国内,包括中央结算公司、中国结算公司、上海清算所以及各期货交易所。

其中,中央结算公司是经国务院同意,中国人民银行和财政部共同批准,于 1996 年 12 月设立,服务于中国金融市场的中央托管机构(CSD),是国有独资非银行金融机构。中央结算公司建设运营全国国债托管系统,是中国人民银行指定的全国银行间债券市场债券登记

---

① 《关于推出持有人名册查询线上办理服务的通知》,https://www.shclearing.com.cn/cpyyw/tzgg/202208/t20220822_1103466.html,最后访问时间:2024 年 12 月 20 日。

存管结算机构和商业银行柜台记账式国债交易一级存管人;是跨市场交易债券品种的总存管人,为债券市场提供发行、登记、存管、结算、信息等一体化服务。

中国结算公司是不以营利为目的的法人,其维护的证券登记结算系统是证券市场的主要基础设施,是支撑和保障证券市场稳定运行的后台中枢。中国结算公司依照《证券法》和《证券登记结算管理办法》的相关规定,履行证券账户的设立和管理,证券集中登记、存管等职能,并以结算参与人为单位,提供多边净额和全额等多种结算服务。

上海清算所成立于 2009 年 11 月 28 日,主要为场外金融市场的现货和衍生品提供登记、托管和结算服务。主要包括为信用风险缓释凭证、超短期融资券、非金融企业资产支持票据等提供登记结算服务。自上海清算所成立以来,登记托管业务品种和规模稳步扩大,已开办信用风险缓释凭证、短期融资券(含超短期融资券和证券公司短融券)、非定向工具、非金融企业资产支持票据、信贷资产支持证券和中期票据等多种托管业务。除公司债券和商业银行债券之外,几乎涵盖银行间市场主要信用产品和衍生金融工具。[①]

【实务研究】

1.公司实务:公司作为债券发行人,需要了解主要登记结算机构的功能及其操作流程。

2.律师实务:律师同样需要熟悉各登记结算机构在债券市场所扮演的不同角色和发挥的不同作用,熟悉他们各自的服务和业务操作流程,以便为企业客户提供配套的法律服务。

【关联规定】

新《公司法》第 197 条。

《证券登记结算管理办法》(2022 修订)第 9 条:证券登记结算机构履行下列职能:

(一)证券账户、结算账户的设立和管理;

(二)证券的存管和过户;

(三)证券持有人名册登记及权益登记;

(四)证券和资金的清算交收及相关管理;

(五)受证券发行人的委托办理派发证券权益等业务;

(六)依法提供与证券登记结算业务有关的查询、信息、咨询和培训服务;

(七)依法担任存托凭证存托人;

(八)中国证监会批准的其他业务。

第 28 条:证券登记结算机构根据证券账户的记录,确认证券持有人持有证券的事实,办理证券持有人名册的登记。

证券登记结算机构出具的证券登记记录是证券持有人持有证券的合法证明。

证券记录在名义持有人证券账户内的,证券权益拥有人的证券持有记录由名义持有人出具。

[①] 励跃:《中国支付体系》,中国金融出版社 2017 年版,第 125 页。

第二百条【转让规则】

2018 年修正案	新《公司法》
第一百五十九条　公司债券可以转让,转让价格由转让人与受让人约定。 公司债券在证券交易所上市交易的,按照证券交易所的交易规则转让。	第二百条　公司债券可以转让,转让价格由转让人与受让人约定。 公司债券的转让应当符合法律、行政法规的规定。

【内容变化】

将"按照证券交易所的交易规则转让"修改为"符合法律、行政法规的规定"。

【分析解读】

本条的修改配合新《公司法》关于公司债券可以公开发行,也可以非公开发行的内容修改。公开发行的债券应当在证券交易所交易,自然应当按照证券交易所的交易规则转让。然而,由于法律同样允许非公开发行的债券进行转让,并且,非公开发行的债券除可以申请在证券交易场所转让外,也可以在证券公司柜台进行转让。在此实践背景下,2018 年修正案只规定公司债券在证券交易所上市交易的,按照证券交易所的交易规则转让,没有将非公开发行的公司债券在证券交易场所外进行的交易纳入调整范围,而其他法律法规对非公开发行的债券交易已有规定,如中国证监会 2023 年 10 月 20 日发布的《公司债券发行与交易管理办法》,因此,本次新《公司法》对此条文的修订,使得法律对于债券交易行为的规定更为周延。

【实务研究】

1.公司实务:由于公司既可以公开发行债券,也可以非公开发行债券,在转让非公开发行债券时,要注意遵守相关法律法规的规定,如《公司债券发行与交易管理办法》等。

2.律师实务:律师在帮助客户处理债券转让事务时,要注意公开发行的债券和非公开发行的债券所遵守的转让规则的不同,从而决定是根据证券交易所的规则进行转让,还是根据相关法律法规的规定进行转让。

【关联规定】

《公司债券发行与交易管理办法》

第 31 条:公开发行的公司债券,应当在证券交易场所交易。

公开发行公司债券并在证券交易场所交易的,应当符合证券交易场所规定的上市、挂牌条件。

第 33 条:公开发行公司债券申请上市交易的,应当在发行前根据证券交易场所的相关规则,明确交易机制和交易环节投资者适当性安排。发行环节和交易环节的投资者适当性要求应当保持一致。

第 37 条：非公开发行公司债券，可以申请在证券交易场所、证券公司柜台转让。

非公开发行公司债券并在证券交易场所转让的，应当遵守证券交易场所制定的业务规则，并经证券交易场所同意。

非公开发行公司债券并在证券公司柜台转让的，应当符合中国证监会的相关规定。

第 38 条：非公开发行的公司债券仅限于专业投资者范围内转让。转让后，持有同次发行债券的投资者合计不得超过二百人。

 第二百零一条【转让方式】

2018 年修正案	新《公司法》
第一百六十条　记名公司债券，由债券持有人以背书方式或者法律、行政法规规定的其他方式转让；转让后由公司将受让人的姓名或者名称及住所记载于公司债券存根簿。 无记名公司债券的转让，由债券持有人将该债券交付给受让人后即发生转让的效力。	第二百零一条　公司债券由债券持有人以背书方式或者法律、行政法规规定的其他方式转让；转让后由公司将受让人的姓名或者名称及住所记载于公司债券持有人名册。

【内容变化】

删除无记名公司债券转让效力的规定。

【分析解读】

本条的修改是为适应新《公司法》债券存根簿形式转变为债券持有人名册以及无记名公司债券的取消。由于债券存根簿已经被债券持有人名册所取代，债券转让后的登记事项自然由原本记载于债券存根簿转变为记载于债券持有人名册。

此外，由于无记名债券形式被取消，有关无记名债券转让效力的规定自然也随之被取消。

【实务研究】

1.公司实务：在实践过程中，公司债券持有人名册已经取代债券存根簿，而债券登记结算公司都根据其各自的登记结算规则，利用其登记结算信息系统帮助发行人对债券持有人名册进行登记，因此，公司作为发行人要及时通过登记结算机构提供的服务进行持有人名册的信息登记。

2.律师实务：律师面对公司作为发行人和债券持有人等不同业务需求，要善于利用债券持有人名册上所登记的信息，针对不同的客户类别，维护客户的合法权益。

【关联规定】

新《公司法》第 198 条。

 第二百零二条【可转换债券的发行】

2018 年修正案	新《公司法》
第一百六十一条　上市公司经股东大会决议可以发行可转换为股票的公司债券,并在公司债券募集办法中规定具体的转换办法。上市公司发行可转换为股票的公司债券,应当报国务院证券监督管理机构核准。 发行可转换为股票的公司债券,应当在债券上标明可转换公司债券字样,并在公司债券存根簿上载明可转换公司债券的数额。	第二百零二条　股份有限公司经股东会决议,或者经公司章程、股东会授权由董事会决议,可以发行可转换为股票的公司债券,并规定具体的转换办法。上市公司发行可转换为股票的公司债券,应当经国务院证券监督管理机构注册。 发行可转换为股票的公司债券,应当在债券上标明可转换公司债券字样,并在公司债券持有人名册上载明可转换公司债券的数额。

【内容变化】

本条扩大了发行可转换债券的主体范围,将发行可转换债券的决策机关由股东会扩大到股东会或经公司章程、股东会授权的董事会。

【分析解读】

首先,本条文修改扩大发行可转换债券的主体范围。由原来的仅上市公司扩大到股份有限公司。实际上,非上市公司发行可转换债券已有实践,本次公司法修订为相关的行业规定提供法律依据。此外,就公司决定发行可转换债券的内部机构而言,董事会在得到公司章程或股东会授权后也可以决议发行可转换债券,在公司内部扩大发行可转换债券的决策主体,与新《公司法》第 152 条和第 153 条相呼应。

【实务研究】

1.公司实务:由上海证券交易所、全国中小企业股份转让系统有限责任公司和中国证券登记结算有限责任公司发布的《非上市公司非公开发行可转换公司债券业务实施办法》,就非上市公司的股份有限公司依照法定程序非公开发行在一定期间内依照约定的条件可以转换成公司股份的公司债券作了相关规定。因此,非上市公司的股份有限公司发行可转换债券的,要关注相关法律法规的规定和证券交易所的行业规定,履行好信息披露及持续性义务。

2.律师实务:根据《可转换公司债券管理办法》第 17 条,律师应做好对募集说明书中有关可转债持有人会议规则条款的审核,辅助持有人会议职能的正常履行。

【关联规定】

新《公司法》第 152 条、第 153 条。

《可转换公司债券管理办法》第 17 条：募集说明书应当约定可转债持有人会议规则。可转债持有人会议规则应当公平、合理。

可转债持有人会议规则应当明确可转债持有人通过可转债持有人会议行使权利的范围，可转债持有人会议的召集、通知、决策机制和其他重要事项。

可转债持有人会议按照本办法的规定及会议规则的程序要求所形成的决议对全体可转债持有人具有约束力。

《非上市公司非公开发行可转换公司债券业务实施办法》第 2 条：本办法所称可转换公司债券（以下简称可转换债券），是指发行人依照法定程序非公开发行，在一定期间内依照约定的条件可以转换成公司股份的公司债券。

股票未在证券交易所上市的股份有限公司非公开发行可转换债券并在上交所挂牌转让的，适用本办法。

第 3 条：可转换债券申请在上交所挂牌转让的，发行人应当在可转换债券发行前按照相关规定向上交所提交挂牌转让申请文件，由上交所确认是否符合挂牌条件。

第 7 条：发行人申请可转换债券在上交所挂牌转让，除满足非公开发行公司债券挂牌转让条件外，还应当符合下列条件：

（一）发行人为股份有限公司；

（二）发行人股票未在证券交易所上市；

（三）可转换债券发行前，发行人股东人数不超过 200 人，证监会另有规定的除外；

（四）可转换债券的存续期限不超过 6 年；

（五）上交所规定的其他条件。

发行人为全国股转系统挂牌公司的，还应当符合全国股转公司的相关规定。

第二百零三条【可转换债券的转换】

2018 年修正案	新《公司法》
第一百六十二条 发行可转换为股票的公司债券的，公司应当按照其转换办法向债券持有人换发股票，但债券持有人对转换股票或者不转换股票有选择权。	第二百零三条 发行可转换为股票的公司债券的，公司应当按照其转换办法向债券持有人换发股票，但债券持有人对转换股票或者不转换股票有选择权。法律、行政法规另有规定的除外。

【内容变化】

新增"法律、行政法规另有规定的除外"情形。

【分析解读】

本条修订在 2018 年修正案的基础上，对可转换债券换发股票的转换办法新增"法律、行政法规另有规定的除外"的情形。意在说明虽然债券持有人对转换成股票或者不转换成股票有选择权，但不能违反相关法律法规的强制性规定，例如：根据中国证监会发布的《可转换公司债券管理办法》第 8 条，可转换债券持有人对转股或者不转股有选择权，但也只能自发行结束之日起不少于 6 个月后方可行使选择权。

【实务研究】

1. 公司实务：除可转换债券持有人选择债转股受法律强制性规定限制外，当公司作为发行人时还应该注意《可转换公司债券管理办法》对可转换债券发行的第 4 条、第 11 条、第 14 条、第 15 条等其他规定，公司作为发行人发行可转换债券并约定赎回条款时，应履行各项披露义务。

2. 律师实务：《可转换公司债券管理办法》第 11 条规定："募集说明书可以约定赎回条款，规定发行人可按事先约定的条件和价格赎回尚未转股的可转债。募集说明书可以约定回售条款，规定可转债持有人可按事先约定的条件和价格将所持可转债回售给发行人。募集说明书应当约定，发行人改变募集资金用途的，赋予可转债持有人一次回售的权利。"因此，律师在可转换债券发行业务中，应做好相应条款的审核。

【关联规定】

《可转换公司债券管理办法》

第 3 条：向不特定对象发行的可转债应当在依法设立的证券交易所上市交易或者在国务院批准的其他全国性证券交易场所交易。

证券交易场所应当根据可转债的风险和特点，完善交易规则，防范和抑制过度投机。

进行可转债程序化交易的，应当符合中国证监会的规定，并向证券交易所报告，不得影响证券交易所系统安全或者正常交易秩序。

第 4 条：发行人向特定对象发行的可转债不得采用公开的集中交易方式转让。

上市公司向特定对象发行的可转债转股的，所转换股票自可转债发行结束之日起十八个月内不得转让。

第 8 条：可转债自发行结束之日起不少于六个月后方可转换为公司股票，转股期限由公司根据可转债的存续期限及公司财务状况确定。可转债持有人对转股或者不转股有选择权，并于转股的次日成为发行人股东。

第 11 条第 1 款：募集说明书可以约定赎回条款，规定发行人可按事先约定的条件和价格赎回尚未转股的可转债。

第 14 条第 1 款：发行人应当在赎回条件满足后及时披露，明确说明是否行使赎回权。

第 15 条：发行人应当在回售条件满足后披露回售公告，明确回售的期间、程序、价格等内容，并在回售期结束后披露回售结果公告。

第二百零四条【持有人会议】

2018 年修正案	新《公司法》
/	第二百零四条　公开发行公司债券的,应当为同期债券持有人设立债券持有人会议,并在债券募集办法中对债券持有人会议的召集程序、会议规则和其他重要事项作出规定。债券持有人会议可以对与债券持有人有利害关系的事项作出决议。 除公司债券募集办法另有约定外,债券持有人会议决议对同期全体债券持有人发生效力。

【内容变化】

新增债券持有人会议规定。

【分析解读】

本条为新增条款,其核心目的在于建立债券持有人会议机制,通过建立债券持有人会议作为决策机制,可以对与债券持有人有利害关系的重大事项进行决策,受托管理人制度作为管理者机制可以集中管理债券。此前,公司债券持有人基本被排除出公司治理框架,新增的债券持有人会议和受托管理人制度,为债券持有人相关知情权的有效行使提供公司法的制度保证。[①] 此外,第 204 条和第 205 条、第 206 条形成联动,这些规则在《证券法》《公司债券发行与交易管理办法》以及交易所债券上市规则中业已存在,将之在新《公司法》中予以规定,是在法律层面确认和落实公司债券持有人参与公司治理权利,是践行利益相关者治理理念的重要内容。概而言之,该制度的影响是将债券持有人引入公司治理框架,丰富现有公司治理力量,拓展传统公司治理框架。[②]

【实务研究】

1.公司实务:债券持有人会议是由全体债券持有人组成,按照一定的规则和程序召开并为全体持有人的整体利益而集体行使权利的决议机构。[③] 债券持有人会议是债券持有人的非常设机构和议事平台。[④]《证券法》第 15 条赋予债券持有人会议具备改变募集办法所规定资金用途的权利,这是债券持有人会议对发行人的一项重要权利。但是债券持有人会议的召集、表决、决议及其他具体内容,《证券法》和新《公司法》都未进一步明确。因此,募集说

---

① 卢昭宇、焦光宇、陈静:《〈新公司法〉核心修订条款精选解读(下篇)》,https://mp.weixin.qq.com/s/lbNFdAHqEwBNmwlU4-1m7g,最后访问时间:2024 年 12 月 18 日。

② 郭雳:《新公司法如何缓解"一股独大"风险?》,https://mp.weixin.qq.com/s/DZmU25S7z272O2MJA-S7VA,最后访问时间:2024 年 12 月 6 日。

③ 郭锋等:《中华人民共和国证券法制度精义与条文评注》,中国法制出版社 2020 年版,第 509 页。

④ 李有星、潘政、刘佳玮:《债券纠纷案件法律适用问题研究》,载《法律适用》2020 年第 19 期。

明书拟定债券持有人会议的程序及具体事项时,在不违反强制性规定并满足部门规章、行业规定等其他要求的基础上,还有一定自主规定的空间。[1] 公司作为发行人时,要注意并利用自主规定空间,慎重地对募集说明书中债券持有人会议事项作出约定。

2.律师实务:除新《公司法》和《证券法》外,最高人民法院 2020 年发布的《全国法院审理债券纠纷案件座谈会纪要》对债券持有人会议的作用、决议效力等进行了具体规定,与债券持有人会议相关的法律法规构成一个有机的整体,成为我国债券持有人会议得以发挥作用的基本依据。在统一因公司债券、企业债券、非金融企业债务融资工具的发行和交易所引发纠纷案件的法律适用过程中,也十分有必要厘清债券持有人会议的规范体系,通过对债券持有人会议的相关规范进行系统梳理,把握债券持有人会议的整体运行机制。[2]

【关联规定】

《证券法》第 92 条:公开发行公司债券的,应当设立债券持有人会议,并应当在募集说明书中说明债券持有人会议的召集程序、会议规则和其他重要事项。

公开发行公司债券的,发行人应当为债券持有人聘请债券受托管理人,并订立债券受托管理协议。受托管理人应当由本次发行的承销机构或者其他经国务院证券监督管理机构认可的机构担任,债券持有人会议可以决议变更债券受托管理人。债券受托管理人应当勤勉尽责,公正履行受托管理职责,不得损害债券持有人利益。

债券发行人未能按期兑付债券本息的,债券受托管理人可以接受全部或者部分债券持有人的委托,以自己名义代表债券持有人提起、参加民事诉讼或者清算程序。

《公司债券发行与交易管理办法》第 62 条:发行公司债券,应当在债券募集说明书中约定债券持有人会议规则。

债券持有人会议规则应当公平、合理。债券持有人会议规则应当明确债券持有人通过债券持有人会议行使权利的范围,债券持有人会议的召集、通知、决策生效条件与决策程序、决策效力范围和其他重要事项。债券持有人会议按照本办法的规定及会议规则的程序要求所形成的决议对全体债券持有人有约束力,债券持有人会议规则另有约定的除外。

第二百零五条【受托管理人的聘请和职权范围】

2018 年修正案	新《公司法》
/	第二百零五条　公开发行公司债券的,发行人应当为债券持有人聘请债券受托管理人,由其为债券持有人办理受领清偿、债权保全、与债券相关的诉讼以及参与债务人破产程序等事项。

---

① 何海锋、韩非鹏:《"内外兼修"的债券持有人会议——当前债券持有人会议的规范体系透视》,https://mp.weixin.qq.com/s/f1l97HvrmV2JtMIlxFR23Q,最后访问时间:2024 年 12 月 20 日。

② 何海锋、韩非鹏:《"内外兼修"的债券持有人会议——当前债券持有人会议的规范体系透视》,https://mp.weixin.qq.com/s/f1l97HvrmV2JtMIlxFR23Q,最后访问时间:2024 年 12 月 20 日。

【内容变化】

新增债券受托管理人的规定。

【分析解读】

本条为新《公司法》新增条款,但债券受托管理人的相关规定已经见诸《证券法》等其他证券类法律法规。例如 2023 年《证券法》第 92 条和《公司债券发行与交易管理办法》第 57 条。

【实务研究】

1.公司实务:根据《公司债券发行与交易管理办法》的规定,债券受托管理人由本次发行的承销机构或其他经中国证监会认可的机构担任。债券受托管理人应当为中国证券业协会会员,为本次债券发行提供担保的机构不得担任本次发行的受托管理人。债券受托管理人应当勤勉尽责,公正履行受托管理职责,不得损害债券持有人利益。对于债券受托管理人在履行受托管理职责时可能存在的利益冲突情形及相关风险防范、解决机制,发行人应当在债券募集说明书及债券存续期间的信息披露文件中予以充分披露,并同时在债券受托管理协议中载明。因此,公司作为发行人应该审慎选择承销机构及债券受托管理人,并监督管理人按法律和受托管理协议要求勤勉、公正地履行其职责。

2.律师实务:在公司债券发行业务中,律师应帮助发行人考量、审核债券受托管理人的资质合规性,以及债券受托管理人在履行受托管理职责时可能存在的利益冲突情形及相关风险防范、解决机制。

【关联规定】

《证券法》第 92 条:⋯⋯公开发行公司债券的,发行人应当为债券持有人聘请债券受托管理人,并订立债券受托管理协议。受托管理人应当由本次发行的承销机构或者其他经国务院证券监督管理机构认可的机构担任,债券持有人会议可以决议变更债券受托管理人。债券受托管理人应当勤勉尽责,公正履行受托管理职责,不得损害债券持有人利益。

债券发行人未能按期兑付债券本息的,债券受托管理人可以接受全部或者部分债券持有人的委托,以自己名义代表债券持有人提起、参加民事诉讼或者清算程序。

《公司债券发行与交易管理办法》第 57 条:公开发行公司债券的,发行人应当为债券持有人聘请债券受托管理人,并订立债券受托管理协议;非公开发行公司债券的,发行人应当在募集说明书中约定债券受托管理事项。在债券存续期限内,由债券受托管理人按照规定或协议的约定维护债券持有人的利益。

发行人应当在债券募集说明书中约定,投资者认购或持有本期公司债券视作同意债券受托管理协议、债券持有人会议规则及债券募集说明书中其他有关发行人、债券持有人权利义务的相关约定。

第二百零六条【受托管理人义务】

2018 年修正案	新《公司法》
/	第二百零六条 债券受托管理人应当勤勉尽责,公正履行受托管理职责,不得损害债券持有人利益。 受托管理人与债券持有人存在利益冲突可能损害债券持有人利益的,债券持有人会议可以决议变更债券受托管理人。 债券受托管理人违反法律、行政法规或者债券持有人会议决议,损害债券持有人利益的,应当承担赔偿责任。

【内容变化】

新增债券受托管理人的勤勉义务与法律责任。

【分析解读】

本条与第 204 条、第 205 条同为新增条款,实则构成了一有机的整体,其目的在于通过债券持有人会议制度和债券受托管理人制度的结合,更好地保护债券持有人权益。除新《公司法》外,《证券法》和《公司债券发行与交易管理办法》中都有针对此两项制度更加具体的强制性规定,在涉及公司发行债券的实践中,除新《公司法》,还要关注其他法律法规对此两项制度的规定。

【实务研究】

1.公司实务:《公司债券发行与交易管理办法》第 59 条对债券受托管理人所应履行的职责做了进一步明晰,公司作为发行人,应当了解、熟悉债券受托管理人的职责,对债券受托管理人的权责界限有较为清晰的认知,在债券受托管理人履行职责时,配合做好法律规定或约定范围内的工作,更好地维护公司利益。另外,证券公司在担任债券主承销商及根据法律规定同时担任债券受托管理人的,应该勤勉、积极地履行职责,以免因违反法律法规而受到中国证监会的处罚。

2.律师实务:《公司债券发行与交易管理办法》第 63 条规定债券受托管理人召开债券持有人会议的各个场景,并规定未召集的兜底条款。律师在面对债券持有人客户时,应着重关注本条,利用债券受托管理人制度和债券持有人会议对债券持有人的保护,帮助债券持有人在面对可能发生的不利情况时提前避免或减少损失,维护其合法权益。

【关联规定】

《公司债券发行与交易管理办法》

第 59 条:公开发行公司债券的受托管理人应当按规定或约定履行下列职责:

（一）持续关注发行人和保证人的资信状况、担保物状况、增信措施及偿债保障措施的实施情况，出现可能影响债券持有人重大权益的事项时，召集债券持有人会议；

（二）在债券存续期内监督发行人募集资金的使用情况；

（三）对发行人的偿债能力和增信措施的有效性进行全面调查和持续关注，并至少每年向市场公告一次受托管理事务报告；

（四）在债券存续期内持续督导发行人履行信息披露义务；

（五）预计发行人不能偿还债务时，要求发行人追加担保，并可以依法申请法定机关采取财产保全措施；

（六）在债券存续期内勤勉处理债券持有人与发行人之间的谈判或者诉讼事务；

（七）发行人为债券设定担保的，债券受托管理人应在债券发行前或债券募集说明书约定的时间内取得担保的权利证明或其他有关文件，并在增信措施有效期内妥善保管；

（八）发行人不能按期兑付债券本息或出现募集说明书约定的其他违约事件的，可以接受全部或部分债券持有人的委托，以自己名义代表债券持有人提起、参加民事诉讼或者破产等法律程序，或者代表债券持有人申请处置抵质押物。

第60条：非公开发行公司债券的，债券受托管理人应当按照债券受托管理协议的约定履行职责。

第63条：存在下列情形的，债券受托管理人应当按规定或约定召集债券持有人会议：

（一）拟变更债券募集说明书的约定；

（二）拟修改债券持有人会议规则；

（三）拟变更债券受托管理人或受托管理协议的主要内容；

（四）发行人不能按期支付本息；

（五）发行人减资、合并等可能导致偿债能力发生重大不利变化，需要决定或者授权采取相应措施；

（六）发行人分立、被托管、解散、申请破产或者依法进入破产程序；

（七）保证人、担保物或者其他偿债保障措施发生重大变化；

（八）发行人、单独或合计持有本期债券总额百分之十以上的债券持有人书面提议召开；

（九）发行人管理层不能正常履行职责，导致发行人债务清偿能力面临严重不确定性；

（十）发行人提出债务重组方案的；

（十一）发生其他对债券持有人权益有重大影响的事项。

在债券受托管理人应当召集而未召集债券持有人会议时，单独或合计持有本期债券总额百分之十以上的债券持有人有权自行召集债券持有人会议。

第十章　公司财务、会计*

 导　言

　　本章是将 2018 年修正案第八章"公司财务、会计"与新《公司法》第十章"公司财务、会计"对比，结合涉及公司财务、会计的其他法律法规，分析并提炼成章的。

　　财务会计制度是公司法的重要部分，展示公司的法人特性，规范股东、管理层、公司以及债权人之间的基本关系。与会计法和会计准则不同，公司法中的财务会计制度主要涉及企业账务记录的基本要求，财务报表的编制、保存和利润分配制度则被视为评价公司治理的核心标准。①

　　综合整部公司法的本次修订，本章所涉及的条款是改动最少的章节之一，有多条未作改动或仅作字词表述上的调整。本次修订新增或重点修改的内容包括：明确违法分配的股东及负有责任的董监高的赔偿责任，新增利润分配的法定期限，新增发行无面额股所得股款未计入注册资本的金额列入资本公积金，取消资本公积金不得用于弥补公司亏损的法定限制，新增公积金弥补亏损的顺序规则，新增监事会为聘用、解聘承办公司审计业务的会计师事务所的决定主体。

 第二百零七条【财务会计制度】

2018 年修正案	新《公司法》
第一百六十三条　公司应当依照法律、行政法规和国务院财政部门的规定建立本公司的财务、会计制度。	第二百零七条　公司应当依照法律、行政法规和国务院财政部门的规定建立本公司的财务、会计制度。

【内容变化】

　　本条无变化。

---

　*　执笔人：马朕卓、汪浩然。

　①　徐强胜：《我国公司法上财务会计制度的缺失与补救》，载《政法论坛》2023 年第 4 期。

【分析解读】

本条意在明确公司应当依法建立财务、会计制度,这成为我国公司实践中所必须遵守的基本规则已久,新《公司法》对本条也未作修改。

【实务研究】

1.公司实务:对于公司而言,除要依照《公司法》的规定建立财务、会计制度,还需遵守《中华人民共和国会计法》(以下简称《会计法》)以及财政部颁布的企业会计准则。

2.律师实务:对于律师而言,在涉及企业治理、尽职调查相关业务时,公司的会计制度都是律师应当重视和重点关注的信息,这有助于帮助律师全面了解企业的财务和运营管理状况。

 第二百零八条【财务会计报告】

2018 年修正案	新《公司法》
第一百六十四条　公司应当在每一会计年度终了时编制财务会计报告,并依法经会计师事务所审计。 财务会计报告应当依照法律、行政法规和国务院财政部门的规定制作。	第二百零八条　公司应当在每一会计年度终了时编制财务会计报告,并依法经会计师事务所审计。 财务会计报告应当依照法律、行政法规和国务院财政部门的规定制作。

【内容变化】

本条无变化。

【分析解读】

新《公司法》对本条未作修改,本条意在规定财务会计报告的编写时间及制作要求,这在《会计法》和《企业会计准则》中都有更为具体的规定。

【实务研究】

1.公司实务:公司的财务会计报告对公司具有重要意义。这些报告是公司财务状况和经营表现的集中体现,为公司内部管理、外部投资者、债权人、政府监管机构等各方提供重要信息。首先,财务会计报告可以帮助公司管理层监控和评估公司的财务状况和经营绩效,以利于制定未来发展战略和决策。其次,财务会计报告是公司向外界透露自身财务状况的重要途径,能够增强投资者和债权人对公司的信心,有利于公司融资和债务融资活动的开展。此外,财务会计报告也是政府监管机构对公司进行监督和管理的重要依据,有助于确保公司合法合规经营,维护市场秩序和公共利益。同时,财务会计报告还可以作为公司内部各个部门和岗位之间沟通和协作的桥梁,促进公司内部管理的透明度和有效性。因此,财务会计报告对公司而言不仅是一种信息披露的工具,更是公司内外部利益相关者共同理解和评价公司经营状况的重要媒介,对公司的长期稳健发展和可持续经营具有深远的影响。《会计法》规定会计年度自公历1月1日起至12月31日止,因此企业应该在会计年度终了后及时编制财务会计报告,并请审计机构进行审计。

2.律师实务:公司的财务会计报告对律师具有重要意义。这些报告不仅反映公司的财务状况和经营表现,还提供丰富的信息,可用于多个法律方面的应用。首先,律师可以依据财务会计报告为客户提供法律咨询,例如在合同谈判中分析财务状况以保护客户利益。其次,财务会计报告可作为诉讼过程中的重要证据,用于证明财务行为的合法性或违规情况。此外,律师还可通过审查财务会计报告来确保公司遵守法律法规和会计准则,以及评估公司财务状况,为客户制定合适的法律策略,特别是在资产评估、合并收购或破产清算等方面。因此,财务会计报告对律师而言不仅是一种信息来源,更是其法律实践中不可或缺的重要工具,为他们提供在不同法律领域中发挥专业能力和服务客户的机会,从而在维护客户权益、解决法律纠纷和促进法律合规方面发挥着重要作用。

【关联规定】

《会计法》第3条:各单位必须依法设置会计账簿,并保证其真实、完整。

第11条:计年度自公历1月1日起至12月31日止。

《企业会计准则》第44条:"务会计报告是指企业对外提供的反映企业某一特定日期的财务状况和某一会计期间的经营成果、现金流量等会计信息的文件。

财务会计报告包括会计报表及其附注和其他应当在财务会计报告中披露的相关信息和资料。会计报表至少应当包括资产负债表、利润表、现金流量表等报表。

小企业编制的会计报表可以不包括现金流量表。

第二百零九条【财务会计报告披露】

2018 年修正案	新《公司法》
第二百零九条　有限责任公司应当按照公司章程规定的期限将财务会计报告送交各股东。 股份有限公司的财务会计报告应当在召开股东会年会的二十日前置备于本公司,供股东查阅;公开发行股份的股份有限公司应当公告其财务会计报告。	第一百六十五条　有限责任公司应当依照公司章程规定的期限将财务会计报告送交各股东。 股份有限公司的财务会计报告应当在召开股东大会年会的二十日前置备于本公司,供股东查阅;公开发行股票的股份有限公司必须公告其财务会计报告。

【内容变化】

两处字词表述修订,将"依照"修改为"按照",将"必须"修改为"应当"。

【分析解读】

两处字词表述修订体现表述的适当性,在实质上未改变本条的法律效果。有限责任公司向股东报送财务会计报告具有重要意义。首先,这些报告是股东了解公司经营状况和财务状况的主要途径,能够帮助他们评估投资风险和收益潜力,从而作出理性的投资决策。通过财务会计报告,股东可以了解公司的盈利能力、资产负债状况、现金流量等重要指标,从而对公司的经营状况有一个清晰的认识。其次,财务会计报告的及时透明公开有助于增强股东对公司管理层的信任和监督,促使管理层更加注重公司的长期发展和股东利益最大化。此外,财务会计报告也是股东行使股东权利的重要依据,例如在股东会上进行投票表决时,财务会计报告提供客观的数据支持,有助于股东作出正确的决策。同时,向股东报送财务会计报告还有助于公司维护与股东的良好关系,增强公司的社会形象和信誉,为未来的发展和融资活动打下良好基础。总之,有限责任公司向股东报送财务会计报告具有重要意义,这不仅是一种法定义务,更是促进公司与股东之间信息透明、互信互利的关键机制,有助于实现公司长期稳健发展和股东利益最大化的目标。上市公司公告的财务会计报告具有特殊的意义。首先,这些报告是上市公司向投资者和公众披露财务状况的主要渠道,对投资者的决策具有重要影响,直接关系到股价波动和市场反应。其次,作为公开信息,财务会计报告对于市场的透明度和公平性至关重要,能够促进投资者信心的提升,维护市场秩序的稳定。同时,财务会计报告的公开披露也是上市公司履行信息披露义务的重要举措,有助于保护投资者的合法权益,防范信息不对称和市场操纵等行为,维护市场的健康发展。因此,上市公司公告的财务会计报告在资本市场中具有特殊的意义和重要的作用,对于公司和投资者都具有不可替代的价值。

【实务研究】

1.公司实务:有限责任公司、股份有限公司和上市公司应当按照财务会计报告披露的规定履行对应义务,避免产生法律合规风险。

2.律师实务:律师在为不同商业客户提供法律服务时,都应该关注企业的财务会计报告。例如,在投资并购类的尽职调查中,律师就应该善于将报告中的财务信息与自己所掌握的法律信息进行综合分析,从而为客户提供综合全面的风险评估。

第二百一十条【利润分配】

2018 年修正案	新《公司法》
第三十四条　股东按照实缴的出资比例分取红利;公司新增资本时,股东有权优先按照实缴的出资比例认缴出资。但是,全体股东约定不按照出资比例分取红利或者不按照出资比例优先认缴出资的除外。 第一百六十六条　公司分配当年税后利润时,应当提取利润的百分之十列入公司法定公积金。公司法定公积金累计额为公司注册资本的百分之五十以上的,可以不再提取。 公司的法定公积金不足以弥补以前年度亏损的,在依照前款规定提取法定公积金之前,应当先用当年利润弥补亏损。 公司从税后利润中提取法定公积金后,经股东会或者股东大会决议,还可以从税后利润中提取任意公积金。 公司弥补亏损和提取公积金后所余税后利润,有限责任公司依照本法第三十四条的规定分配;股份有限公司按照股东持有的股份比例分配,但股份有限公司章程规定不按持股比例分配的除外。 …… 公司持有的本公司股份不得分配利润。	第二百一十条　公司分配当年税后利润时,应当提取利润的百分之十列入公司法定公积金。公司法定公积金累计额为公司注册资本的百分之五十以上的,可以不再提取。 公司的法定公积金不足以弥补以前年度亏损的,在依照前款规定提取法定公积金之前,应当先用当年利润弥补亏损。 公司从税后利润中提取法定公积金后,经股东会决议,还可以从税后利润中提取任意公积金。 公司弥补亏损和提取公积金后所余税后利润,有限责任公司按照股东实缴的出资比例分配利润,全体股东约定不按照出资比例分配利润的除外;股份有限公司按照股东所持有的股份比例分配利润,公司章程另有规定的除外。 公司持有的本公司股份不得分配利润。

【内容变化】

删除"公司新增资本时,股东有权优先按照实缴的出资比例认缴出资"。

【分析解读】

本条旨在进一步规范资金从公司向股东回流。分红是让资金从公司回流的一个常用方法,分红权是股权的重要权能之一,也是股东的合法收益。但需要注意的是,公司分红的资金必须是当年的税后利润。换言之:先赚钱,再分红。如果公司处于亏损状态,是不能分红的。不仅如此,《公司法》还要求在分红前提取必要的公积金。[①]

【实务研究】

1.公司实务:公司分红应当考虑公司的财务状况和未来发展需求,确保分红不会影响公

---

① 李非易:《新公司法:资本流出规则的变化》,https://mp.weixin.qq.com/s/6LOSxl7Y2gkFrCcLzqq—_w,最后访问时间:2024 年 12 月 22 日。

司的正常经营和未来发展计划。公司作为投资方在投资协议及章程制定过程中,要特别关注分红条款约定,以保障投资利益不受损害。

2.律师实务:律师在帮助公司根据股东会决议分红时,应该注意确保决议的合法性和有效性,以及执行过程的合规性,需要仔细审查股东会决议的内容,确保分红金额、分配方式等符合公司章程、法律法规和监管部门的规定。同时,律师还需要协助公司制定具体的分红方案,并就执行过程中可能涉及的法律风险和问题提供专业建议。

 第二百一十一条【违法分配利润】

2018 年修正案	新《公司法》
第一百六十六条第五款 股东会、股东大会或者董事会违反前款规定,在公司弥补亏损和提取法定公积金之前向股东分配利润的,股东必须将违反规定分配的利润退还公司。	第二百一十一条 公司违反本法规定向股东分配利润的,股东应当将违反规定分配的利润退还公司;给公司造成损失的,股东及负有责任的董事、监事、高级管理人员应当承担赔偿责任。

【内容变化】

新《公司法》本条修订规定公司违法分配利润造成损失的,股东及负有责任的董监高应当承担赔偿责任。

【分析解读】

本条修订加大股东和负有责任的董监高依法依规分红责任,为保护公司、债权人、职工群体等各方利益提供法律依据。

【实务研究】

1.公司实务:公司股东及董监高应当更加审慎地对待分红。特别是对于董监高而言,在执行股东会分红决议时,应该注意确保决议合法有效,并按照相关法律法规和公司章程的规定执行。要仔细审查股东会的决议内容,确保分红金额、分配方式等符合法律和公司章程的要求,并在合规的前提下制定具体的执行方案。在执行过程中,董监高应当与公司财务部门密切合作,确保分红的资金来源合法可靠,并按时足额发放给股东。同时,董事会还应积极沟通和解释分红决议的执行情况,保持与股东的良好关系,维护公司的声誉和利益。

2.律师实务:在帮助公司执行分红决议过程中,律师应当与公司内部各个部门密切合作,确保分红程序的合法性和顺利进行,同时防范可能出现的法律纠纷或诉讼风险。此外,律师还需要与股东进行有效沟通,解答他们可能提出的法律疑问,维护公司与股东之间的良好关系,确保分红过程的公正、透明和顺利进行。

【关联规定】

新《公司法》第180条第1款、第2款:董事、监事、高级管理人员对公司负有忠实义务,应当采取措施避免自身利益与公司利益冲突,不得利用职权牟取不正当利益。

董事、监事、高级管理人员对公司负有勤勉义务,执行职务应当为公司的最大利益尽到管理者通常应有的合理注意。

 第二百一十二条【利润分配期限】

2018 年修正案	新《公司法》
/	第二百一十二条 股东会作出分配利润的决议的,董事会应当在股东会决议作出之日起六个月内进行分配。

【内容变化】

本条为新增内容,新增利润分配期限的要求。

【分析解读】

在本条款修订前,《公司法司法解释(五)》第 4 条就已经规定完成利润分配的时间最晚不得超过利润分配决议作出后的 1 年。从相关案例来看,该条款主要是为保护股东(特别是不具有控制权的小股东)获得利润分配的权利,避免公司在股东已作出利润分配决议后无限拖延、拒绝分配利润。[①] 本次修订将利润分配的期限进一步缩短在决议作出后的 6 个月,这将有利于进一步保障股东在公司获得利润分配的权利。

【实务研究】

1.公司实务:最高人民法院的观点及司法实践中存在的判例认为只要作出利润分配的决议,即使公司在实施股利分配前发生亏损也不能拒绝执行股利分配决议,具体见江苏省东晟金属材料有限公司诉江苏省燃料总公司等案、刘某恩诉常州市新东方电缆有限公司案、林某贤诉上海年合精密模具有限公司等案。[②] 其背后的法理在于"股东会作出利润分配决议后,利润分配请求权转化为普通债权,应适用民法上债的相关规定,不应再受公司决议的影响"。因此,股东会在作出分红决议前就要仔细考量。

2.律师实务:对于律师而言,除应该关注 6 个月的利润分配期限,还应当关注利润分配决议的有效性,这决定股东能否根据决议最终实际分配到利润。原则上,一项具体的利润分配方案应当包括待分配利润数额、分配政策、分配范围以及分配时间等具体分配事项内容,而越具体的分配决议越能够避免争议,从而成功分配利润,维护股东权益。

---

① 胡凌波:《新公司法:如何影响 REITs?》,https://mp.weixin.qq.com/s/Pz63-9rAnTUOQQ4P5pLb7Q,最后访问时间:2024 年 12 月 1 日。

② 庚利:《解析:新《公司法》中,与利润分配相关的 3 处修改》,https://mp.weixin.qq.com/s/N0YzsF9y2_9Oc0ZDC3TUkA,最后访问时间:2024 年 12 月 26 日。

【关联规定】

《公司法司法解释(四)》第 14 条:股东提交载明具体分配方案的股东会或者股东大会的有效决议,请求公司分配利润,公司拒绝分配利润且其关于无法执行决议的抗辩理由不成立的,人民法院应当判决公司按照决议载明的具体分配方案向股东分配利润。

《公司法司法解释(五)》第 4 条:分配利润的股东会或者股东大会决议作出后,公司应当在决议载明的时间内完成利润分配。决议没有载明时间的,以公司章程规定的为准。决议、章程中均未规定时间或者时间超过一年的,公司应当自决议作出之日起一年内完成利润分配。

决议中载明的利润分配完成时间超过公司章程规定时间的,股东可以依据公司法第二十二条第二款规定请求人民法院撤销决议中关于该时间的规定。

 第二百一十三条【资本公积金】

2018 年修正案	新《公司法》
第一百六十七条　股份有限公司以超过股票票面金额的发行价格发行股份所得的溢价款以及国务院财政部门规定列入资本公积金的其他收入,应当列为公司资本公积金。	第二百一十三条　公司以超过股票票面金额的发行价格发行股份所得的溢价款、发行无面额股所得股款未计入注册资本的金额以及国务院财政部门规定列入资本公积金的其他项目,应当列为公司资本公积金。

【内容变化】

新增发行无面额股所得股款未计入注册资本的金额列入资本公积金。

【分析解读】

资本公积金包括资本溢价和其他资本公积。投资者投入公司资本超过注册资本部分为资本溢价,其他资本公积则为除资本溢价直接计入所有者权益的项目。

根据有无票面金额的记载,股票可以分为面额股和无面额股。2018 年修正案采用面额股,面额股试图通过载明票面金额以及禁止折价发行来保证公司资本充足,通过公司的资本外观,使第三方特别是债权人对公司的实力有一个基本的判断。对于债权人来说,股票的票面金额是多少并不重要,公司折价发行也好溢价发行也罢,最终有意义的是每股价格。在我国,上市公司的股票面额均为 1 元,但实际的发行价格及后期的交易价格大多高于这个价格,1 元的股票面额也仅具有象征意义。由于无面额股没有面值和溢价,因此不能按照面额股模式的规则来区分注册资本和资本公积金,新《公司法》采用"法定比例"的方案,即将章程记载的一定比例股款列入注册资本,余者纳入资本公积金。新《公司法》第 142 条规定,采用无面额股的,应当将发行股份所得股款的 1/2 以上计入注册资本。也就是说,公司可以自主决定将全部股款都计入注册资本,换言之,公司有权决定是否设置资本公积金科目,如果公司章程明确规定要设置资本公积金,公司应当将不超过股款 1/2 部分列入资本公积金。当然,公司章程可以规定股款全部计入注册资本,此时在会计上可以不设置资本公积金科目。[①]

【实务研究】

1.公司实务:从投融资的角度来看,采用面额股创始股东至少要按照每股1元向企业注入资金,而在无面额股的情况下,由于每股对应的金额可以不同,创始股东可以以象征性的资金投入获得较多的股份,而投资机构则以溢价的金额获得较少的股份,切实减轻创始股东的负担,这可以增加融资的灵活性。此外,由于面额股限制股票发行价格,其结果是降低公司融资效率,堵塞公司脱离经营困境的渠道。由于没有票面金额的限制,困顿中的公司也能够以低于1元的价格发行新股,获得资金来源。无票面金额说明股票的数量与公司的注册资本不会有直接的计算关系,公司的注册资本不再由票面金额及股份数量相乘所得,股票的细分与合并都不再与公司的资本挂钩。上市公司配发股份也可以以更灵活的方式进行。[②]

2.律师实务:律师应注意在处理无面额股发行中,确保公司合规操作,包括资金注入、股权分配、公告披露等程序符合新《公司法》要求,以及保障股东利益并维护公司法律地位。

第二百一十四条【公积金弥补亏损规定】

2018 年修正案	新《公司法》
第一百六十八条　公司的公积金用于弥补公司的亏损、扩大公司生产经营或者转为增加公司资本。但是,资本公积金不得用于弥补公司的亏损。 法定公积金转为资本时,所留存的该项公积金不得少于转增前公司注册资本的百分之二十五。	第二百一十四条　公司的公积金用于弥补公司的亏损、扩大公司生产经营或者转为增加公司注册资本。 公积金弥补公司亏损,应当先使用任意公积金和法定公积金;仍不能弥补的,可以按照规定使用资本公积金。 法定公积金转为增加注册资本时,所留存的该项公积金不得少于转增前公司注册资本的百分之二十五。

【内容变化】

本条取消资本公积金不得用于弥补公司亏损的法定限制,新增公积金弥补亏损的顺序规则。

---

① 狄媛:《新《公司法》系列(二)——无面额股》,https://mp.weixin.qq.com/s/4wKrERPnYkBimMqF3YCGqg,最后访问时间:2024 年 12 月 10 日。

② 狄媛:《新《公司法》系列(二)——无面额股》,https://mp.weixin.qq.com/s/4wKrERPnYkBimMqF3YCGqg,最后访问时间:2024 年 12 月 10 日。

【分析解读】

各国立法例均对资本公积弥补亏损没有限制,例如德国2017年《股份公司法》第150条第3款、第4款规定允许资本公积弥补亏损。资本公积的内容随着各国会计制度与国际会计制度的融合、会计概念理解的深入和计量确认的精细化在发生变化,目前资本公积下的其他资本公积主要包括以权益结算的股份支付、采用权益法核算的长期股权投资引起的直接计入所有者权益的利得与损失,而原来计入其他资本公积的存货或自用房地产转换为投资性房地产、金融资产的重分类、外币折算损益等均计入其他综合收益科目,即资本公积项目的内容减少,再对此资本公积的使用进行限制的必要性也在降低,更应回归将亏损弥补交由公司自治的理念,取消对资本公积使用的限制。

本条第2款规定明确弥补亏损的顺序:首先是任意公积金,其次是法定公积金,最后才是资本公积金。其基本的理念在于盈余公积金,包括法定公积金与任意公积金,是公司实实在在赚取的利润,而资本公积并非公司正常经营当中产生的利润,或者来自股东的投入,或者来自因会计政策而计入的资本公积科目的数字,应当由公司实际经营赚取的利润首先来弥补亏损,而非股东超过注册资本的投入或者仅是会计政策要求而计入资本公积的数字先进行亏损弥补。[①]

【实务研究】

1.公司实务:允许资本公积弥补亏损,使得公司有可能在亏损的情况下进行利润分配,体现一种务实的态度和公司自治精神,一定程度上会促进市场活跃,特别是对困境企业构成利好。然而从投资者角度,资本公积补亏会美化被投企业财务报表,无法正常反映其真实业绩,在投资尽调时需要格外关注;且对于某些投资时并无盈利但具有较高估值的被投企业,如其在投资者高溢价投资后以资本公积弥补亏损并分配利润,可能会导致公司净资产减少、投资者利益受损等系列问题。为保护投资者利益,建议在投资协议中对于投资款计入资本公积部分的款项是否能够用于被投企业补亏,以及使用资本公积补亏需要履行的决策程序、投资者对相关决策的参与(如一票否决权)等进行明确约定。

2.律师实务:律师在处理涉及公司资本公积弥补亏损的案件时,应特别关注以下几点:首先,需要审查公司章程和相关法律法规对资本公积的使用规定,以确定公司是否符合使用资本公积的条件;其次,律师应该认真分析公司的财务状况,确保资本公积的使用不会对公司的财务稳定性和偿债能力造成影响;再次,律师需要审查公司的决策程序,确保资本公积的使用符合公司治理的要求,并保护股东利益以及合法权益;最后,律师还应就投资者关注的问题,如资本公积使用对财务报表的影响以及投资者利益保护等方面提供专业法律意见和建议,以保护客户的合法权益和利益最大化。

---

① 庚利:《解析:新〈公司法〉中,与利润分配相关的3处修改》,https://mp.weixin.qq.com/s/N0YzsF9y2_9Oc0ZDC3TUkA,最后访问时间:2024年12月26日。

第二百一十五条【审计机构的聘用】

2018 年修正案	新《公司法》
第一百六十九条　公司聘用、解聘承办公司审计业务的会计师事务所，依照公司章程的规定，由股东会、股东大会或者董事会决定。 公司股东会、股东大会或者董事会就解聘会计师事务所进行表决时，应当允许会计师事务所陈述意见。	第二百一十五条　公司聘用、解聘承办公司审计业务的会计师事务所，按照公司章程的规定，由股东会、董事会或者监事会决定。 公司股东会、董事会或者监事会就解聘会计师事务所进行表决时，应当允许会计师事务所陈述意见。

【内容变化】

新增监事会可作为聘用、解聘承办公司审计业务的会计师事务所的决定主体。

【分析解读】

本条扩大公司内部可以决定聘用、解聘承办公司审计业务的会计师事务所的决定主体，赋予监事会更大的职权。

【实务研究】

1.公司实务：制定公司章程过程中，针对公司财务情况的监督主体情况，可在股东会、董事会或者监事会中择一作为承办公司审计业务的会计师事务所的决策主体。

2.律师实务：律师应注意公司监事会职权扩大后，需审慎履行义务，确保对公司财务情况的监督有效，同时提供法律建议，协助监事会在决定聘用、解聘审计师事务所等事项上合规操作，以维护公司的利益。

【关联规定】

新《公司法》第 78 条。

 第二百一十六条【提供会计资料的义务】

2018 年修正案	新《公司法》
第一百七十条　公司应当向聘用的会计师事务所提供真实、完整的会计凭证、会计账簿、财务会计报告及其他会计资料，不得拒绝、隐匿、谎报。	第二百一十六条　公司应当向聘用的会计师事务所提供真实、完整的会计凭证、会计账簿、财务会计报告及其他会计资料，不得拒绝、隐匿、谎报。

【内容变化】

本条无变化。

【分析解读】

新《公司法》对本条未作修改。

【实务研究】

1.公司实务：公司财务人员和会计人员应当严格按照法律规定管理会计账簿及与之相关的凭证、信息，避免因违反法律而遭到处罚。

2.律师实务：对于律师而言，应特别注意公司向聘用的会计师事务所提供会计凭证、账簿、财务报告等信息的真实性、完整性和合规性。律师需要确保这些信息的准确性和可信度，以避免可能涉及的法律责任和风险。他们应对这些信息进行仔细审查和核实，确保公司没有隐瞒或歪曲财务数据，遵守相关法律法规和会计准则的规定。此外，律师还应该关注是否存在任何可能导致信息不真实或不完整的潜在问题，如财务造假、欺诈行为或未披露重要信息等，以及如何应对这些问题以保护客户的合法权益和公司的声誉。综上所述，律师在处理公司向会计师事务所提供的会计信息时，需要密切关注信息的真实性和合规性，以确保公司符合法律要求并最大限度地减少潜在的法律风险。

【关联规定】

《会计法》第40条：违反本法规定，有下列行为之一的，由县级以上人民政府财政部门责令限期改正，给予警告、通报批评，对单位可以并处二十万元以下的罚款，对其直接负责的主管人员和其他直接责任人员可以处五万元以下的罚款；情节严重的，对单位可以并处二十万元以上一百万元以下的罚款，对其直接负责的主管人员和其他直接责任人员可以处五万元以上五十万元以下的罚款；属于公职人员的，还应当依法予以处分：

（一）不依法设置会计账簿的；

（二）私设会计账簿的；

（三）未按照规定填制、取得原始凭证或者填制、取得的原始凭证不符合规定的；

（四）以未经审核的会计凭证为依据登记会计账簿或者登记会计账簿不符合规定的；

（五）随意变更会计处理方法的；

（六）向不同的会计资料使用者提供的财务会计报告编制依据不一致的；

（七）未按照规定使用会计记录文字或者记帐本位币的；

（八）未按照规定保管会计资料，致使会计资料毁损、灭失的；

（九）未按照规定建立并实施单位内部会计监督制度或者拒绝依法实施的监督或者不如实提供有关会计资料及有关情况的；

（十）任用会计人员不符合本法规定的。

有前款所列行为之一，构成犯罪的，依法追究刑事责任。

会计人员有第一款所列行为之一，情节严重的，五年内不得从事会计工作。

有关法律对第一款所列行为的处罚另有规定的，依照有关法律的规定办理。

《企业会计准则》第12条：企业应当以实际发生的交易或者事项为依据进行会计确认、

计量和报告,如实反映符合确认和计量要求的各项会计要素及其他相关信息,保证会计信息真实可靠、内容完整。

第14条:企业提供的会计信息应当清晰明了,便于财务会计报告使用者理解和使用。

 第二百一十七条【会计账簿与账户】

2018 年修正案	新《公司法》
第一百七十一条 公司除法定的会计账簿外,不得另立会计账簿。 对公司资产,不得以任何个人名义开立账户存储。	第二百一十七条 公司除法定的会计账簿外,不得另立会计账簿。 对公司资金,不得以任何个人名义开立账户存储。

【内容变化】

将"对公司资产,不得以任何个人名义开立账户存储"中的"资产"修改为"资金"。

【分析解读】

本条实质上未作修改,"资产"修改为"资金"是为使条文更符合实践情况,因为本条意在规范公司的账户管理,要求公司资金和账户做到"公私分明",公司存储于银行账户的资产本就只有公司资金,资金的含义小于资产,资产的含义包含资金。因此,此处将"资产"修改为"资金"在文义上更加精准。

【实务研究】

1.公司实务:《会计法》第42条规定了私设会计账簿的法律责任,公司应当严格按照法律要求管理会计账簿。

2.律师实务:律师在面对会计账簿时,应当注意确保账簿的完整性、准确性和合规性,审查账簿记录的真实性,核实账目的来源和准确性,以确保财务数据的可信度和可靠性。同时,律师需要关注账簿记录是否符合相关法律法规和会计准则的要求,以及是否存在任何违规行为或潜在的法律风险。此外,律师还应注意寻找可能存在的财务造假、欺诈行为或不当交易等迹象,并对这些问题进行深入调查和分析,以保护客户的利益,维护法律和商业道德的尊严,确保公司合法合规经营。

【关联规定】

《会计法》第40条:私设会计账簿的,由县级以上人民政府财政部门责令限期改正,给予警告、通报批评,对单位可以并处二十万元以下的罚款,对其直接负责的主管人员和其他直接责任人员可以处五万元以下的罚款;情节严重的,对单位可以并处二十万元以上一百万元以下的罚款,对其直接负责的主管人员和其他直接责任人员可以处五万元以上五十万元以下的罚款;属于公职人员的,还应当依法予以处分。

第十一章 公司合并、分立、增资、减资

 导言*

本章是在2018年修正案第九章"公司合并、分立、增资、减资"原有内容上修订的,本次修订新增了两类合并情形,简化分立程序,同时结合前述章节的修订内容对公司减资流程及相应法律责任作出细化规定,存在诸多亮点。

公司作为商事活动的主要参与者,具有"人"的属性。在公司的成长与发展过程中,存在公司资本的逐渐扩大,或是经营不善引起的资本缩减甚至由此导致的破产清算的可能,也存在基于经营策略调整,公司作出与其他公司合并或者分立决定的可能。这是《公司法》赋予公司的权利,也是公司能够不断实现自身发展更好地参与商事活动的必要条件。合并、分立、增资、减资是对公司治理结构和资本结构的重大调整,也是关系到公司存续和发展的重要环节。因此,为规范公司合并分立、增减资行为,新《公司法》对合并、分立、增资、减资章节进行一系列的调整。

本次新《公司法》对合并、分立、增资、减资章节的修订具体表现为简化通知途径、降低母子公司合并门槛、新设简易减资制度等方面。2018年修正案仅规定报刊公告和通知书两种形式,不仅灵活性较差,在纸媒没落的当代,实际效果也不尽如人意。为适应互联网信息时代新形势,新《公司法》首次规定公司可选择统一的企业信息公示系统公告的方式进行公示。相应地,对于通知方式,不再限于通知书这一书面形式,允许公司通过电子邮件或其他灵活、便捷方式向债权人通知,允许选择更为灵活的合并、分立通知方式,体现为公司松绑的立法理念。

2018年修正案规定:公司合并的,应由董事会提出方案,由股东会或股东大会进行特别决议。有限责任公司必须经代表2/3以上表决权的股东通过,股份有限公司必须经出席会议的股东所持表决权的2/3以上通过。本次新《公司法》对此作了重要变更。第一,照顾到母子公司特殊性,规定如对子公司持股超过90%或合并价款不超过公司净资产10%的,合并时可免除股东会决议。第二,向董事会放权。以往公司合并作为公司组织形式变更的重要内容,必须由股东会决议通过,但新《公司法》出于激活董事会职能的考量,进行适当放权,规定以上两种情形应当由董事会作出决议。

资本维持原则要求公司存续期间应当维持与资本总额相适应的财产以确保公司偿债能力。一般情况下,公司为维持资本充实,不应当随意"减资",故2018年修正案对减资规定了严格且烦琐的程序。但在特定情况下,如公司资本额远超实际需求或公司亏损严重,注册资本不能反映公司真实经营情况时,公司具有现实的减资需求。为进一步为公司松

---

* 执笔人:李宝团。

绑，新《公司法》规定，弥补亏损后，仍有亏损的，可以通过简易减资弥补亏损。此举对亏损状态下的公司减资程序进行简化，提高减资效率，有助于使公司注册资本和经营状况保持一致，维护债权人利益，也象征我国公司减资制度的进一步完善。在简化减资程序的同时，为避免股东随意减资、以减资形式抽逃资金损害公司及债权人利益，新《公司法》还进一步规定违法减资的法律责任，警示公司股东及董监高应当尤其注意减资程序的合法性，避免因减资不当导致的法律后果。

2018年修正案将股东新股认购优先权规定于"有限责任公司"一章，但未明确说明股份有限公司股东对增发新股是否享有认购优先权。从法理角度出发，有限责任公司具有较强的人合性，而股份有限公司股东大多通过资本市场集中竞价交易，资合性强且多以散户为主，故普遍认为股份有限公司股东不享有认购优先权。但因缺乏法律明确规定，为避免争议，股份有限公司增资派股时，往往会要求股东作出放弃优先权承诺，这导致实践中不必要的烦琐程序。本次新《公司法》直接明确规定除章程另有规定，股份有限公司股东默认不享有认购优先权。这一修订从法律层面回应实践的需求，免除股份有限公司增资派股不必要的担忧，提高资本市场交易效率。

综上所述，本次新《公司法》基于更加灵活、自由、宽松的立法态度，对公司合并分立、增减资制度进行修订，具体表现为简化通知途径、降低母子公司合并门槛、新设简易减资制度等。相关修订有助于建立健全现代企业制度，激活市场主体活力，为实现新时代经济高质量发展提供坚实法治保障。

 第二百一十八条【合并的形式】*

2018年修正案	新《公司法》
第一百七十二条　公司合并可以采取吸收合并或者新设合并。 一个公司吸收其他公司为吸收合并，被吸收的公司解散。两个以上公司合并设立一个新的公司为新设合并，合并各方解散。	第二百一十八条　公司合并可以采取吸收合并或者新设合并。 一个公司吸收其他公司为吸收合并，被吸收的公司解散。两个以上公司合并设立一个新的公司为新设合并，合并各方解散。

【内容变化】

本条无变化。

【分析解读】

本条规定公司合并的两种形式：吸收合并和新设合并。吸收合并又称吞并式合并或接受合并，是指两个或两个以上的公司合并后成立一个新公司，一个公司保留法人资格，其他

---

* 执笔人：李宝团。

公司的法人资格因合并而消失。如 A 公司吸收 B 公司,被吸收的 B 公司解散,而 A 公司继续存续。新设合并又称创设合并或新建合并,是指两个或两个以上的公司合并后成立一个新公司,参与合并的原公司的法人资格均消灭。如 A 公司与 B 公司合并为一个新设的 C 公司,A 公司和 B 公司均解散。实务中,公司合并的形式,除法律明确规定吸收合并和新设合并,根据其他不同标准,还可以分为同一控制下的合并和非同一控制下的合并、成比例合并和不成比例合并、正向合并和反向合并、涉及补价的合并和不涉及补价的合并以及常规合并和三角合并等。本条所指的"公司合并"不包括公司与非公司之间的合并。

具体而言,公司合并主要产生两个方面的法律后果:一是公司组织结构的变化,二是权利义务的概括转移。公司合并将发生公司消灭和股东身份变化的法律效力。在吸收合并中,被合并公司的全部资产并入合并公司,被合并公司债权人赖以保障其利益的全部资产发生转移,可能影响被合并公司债权人的利益。在新设合并中,合并各方公司的全部资产并入新设公司,合并各方公司债权人赖以保证其利益的全部资产都发生转移,这就使得合并各方债权人的利益都可能受到影响,因此合并需按照法定程序进行。

【实务研究】

1.公司实务:公司合并是优化产业结构的重要手段,也是公司实现扩张、壮大发展前途的有效途径。公司合并涉及公司、股东、债权人等相关人员的利益安排,应当严格依法进行。合并步骤一般包括召开股东会形成决议、签订合并协议、确认债权债务、进行资产评估、报经有关部门批准、办理重新登记手续共六个阶段。需注意的是,无论公司采用吸收合并还是新设合并,合并各方的债权、债务均应由合并后存续的公司或者新设的公司承继。《劳动合同法》第 34 条规定:"用人单位发生合并或者分立等情况,原劳动合同继续有效,劳动合同由承继其权利和义务的用人单位继续履行。"因此,公司在合并时应注意保障职工的各项劳动权益,原劳动合同原则上由吸收方继续履行。

2.律师实务:顾问律师在提供法律服务时,除监督、指导公司依法开展合并程序外,还应对合并方案、合并协议、合并期间可能产生的风险、合并后的权利义务承继等做好风险管理。针对目标公司存在信息虚假或偏差可能影响合并决策的风险,必要时应开展律师和会计师的尽调程序,重点核查目标公司的组织架构、财务账册、人事结构、税务风险、重大负债、关联交易情况(包括欠缴的行政、工商、税收、土地、环保等各种行政机关的规费和税收,大额水费、电费等),为制定合并方案、签署合并协议等提供准确的信息和判断基准。同时,对于合并期间可能出现的合并协议纠纷、违反债权人保护程序瑕疵纠纷、合并行为应当经有关行政主管机关批准而未获得批准纠纷、合并不公正纠纷等进行有效规避和防范,降低因合并程序不当侵害相关人利益引发诉讼风险的可能。

【关联规定】

《上市公司章程指引》第 172 条:公司合并可以采取吸收合并或者新设合并。

一个公司吸收其他公司为吸收合并,被吸收的公司解散。两个以上公司合并设立一个新的公司为新设合并,合并各方解散。

第二百一十九条【简易合并与小规模合并】[*]

2018 年修正案	新《公司法》
/	第二百一十九条　公司与其持股百分之九十以上的公司合并,被合并的公司不需经股东会决议,但应当通知其他股东,其他股东有权请求公司按照合理的价格收购其股权或者股份。 　　公司合并支付的价款不超过本公司净资产百分之十的,可以不经股东会决议;但是,公司章程另有规定的除外。 　　公司依照前两款规定合并不经股东会决议的,应当经董事会决议。

【内容变化】

本条为新增条款。

【分析解读】

母子公司之间简易合并与小规模合并系新《公司法》增设的两类特殊合并情形,该条文简化合并中的决议程序,能够兼顾小股东权益与合并效率的关系,减少合并的法律程序和手续,相对于传统的合并方式,节省时间和成本,这对于合并各方来说是一种便利。新增异议股东的评估权,此时子公司少数股东虽然无表决权,仍得行使评估权,旨在保护少数股东的合法权益,即当公司计划进行合并时,如果有股东对合并决议表示异议,认为合并对其权益造成损害,这些异议股东可以要求公司对其持有的股份进行评估,并按照评估结果进行赎回或退出。该条第 3 款规定公司合并应当经董事会决议。

就本条第 1 款简易合并情形而言,如持股比例达到 90% 以上的母公司计划实施合并,子公司的小股东必然无法通过行使表决权阻止合并程序,故并无召开股东会进行表决的必要。此种情形下,由于子公司未召开股东会,少数股东无法满足"通过对合并议案提出异议"的前置程序,继而无法根据新《公司法》第 89 条或第 162 条主张异议股东回购请求权。所以本条第 1 款赋予少数股东请求合并公司按照合理的价格收购其股权或者股份的权利。对该情形下的母公司来说,由于其对子公司拥有绝对控制权,简易合并并不会对母公司及母公司股东的利益产生影响。

本条第 2 款小规模合并情形的制度核心在于合并公司支出的对价低,合并公司与被合并公司存在股权关系并非本款的适用前提。从合并公司角度看,合并支付的对价较低,并不属于公司重大交易,对公司及股东利益不会产生较大影响;而从被合并公司角度

---

[*]　执笔人:李宝团。

看则利害关系重大,如不经过股东会决议即通过合并事项,可能会损害公司及股东利益。关于"公司合并支付的价款"支付形式是否包含非货币资产(股份对价等非货币财产),本款未作出细化规定,立法者在末尾处根据公司商事制度意思自治的原则进行了"留白"。

【实务研究】

1.公司实务:根据该条,对于简易合并,公司与其持股90%以上的公司合并,被合并的公司不需经股东会决议,但应当通知其他股东,其他股东有权请求公司按照合理的价格收购其股权或者股份。对于小规模合并,公司合并支付的价款不超过本公司净资产10%的,可以不经股东会决议;但是,公司章程另有规定的除外。同时,若简易合并、小规模合并不经股东会决议的,应当经董事会决议。公司在并购类业务中,如作为本条简易合并之被并购方,应积极配合回应子公司小股东异议回购请求,避免发生诉累;如作为本条小规模合并之被并购方,可以提前对公司章程作出相应修订,增设并购事项须经股东会决议程序以完善异议股东股权回购机制,维护公司及股东利益。

2.律师实务:如前文所述,顾问律师在办理公司并购类非诉讼业务时,应注意合并程序及实体上的合法性,结合公司在该并购法律关系中的角色地位对相应条款及规定进行个性化定制。同时,提前做好公司章程相关条款的完善修改工作,如果中小股东希望在未来公司合并中保留表决权的,应当告知其在公司章程的起草或修改时约定小规模合并仍需要股东会决议方能通过,切实维护好公司的权益。

【关联规定】

新《公司法》第59条、第66条、第89条、第162条。

第二百二十条【合并程序和债权人权利】*

2018 年修正案	新《公司法》
第一百七十三条　公司合并,应当由合并各方签订合并协议,并编制资产负债表及财产清单。公司应当自作出合并决议之日起十日内通知债权人,并于三十日内在报纸上公告。债权人自接到通知书之日起三十日内,未接到通知书的自公告之日起四十五日内,可以要求公司清偿债务或者提供相应的担保。	第二百二十条　公司合并,应当由合并各方签订合并协议,并编制资产负债表及财产清单。公司应当自作出合并决议之日起十日内通知债权人,并于三十日内在报纸上或者国家企业信用信息公示系统公告。债权人自接到通知之日起三十日内,未接到通知的自公告之日起四十五日内,可以要求公司清偿债务或者提供相应的担保。

---

* 执笔人:李宝团。

【内容变化】

新增公司合并时公告债权人的另一途径——在"国家企业信用信息公示系统公告"。

【分析解读】

本条在内容上基本延续2018年修正案第173条的规定,增加在国家企业信用信息公示系统公告的途径,规定公司合并的程序(签订合并协议、分别编制资产负债表和财产清单、作出合并决议、通知公告债权人)和债权人权利(获得合并通知的权利、要求公司清偿债务或者提供相应担保的权利)。本条修订顺应电子化和信息化的时代发展要求。本条所说的"作出合并决议",通常是指合并各方股东会作出合并决议;依法适用简易合并的情形,指的是适用简易合并程序一方的董事会作出合并决议。

【实务研究】

1.公司实务:本条规定公司合并程序需要作出合并决议,对此可以关联新《公司法》第219条的规定,简易合并和小规模合并这两种新增特殊情况下可以不经股东会决议。本条新增在"国家企业信用信息公示系统"上公告的替代选择,这是一个在合并、分立、减资中均涉及的整体性变化。公司需要注意的是,债权人通知与合并公告是两个独立程序,不能以公告替代债权人通知程序。

2.律师实务:在当下的信息网络时代,公众对报纸的关注度降低,报纸本身的发行量也锐减,这就严重削弱债权人从报纸公告上筛选并获知相关信息的可能性。本条新增公司在"国家企业信用信息公示系统"上公告的替代选择,拓宽企业的公告渠道,有利于债权人更加便捷地查询相关公告信息。顾问律师可以建议债权人定期查询合作伙伴和特定合同相对方的工商登记信息来获知该公司经营及管理情况的相关信息。

【关联规定】

《证券法》第76条第2款:收购行为完成后,收购人应当在十五日内将收购情况报告国务院证券监督管理机构和证券交易所,并予公告。

第77条:国务院证券监督管理机构依照本法制定上市公司收购的具体办法。

上市公司分立或者被其他公司合并,应当向国务院证券监督管理机构报告,并予公告。

《上市公司日常信息披露工作备忘录第1号——临时公告格式指引》(2015修订)第174条:公司合并,应当由合并各方签订合并协议,并编制资产负债表及财产清单。公司应当自作出合并决议之日起十日内通知债权人,并于三十日内在报纸上公告。债权人自接到通知书之日起三十日内,未接到通知书的自公告之日起四十五日内,可以要求公司清偿债务或者提供相应的担保。

第二百二十一条【合并各方债权债务的承继】*

2018 年修正案	新《公司法》
第一百七十四条　公司合并时,合并各方的债权、债务,应当由合并后存续的公司或者新设的公司承继。	第二百二十一条　公司合并时,合并各方的债权、债务,应当由合并后存续的公司或者新设的公司承继。

【内容变化】

本条无变化。

【分析解读】

本条规定公司合并时合并各方债权债务的处理办法,即由合并后存续的公司或者新设的公司承继。该条规定在《民法典》第 67 条法人合并中早有体现,法人合并的,其权利和义务由合并后的法人享有和承担。应当注意的是,公司合并是不同公司主体之间的合并,与公司设立具有本质区别。成立后的公司继承设立公司的债务并非法人合并行为。[①]

【实务研究】

1.公司实务:在公司合并后,因合并而消灭的公司,其资产(包括所有动产、不动产、工业产权)和其债权、债务全部由存续公司或新设公司承继,变为存续公司或新设公司自己的资产、债权和债务,由其行使这些资产的所有权,享有这些债权,并负责清偿这些债务。合并协议或合并方案会明确规定哪些债权将被承继,以及承继后的权利义务如何处理。新公司通常会承继原有公司的债务,合并时部分债务可能会被剥离或清算,另一部分可能会被转移给新公司。需注意的是,即使在合并完成后未办理被吸收公司的注销登记,存续公司仍应承担被吸收公司的债务。

2.律师实务:本条与《民法典》第 67 条第 1 款是被包含与包含的关系。本条只涉及合并各方的债权、债务,而《民法典》第 67 条第 2 款涉及合并各方的所有权利、义务,而不仅限于债权、债务。故在公司合并时,合并各方除债权、债务之外的其他权利、义务,依照《民法典》第 67 条第 1 款的规定,也由合并后存续的公司(适用于吸收合并)或新设的公司(适用于新设合并)承继,这给律师设计、修改、审核合并方案及相关协议提供更大的空间。需注意的是,顾问律师在把关合并程序时,除考虑新《公司法》第 218 条至第 221 条外,还应当注意适用新《公司法》有关合并的其他规定(主要包括第 59 条第 1 款第 7 项和第 3 款,第 66 条第 3款,第 67 条第 2 款第 6 项,第 89 条第 1 款第 2 项、第 2 款和第 4 款,第 116 条第 3 款,第 162条第 1 款第 2 项和第 4 项、第 2 款、第 3 款,第 172 条,第 229 条,第 255 条)和其他法律法规有关公司合并的规定,确保合并方案的合法合规性。

＊　执笔人:林红燕。

①　许中缘:《论发起人对公司设立中债务的承担》,载《法学》2021 年第 12 期。

【关联规定】

《民法典》第 67 条第 1 款:法人合并的,其权利和义务由合并后的法人享有和承担。

《证券法》第 76 条:收购行为完成后,收购人与被收购公司合并,并将该公司解散的,被解散公司的原有股票由收购人依法更换。

收购行为完成后,收购人应当在十五日内将收购情况报告国务院证券监督管理机构和证券交易所,并予公告。

第 77 条:国务院证券监督管理机构依照本法制定上市公司收购的具体办法。

上市公司分立或者被其他公司合并,应当向国务院证券监督管理机构报告,并予公告。

《国资法》第 31 条:国有独资企业、国有独资公司合并、分立,增加或者减少注册资本,发行债券,分配利润,以及解散、申请破产,由履行出资人职责的机构决定。

第 47 条:国有独资企业、国有独资公司和国有资本控股公司合并、分立、改制,转让重大财产,以非货币财产对外投资,清算或者有法律、行政法规以及企业章程规定应当进行资产评估的其他情形的,应当按照规定对有关资产进行评估。

《融资担保公司监督管理条例》第 9 条:融资担保公司合并、分立或者减少注册资本,应当经监督管理部门批准。

融资担保公司在住所地所在省、自治区、直辖市范围内设立分支机构,变更名称,变更持有 5% 以上股权的股东或者变更董事、监事、高级管理人员,应当自分支机构设立之日起或者变更相关事项之日起 30 日内向监督管理部门备案;变更后的相关事项应当符合本条例第六条第二款、第七条的规定。

《证券公司监督管理条例》第 15 条:证券公司合并、分立的,涉及客户权益的重大资产转让应当经具有证券相关业务资格的资产评估机构评估。

证券公司停业、解散或者破产的,应当经国务院证券监督管理机构批准,并按照有关规定安置客户、处理未了结的业务。

 第二百二十二条【分立程序】*

2018 年修正案	新《公司法》
第一百七十五条　公司分立,其财产作相应的分割。 公司分立,应当编制资产负债表及财产清单。公司应当自作出分立决议之日起十日内通知债权人,并于三十日内在报纸上公告。	第二百二十二条　公司分立,其财产作相应的分割。 公司分立,应当编制资产负债表及财产清单。公司应当自作出分立决议之日起十日内通知债权人,并于三十日内在报纸上或者国家企业信用信息公示系统公告。

---

* 执笔人:林红燕。

【内容变化】

新增公告途径。

【分析解读】

2018年修正案并未规定债权人在公司分立的情况下有权要求公司清偿债务或者提供相应的担保，新《公司法》与其保持相同的要求。本条在内容上基本延续2018年修正案第175条的规定，增加在国家企业信用信息公示系统公告的途径，规定公司分立的程序（编制资产负债表和财产清单、作出分立决议、分割财产）和通知公告债权人的义务。

本条争议点在于公司分立时是否需为债务人设立财务保障，即本条中是否应当规定赋予债权人要求公司清偿债务或者提供相应担保的权利。从本次修订的结果可知，基于即时的偿债能力检测对公司造成的负担较重，且2018年修正案关于公司减资制度中类似要求在实践中也带来不少弊端，加之公司分立的场合并不会导致公司的资产流失或向股东输送不正当利益，以及公司分立前的债务由分立后的公司承担连带责任，故而最终立法层面认为该种场合中对债权人利益的维护不必采取该种即时清偿的模式。

【实务研究】

1.公司实务：本条所说的"分立决议"，仅指股东会决议，不包括董事会决议。"对公司分立作出决议"属于股东会的职权（新《公司法》第59条第1款第7项、第60条、第112条、第172条），这跟新《公司法》第219条规定的简易合并经董事会决议即可是不同的。

关于公司分立后债务承担问题，根据2018年修正案第176条、新《公司法》第223条以及《最高人民法院关于审理与企业改制相关的民事纠纷案件若干问题的规定》（2020修正）第12条、第13条，债权人与公司对原企业的债务承担有约定的，约定优先；没有约定、约定不明或者未经债权人认可的，分立后的企业应当承担连带责任；承担连带责任后，各分立的企业间对原企业债务承担有约定的，约定优先；没有约定或者约定不明的，根据分立时的资产比例分担。

同样，本条也新增在"国家企业信用信息公示系统"上公告的替代选择。公司同样需要注意债权人通知与分立公告是两个独立程序，不能以公告替代债权人通知程序。

2.律师实务：基于和新《公司法》第220条相同理由，律师可以建议债权人定期查询工商登记信息来获知公司相关信息。

【关联规定】

《证券法》第77条：国务院证券监督管理机构依照本法制定上市公司收购的具体办法。

上市公司分立或者被其他公司合并，应当向国务院证券监督管理机构报告，并予公告。

《民诉法解释》第22条：因股东名册记载、请求变更公司登记、股东知情权、公司决议、公司合并、公司分立、公司减资、公司增资等纠纷提起的诉讼，依照民事诉讼法第二十七条规定确定管辖。

《最高人民法院关于审理外商投资企业纠纷案件若干问题的规定（一）》（2020修正）第2条：当事人就外商投资企业相关事项达成的补充协议对已获批准的合同不构成重大或实质性变更的，人民法院不应以未经外商投资企业审批机关批准为由认定该补充协议未生效。

前款规定的重大或实质性变更包括注册资本、公司类型、经营范围、营业期限、股东认缴的出资额、出资方式的变更以及公司合并、公司分立、股权转让等。

 第二百二十三条【分立前债务的承担】*

2018 年修正案	新《公司法》
第一百七十六条　公司分立前的债务由分立后的公司承担连带责任。但是,公司在分立前与债权人就债务清偿达成的书面协议另有约定的除外。	第二百二十三条　公司分立前的债务由分立后的公司承担连带责任。但是,公司在分立前与债权人就债务清偿达成的书面协议另有约定的除外。

【内容变化】

本条无变化。

【分析解读】

本条规定公司分立后的法律后果,即有两种处理方式:(1)若有书面协议(主要为债务清偿协议),按照协议执行。需要明确的是:该协议主体为债权人与分立前公司。(2)若无协议约定的,公司分立前债务由分立后的公司承担连带责任。

本条所说的“公司在分立前与债权人就债务清偿达成的书面协议另有约定”,从两个方面对分立前的公司与其债权人之间关于债务清偿的协议作了限制性规定:一是在协议达成时间上须为“在分立前”达成,二是在协议形式上须为“书面协议”。这比《民法典》第 67 条第 2 款所说的“法人分立的,其……义务由分立后的法人……承担连带债务,但是债权人和债务人另有约定的除外”更为严格。不过,即使分立前的公司没有在分立前与其债权人达成书面协议而是由分立后的各个公司与债权人在分立后达成协议,即使达成的协议没有采用书面形式,也可以适用《民法典》第 67 条第 2 款所说的“但是债权人和债务人另有约定的除外”。

与公司的合并有所不同的是,此处的债权人没有异议权,主要是因为公司分立后是由分立后公司承担连带责任,此种责任规定对于债权人没有实质影响;而公司合并虽然从表面上看起来公司财产和债务在合并前后未有变化,但合并会改变原来债权人成功受偿率。

【实务研究】

1.公司实务:分立后公司在分立中确认取得分立前公司的资产、负债,仅限于分立前公司账面上原已确认的资产和负债,分立中不产生新的资产和负债,分立前公司可在分立前与债权人签订债务清偿协议,约定债务如何清偿。需要注意的是,此协议因关系到债权人的利益,所以应当经过债权人的同意,未经债权人同意的债务分配协议无效。公司未能与债权人

＊　执笔人:林红燕。

就清偿债务或者提供担保达成协议的,或者债务分配协议规定不明或根本没有规定的,债务由分立后的公司承担连带责任。

2.律师实务:虽然新《公司法》本身没有赋予债权人阻止公司分立的法定权利,也没有赋予债权人要求公司提供担保或清偿债务的法定权利。但司法实践中,因公司分立而引起的债务纠纷案件数量和比例均不低。在处理关于公司分立所涉债务连带责任承担相关案件时,司法机关主要从以下层次考量:

(1)分立前公司与债权人就债务清偿没有达成书面协议的,原有债务由分立后各个公司承担连带责任,承担后内部按照获得财产比例分担。

(2)分立前公司与债权人就债务清偿达成书面协议的,按照协议约定承担债务。且在该种情形下,如果清偿协议由全体债权人同意,则协议对全体债权人产生约束力;如果仅是部分债权人同意该协议,则协议仅对同意部分债权人产生约束力,对不同意的债权人所对应的债务,仍然由分立后的各公司承担连带责任。

(3)分立企业之间就债务清偿存在协议的,未经债权人明示同意,仍由分立后的各公司承担连带责任。承担连带责任后,分立后的各公司可以按照内部协议约定互相追偿。[①]

因此,顾问律师在提供法律服务时,应当重点考量分立协议中对既有债务的清偿或承担安排,就债务清偿协议尽量获得各债权人的支持,给予各债权人按期偿付的信心,避免因公司分立而集中引发债务纠纷。

【关联规定】

《民法典》第67条第2款:法人分立的,其权利和义务由分立后的法人享有连带债权,承担连带债务,但是债权人和债务人另有约定的除外。

《最高人民法院关于审理与企业改制相关的民事纠纷案件若干问题的规定》第12条:债权人向分立后的企业主张债权,企业分立时对原企业的债务承担有约定,并经债权人认可的,按照当事人的约定处理;企业分立时对原企业债务承担没有约定或者约定不明,或者虽然有约定但债权人不予认可的,分立后的企业应当承担连带责任。

《上市公司章程指引》第24条:公司不得收购本公司股份。但是,有下列情形之一的除外:(一)减少公司注册资本;(二)与持有本公司股份的其他公司合并;(三)将股份用于员工持股计划或者股权激励;(四)股东因对股东大会作出的公司合并、分立决议持异议,要求公司收购其股份;(五)将股份用于转换公司发行的可转换为股票的公司债券;(六)公司为维护公司价值及股东权益所必需。

第30条:公司持有百分之五以上股份的股东、董事、监事、高级管理人员,将其持有的本公司股票或者其他具有股权性质的证券在买入后六个月内卖出,或者在卖出后六个月内又买入,由此所得收益归本公司所有,本公司董事会将收回其所得收益。但是,证券公司因购入包销售后剩余股票而持有百分之五以上股份的,以及有中国证监会规定的其他情形的除外……

第154条:公司的公积金用于弥补公司的亏损、扩大公司生产经营或者转为增加公司资本。但是,资本公积金将不用于弥补公司的亏损。

---

① 最高人民法院民事审判第二庭编:《公司案件审判指导》,法律出版社2014年版,第549页。

法定公积金转为资本时,所留存的该项公积金将不少于转增前公司注册资本的百分之二十五。

第176条:公司分立前的债务由分立后的公司承担连带责任。但是,公司在分立前与债权人就债务清偿达成的书面协议另有约定的除外。

第193条:释义:(一)控股股东,是指其持有的普通股(含表决权恢复的优先股)占公司股本总额百分之五十以上的股东;持有股份的比例虽然不足百分之五十,但依其持有的股份所享有的表决权已足以对股东大会的决议产生重大影响的股东。(二)实际控制人,是指虽不是公司的股东,但通过投资关系、协议或者其他安排,能够实际支配公司行为的人。(三)关联关系,是指公司控股股东、实际控制人、董事、监事、高级管理人员与其直接或者间接控制的企业之间的关系,以及可能导致公司利益转移的其他关系。但是,国家控股的企业之间不仅因为同受国家控股而具有关联关系。

 ## 第二百二十四条【同比例减资原则】*

2018 年修正案	新《公司法》
第一百七十七条　公司需要减少注册资本时,必须编制资产负债表及财产清单。 公司应当自作出减少注册资本决议之日起十日内通知债权人,并于三十日内在报纸上公告。债权人自接到通知书之日起三十日内,未接到通知书的自公告之日起四十五日内,有权要求公司清偿债务或者提供相应的担保。	第二百二十四条　公司减少注册资本,应当编制资产负债表及财产清单。 公司应当自股东会作出减少注册资本决议之日起十日内通知债权人,并于三十日内在报纸上或者国家企业信用信息公示系统公告。债权人自接到通知之日起三十日内,未接到通知的自公告之日起四十五日内,有权要求公司清偿债务或者提供相应的担保。 公司减少注册资本,应当按照股东出资或者持有股份的比例相应减少出资额或者股份,法律另有规定、有限责任公司全体股东另有约定或者股份有限公司章程另有规定的除外。

【内容变化】

一是在表述上将"公司需要减少注册资本时"改为"公司减少注册资本","必须"改为"应当";二是明确由股东会作出决议,不再区分股份有限公司和有限责任公司;三是新增公告途径;四是新增"公司减少注册资本,应当按照股东出资或者持有股份的比例相应减少出资额或者股份,法律另有规定、有限责任公司全体股东另有约定或者股份有限公司章程另有规定的除外"规定。

【分析解读】

根据新《公司法》第66条,股东会作出修改公司章程、增加或者减少注册资本的决议,以

---

* 执笔人:石文军。

及公司合并、分立、解散或者变更公司形式的决议,应当经代表 2/3 以上表决权的股东通过。就以往的司法及实务经验来看,公司大股东往往会利用持股优势地位控制公司事务,如自行决定实施增减资程序,变相损害小股东利益。本条与 2018 年修正案相比,新增同比例减资的原则性规定及例外规则,一方面维护小股东权益,另一方面兼顾商事实践意思自治,保留公司投资机制的灵活性,即多种特定情况下也允许公司作出非同比减资的决定。

【实务研究】

1.公司实务:从公司角度看,目前在实务中较为常见的方式为投资人与公司签订对赌协议,在协议约定的回购条件触发后由公司回购投资人股权。根据《九民纪要》第 5 条,只有在公司完成减资程序的前提下,投资人才能请求公司回购股权。新《公司法》以对赌协议方式进行的商事投资行为将更为灵活,如所有股东都一致同意某个或某部分股东在满足部分条件时先行退出,抑或后续某股东希望提前通过减资途径退出公司时其他股东均予以认可,即满足本条规定中"全体股东另有约定"的强制性要求,增加商事投资行为的灵活性。

需注意的是,公司减少注册资本时分为内部程序和外部程序:

(1)内部程序

第一,公司编制资产负债表及财产清单。

第二,公司需要召开股东会通过减资决议,公司增加或减少注册资本应属于股东会特别决议事项,有限责任公司必须经代表 2/3 以上表决权的股东通过,股份有限公司必须经出席股东会的股东所持表决权的 2/3 以上通过。

第三,公司实施减资行为正常减资实行按比例原则减少股东的出资或持有的股份,依法另有规定的除外。

(2)外部程序

第一,应该通知和公告债权人,公司应该在股东会作出减资决议之日起 10 日内通知债权人,并且在 30 日内在报纸上或者国家企业信用信息公示系统公告。

第二,债权人异议权行使。公司减资对于债权人来说是个不利影响,与公司合并一样,公司法赋予债权人要求清偿债务或提供担保的权利,如果公司未能行使的,债权人可以反对公司减资。

2.律师实务:本条第 3 款中的按照股东出资的比例相应减少出资额,指的是公司各股东按照各自的出资比例同步减资(各股东以各自的出资额为基数等比例减资),确保各股东在减资前后的出资比例保持不变。这也是"同股同权"的体现,等比例减资有利于实现股东平等。本条第 3 款"有限责任公司全体股东另有约定",指的是有限公司全体股东就公司减资达成的与"按照股东出资的比例相应减少出资额"不同的约定,既可以是仅有某个或某几个股东减少出资额、其他股东不减少出资额,也可以是各个股东按照其他比例减少出资额,等等。因公司减资涉及股东出资额的变动、股东表决权等权利的变动、减资对价的支付和公司财产的减少乃至公司控制权的变动,在公司减少注册资本时,如不"按照股东出资的比例相应减少出资额",则须经全体股东一致同意,否则将侵害相关股东的利益。这是出于尊重公司意思自治,适应商业实践需要的考虑。本条给公司自治留下充分的空间,即特定情况下应当允许公司作出非同比减资的决定。实践中也有部分法院认为,该类减资会直接突破公司设立时的股权分配情况,定向减资除全体股东或者公司章程另有约定外,应当由全体股东一致同意;否则,相应的股东会决议不成立。因此,顾问律师在协助公司制定减资方案时,应根据实际情况及减资目标选择合适的减资方式,同时注意减资程序的合法合规性,避免因减资不当产生法律风险。

【关联规定】

《九民纪要》第 5 条第 2 款:投资方请求目标公司回购股权的,人民法院应当依据《公司法》第 35 条关于"股东不得抽逃出资"或者第 142 条关于"股份回购"的强制性规定进行审查。经审查,目标公司未完成减资程序的,人民法院应当驳回其诉讼请求。

新《公司法》第 66 条。

《市场主体登记管理条例实施细则》第 36 条:市场主体变更注册资本或者出资额的,应当办理变更登记。

公司增加注册资本,有限责任公司股东认缴新增资本的出资和股份有限公司的股东认购新股的,应当按照设立时缴纳出资和缴纳股款的规定执行。股份有限公司以公开发行新股方式或者上市公司以非公开发行新股方式增加注册资本,还应当提交国务院证券监督管理机构的核准或者注册文件。

公司减少注册资本,可以通过国家企业信用信息公示系统公告,公告期 45 日,应当于公告期届满后申请变更登记。法律、行政法规或者国务院决定对公司注册资本有最低限额规定的,减少后的注册资本应当不少于最低限额。

外商投资企业注册资本(出资额)币种发生变更,应当向登记机关申请变更登记。

 第二百二十五条【简易减资】*

2018 年修正案	新《公司法》
/	第二百二十五条　公司依照本法第二百一十四条第二款的规定弥补亏损后,仍有亏损的,可以减少注册资本弥补亏损。减少注册资本弥补亏损的,公司不得向股东分配,也不得免除股东缴纳出资或者股款的义务。 依照前款规定减少注册资本的,不适用前条第二款的规定,但应当自股东会作出减少注册资本决议之日起三十日内在报纸上或者国家企业信用信息公示系统公告。 公司依照前两款的规定减少注册资本后,在法定公积金和任意公积金累计额达到公司注册资本百分之五十前,不得分配利润。

---

* 执笔人:石文军。

【内容变化】

本条为新增条款。

【分析解读】

2018年修正案仅规定普通减资的要求,普通减资需要公告并为债权人进行债务清偿或担保,这给公司造成的经济压力很大,实践中也屡现普通减资过程中违反债权人保护措施的案例。新《公司法》对此进行明确,公司可以通过减少注册资本弥补亏损。

新《公司法》第214条取消资本公积金不得用于弥补公司亏损的法定限制,本条进一步规定公司在盈余公积金、资本公积金仍无法弥补亏损时可以减少注册资本弥补亏损。简易减资程序的出台也适应实践中企业的需求,减轻公司的经济压力。与普通减资程序相比,简易减资无须单独通知债权人,也没有强制性地要求公司编制资产负债表及财产清单,简化减资的流程,便利公司的实际操作。

本条设置了限制条件:第一,减资中不得向股东分配,也不得免除股东缴纳出资或者股款的义务;第二,在法定公积金累计额达到公司注册资本50%前,不得分配利润。《德国股份公司法》在"简易减资"一节第232条规定,如果事后证明公司的亏损低于事前的估计,必须将没有用掉的资金重新划入资本公积金。① 也就是说,公司进行简易减资必须以亏损的数额为限,不允许超出实际亏损数额的部分计入未分配利润,否则将构成资本的变相分配。由此可见对于"简易减资"有特定的限制,但我国并未存在该种限制。整体而言,本条针对减资的不同目的和方式,设置不同债权人保护规则的立法方式,值得肯定。

【实务研究】

1.公司实务:根据新《公司法》,公司弥补亏损的方法主要有三种:一是通过当年利润弥补以前年度的亏损,可以在税前弥补,也可以在税后弥补;二是通过公积金,包括法定公积金、任意公积金和资本公积金,弥补亏损;三是通过减少注册资本弥补亏损。需要注意的是,三种方法是有顺序限制的,这种顺序体现法机关维持和巩固公司股本的倾向,实践中鼓励公司优先以利润弥补亏损。

新《公司法》第225条第1款所说的"减少注册资本弥补亏损的,公司不得向股东分配,也不得免除股东缴纳出资或者股款的义务"和第226条所说的"违反本法规定减少注册资本的,股东应当退还其收到的资金,减免股东出资的应当恢复原状",意味着在以减少注册资本弥补亏损过程中,任何股东均不得从公司获得任何减资对价,股东已认缴但尚未实缴的出资或股款也都不应该因减资而减少或免除,也就是说不得减少注册资本中已认缴但未实缴部分的注册资本。

2.律师实务:律师需要了解在减资过程中公司可能存在的风险,例如未按照以上提及的方法顺序弥补亏损、未按照法定程序进行减资等,需要对公司内部成员进行培训并对公司相关程序进行监管。根据公司对法律服务的需要,协助公司梳理、编制资产负债表及财产清单,起草减资方案、减资决议、通知债权人书、公告、公司章程、章程修正案等。

---

① ［德］托马斯·莱赛尔、吕迪格·法伊尔:《德国资合公司法》,上海人民出版社2019年第6版,第782页。

【关联规定】

《国务院关于进一步完善国有资本经营预算制度的意见》(六):加强支出管理。国有企业可根据国有资本经营预算重点支持方向和企业发展需要,向出资人单位申报资金需求。要强化支出预算审核和管理,坚持政策导向,区分轻重缓急,提升资金安排使用的科学性、有效性和精准性。严格预算约束,严禁超预算或者无预算安排支出。资金拨付严格执行国库集中支付制度。资本性支出应及时按程序用于增加资本金,严格执行企业增资有关规定,落实国有资本权益,资金注入后形成国家股权和企业法人财产,由企业按规定方向和用途统筹使用,一般无需层层注资,确需收回的依法履行减资程序。费用性支出要严格按规定使用,结余资金主动交回财政。

《最高人民法院关于人民法院强制执行股权若干问题的规定》第8条:人民法院冻结被执行人股权的,可以向股权所在公司送达协助执行通知书,要求其在实施增资、减资、合并、分立等对被冻结股权所占比例、股权价值产生重大影响的行为前向人民法院书面报告有关情况。人民法院收到报告后,应当及时通知申请执行人,但是涉及国家秘密、商业秘密的除外。

股权所在公司未向人民法院报告即实施前款规定行为的,依照民事诉讼法第一百一十四条的规定处理。

股权所在公司或者公司董事、高级管理人员故意通过增资、减资、合并、分立、转让重大资产、对外提供担保等行为导致被冻结股权价值严重贬损,影响申请执行人债权实现的,申请执行人可以依法提起诉讼。

第16条:生效法律文书确定被执行人交付股权,因股权所在公司在生效法律文书作出后增资或者减资导致被执行人实际持股比例降低或者升高的,人民法院应当按照下列情形分别处理:

(一)生效法律文书已经明确交付股权的出资额的,按照该出资额交付股权;

(二)生效法律文书仅明确交付一定比例的股权的,按照生效法律文书作出时该比例所对应出资额占当前公司注册资本总额的比例交付股权。

《最高人民法院关于适用〈中华人民共和国公司法〉若干问题的规定(二)》第5条:人民法院审理解散公司诉讼案件,应当注重调解。当事人协商同意由公司或者股东收购股份,或者以减资等方式使公司存续,且不违反法律、行政法规强制性规定的,人民法院应予支持。当事人不能协商一致使公司存续的,人民法院应当及时判决。

经人民法院调解公司收购原告股份的,公司应当自调解书生效之日起六个月内将股份转让或者注销。股份转让或者注销之前,原告不得以公司收购其股份为由对抗公司债权人。

《公司法司法解释(三)》第18条:有限责任公司的股东未履行出资义务或者抽逃全部出资,经公司催告缴纳或者返还,其在合理期间内仍未缴纳或者返还出资,公司以股东会决议解除该股东的股东资格,该股东请求确认该解除行为无效的,人民法院不予支持。

在前款规定的情形下,人民法院在判决时应当释明,公司应当及时办理法定减资程序或者由其他股东或者第三人缴纳相应的出资。在办理法定减资程序或者其他股东或者第三人缴纳相应的出资之前,公司债权人依照本规定第十三条或者第十四条请求相关当事人承担相应责任的,人民法院应予支持。

《公司法司法解释（五）》第 5 条：人民法院审理涉及有限责任公司股东重大分歧案件时，应当注重调解。当事人协商一致以下列方式解决分歧，且不违反法律、行政法规的强制性规定的，人民法院应予支持：

（一）公司回购部分股东股份；

（二）其他股东受让部分股东股份；

（三）他人受让部分股东股份；

（四）公司减资；

（五）公司分立；

（六）其他能够解决分歧，恢复公司正常经营，避免公司解散的方式。

第二百二十六条【违法减资的法律后果】*

2018 年修正案	新《公司法》
/	第二百二十六条　违反本法规定减少注册资本的，股东应当退还其收到的资金，减免股东出资的应当恢复原状；给公司造成损失的，股东及负有责任的董事、监事、高级管理人员应当承担赔偿责任。

【内容变化】

本条为新增条款。

【分析解读】

2018 年修正案并未规定公司违法减资的法律后果，司法实践中多数按照股东抽逃出资的处理规则来解决违法减资问题。根据《公司法司法解释（三）》，公司或其他股东有权请求返还其出资本息，公司债权人也有权请求其在抽逃出资本息范围内对公司债务不能清偿的部分承担补充赔偿责任，协助抽逃出资的其他股东、董事、高级管理人员或者实际控制人对此承担连带责任。

本条对违法减资的法律后果予以完善。一是因违法减资从公司收到资金等对价的股东，负有向公司退还其所收到的对价的责任（主要适用于实缴出资的股东）；二是因违法减资被减轻或免除出资义务的股东，仍然负有向公司足额缴纳原公司章程规定的出资额的义务（主要适用于未实缴出资的股东）；三是违法减资的股东及负有责任的董事、监事、高级管理人员应当就公司因违法减资受到的损失向公司承担赔偿责任，"损失"应当包含利息。前二者属于恢复原状，后者属于赔偿损失。如此处理，事实上是将违法减资行为按无效的民事法律行为对待。公司享有相应的请求权，即请求因违法减资从公司收到资金等对价的股东退还其收到的资金等对价，请求因违法减资被减免出资义务的股东按照原规定足额缴纳出资，

　＊　执笔人：石文军。

请求违法减资的股东及负有责任的董监高就公司因违法减资受到的损失向公司承担赔偿责任。同时,本条还使得债权人无权直接请求责任股东赔偿,平等保护全体债权人的利益。

【实务研究】

1.公司实务:公司减资属于股东退出公司的法定途径之一,公司在存续期间可能基于不同目的而实施减资行为,一旦公司未履行法定减资程序,往往会产生潜在的法律后果。在司法实践中,公司因缺失通知、公告程序而引发的诉讼纠纷屡见不鲜。新《公司法》出台后,注册资本认缴期限缩短为5年,2013年政府提倡大众创新、万众创业,进入注册资本金认缴的时代,但存在盲目认缴、天价认缴、期限过长等漏洞,新《公司法》将这一漏洞堵住,为规避未足额出资造成的责任风险,对于新《公司法》施行前已登记设立的存量公司,建议持续关注《国务院关于实施〈中华人民共和国公司法〉注册资本登记管理制度的规定》的出台情况,在过渡期内及时依规对公司认缴注册资本进行相应整改(调整出资期限或进行减资),减资或将成常态。存量公司在减资时至少要做到以下几点:

第一,公司减资必须严格遵循法定程序,符合法定要件;

第二,公司已经减资的,应该"回头看",及时复核,内部核实是否可能对债权人利益造成损害,尽早采取措施减少相关风险;

第三,公司的董事、监事及相关管理人员应该严格履行法定及公司章程中约定的义务,协助公司进行合法减资;

第四,遭遇该类纠纷,应当聘请专业人士处理,避免纠纷不可控;

第五,若对巨额债务不具备偿还能力,考虑到非法减资的责任承担,公司应当积极考虑通过引入债权重组、破产清算等方式予以减债。

2.律师实务:在注册资本认缴期限5年制新规下,2025年势必将成为中国企业的"减资元年",对于律师行业来说,也将迎来一个新的业务风口。顾问律师在提供法律服务过程中,可针对公司减资合规、公司减资纠纷处理根据公司实际需要提供专项非诉讼法律服务。基于公司减资业务相对较为复杂,稍有不慎会出现严重的法律后果,在减资流程中,顾问律师要对公司进行必要的尽职调查,摸清企业的资产负债情况、股权分布情况,精准制定减资方案,出具合规的法律及财务文书。同时可以通过减资程序帮助公司梳理公司法人治理的现状,根据公司实际制定新的股权结构及出资方案,完善公司章程,对此前存在的债务风险进行精准防控,帮助公司及股东避免出现新的债务风险,助力公司平稳健康发展。

【关联规定】

新《公司法》第21条、第190条、第253条。

《公司法司法解释(三)》第12条:公司成立后,公司、股东或者公司债权人以相关股东的行为符合下列情形之一且损害公司权益为由,请求认定该股东抽逃出资的,人民法院应予支持:

(一)制作虚假财务会计报表虚增利润进行分配;

(二)通过虚构债权债务关系将其出资转出;

(三)利用关联交易将出资转出;

(四)其他未经法定程序将出资抽回的行为。

第 14 条第 1 款：股东抽逃出资，公司或者其他股东请求其向公司返还出资本息、协助抽逃出资的其他股东、董事、高级管理人员或者实际控制人对此承担连带责任的，人民法院应予支持。

《证券法》第 120 条：经国务院证券监督管理机构核准，取得经营证券业务许可证，证券公司可以经营下列部分或者全部证券业务：

……

证券公司从事证券融资融券业务，应当采取措施，严格防范和控制风险，不得违反规定向客户出借资金或者证券。

第 121 条：证券公司经营本法第一百二十条第一款第（一）项至第（三）项业务的，注册资本最低限额为人民币五千万元；经营第（四）项至第（八）项业务之一的，注册资本最低限额为人民币一亿元；经营第（四）项至第（八）项业务中两项以上的，注册资本最低限额为人民币五亿元。证券公司的注册资本应当是实缴资本。

国务院证券监督管理机构根据审慎监管原则和各项业务的风险程度，可以调整注册资本最低限额，但不得少于前款规定的限额。

《保安服务管理条例》（2022 修订）第 8 条：保安服务公司应当具备下列条件：（一）有不低于人民币 100 万元的注册资本；（二）拟任的保安服务公司法定代表人和主要管理人员应当具备任职所需的专业知识和有关业务工作经验，无被刑事处罚、劳动教养、收容教育、强制隔离戒毒或者被开除公职、开除军籍等不良记录；（三）有与所提供的保安服务相适应的专业技术人员，其中法律、行政法规有资格要求的专业技术人员，应当取得相应的资格；（四）有住所和提供保安服务所需的设施、装备；（五）有健全的组织机构和保安服务管理制度、岗位责任制度、保安员管理制度。

《证券公司监督管理条例》（2014 修订）第 9 条：证券公司的股东应当用货币或者证券公司经营必需的非货币财产出资。证券公司股东的非货币财产出资总额不得超过证券公司注册资本的 30%。

证券公司股东的出资，应当经具有证券、期货相关业务资格的会计师事务所验资并出具证明；出资中的非货币财产，应当经具有证券相关业务资格的资产评估机构评估。

在证券公司经营过程中，证券公司的债权人将其债权转为证券公司股权的，不受本条第一款规定的限制。

第 13 条第 1 款：证券公司增加注册资本且股权结构发生重大调整，减少注册资本，变更业务范围或者公司章程中的重要条款，合并、分立，设立、收购或者撤销境内分支机构，在境外设立、收购、参股证券经营机构，应当经国务院证券监督管理机构批准。

第 14 条：任何单位或者个人有下列情形之一的，应当事先告知证券公司，由证券公司报国务院证券监督管理机构批准：

（一）认购或者受让证券公司的股权后，其持股比例达到证券公司注册资本的 5%；

（二）以持有证券公司股东的股权或者其他方式，实际控制证券公司 5% 以上的股权。

未经国务院证券监督管理机构批准，任何单位或者个人不得委托他人或者接受他人委托持有或者管理证券公司的股权。证券公司的股东不得违反国家规定，约定不按照出资比例行使表决权。

第 16 条：国务院证券监督管理机构应当对下列申请进行审查，并在下列期限内，作出批准或者不予批准的书面决定：……（二）对增加注册资本且股权结构发生重大调整，减少注册资本，合并、分立或者要求审查股东、实际控制人资格的申请，自受理之日起 3 个月……

第 33 条：证券公司不得违反规定委托其他单位或者个人进行客户招揽、客户服务、产品销售活动。

第 43 条：证券公司从事证券自营业务，不得有下列行为：（一）违反规定购买本证券公司控股股东或者与本证券公司有其他重大利害关系的发行人发行的证券；（二）违反规定委托他人代为买卖证券；（三）利用内幕信息买卖证券或者操纵证券市场；（四）法律、行政法规或者国务院证券监督管理机构禁止的其他行为。

第 83 条：证券公司违反本条例的规定，有下列情形之一的，责令改正，给予警告，没收违法所得，并处以违法所得 1 倍以上 5 倍以下的罚款……（一）违反规定委托其他单位或者个人进行客户招揽、客户服务或者产品销售活动……（三）违反规定委托他人代为买卖证券；（四）从事证券自营业务、证券资产管理业务，投资范围或者投资比例违反规定……

第 86 条：违反本条例的规定，有下列情形之一的，责令改正，给予警告，没收违法所得，并处以违法所得 1 倍以上 5 倍以下的罚款……（三）证券公司、资产托管机构、证券登记结算机构违反规定动用客户的交易结算资金、委托资金和客户担保账户内的资金、证券；（四）资产托管机构、证券登记结算机构对违反规定动用委托资金和客户担保账户内的资金、证券的申请、指令予以同意、执行……

第 87 条：指定商业银行有下列情形之一的，由国务院证券监督管理机构责令改正，给予警告，没收违法所得，并处以违法所得 1 倍以上 5 倍以下的罚款……（一）违反规定动用客户的交易结算资金；（二）对违反规定动用客户的交易结算资金的申请、指令予以同意或者执行……

第 90 条：证券公司违反规定收取费用的，由有关主管部门依法给予处罚。

《人民法院办理执行案件规范（第二版）》【股东出资不足的变更、追加】：作为被执行人的营利法人，财产不足以清偿生效法律文书确定的债务，申请执行人申请变更、追加未缴纳或未足额缴纳出资的股东、出资人或依公司法规定对该出资承担连带责任的发起人为被执行人，在尚未缴纳出资的范围内依法承担责任的，人民法院应予支持。

在注册资本认缴制下，股东依法享有期限利益。债权人以公司不能清偿到期债务为由，请求未届出资期限的股东在未出资范围内对公司不能清偿的债务承担补充赔偿责任的，人民法院不予支持。但是，下列情形除外：（一）公司作为被执行人的案件，人民法院穷尽执行措施无财产可供执行，已具备破产原因，但不申请破产的；（二）在公司债务产生后，公司股东（大）会决议或以其他方式延长股东出资期限的。

《最高人民法院关于人民法院强制执行股权若干问题的规定》第 16 条：生效法律文书确定被执行人交付股权，因股权所在公司在生效法律文书作出后增资或者减资导致被执行人实际持股比例降低或者升高的，人民法院应当按照下列情形分别处理：（一）生效法律文书已经明确交付股权的出资额的，按照该出资额交付股权；（二）生效法律文书仅明确交付一定比例的股权的，按照生效法律文书作出时该比例所对应出资额占当前公司注册资本总额的比例交付股权。

第二百二十七条【增资优先认缴权】*

2018 年修正案	新《公司法》
第三十四条　股东按照实缴的出资比例分取红利;公司新增资本时,股东有权优先按照实缴的出资比例认缴出资。但是,全体股东约定不按照出资比例分取红利或者不按照出资比例优先认缴出资的除外。	第二百二十七条　有限责任公司增加注册资本时,股东在同等条件下有权优先按照实缴的出资比例认缴出资。但是,全体股东约定不按照出资比例优先认缴出资的除外。 　股份有限公司为增加注册资本发行新股时,股东不享有优先认购权,公司章程另有规定或者股东会决议决定股东享有优先认购权的除外。

【内容变化】

　　本条新增明确股份有限公司股东不享有增资后的优先认缴权,但书规定公司章程另有规定或股东会决议决定的例外规则。

【分析解读】

　　本条第 1 款系有限公司新增资本优先认缴权规定,法条从两个方面作了限制:一是在条件方面,须"在同等条件下"享有和行使优先认缴权;在"非同等条件"下,既不享有也无权行使优先认缴权。二是在数量方面,须"按照实缴的出资比例"享有和行使,对于超过其实缴出资比例部分的新增资本,不享有法定的优先认缴权。同时本款也允许有限公司全体股东在协商一致的基础上对新增资本的优先认缴问题自行约定。只要全体股东达成一致约定,就应当按照约定办理;反之,则仍然按照前款约定执行。新增这一例外规定的原因在于,新股优先认购权本质上是股东的自益权,与其他民事权利一样,应当遵从当事人自由处分的原则,只要全体股东均作出同意的意思表示,就意味着全体股东对既有权利的放弃和处分,应该得到公司的尊重。但放弃该权利的前提是全体股东一致决定,不能是多数人的表决,因为这涉及每个股东的法定权利,不可以被多数表决排除适用。

　　本条第 2 款系股份公司增加注册资本发行新股之规定,此种情形下股东原则上不享有优先认购权,但是公司章程作了与本款规定不同的规定,或是股东会决议作了股东享有优先认购权的决定的情形除外。与公司章程对应,此处的"股东会决议"应理解为股东会特别决议,需经出席股东会会议的股东所持表决权的 2/3 以上通过。

【实务研究】

　　1.公司实务:本条第 1 款但书条款为有限公司实行多样化的新增资本优先认缴制度留出空间。公司在进行制度架构设计、律师在协助公司进行制度架构设计时,既可以约定全体股东按照认缴的出资比例享有优先认缴权,也可以约定部分股东享有优先认缴权、部分股东

---

　　*　执笔人:许畅文。

不享有优先认缴权、部分股东享有超额优先认缴权,也可以约定存在特定情形(比如股东出资未到位或股东出现违法、违反公司章程的行为)时不享有优先认缴权,还可对股东的优先认缴权设置不同的顺位等,该条款彰显新《公司法》对商事意思自治规则的充分保障。创业公司在发展过程中会经历多轮融资,理想情况下,公司的估值逐轮攀升,公司的股价也随之提升。但很多时候并非一帆风顺,在多种因素的综合影响下,公司的股价也有可能较前一轮有所下降,构成"折价融资"①(down round)。为应对可能的"折价融资"情形,投资人往往会要求在融资的交易文件中加入反稀释条款,尽量规避财产因股价波动造成的减损。在投融资交易中,非上市股份有限公司的股东之间也会不时约定反稀释权②。因此,在授权资本制③落地后的投融资交易中,股份有限公司授权资本的发行和公司章程或者其他类似文件约定的股东优先认购权和反稀释权(如有)的协调关系需要在相关交易文件中予以注意。

公司经营发展过程中常常会出现需要引入外部投资的情形,对注重人合性的有限责任公司,法律赋予其股东优先认购权,当然股份有限公司也可通过一定形式创设优先认购权,在股东享有优先认购权的情形下,公司在拟引入外部投资者进行增资时注意应当明确将增资事宜告知其现有股东,并遵循其认购意愿,确保其现有股东可顺畅行使其优先认购权。相应地,在获悉具备优先认购权的行使条件后,现有股东如有意愿优先认缴的,也应在合理期限内依法作出明确的意思表示以行使其权利。

2.律师实务:律师在协助公司进行公司架构设计时要综合考量公司规模、发展规划等多种因素,促成利于公司发展的新增资本优先认缴权约定。具备资本战略规划的公司必然需要进行股权架构的设计,面对有融资、上市、股权激励、控制权、节税等内在诉求的公司,作为协助者的律师应当在制定员工股权激励的相关制度文件时,考虑新《公司法》的影响,使得实施员工股权激励时能够更好地维护公司、员工、创始人、投资人等各方利益。而对新《公司法》生效前已实施的员工股权激励,需要跟踪新《公司法》及其配套制度的后续进展,结合各方利益,在尽量达到平衡的情况下及时调整员工股权激励相关机制,合法合规地帮助公司对其制度进行重大变革。

【关联规定】

《上市公司证券发行注册管理办法》第3条:上市公司发行证券,可以向不特定对象发行,也可以向特定对象发行。

向不特定对象发行证券包括上市公司向原股东配售股份(以下简称配股)、向不特定对象募集股份(以下简称增发)和向不特定对象发行可转债。

向特定对象发行证券包括上市公司向特定对象发行股票、向特定对象发行可转债。

《公司法司法解释(三)》第16条:股东未履行或者未全面履行出资义务或者抽逃出资,公司根据公司章程或者股东会决议对其利润分配请求权、新股优先认购权、剩余财产

---

① 折价融资:在投资人完成目标公司投资后,该公司在随后的融资轮次中,公司的估值或者每股股价低于前一轮融资中公司的估值或每股价格。

② 反稀释权:投资人遭遇折价融资,那么被投公司或创始人应补偿投资人所持有股份价值被稀释的部分。

③ 授权资本制:公司设立时,在章程中载明公司发行的股本总数,发起人仅需认缴或认购部分发行股本,公司即可成立的资本制度。

分配请求权等股东权利作出相应的合理限制,该股东请求认定该限制无效的,人民法院不予支持。

 第二百二十八条【增资认缴义务】＊

2018 年修正案	新《公司法》
第一百七十八条　有限责任公司增加注册资本时,股东认缴新增资本的出资,依照本法设立有限责任公司缴纳出资的有关规定执行。 股份有限公司为增加注册资本发行新股时,股东认购新股,依照本法设立股份有限公司缴纳股款的有关规定执行。	第二百二十八条　有限责任公司增加注册资本时,股东认缴新增资本的出资,依照本法设立有限责任公司缴纳出资的有关规定执行。 股份有限公司为增加注册资本发行新股时,股东认购新股,依照本法设立股份有限公司缴纳股款的有关规定执行。

【内容变化】

本条无变化。

【分析解读】

本条是公司增资时股东新增资本的认缴出资规定,公司增资时有限公司的股东出资、公司增发新股时股份公司的股东股款缴纳,分别与对应形式公司设立时的股东认缴出资的责任一致。公司股东出资义务的具体履行应按照货币出资应当足额存入公司在银行开设的账户,非货币出资则应当依法办理财产权转移手续。另外,股东增资的出资期限可参照新《公司法》对有限责任公司和股份有限公司设立阶段的规定。有限责任公司实行注册资本的限期认缴制,全体股东认缴出资额的具体缴纳期限由公司章程规定,最长不得超过 5 年。公司设立与公司增资时注册资本登记的区别在于,最长认缴期的起算点不同。公司设立时发起人的出资期限不得超过公司成立后 5 年,公司增资时股东的出资期限不得超过认缴后 5 年。股份有限公司施行注册资本实缴制,无论是设立公司还是新增资本,均应在股东认缴时足额缴纳出资。

【实务研究】

1.公司实务:新《公司法》规定有限责任公司的注册资本实缴制度。认购股份有限公司新增股份的股东应当在公司办理完毕股本总额的工商变更登记之前将购股款缴足。这一规定将对股份有限公司常见的先搭建员工持股平台,待员工未来行权后再出资的做法构成直接影响,进而改变股份有限公司实施员工股权激励的路径和时点。股权代持的,显名股东应将股权尽快归还给隐名股东。在五年实缴制下,股东无法再通过延长出资期限的方式延缓出资。此时,显名股东存在被强制出资,或者被公司债权人要求承担补充赔偿责任的风险。因此,建议相关显名股东将股权及时归还给隐名股东,让隐名股东在公司中进行显名,避免

＊　执笔人:许畅文。

自身承担实缴出资或补充赔偿的责任。

2.律师实务:对于出资期限的要求同样适用于公司增资或发行新股时的新增部分出资。5年实缴期限不仅约束公司新设资本的实缴,同样约束公司设立后的增资实缴到位时间。

【关联规定】

新《公司法》第47条第1款、第48条、第49条、第98条。

《财政部关于印发〈企业公司制改建有关国有资本管理与财务处理的暂行规定〉的通知》第22条:公司制企业吸收新的股东而增资,或者由部分股东增资,新增出资应当按照公司制企业账面每股净资产折股,或者按照原有股东协商的比例折股。

第十二章　公司解散和清算

导　言 *

　　本章是 2018 年修正案第十章"公司解散和清算"在新《公司法》新增章节后的原有内容修订,本次修订完善公司退出机制,新增公司出现解散事由时可存续的情形,明确清算义务人及其赔偿责任,新增公司简易注销及强制注销制度等,存在诸多亮点。

　　解散清算是当前我国市场经济体制下,公司退出市场的主要方式,是企业生命周期的重要一环,承担着权利保护、公司治理、纠纷处理、市场稳定等多项重要功能。可以说,解散清算的制度功能能否充分发挥,对整个公司制度和市场经济的影响是全周期的,也是溯及既往的,即不仅关系到公司解散后各股东、债权人和相关利害关系人合法权益能否依法维护,同时也向前溯及,对公司在设立和运营期间的治理结构、决策机构、运行效率、责任机制等产生间接的影响。

　　自 1993 年至 2023 年,我国公司法已先后经历了 1999 年、2004 年、2005 年、2013 年、2018 年 5 次修改及施行,但从目前的实践来看,大量已实质终止经营活动的公司并未通过规范的清算程序依法有序退出市场,而是成为名存实亡的"僵尸企业",或者通过股东签署承诺书等"简易注销"程序不规范地加以注销,刻意规避公司法规定的清算程序,使得基于公司行为产生的纠纷基于公司主体的消亡,继而遗留、转变为债权债务争议和社会矛盾纠纷,给债权人、公司职工、投资者的合法权益造成严重侵害。分析造成上述问题的原因,一个重要方面在于现行法律对公司解散清算制度的设置仍存在不完备之处,亟须从法律制度层面对缺漏事项进行修补,对已有规定但仍影响解散清算制度功能充分发挥的重大事项进行修正。

　　2023 年 12 月 29 日,第 14 届全国人民代表大会常务委员会第 7 次会议通过了对《公司法》的修订,新《公司法》于 2024 年 7 月 1 日起施行,新《公司法》对公司解散与清算章节的部分规定进行实质性修改,对公司解散与清算的相关规定进行优化,更好地完善公司退出机制。

　　如,新《公司法》明确董事为公司的清算义务人。2018 年修正案第 183 条虽规定"公司因本法第一百八十条第(一)项、第(二)项、第(四)项、第(五)项规定而解散的,应当在解散事由出现之日起十五日内成立清算组,开始清算。有限责任公司的清算组由股东组成,股份有限公司的清算组由董事或者股东大会确定的人员组成。"但并未从制度上明确规定公司的清算义务人。《民法典》施行后,第 70 条第 2 款规定:"法人的董事、理事等执行机构或者决策机构的成员为清算义务人。法律、行政法规另有规定的,依照其规定。"该条款率先将董事定义为"清算义务人",但基于我国民商合一的体例,在公司法未作出明确规定

---

　　* 执笔人:季金华。

的情况下，司法审判实践较难适用《民法典》中的一般性规定直接介入公司制度层面的裁判实践，因此，仅依靠《民法典》尚不足以完成完善清算义务人制度的功能。而新《公司法》第232条明确规定"董事为公司清算义务人，应当在解散事由出现之日起十五日内组成清算组进行清算"，同时，董事亦是默认的清算组成员，除非公司章程另有规定或者股东会决议另选他人才可免除清算义务。此外，清算义务人未及时履行清算义务，给公司或者债权人造成损失的，应当承担赔偿责任。该处修改强化董事的清算义务与责任，与其享有的经营管理权相匹配，同时允许章程和股东会决议另选他人作为清算义务人，也保障公司的自治权。

同时，新《公司法》还新增公司自愿解散情形下继续存续的规则。在公司符合自愿解散的法定条件，即公司章程规定的营业期限届满，公司章程规定的解散事由出现，股东会决议解散公司的情况下，若公司尚未向股东分配剩余财产，可以通过修改公司章程或经股东会决议使公司继续存续。公司股东会对前述事项的决议，须经2/3多数决通过，进一步保障公司资产和股东权利。

针对前文所述的不规范注销问题，新《公司法》还新增简易注销制度和强制注销制度。通过简易注销制度，进一步降低企业退出市场的成本，同时明确简易注销制度的适用条件和股东就注销前存在的公司债务承担连带责任的后果，使得简易注销程序更加规范合理。对前文所述的"僵尸企业"问题，新《公司法》则规定强制注销制度。根据2018年修正案，公司登记机关只能根据公司的申请依法注销公司登记。为解决长期以来备受困扰的"僵尸企业"等痛点问题，新《公司法》确立强制注销制度，在公司被吊销营业执照、责令关闭或被撤销、满三年未清算完毕三种情形下，公司登记机关可在国家企业信用信息公示系统公告未有异议后注销公司登记，原公司股东、清算义务人的责任不受影响。

同时，本章还针对公司解散事由、公司解散诉讼、清算组的组成及职权、公司清算流程等一般性条款进行梳理和更新，对2018年修正案在公司解散清算领域进行系统性的制度修补。

第二百二十九条【公司解散事由】[*]

2018 年修正案	新《公司法》
第一百八十条　公司因下列原因解散： （一）公司章程规定的营业期限届满或者公司章程规定的其他解散事由出现； （二）股东会或者股东大会决议解散； （三）因公司合并或者分立需要解散； （四）依法被吊销营业执照、责令关闭或者被撤销； （五）人民法院依照本法第一百八十二条的规定予以解散。	第二百二十九条　公司因下列原因解散： （一）公司章程规定的营业期限届满或者公司章程规定的其他解散事由出现； （二）股东会决议解散； （三）因公司合并或者分立需要解散； （四）依法被吊销营业执照、责令关闭或者被撤销； （五）人民法院依照本法第二百三十一条的规定予以解散。 　　公司出现前款规定的解散事由，应当在十日内将解散事由通过国家企业信用信息公示系统予以公示。

---

　　* 执笔人：季金华。

【内容变化】

新增公司解散应通过国家企业信用信息公示系统公示解散事由的规定,删除"股东大会"的表述,修改司法解散法条依据对应的条目。

【分析解读】

公司解散,即停止公司对外的一切经营活动,并开始清算(合并、分立除外),使公司法人主体资格归于消灭的行为。本条以列举的方式规定公司解散事由,新增将公司解散事由在国家企业信用信息公示系统公示的规定,其余内容基本延续了 2018 年修正案第 180 条的内容。

2018 年修正案第 180 条规定公司的解散事由,新《公司法》第 229 条除删除了"股东大会"表述、修改司法解散法条依据对应的条目等非实质性变动外,还补充公司解散事由的公示规则,即"应当在十日内将解散事由通过国家企业信用信息公示系统予以公示"。该处修改将"公司的解散事由"纳入新《公司法》第 40 条第 4 项"法律、行政法规规定的其他信息"的范畴,顺应电子化和信息化的时代要求。

【实务研究】

1.公司实务:新《公司法》新增国家企业信用信息公示系统为公司解散、清算的法定公告渠道,吸收《市场主体登记管理条例实施细则》的相关内容,拓宽企业的公告渠道,有利于债权人更加便捷地查询相关公告信息。公司在与市场经济主体开展相关业务时,应注意使用国家企业信用信息公示系统对合同相对方的主体存续情况进行核查,规避该合同相对方因主体问题产生履约不能的合同风险。

2.律师实务:本条修订顺应电子化和信息化时代的发展要求。但本条没有直接规定公司未履行解散事由公示义务的责任承担问题,立法机关后续修订《市场主体登记管理条例》及相应实施细则时可能会对违反本条款的行政及民事责任作出规制。律师在为公司提供日常法律服务过程中,应当注意利用国家企业信用信息公示系统等信息公开平台,严格筛查审核交易相对方的主体信息,及时向公司提示主体不合格的法律风险,避免合同签署后相对方因解散清算造成履约不能及相关损失的风险。

【关联规定】

《民法典》

第 68 条:有下列原因之一并依法完成清算、注销登记的,法人终止:

(一)法人解散;

(二)法人被宣告破产;

(三)法律规定的其他原因。

法人终止,法律、行政法规规定须经有关机关批准的,依照其规定。

第 69 条:有下列情形之一的,法人解散:

(一)法人章程规定的存续期间届满或者法人章程规定的其他解散事由出现;

(二)法人的权力机构决议解散;

(三)因法人合并或者分立需要解散;

（四）法人依法被吊销营业执照、登记证书，被责令关闭或者被撤销；

（五）法律规定的其他情形。

 第二百三十条【发生解散事由时可存续情形】*

2018 年修正案	新《公司法》
第一百八十一条　公司有本法第一百八十条第（一）项情形的，可以通过修改公司章程而存续。 依照前款规定修改公司章程，有限责任公司须经持有三分之二以上表决权的股东通过，股份有限公司须经出席股东大会会议的股东所持表决权的三分之二以上通过。	第二百三十条　公司有前条第一款第一项、第二项情形，且尚未向股东分配财产的，可以通过修改公司章程或者经股东会决议而存续。 依照前款规定修改公司章程或者经股东会决议，有限责任公司须经持有三分之二以上表决权的股东通过，股份有限公司须经出席股东会会议的股东所持表决权的三分之二以上通过。

【内容变化】

本条为修订条款，明确公司在特定解散事由出现后通过修改公司章程或经股东会决议存续，须同时满足两个条件：一是公司出现以下任一解散事由即"公司章程规定的营业期限届满"、"公司章程规定的其他解散事由出现"或"公司权力机构决议解散"，二是公司尚未向股东分配公司的剩余财产。

【分析解读】

就前述条件二来说，从文义解释角度看，只要公司开始向股东分配公司剩余财产，即不再适用本条之规定"可以通过修改公司章程或者经股东会决议而存续"，并且即使公司在出现相应的解散事由之后成立清算组并开展相应的清算活动，制定并确认了清算方案，甚至已经根据新《公司法》第236条之规定"支付清算费用、职工的工资、社会保险费用和法定补偿金，缴纳所欠税款，清偿公司债务"，只要还没有开始向股东分配剩余财产，就都满足"尚未向股东分配财产"之限定条件，可以适用本条之公司特殊解散事由出现时可存续情形。

【实务研究】

1.公司实务：根据《企业注销指引》的相关规定，公司解散可分为自愿解散和强制解散。自愿解散包括：公司章程规定的营业期限届满或者公司章程规定的其他解散事由出现，股东会或者股东大会决议解散，因公司合并或者分立需要解散，等等。新《公司法》为股东会决议解散情形增设可以经股东会决议继续存续的程序，增加公司在自愿解散情形下的挽回手段，既体现公司自治原则，也增加公司继续存续的途径，为公司解决该类解散问题提供新的思路。

---

* 执笔人：季金华。

2.律师实务:本条第 2 款规定公司特定情形下继续存续的股东会表决比例,该比例与新《公司法》第 66 条第 3 款、第 116 条第 3 款股东会作出公司解散决议所需的表决比例一致。在公司股东会作出公司解散的决议之后又经股东会决议存续的情况下,新《公司法》本身没有直接规定对该项决议投反对票的股东有权请求公司按照合理的价格收购其股权或股份。

 第二百三十一条【解散公司诉讼】*

2018 年修正案	新《公司法》
第一百八十二条　公司经营管理发生严重困难,继续存续会使股东利益受到重大损失,通过其他途径不能解决的,持有公司全部股东表决权百分之十以上的股东,可以请求人民法院解散公司。	第二百三十一条　公司经营管理发生严重困难,继续存续会使股东利益受到重大损失,通过其他途径不能解决的,持有公司百分之十以上表决权的股东,可以请求人民法院解散公司。

【内容变化】

本条仅作文字修改,删除"全部股东"并相应调整语序。

【分析解读】

本条内容基本延续了 2018 年修正案第 182 条的内容。公司的解散,根据原因的不同,可以分为三类:一般解散(包括章程、股东会决议约定解散,合并分立解散)、行政强制解散(依法被吊销、责令关闭或被撤销)、公司僵局司法强制解散。本条为上述最后一种情形,即无法以正常途径解散公司的,法律赋予诉讼解决的途径。同时,该条延续之前"通过其他途径不能解决"这个前置性条件,系基于对公司永久存续性特征的考虑,即当公司经营管理发生严重困难,继续存续会使股东利益受到重大损失时,还是寄希望于公司能够通过公司自治等方式解决股东、董事之间的僵局,从而改变公司瘫痪的状态,而不轻易赋予股东通过司法程序强制解散公司的权利。因此,人民法院在受理解散公司诉讼案件时,有必要审查这个条件是否成就的。

【实务研究】

1.公司实务:公司解散之诉为股东认为公司经营管理陷入僵局,希望通过诉讼解散公司,以维护自身合法权益时所拥有的诉权。在司法实践中,"公司僵局"需符合三个重要前提:公司经营管理发生严重困难＋继续存续会使股东利益受到重大损失＋通过其他途径不能解决。

应注意的是,公司股东之间存在矛盾并不是解散公司的法定理由,公司股东应尽可能通过沟通协商的方式化解矛盾,或通过相应诉讼保障自己的合法权益,而非提起公司

＊　执笔人:焦阳。

解散之诉,期望通过消灭公司人格的形式解决争议。公司经营管理严重困难具体情形可参见《最高人民法院关于适用〈中华人民共和国公司法〉若干问题的规定(二)》(以下简称《公司法司法解释(二)》)第 1 条。因此,从公司保持股权结构和经营稳定的角度出发,应当尽量避免出现前述四种情形,即避免陷入公司僵局。在具体的防范方式上,可从以下几个角度考虑:

(1)合理设置股权结构。公司僵局形成的重要原因为股权结构设置不合理,股权设置为五五比例、四六比例或者是三三四比例,导致其中一位股东不予配合,就无法形成重大决策。因此应尽量避免按照上述比例设置股权,或者可以通过公司章程约定不按照出资比例行使表决权,在保障各个股东合法利益的基础上,集中公司控制权。

(2)明确股东会、董事会以及监事会的召开程序与职责。可以在公司章程中明确公司各机构的职权范围,且明确会议召开频率、方式、表决比例等,避免争夺公司控制权或者互相推诿职责的情况出现。

(3)提前设立股权收购或者转让制度。若公司股东对于公司特定决策投反对票时,可通过转让股权、公司收购股权的形式,退出公司。

2.律师实务:顾问律师在提供法律服务时,日常即应注意对公司股东合法权益的保护,协助公司正确开展股东会、股东知情权等涉及股东重要权利行使的重大活动,规避公司僵局和股东解散公司之诉。在应对已发生的股东解散公司之诉时,应当结合法律的相关规定,审慎核查公司解散诉讼中原告的诉讼主体资格,主要可从以下两点出发:

(1)原告应为持有全部股东表决权 10% 以上的股东。

(2)隐名股东不能成为公司解散诉讼的原告。隐名股东通过与显名股东签订《代持协议》对股权享有投资权益。双方之间的权利义务关系,一般应遵循意思自治原则。但涉及双方法律关系之外的问题,则应依据外观主义原则保障交易的稳定性与第三人的信赖利益。由于公司解散涉及公司外部的权利义务人及其他股东,隐名股东不能直接提起公司解散诉讼。隐名股东须先根据《公司法司法解释(三)》第 24 条第 3 款的规定,在经过其他股东过半数同意变更为显名股东后才能直接行使股东权利。[①]

同时,对于"公司经营管理发生严重困难""继续存续会使公司股东利益受到重大损失""通过其他途径不能解决"等实质条件,也应结合法律法规及指导性案例的裁判观点进行详细审查,维护公司的稳定性不受股东恶意诉讼的侵害。

此外,在提起解散之诉时,还应当注意以下问题:

1.被告:为目标公司。股东以其他股东为被告一并提起诉讼的,法院会告知将其他股东变更为第三人,原告拒不变更的,法院会驳回原告对其他股东的起诉。

2.原告在提起解散之诉的同时,又申请法院对公司进行清算的,法院会对清算申请不予受理,待法院判决公司解散后,原告可再行向法院申请清算,或者自行组织清算。

《公司法司法解释(二)》第 1 条还规定法院应予受理股东提起解散之诉的几个事由,律师应当注意合法合规性。

---

① 张嘉军等:《公司纠纷裁判精要与裁判规则》,人民法院出版社 2020 年版,第 280～281 页。

【关联规定】

《公司法司法解释(二)》第1条:单独或者合计持有公司全部股东表决权百分之十以上的股东,以下列事由之一提起解散公司诉讼,并符合公司法第一百八十二条规定的,人民法院应予受理:

(一)公司持续两年以上无法召开股东会或者股东大会,公司经营管理发生严重困难的;

(二)股东表决时无法达到法定或者公司章程规定的比例,持续两年以上不能做出有效的股东会或者股东大会决议,公司经营管理发生严重困难的;

(三)公司董事长期冲突,且无法通过股东会或者股东大会解决,公司经营管理发生严重困难的;

(四)经营管理发生其他严重困难,公司继续存续会使股东利益受到重大损失的情形。

股东以知情权、利润分配请求权等权益受到损害,或者公司亏损、财产不足以偿还全部债务,以及公司被吊销企业法人营业执照未进行清算等为由,提起解散公司诉讼的,人民法院不予受理。

《公司法司法解释(三)》第16条:股东未履行或者未全面履行出资义务或者抽逃出资,公司根据公司章程或者股东会决议对其利润分配请求权、新股优先认购权、剩余财产分配请求权等股东权利作出相应的合理限制,该股东请求认定该限制无效的,人民法院不予支持。

第二百三十二条【清算义务人及其责任】*

2018年修正案	新《公司法》
第一百八十三条　公司因本法第一百八十条第(一)项、第(二)项、第(四)项、第(五)项规定而解散的,应当在解散事由出现之日起十五日内成立清算组,开始清算。有限责任公司的清算组由股东组成,股份有限公司的清算组由董事或者股东大会确定的人员组成。逾期不成立清算组进行清算的,债权人可以申请人民法院指定有关人员组成清算组进行清算。人民法院应当受理该申请,并及时组织清算组进行清算。	第二百三十二条　公司因本法第二百二十九条第一款第一项、第二项、第四项、第五项规定而解散的,应当清算。董事为公司清算义务人,应当在解散事由出现之日起十五日内组成清算组进行清算。 清算组由董事组成,但是公司章程另有规定或者股东会决议另选他人的除外。 清算义务人未及时履行清算义务,给公司或者债权人造成损失的,应当承担赔偿责任。

【内容变化】

本条为修订条款。一是明确董事为公司清算义务人;二是允许公司章程和股东另行选

_____

* 执笔人:焦阳。

定清算组成员;三是新增清算义务人未履行清算义务的赔偿责任;四是法院强制清算的内容移至新《公司法》第233条单独规定。

【分析解读】

2018 年修正案中有限责任公司和股份有限公司清算组成员的确定存在区分规定,但新《公司法》明确规定董事为公司清算义务人,清算组原则上"由董事组成",以"公司章程另有规定或者股东会决议另选他人"为例外,并在此基础上规定"清算义务人未及时履行清算义务,给公司或者债权人造成损失的,应当承担赔偿责任"。该处修改强化董事的清算义务与责任,与其享有的经营管理权匹配;同时,允许章程和股东会决议另选他人作为清算义务人,保障公司自治。

【实务研究】

1.公司实务:该条明确公司董事的清算义务与清算义务人的法律责任,同时通过允许公司章程和股东会决议另选他人作为清算义务人预留公司自治空间。公司在处理清算事宜时应当按照新《公司法》的要求,由相关责任主体按法定程序及时完成清算义务,避免因未及时清算给公司或债权人造成损失,从而承担赔偿责任。

2.律师实务:根据本条第 2 款但书规定,公司章程另行规定或者股东会另选他人时,公司清算组成员可以不由或者不全部由董事组成。此种情形下,作为被本条第 1 款明确为"公司清算义务人"的各个董事或特定董事如被排除在清算组之外,其固然无法行使新《公司法》第 234 条所规定的"清算组在清算期间的职权",也无法履行清算义务。如此时仍直接适用本条第 3 款"清算义务人未及时履行清算义务,给公司或者债权人造成损失的,应当承担赔偿责任"之规定,对于被排除在清算组之外的董事明显是不公平的,可能会引发关联诉讼,存在法律风险。律师在向公司提供法律服务时应注意提前预判并做好风险防范,协助公司明确清算义务主体,并及时按法定要求完成清算工作。

【关联规定】

《民法典》第70条:法人解散的,除合并或者分立的情形外,清算义务人应当及时组成清算组进行清算。

法人的董事、理事等执行机构或者决策机构的成员为清算义务人。法律、行政法规另有规定的,依照其规定。

清算义务人未及时履行清算义务,造成损害的,应当承担民事责任;主管机关或者利害关系人可以申请人民法院指定有关人员组成清算组进行清算。

《公司法司法解释(二)》第2条:股东提起解散公司诉讼,同时又申请人民法院对公司进行清算的,人民法院对其提出的清算申请不予受理。人民法院可以告知原告,在人民法院判决解散公司后,依据民法典第七十条、公司法第一百八十三条和本规定第七条的规定,自行组织清算或者另行申请人民法院对公司进行清算。

第 7 条第 1 款:公司应当依照民法典第七十条、公司法第一百八十三条的规定,在解散事由出现之日起十五日内成立清算组,开始自行清算。

第二百三十三条【强制清算】*

2018 年修正案	新《公司法》
/	第二百三十三条　公司依照前条第一款的规定应当清算，逾期不成立清算组进行清算或者成立清算组后不清算的，利害关系人可以申请人民法院指定有关人员组成清算组进行清算。人民法院应当受理该申请，并及时组织清算组进行清算。 　　公司因本法第二百二十九条第一款第四项的规定而解散的，作出吊销营业执照、责令关闭或者撤销决定的部门或者公司登记机关，可以申请人民法院指定有关人员组成清算组进行清算。

【内容变化】

本条为新增条款。

【分析解读】

本条整体上吸收《公司法司法解释（二）》第 7 条第 2 款之规定，补充清算义务人未及时履行清算义务的情形，既包括逾期不成立清算组进行清算，还包括成立清算组后不清算的；同时，将申请人范围扩大到"利害关系人"，且在公司行政强制解散时，作出决定的部门或公司登记机关也可作为申请人，这有利于尽快组成清算组开始清算程序，保障利益相关者的利益，及时清理违法企业。

本条第 1 款规定公司的利害关系人申请强制清算的两种事由：一是公司解散后依法应当清算，但逾期不成立清算组进行清算；二是公司解散后虽然成立清算组，但清算组不进行清算。所谓"利害关系人"是指能够参与法人清算财产分配的主体，在范围上既包括公司的债权人（包括职工），也包括公司的投资人、董事、监事、高级管理人员等，还包括公司的主管行政机关等。其中，就利害关系人中的债权人而言，只需其具有公司的债权人身份即可，至于其债权数额则在所不问。在公司强制清算事由出现时，各利害关系人处于平等地位，均可申请法院对公司进行强制清算，不存在先后顺序的限制，但都应当对公司存在本条第 1 款规定的强制清算事由和申请人属于"利害关系人"承担举证证明责任。

本条第 2 款主要适用于公司不自行清算、利害关系人也都不申请强制清算的情形，系兜底性强制清算规定，并非"作出吊销营业执照、责令关闭或者撤销决定的部门或者公司登记机关"的法定义务。

---

　　*　执笔人：吕琳琳。

【实务研究】

1.公司实务：新《公司法》第233条通过将申请事由、申请人的范围进行扩大，增加申请法院指定清算组成员进行清算程序的适用情形，给公司清算义务人及时自行组织清算，掌握清算程序启动主动权提出更高的要求，使得公司清算义务人通过怠于启动清算程序拖延或拒不进行清算的效果几近于无，有利于及时完成公司清算，保障利害关系人权益。

2.律师实务：在顾问律师向公司提供法律服务时需注意，新《公司法》第233条第2款针对公司因依法被吊销营业执照、责令关闭或者被撤销而解散的情形，明确作出吊销营业执照、责令关闭或者撤销决定的部门或者公司登记机关可以申请法院对该公司进行强制清算。主要适用于该公司不自行清算、该公司的利害关系人也都不申请强制清算的情形，可以称为"兜底强制清算"。由于该条没有规定作出吊销营业执照、责令关闭或者撤销决定的部门或者公司登记机关申请强制清算须满足特定的条件，因此，在公司依法被吊销营业执照、责令关闭或者被撤销而解散的情形下，作出吊销营业执照、责令关闭或者撤销决定的部门或者公司登记机关可以即刻申请法院对该公司进行强制清算，且在该情形下，强制清算的清算组成员由法院指定，不限于公司的董事，也不限于自然人。顾问律师应当针对可能导致拖延清算、拒不清算的事项及对应的法律后果向公司尽到充分的说明和提示义务，督促公司依法自行组织清算并完成各项清算义务，规避因未能自行清算而被迫进入强制清算的风险。当然，如果对行政机关作出的吊销营业执照、责令关闭或者撤销的行政处罚决定不服，可以提起行政诉讼，客观上会使强制清算有所推延。

【关联规定】

《企业注销指引》：五、特殊情形办理指引……（二）存在无法自行组织清算问题。对于企业已出现解散事宜，但负有清算义务的投资人拒不履行清算义务或者因无法取得联系等情形不能成立清算组进行清算的，债权人、股东、利害关系人等可依照《公司法》《合伙企业法》《个人独资企业法》《农民专业合作社》等法律法规的规定，申请人民法院指定有关人员组成清算组进行清算。清算组在清理财产、编制资产负债表和财产清单后，发现企业财产不足清偿债务的，应当依法向人民法院申请宣告破产。人民法院裁定强制清算或裁定宣告破产的，企业清算组、破产管理人可持人民法院终结强制清算程序的裁定或终结破产程序的裁定，直接向登记机关申请办理注销登记。

《民法典》第70条第3款：清算义务人未及时履行清算义务，造成损害的，应当承担民事责任；主管机关或者利害关系人可以申请人民法院指定有关人员组成清算组进行清算。

《公司法司法解释（二）》第2条：股东提起解散公司诉讼，同时又申请人民法院对公司进行清算的，人民法院对其提出的清算申请不予受理。人民法院可以告知原告，在人民法院判决解散公司后，依据民法典第七十条、公司法第一百八十三条和本规定第七条的规定，自行组织清算或者另行申请人民法院对公司进行清算。

第7条第2款：有下列情形之一，债权人、公司股东、董事或其他利害关系人申请人民法院指定清算组进行清算的，人民法院应予受理：

（一）公司解散逾期不成立清算组进行清算的；

（二）虽然成立清算组但故意拖延清算的；

（三）违法清算可能严重损害债权人或者股东利益的。

 第二百三十四条【清算组职权】*

2018年修正案	新《公司法》
第一百八十四条　清算组在清算期间行使下列职权：	第二百三十四条　清算组在清算期间行使下列职权：
（一）清理公司财产,分别编制资产负债表和财产清单；	（一）清理公司财产,分别编制资产负债表和财产清单；
（二）通知、公告债权人；	（二）通知、公告债权人；
（三）处理与清算有关的公司未了结的业务；	（三）处理与清算有关的公司未了结的业务；
（四）清缴所欠税款以及清算过程中产生的税款；	（四）清缴所欠税款以及清算过程中产生的税款；
（五）清理债权、债务；	（五）清理债权、债务；
（六）处理公司清偿债务后的剩余财产；	（六）分配公司清偿债务后的剩余财产；
（七）代表公司参与民事诉讼活动。	（七）代表公司参与民事诉讼活动。

【内容变化】

本条为修订条款,将"处理公司清偿债务后的剩余财产"修改为"分配公司清偿债务后的剩余财产"。

【分析解读】

为保证清算的各项工作顺利进行,提高清算效率,减少清算损失,维护债权人、股东等相关权利人的合法权益,新《公司法》对清算组在清算期间行使的职权进行明确规定,以确保清算组职责的充分实现。

【实务研究】

1.公司实务：公司清算组应严格按照新《公司法》及相关司法解释规定的程序进行,并做好相应的留痕工作,特别要对已知的债权人进行书面通知。因此,清算组在公司清算时,应详细审查公司的财务账册和公司的业务合同,以避免遗漏债务和遗漏通知已知的债权人。

公司清算时需要终止与公司员工的劳动关系并按照《劳动合同法》的相关规定支付经济补偿金,如因清算程序需要留用部分员工,则需要提前规划员工遣散的时间节点、遣散成本等相关问题。

---

* 执笔人：吕琳琳。

2.律师实务:公司清算涉及法律、财务和税务等多个领域,同时在清算过程中可能遇到各种特殊情形,需要根据具体情况采取相应的解决办法。因此,顾问律师应当协同审计单位、评估单位等专业第三方协助公司制定科学合理的清算方案,严格落实法律法规等各类文件规定的合法合规要求,最大限度降低因清算程序给公司造成的财产损失,保障清算程序顺利完成。对于清算组外购律师、审计、评估等专业服务产生的清算费用,作为公司债务在剩余财产中清偿。

【关联规定】

《劳动合同法》第46条:有下列情形之一的,用人单位应当向劳动者支付经济补偿:……(二)用人单位依照本法第三十六条规定向劳动者提出解除劳动合同并与劳动者协商一致解除劳动合同的……

第47条:经济补偿按劳动者在本单位工作的年限,每满一年支付一个月工资的标准向劳动者支付。六个月以上不满一年的,按一年计算;不满六个月的,向劳动者支付半个月工资的经济补偿。

劳动者月工资高于用人单位所在直辖市、设区的市级人民政府公布的本地区上年度职工月平均工资三倍的,向其支付经济补偿的标准按职工月平均工资三倍的数额支付,向其支付经济补偿的年限最高不超过十二年。

本条所称月工资是指劳动者在劳动合同解除或者终止前十二个月的平均工资。

《企业所得税法》第53条第3款:企业依法清算时,应当以清算期间作为一个纳税年度。

第55条第2款:企业应当在办理注销登记前,就其清算所得向税务机关申报并依法缴纳企业所得税。

《中华人民共和国企业所得税法实施条例》第11条:企业所得税法第五十五条所称清算所得,是指企业的全部资产可变现价值或者交易价格减除资产净值、清算费用以及相关税费等后的余额。投资方企业从被清算企业分得的剩余资产,其中相当于从被清算企业累计未分配利润和累计盈余公积中应当分得的部分,应当确认为股息所得;剩余资产减除上述股息所得后的余额,超过或者低于投资成本的部分,应当确认为投资资产转让所得或者损失。

《民法典》第71条:法人的清算程序和清算组职权,依照有关法律的规定;没有规定的,参照适用公司法律的有关规定。

《公司法司法解释(二)》第11条:公司清算时,清算组应当按照公司法第一百八十五条的规定,将公司解散清算事宜书面通知全体已知债权人,并根据公司规模和营业地域范围在全国或者公司注册登记地省级有影响的报纸上进行公告。

清算组未按照前款规定履行通知和公告义务,导致债权人未及时申报债权而未获清偿,债权人主张清算组成员对因此造成的损失承担赔偿责任的,人民法院应依法予以支持。

第二百三十五条【债权人申报债权】*

2018 年修正案	新《公司法》
第一百八十五条　清算组应当自成立之日起十日内通知债权人,并于六十日内在报纸上公告。债权人应当自接到通知书之日起三十日内,未接到通知书的自公告之日起四十五日内,向清算组申报其债权。 　债权人申报债权,应当说明债权的有关事项,并提供证明材料。清算组应当对债权进行登记。 　在申报债权期间,清算组不得对债权人进行清偿。	第二百三十五条　清算组应当自成立之日起十日内通知债权人,并于六十日内在报纸上或者国家企业信用信息公示系统公告。债权人应当自接到通知之日起三十日内,未接到通知的自公告之日起四十五日内,向清算组申报其债权。 　债权人申报债权,应当说明债权的有关事项,并提供证明材料。清算组应当对债权进行登记。 　在申报债权期间,清算组不得对债权人进行清偿。

【内容变化】

本条修订新增清算组应当在国家企业信用信息公示系统公告。

【分析解读】

本条是对清算组通知并公告债权人及债权人在法定时间内申报债权的规定。一是明确清算组通知、公告债权人的方式及期限;二是债权人申报债权的期限;三是禁止个别清偿。该条文保护债权人的利益。

【实务研究】

1.公司实务:公司在解散清算时,对公司所负的债务有清偿义务,因此,清算组应当通知各债权人尽快申报债权,以便顺利清偿债务。为顺利完成债权登记和债务清偿,避免和减少偿债纠纷,本条对清算组催告债权人申报债权的期限和方式作了限定,本条规定两种催告方式:通告和公告。对于住所明确的债权人,可以用通知书通知其申报债权,而对于住所不明确的债权人,由于难以用通知书通知其申报债权,因此本条规定,清算组应自成立之日起 60 日内在报纸或者国家企业信用信息公示系统上公告,催促债权人申报债权。

若公司为债权人,债权人应在规定的期间内向清算组申报债权。具体来说,收到通知书的债权人应自收到通知之日起 30 日内,向清算组申报债权;未收到通知书的债权人应自公告之日起 45 日内,向清算组申报债权。债权人申报债权时,应在债权申报书中明确就其债权的内容、数额成立的时间和地点、有无担保等事项作出说明,并提供相关证明材料。清算组对债权人提出的债权申报应当逐一查实,并作出准确翔实的登记。债权人逾期不申报债权的,可以视为放弃债权。债权申报期满后,在清算结束前,如果债权人申报债权,并提出其延期申报的理由,则清算组可根据其理由是否充分决定是否接受其债权申报。

---

　* 执笔人:高佳瑞。

在债权申报期间内，清算组不能对个别债权人进行清偿，如果允许清算组在申报债权期间清偿债权，则是对其他后来申报的债权人的权利的严重侵害，这是法律所不允许的。

2.律师实务：由于公司进入清算程序在其法人存续期间一般仅发生一次，因此公司及相关清算义务人对如何依法准确高效地开展清算事宜往往缺乏经验，顾问律师应当及时介入指导执行相关清算事宜。由于清算组成立后通知已知债权人的时限仅为10日，因此在自行清算时，顾问律师应当尽早协助清算组梳理公司的债权债务、确认已知债权人的信息，以便在规定的期限内通知债权人。同时，在获取债权人信息时，顾问律师应当充分发挥其经验，指导公司财务等相关部门从以下几个方面确认已知债权人的范围：

(1)确认公司是否有尚未履行的已生效的裁判文书；

(2)确认公司是否存在未决诉讼、仲裁案件；

(3)确认是否有其他主体通过告知函、通知函等非诉讼方式向公司主张过债权；

(4)从公司的财务资料中确认是否存在未清债务；

(5)确认是否存在未列入公司财务资料的合同债务；

(6)与负责公司经营管理的人员确认公司是否存在其他债务，例如，是否存在劳动者发生工伤且应付劳动者工伤保险待遇或其他报酬的情况，如有，则该劳动者极可能构成已知债权人。

在通知债权人的方式上，顾问律师应当指导清算组通过合同书、信件、电报、电传、传真、可以随时调取查用的数据电文等书面形式完成通知，同时注意保留已通知相关债权人的证据，在可能的情况下应要求债权人出具签收证明，确认其已收到该通知。

在通知的具体内容上，顾问律师应当核查其内容是否体现债权申报的意思表示，并载有有效的债权申报联系方式，具体应当包括清算组成立的时间、清算组成员、债权申报的期限和地点、清算组联系方式、需要提交的证明材料以及未及时申报债权的后果等。需特别注意的是，通知中不得表明是让债权人申报某笔或某几笔具体的债权，不应体现具体债权的信息，而应是告知债权人清算的事实，体现债权申报的意思即可。针对存在争议或已过诉讼时效的债权，若在通知中明确提及，并要求债权人进行申报，则该通知有可能被认定为承认债权或追认债权的意思表示。

【关联规定】

《企业注销指引》：三、企业清算流程……(三)发布清算组信息和债权人公告。清算组自成立之日起10日内，应通过国家企业信用信息公示系统公告清算组信息。同时，清算组应及时通知债权人，并于60日内通过国家企业信用信息公示系统免费向社会发布债权人公告，也可依法通过报纸发布，公告期为45日(个人独资企业无法通知债权人的，公告期为60日)。市场监管部门同步向税务部门共享清算组信息。

1.发布清算组信息。依照相关法律法规，公司、合伙企业、农民专业合作社(联合社)需要依法公告清算组信息，非公司企业法人由主管部门、个人独资企业由投资人自行组织清算，无需公告清算组信息。

企业应通过国家企业信用信息公示系统公告清算组信息，主要包括：名称、统一社会信用代码/注册号、登记机关、清算组成立日期、注销原因、清算组办公地址、清算组联系电话、清算组成员(姓名/名称、证件类型/证照类型、证件号码/证照号码、联系电话、地址、是否为清算组负责人)等。

2.发布债权人公告。(1)公司清算组应当自成立之日起十日内通知债权人,并于六十日内公告。债权人应当自接到通知书之日起三十日内,未接到通知书的自公告之日起四十五日内,向清算组申报其债权。(2)合伙企业清算人自被确定之日起十日内将合伙企业解散事项通知债权人,并于六十日内发布债权人公告。债权人应当自接到通知书之日起三十日内,未接到通知书的自公告之日起四十五日内,向清算人申报债权。(3)个人独资企业投资人自行清算的,应当在清算前十五日内书面通知债权人,无法通知的,应当发布债权人公告。债权人应当在接到通知之日起三十日内,未接到通知的应当在公告之日起六十日内,向投资人申报其债权。(4)农民专业合作社(联合社)清算组应当自成立之日起十日内通知农民专业合作社(联合社)成员和债权人,并于六十日内发布债权人公告。债权人应当自接到通知之日起三十日内,未接到通知的自公告之日起四十五日内,向清算组申报债权。(5)非公司企业法人发布债权人公告的,可通过报纸或国家企业信用信息公示系统发布。

债权人公告的信息主要包括:名称、统一社会信用代码/注册号、登记机关、公告期自、公告期至、公告内容、债权申报联系人、债权申报联系电话、债权申报地址。

《公司法司法解释(二)》第11条:公司清算时,清算组应当按照公司法第一百八十五条的规定,将公司解散清算事宜书面通知全体已知债权人,并根据公司规模和营业地域范围在全国或者公司注册登记地省级有影响的报纸上进行公告。

清算组未按照前款规定履行通知和公告义务,导致债权人未及时申报债权而未获清偿,债权人主张清算组成员对因此造成的损失承担赔偿责任的,人民法院应依法予以支持。

第二百三十六条【清算程序】*

2018年修正案	新《公司法》
第一百八十六条 清算组在清理公司财产、编制资产负债表和财产清单后,应当制定清算方案,并报股东会、股东大会或者人民法院确认。 公司财产在分别支付清算费用、职工的工资、社会保险费用和法定补偿金,缴纳所欠税款,清偿公司债务后的剩余财产,有限责任公司按照股东的出资比例分配,股份有限公司按照股东持有的股份比例分配。 清算期间,公司存续,但不得开展与清算无关的经营活动。公司财产在未依照前款规定清偿前,不得分配给股东。	第二百三十六条 清算组在清理公司财产、编制资产负债表和财产清单后,应当制订清算方案,并报股东会或者人民法院确认。 公司财产在分别支付清算费用、职工的工资、社会保险费用和法定补偿金,缴纳所欠税款,清偿公司债务后的剩余财产,有限责任公司按照股东的出资比例分配,股份有限公司按照股东持有的股份比例分配。 清算期间,公司存续,但不得开展与清算无关的经营活动。公司财产在未依照前款规定清偿前,不得分配给股东。

---

* 执笔人:高佳瑞。

【内容变化】

在内容上,除将"制定"修改为"制订"、删除"股东大会"的表述外,新《公司法》第 236 条大体延续了 2018 年修正案第 186 条的规定。

【分析解读】

本条规定清算方案的制订和确认、清算财产的分配以及公司在清算期间的主体资格。就公司剩余财产的分配而言,本条第 2 款只是规定"有限责任公司按照股东的出资比例分配""股份有限公司按照股东持有的股份比例分配",没有规定例外,与新《公司法》第 210 条第 4 款针对公司利润分配规定的"公司弥补亏损和提取公积金后所余税后利润,有限责任公司按照股东实缴的出资比例分配利润,全体股东约定不按照出资比例分配利润的除外;股份有限公司按照股东所持有的股份比例分配利润,公司章程另有规定的除外"是不一样的。

【实务研究】

1.公司实务:首先,该条要求清算组应当履行清算职责,及时编制资产负债表和财产清单,制订清算方案,并向股东会或者人民法院报送确认。其次,该条还强调在公司进行清算时,职工的工资相较于社会保险费用、法定补偿金、税款等可优先进行支付,进一步强化对职工利益的保护。最后,该条强调公司清算期间不得开展与清算无关的经营活动。公司自营业执照签发之日起成立,并取得法人资格,直至公司注销登记,其法人资格消灭。需注意的是,公司进入清算程序在注销登记前,公司存续,但不得开展与清算无关的经营活动。公司仍然维持法人地位,但其从事经营活动的行为能力受到限制,其职能限定在清算目的范围内,如果公司超越其清算范围从事交易行为,该行为通常不发生法律效力。

2.律师实务:顾问律师在指导清算组履行清算职能时,除告知其清算工作的正面清单外,还应着重就清算程序中不能实施的行为以负面清单的方式,进行更加严格的监督和管理。尤其需注意清算期间的合同管理问题,清算中的公司因从事与清算无关的新业务而签订的合同,可以参照《民法典》第 505 条关于超越经营范围缔约的效力认定规则予以认定,即违反法律法规禁止经营规定的合同无效。清算中的公司,不得开展与清算无关的经营活动;如果交易相对人与清算中的公司签订合同或者进行交易时知道或者应当知道公司处在解散清算期,仍与其进行与清算无关的交易活动,双方签订的合同无效。根据《民法典》第 157 条,合同被确认无效后引发的法律后果有三种:一是双方因该交易行为取得的财产应当予以返还;二是不能返还或者没有必要返还的,应当折价赔偿;三是因合同无效造成的损失,当事人按照过错原则分担。因此,进入清算程序后,顾问律师应及时督促清算组制订清算方案,严格把关公司的合同管理,尤其是新签合同事项,避免因从事与清算无关的经营活动而承担赔偿责任。

【关联规定】

《企业注销指引》:三、企业清算流程……(四)开展清算活动。清算组负责清理企业财产,分别编制资产负债表和财产清单;处理与清算有关的未了结的业务;结清职工工资;缴纳行政机关、司法机关的罚款和罚金;向海关和税务机关清缴所欠税款以及清算过程中产生的税款并办理相关手续,包括滞纳金、罚款、缴纳减免税货物提前解除海关监管需补缴税款以及提交相关需补办许可证件,办理企业所得税清算、办理土地增值税清算、结清出口退(免)税款、缴销发票和税控设备等;合伙企业、个人独资企业的清算所得应当视为年度生产经营所得,由投资者依法缴纳个人所得税;存在涉税违法行为的纳税人应当接受处罚,缴纳罚款;结清欠缴的社会保险费、滞纳金、罚款;清理债权、债务;处理企业清偿债务后的剩余财产;代表企业参加民事诉讼活动;办理分支机构注销登记;处理对外投资、股权出质等。

(五)分配剩余财产。以公司为例,清算组在清理公司财产、编制资产负债表和财产清单后,应当制定清算方案,并报股东会、股东大会或者人民法院确认。公司财产在分别支付清算费用、职工的工资、社会保险费用和法定补偿金,缴纳所欠税款,清偿公司债务后的剩余财产,有限责任公司按照股东的出资比例分配,股份有限公司按照股东持有的股份比例分配。清算期间,公司存续,但不得开展与清算无关的经营活动。公司财产在未依照前款规定清偿前,不得分配给股东。

《民法典》第71条:法人的清算程序和清算组职权,依照有关法律的规定;没有规定的,参照适用公司法律的有关规定。

第157条:民事法律行为无效、被撤销或者确定不发生效力后,行为人因该行为取得的财产,应当予以返还;不能返还或者没有必要返还的,应当折价补偿。有过错的一方应当赔偿对方由此所受到的损失;各方都有过错的,应当各自承担相应的责任。法律另有规定的,依照其规定。

第505条:当事人超越经营范围订立的合同的效力,应当依照本法第一编第六章第三节和本编的有关规定确定,不得仅以超越经营范围确认合同无效。

 第二百三十七条【解散清算与破产清算的衔接】

2018 年修正案	新《公司法》
第一百八十七条 清算组在清理公司财产、编制资产负债表和财产清单后,发现公司财产不足清偿债务的,应当依法向人民法院申请宣告破产。 公司经人民法院裁定宣告破产后,清算组应当将清算事务移交给人民法院。	第二百三十七条 清算组在清理公司财产、编制资产负债表和财产清单后,发现公司财产不足清偿债务的,应当依法向人民法院申请破产清算。 人民法院受理破产申请后,清算组应当将清算事务移交给人民法院指定的破产管理人。

【内容变化】

本条修订基本延续 2018 年修正案第 187 条的规定,内容上将"申请宣告破产"修改为"申请破产清算",并将破产受理后的清算事务人细化为人民法院指定的破产管理人。

---

* 执笔人:陈涌波。

【分析解读】

本条对解散清算与破产清算的衔接问题作了规定。将"申请宣告破产"修改为"申请破产清算"的理由在于,公司只有在解散的情形下才会清算。因此清算组在发现公司财产不足清偿债务时,直接向法院申请破产清算,排除破产重整(使公司存续)的适用。清算组在清理公司财产、编制资产负债表和财产清单后,发现公司财产不足以清偿债务时,公司负责解散清算(包括自行清算和解散清算)的清算组负有依照《企业破产法》的规定向法院申请对该公司进行破产清算的法定义务。在此基础上,后文第242条进一步规定"公司被依法宣告破产的,依照有关企业破产的法律实施破产清算",与本条进行了呼应。

【实务研究】

1.公司实务:新《公司法》第237条对解散清算与破产清算的衔接问题作了规定。在此基础上,新《公司法》第242条进一步规定:"公司被依法宣告破产的,依照有关企业破产的法律实施破产清算。"因此,公司清算组需注意,在清理公司财产、编制资产负债表和财产清单后,若发现公司财产不足以清偿债务,清算组负有依照《企业破产法》的规定向法院申请对该公司进行破产清算的法定义务。

2.律师实务:新《公司法》第237条,就转破产相关规定进行了完善。新法规定在清算过程中发现公司资不抵债的,应当申请破产清算,而不再是旧法的"宣告破产"。且新法规定人民法院受理破产申请后,清算组应当将清算事务移交人民法院指定的破产管理人。顾问律师在辅助公司开展清算工作时,要注意审查是否存在资不抵债的情形,如已实际满足破产条件的,应当告知公司依法向人民法院申请破产清算,并向破产管理人移交全部清算事务,避免因清算程序不当造成进一步的损失。

【关联规定】

《企业破产法》第7条第3款:企业法人已解散但未清算或者未清算完毕,资产不足以清偿债务的,依法负有清算责任的人应当向人民法院申请破产清算。

《公司法司法解释(二)》第17条:人民法院指定的清算组在清理公司财产、编制资产负债表和财产清单时,发现公司财产不足清偿债务的,可以与债权人协商制作有关债务清偿方案。

债务清偿方案经全体债权人确认且不损害其他利害关系人利益的,人民法院可依清算组的申请裁定予以认可。清算组依据该清偿方案清偿债务后,应当向人民法院申请裁定终结清算程序。

债权人对债务清偿方案不予确认或者人民法院不予认可的,清算组应当依法向人民法院申请宣告破产。

第二百三十八条【不当清算的责任】*

2018 年修正案	新《公司法》
第一百八十九条 清算组成员应当忠于职守,依法履行清算义务。 清算组成员不得利用职权收受贿赂或者其他非法收入,不得侵占公司财产。 清算组成员因故意或者重大过失给公司或者债权人造成损失的,应当承担赔偿责任。	第二百三十八条 清算组成员履行清算职责,负有忠实义务和勤勉义务。 清算组成员怠于履行清算职责,给公司造成损失的,应当承担赔偿责任;因故意或者重大过失给债权人造成损失的,应当承担赔偿责任。

【内容变化】

本条为修订条款。一是明确清算组成员的忠实义务,新增清算组成员的勤勉义务;二是明确清算组成员怠于履行清算职责时对公司的赔偿责任。

【分析解读】

该条新增清算组成员也有同董监高一样的忠实义务、勤勉义务,同时也吸收《公司法司法解释(二)》第18条的规定,如果怠于履行清算职责,给公司造成损失的,清算组成员要承担赔偿责任。根据该条款,清算组成员是基于法律的规定履行清算职责的,其并非公司的法定代表人、董事、监事、高级管理人员或工作人员,故不适用新《公司法》第11条第3款"法定代表人因执行职务造成他人损害的,由公司承担民事责任。公司承担民事责任后,依照法律或者公司章程的规定,可以向有过错的法定代表人追偿",以及第191条"董事、高级管理人员执行职务,给他人造成损害的,公司应当承担赔偿责任;董事、高级管理人员存在故意或者重大过失的,也应当承担赔偿责任"等规定,也不适用《民法典》第1191条第1款"用人单位的工作人员因执行工作任务造成他人损害的,由用人单位承担侵权责任。用人单位承担侵权责任后,可以向有故意或者重大过失的工作人员追偿"。

【实务研究】

1.公司实务:依据上述条款,清算义务人没有及时履行清算义务,清算组成员怠于履行清算职责,从而导致公司的清偿能力下降,给公司或债权人造成损失的,债权人有权要求清算义务人承担赔偿责任。董事作为清算组成员,在履行公司清算职责时,负有忠实和勤勉义务。比如:董事应当勤勉尽职地梳理、保管公司财产,编制财务报表,通知债权人清偿债务等。若董事在清算过程中因疏于管理导致公司财产丢失的,应向公司或者债权人承担赔偿责任。因此,公司董事或者公司章程、股东会、人民法院指定的其他清算组成员应当注重执行公司清算的法定程序并妥善留存相关文件记录,本着保障公司及债权人利益的原则,忠实、勤勉、审慎地履行清算职责,以避免承担赔偿责任。

---

* 执笔人:陈涌波。

2.律师实务:需注意的是,根据新《公司法》第 238 条第 2 款,清算组成员仅在履行清算职责的过程中因故意或者重大过失给公司债权人造成损失的,才需要向公司该债权人承担赔偿责任。故清算组成员在履行清算职责的过程中因一般过失给公司债权人造成损失的,不适用该条,但在实务中公司债权人可依《民法典》侵权责任编寻求救济。根据《民法典》第178 条第 2 款的规定,"连带责任,由法律规定或者当事人约定",再结合《公司法司法解释(二)》第 11 条第 2 款"清算组未按照前款规定履行通知和公告义务,导致债权人未及时申报债权而未获清偿,债权人主张清算组成员对因此造成的损失承担赔偿责任的,人民法院应依法予以支持",第 15 条第 2 款"执行未经确认的清算方案给公司或者债权人造成损失,公司、股东、董事、公司其他利害关系人或者债权人主张清算组成员承担赔偿责任的,人民法院应依法予以支持"可知,各清算组成员相互之间的"赔偿责任"并非连带责任。因此,顾问律师在提供法律服务时,应向各清算义务人充分告知其依法应承担的义务,以及不履行清算义务可能造成的法律后果。若遇到债权人主张清算组成员对造成的损失承担赔偿责任的,应审慎判断债权人主张的依据和索赔项目是否成立,最大限度保护公司清算义务人的合法权益。

【关联规定】

《公司法司法解释(二)》第 11 条:公司清算时,清算组应当按照公司法第一百八十五条的规定,将公司解散清算事宜书面通知全体已知债权人,并根据公司规模和营业地域范围在全国或者公司注册登记地省级有影响的报纸上进行公告。

清算组未按照前款规定履行通知和公告义务,导致债权人未及时申报债权而未获清偿,债权人主张清算组成员对因此造成的损失承担赔偿责任的,人民法院应依法予以支持。

第 15 条:公司自行清算的,清算方案应当报股东大会或者股东大会决议确认;人民法院组织清算的,清算方案应当报人民法院确认。未经确认的清算方案,清算组不得执行。

执行未经确认的清算方案给公司或者债权人造成损失,公司、股东、董事、公司其他利害关系人或者债权人主张清算组成员承担赔偿责任的,人民法院应依法予以支持。

第 18 条:有限责任公司的股东、股份有限公司的董事和控股股东未在法定期限内成立清算组开始清算,导致公司财产贬值、流失、毁损或者灭失,债权人主张其在造成损失范围内对公司债务承担赔偿责任的,人民法院应依法予以支持。

有限责任公司的股东、股份有限公司的董事和控股股东因怠于履行义务,导致公司主要财产、账册、重要文件等灭失,无法进行清算,债权人主张其对公司债务承担连带清偿责任的,人民法院应依法予以支持。

上述情形系实际控制人原因造成,债权人主张实际控制人对公司债务承担相应民事责任的,人民法院应依法予以支持。

第 19 条:有限责任公司的股东、股份有限公司的董事和控股股东,以及公司的实际控制人在公司解散后,恶意处置公司财产给债权人造成损失,或者未经依法清算,以虚假的清算报告骗取公司登记机关办理法人注销登记,债权人主张其对公司债务承担相应赔偿责任的,人民法院应依法予以支持。

第 20 条:公司解散应当在依法清算完毕后,申请办理注销登记。公司未经清算即办理注销登记,导致公司无法进行清算,债权人主张有限责任公司的股东、股份有限公司的董事和控股股东,以及公司的实际控制人对公司债务承担清偿责任的,人民法院应依法予以支持。

公司未经依法清算即办理注销登记,股东或者第三人在公司登记机关办理注销登记时承诺对公司债务承担责任,债权人主张其对公司债务承担相应民事责任的,人民法院应依法予以支持。

《民法典》第70条第3款:清算义务人未及时履行清算义务,造成损害的,应当承担民事责任;主管机关或者利害关系人可以申请人民法院指定有关人员组成清算组进行清算。

 第二百三十九条【清算报告与公司注销】 *

2018 年修正案	新《公司法》
第一百八十八条　公司清算结束后,清算组应当制作清算报告,报股东会、股东大会或者人民法院确认,并报送公司登记机关,申请注销公司登记,公告公司终止。	第二百三十九条　公司清算结束后,清算组应当制作清算报告,报股东会或者人民法院确认,并报送公司登记机关,申请注销公司登记。

【内容变化】

2018年修正案第188条规定清算报告和公司注销登记的内容,新《公司法》未作实质修改。

【分析解读】

该条主要是对公司注销登记的规定,虽然置于第二章"公司登记"中更有利于统一登记规则,但其还涉及清算报告的制作、报送和确认等相关内容,作为公司注销的前置程序,已超出公司登记制度的范畴,因此该条置于第十二章"公司解散和清算"中更符合体系性要求。

【实务研究】

1.公司实务:新《公司法》第239条规定清算组在清算结束后的义务:一是制作清算报告;二是将清算报告提交公司权力机构(适用于自行清算)或法院(适用于强制清算)确认;三是将经确认的清算报告报送公司登记机关,申请注销公司登记。公司在完成清算程序后,应注意及时制作清算报告,经权力机构确认后报送公司登记机关,完成清算注销的全部流程。

2.律师实务:顾问律师应当协助公司制作清算报告,并对报告形式及内容的合法性进行把关。一般情况下,清算报告应当包括以下内容:

(1)公司解散原因及日期;

(2)清算组的组成;

---

*　执笔人:徐嘉阳。

(3)清算的形式;

(4)清算的步骤与安排;

(5)公司债权债务的确认和处理;

(6)清算方案;

(7)清算方案的执行情况;

(8)清算组成员履行职责情况;

(9)其他有必要说明的内容。

有限责任公司申请注销登记时,一般需提交以下材料:

(1)《企业注销登记申请书》;

(2)公司依照《公司法》作出解散的决议或者决定,人民法院的破产裁定、解散裁判文书,行政机关责令关闭、公司依法被吊销营业执照或被撤销的文件;

(3)股东会或人民法院、公司批准机关确认的清算报告;

(4)清税证明材料;

(5)通过报纸发布债权人公告的,需要提交依法刊登公告的报纸样张;

(6)清算人、破产管理人申请注销登记的,应提交人民法院指定其为清算人、破产管理人的证明;

(7)法律、行政法规和国务院决定规定注销公司必须报经批准的,提交有关批准文件的复印件;

(8)已领取纸质版营业执照的缴回营业执照正、副本(若遗失,在国家企业信用信息公示系统做遗失公告或登报说明,无须补领,并将原版报纸的期号、时间及登报声明剪切贴在 A4 白纸上,加盖公司印章);

(9)经人民法院裁定宣告破产并终结破产程序或强制清算程序终结后办理注销登记的,提交第(1)、(6)、(8)以及人民法院宣告破产的裁定书、终结破产程序的裁定书原件或人民法院终结强制清算程序的裁定书原件;

(10)涉及代签文书的,需提交授权人委托他人签字的授权委托书。

【关联规定】

《企业注销指引》:三、企业清算流程……(六)制作清算报告.1.公司清算组在清算结束后,应制作清算报告,报股东会、股东大会确认。其中,有限责任公司股东会对清算报告确认,必须经代表 2/3 以上表决权的股东签署确认;股份有限公司股东大会对清算报告确认,须由股东大会会议主持人及出席会议的董事签字确认。国有独资公司由国务院、地方人民政府或者其授权的本级人民政府国有资产监督管理机构签署确认。2.非公司企业法人应持清算报告或者出资人(主管部门)负责清理债权债务的文件办理注销登记,清算报告和负责清理债权债务的文件应由非公司企业法人的出资人(主管部门)签署确认。3.合伙企业的清算报告由全体合伙人签署确认。4.个人独资企业的清算报告由投资人签署确认。5.农民专业合作社(联合社)的清算报告由成员大会、成员代表大会确认,由本社成员表决权总数 2/3 以上成员签署确认。6.对于人民法院组织清算的,清算报告由人民法院确认。

《民法典》第 68 条:有下列原因之一并依法完成清算、注销登记的,法人终止:

（一）法人解散；

（二）法人被宣告破产；

（三）法律规定的其他原因。

法人终止，法律、行政法规规定须经有关机关批准的，依照其规定。

《公司法司法解释（二）》第 20 条：公司解散应当在依法清算完毕后，申请办理注销登记。公司未经清算即办理注销登记，导致公司无法进行清算，债权人主张有限责任公司的股东、股份有限公司的董事和控股股东，以及公司的实际控制人对公司债务承担清偿责任的，人民法院应依法予以支持。

公司未经依法清算即办理注销登记，股东或者第三人在公司登记机关办理注销登记时承诺对公司债务承担责任，债权人主张其对公司债务承担相应民事责任的，人民法院应依法予以支持。

《市场主体登记管理条例》第 31 条：市场主体因解散、被宣告破产或者其他法定事由需要终止的，应当依法向登记机关申请注销登记。经登记机关注销登记，市场主体终止。

市场主体注销依法须经批准的，应当经批准后向登记机关申请注销登记。

 ### 第二百四十条【简易注销制度】*

2018 年修正案	新《公司法》
/	第二百四十条　公司在存续期间未产生债务，或者已清偿全部债务的，经全体股东承诺，可以按照规定通过简易程序注销公司登记。 通过简易程序注销公司登记，应当通过国家企业信用信息公示系统予以公告，公告期限不少于二十日。公告期限届满后，未有异议的，公司可以在二十日内向公司登记机关申请注销公司登记。 公司通过简易程序注销公司登记，股东对本条第一款规定的内容承诺不实的，应当对注销登记前的债务承担连带责任。

【内容变化】

本条为新增条款。

【分析解读】

本条规定简易注销的要件、程序和责任。该制度主要源于《工商总局关于全面推进企业简易注销登记改革的指导意见》《市场监管总局关于开展进一步完善企业简易注销登记改革试点工作的通知》《市场主体登记管理条例》，有利于提升市场主体的退出效率，降低退出成

---

　　* 执笔人：徐嘉阳。

本,减少"僵尸企业"数量,提高社会资源利用效率。

关于简易注销中股东的责任,本条规定股东"应当对注销登记前的债务承担连带责任",并将股东承担责任的情形限于"对本条第一款规定的内容承诺不实的",系吸收《公司法司法解释(二)》第20条第1款规定,有利于避免股东责任扩大。简易注销的情况下,需要保证公司当前没有任何的债务,且应当经过全体股东承诺,确认公司没有债务纠纷。公司进行简易注销,无须启动清算程序,只需在国家企业信用信息公示系统上进行公示即可,公示期满,自动注销。另外,为防止股东承诺不实,规定股东要对注销登记前的债务承担严格的连带责任。

新《公司法》明确规定了简易注销的程序内容:

(1)适用情形:公司在存续期间未产生债务,或者已清偿全部债务的,经全体股东承诺,可以按照规定通过简易程序注销公司登记。

(2)程序:在符合上述规定的简易注销的情形后,需要公司全体股东出具承诺,并通过国家企业信用信息公示系统公告(公告期限不少于20日),如果在公告期届满后未提出异议,则公司可以申请注销登记。

(3)法律后果:在通过简易程序注销公司登记时,如果股东对有关内容承诺不实,还应当对公司注销登记前的债务承担连带责任。

【实务研究】

1.公司实务:简易注销程序的增设有利于提升公司注销效率,但并不意味着公司及其股东可以利用简易注销程序侵害债权人权益。因此,在决定适用简易注销程序时,公司及其股东应当审慎核查公司存续期间的债务及其清偿情况,并如实作出承诺,避免对注销登记前的债务承担连带责任。

2.律师实务:根据该条结合《企业注销指引》的规定,适用简易注销有2项积极条件及9项消极条件:

其中2项积极条件为:

(1)企业在存续期间未产生债务;

(2)企业已经偿还完毕所有债务。

其中9项消极条件为:

(1)法律、行政法规或者国务院决定规定在注销登记前须经批准;

(2)被吊销营业执照、责令关闭或者被撤销;

(3)在经营异常名录或者市场监督管理严重违法失信名单中;

(4)存在股权(财产份额)被冻结、出质或者动产抵押,或者对其他企业存在投资;

(5)尚持有股权、股票等权益性投资,债权性投资或土地使用权、房产等资产;

(6)未依法办理所得税清算申报或有清算所得未缴纳所得税;

(7)正在被立案调查或者采取行政强制,正在诉讼或仲裁程序中;

(8)受到罚款等行政处罚尚未执行完毕;

(9)不适用简易注销登记的其他情形。

满足上述2项积极条件之一,且不属于消极条件中的企业,则能适用简易注销程序。因此,顾问律师应先确认公司是否符合适用简易注销程序的条件,指导公司全体股东签订书面承诺,承诺企业简易注销符合法定的情形。在公示期满,无利害关系人及税务管理部门无异议的,方可向登记机关办理注销登记。

【关联规定】

《企业注销指引》:四、企业办理注销登记……(二)简易注销流程:1.适用对象。未发生债权债务或已将债权债务清偿完结的企业(上市股份有限公司除外)。企业在申请简易注销登记时,不应存在未结清清偿费用、职工工资、社会保险费用、法定补偿金、应缴纳税款(滞纳金、罚款)等债权债务。

企业有下列情形之一的,不适用简易注销程序:法律、行政法规或者国务院决定规定在注销登记前须经批准的;被吊销营业执照、责令关闭、撤销;在经营异常名录或者市场监督管理严重违法失信名单中;存在股权(财产份额)被冻结、出质或者动产抵押,或者对其他企业存在投资;尚持有股权、股票等权益性投资、债权性投资或土地使用权、房产等资产的;未依法办理所得税清算申报或有清算所得未缴纳所得税的;正在被立案调查或者采取行政强制,正在诉讼或仲裁程序中;受到罚款等行政处罚尚未执行完毕;不适用简易注销登记的其他情形。

企业存在"被列入企业经营异常名录""存在股权(财产份额)被冻结、出质或动产抵押等情形""企业所属的非法人分支机构未办注销登记的"等三种不适用简易注销登记程序的情形,无需撤销简易注销公示,待异常状态消失后可再次依程序公示申请简易注销登记。对于承诺书文字、形式填写不规范的,市场监管部门在企业补正后予以受理其简易注销申请,无需重新公示。

符合市场监管部门简易注销条件,未办理过涉税事宜,办理过涉税事宜但未领用发票(含代开发票)、无欠税(滞纳金)及罚款且没有其他未办结涉税事项的纳税人,免予到税务部门办理清税证明,可直接向市场监管部门申请简易注销。

2.办理流程。

(1)符合适用条件的企业登录注销"一网"服务平台或国家企业信用信息公示系统《简易注销公告》专栏,主动向社会公告拟申请简易注销登记及全体投资人承诺等信息,公示期为20日。

(2)公示期内,有关利害关系人及相关政府部门可以通过国家企业信用信息公示系统《简易注销公告》专栏"异议留言"功能提出异议并简要陈述理由。超过公示期,公示系统不再接受异议。

(3)税务部门通过信息共享获取市场监管部门推送的拟申请简易注销登记信息后,应按照规定的程序和要求,查询税务信息系统核实相关涉税、涉及社会保险费情况,对经查询系统显示为以下情形的纳税人,税务部门不提出异议:一是未办理过涉税事宜的纳税人;二是办理过涉税事宜但未领用发票(含代开发票)、无欠税(滞纳金)及罚款且没有其他未办结涉税事项的纳税人;三是查询时已办结缴销发票、结清应纳税款等清税手续的纳税人;四是无欠缴社会保险费、滞纳金、罚款。

(4)公示期届满后,公示期内无异议的,企业可以在公示期满之日起20日内向登记机关办理简易注销登记。期满未办理的,登记机关可根据实际情况予以延长时限,宽展期最长不超过30日,即企业最晚应当在公示期满之日起50日内办理简易注销登记。企业在公示后,不得从事与注销无关的生产经营活动。

《市场主体登记管理条例》第33条:市场主体未发生债权债务或者已将债权债务清偿完

结,未发生或者已结清清偿费用、职工工资、社会保险费用、法定补偿金、应缴纳税款(滞纳金、罚款),并由全体投资人书面承诺对上述情况的真实性承担法律责任的,可以按照简易程序办理注销登记。

市场主体应当将承诺书及注销登记申请通过国家企业信用信息公示系统公示,公示期为 20 日。在公示期内无相关部门、债权人及其他利害关系人提出异议的,市场主体可以于公示期届满之日起 20 日内向登记机关申请注销登记。

个体工商户按照简易程序办理注销登记的,无需公示,由登记机关将个体工商户的注销登记申请推送至税务等有关部门,有关部门在 10 日内没有提出异议的,可以直接办理注销登记。

市场主体注销依法须经批准的,或者市场主体被吊销营业执照、责令关闭、撤销,或者被列入经营异常名录的,不适用简易注销程序。

《市场主体登记管理条例实施细则》第 47 条:申请办理简易注销登记,应当提交申请书和全体投资人承诺书。

第 48 条:有下列情形之一的,市场主体不得申请办理简易注销登记:

(一)在经营异常名录或者市场监督管理严重违法失信名单中的;

(二)存在股权(财产份额)被冻结、出质或者动产抵押,或者对其他市场主体存在投资的;

(三)正在被立案调查或者采取行政强制措施,正在诉讼或者仲裁程序中的;

(四)被吊销营业执照、责令关闭、撤销的;

(五)受到罚款等行政处罚尚未执行完毕的;

(六)不符合《条例》第三十三条规定的其他情形。

第 49 条:申请办理简易注销登记,市场主体应当将承诺书及注销登记申请通过国家企业信用信息公示系统公示,公示期为 20 日。

在公示期内无相关部门、债权人及其他利害关系人提出异议的,市场主体可以于公示期届满之日起 20 日内向登记机关申请注销登记。

 第二百四十一条【公司登记机关强制注销登记】*

2018 年修正案	新《公司法》
	第二百四十一条　公司被吊销营业执照、责令关闭或者被撤销,满三年未向公司登记机关申请注销公司登记的,公司登记机关可以通过国家企业信用信息公示系统予以公告,公告期限不少于六十日。公告期限届满后,未有异议的,公司登记机关可以注销公司登记。 依照前款规定注销公司登记的,原公司股东、清算义务人的责任不受影响。

---

* 执笔人:朱梦璇。

【内容变化】

本条为新增条款。

【分析解读】

强制注销制度主要是针对"僵尸企业",即被吊销营业执照、责令关闭或者被撤销,且满 3 年未清算完毕的公司,公司登记机关在公告期限届满后可以注销公司登记。该制度的主要依据为《行政许可法》第 70 条之规定。该规定完善我国的公司注销制度,为公司登记机关履行注销职责提供民事法律依据,强制注销制度有助于清理市场上大量已不具备经营资格的"僵尸企业",也有利于划清债权债务边界,及时追究股东或者清算义务人的法律责任。

本条是关于被吊销营业执照、责令关闭或者被撤销的公司注销登记的规定。本条引入强制注销制度,完善市场主体退出制度。公司解散的原因之一是被吊销营业执照、责令关闭或者被撤销。如果满 3 年未向公司登记机关申请注销公司登记,对于这些"僵尸公司",本条规定公司登记机关可以通过国家企业信用信息公示系统予以公告,公告期限至少 60 日。公告期限届满后未有异议的,公司登记机关可以通过强制注销方式注销公司登记,从而清理公司使其退出市场,但不影响追究股东或清算义务人的法律责任。

【实务研究】

1.公司实务:基于该条增设强制注销的适用情形及程序流程,同时规定公司强制注销登记后股东、清算义务人的责任不受影响,为公司登记机关履行强制注销职责提供民事法律依据,为司法机关加大对"僵尸企业"清查力度,及时追究股东或者清算义务人的法律责任提供有力抓手。因此,公司应注意依法及时履行清算义务,避免进入强制清算阶段,被追究怠于履行清算职责产生的赔偿责任。

2.律师实务:基于《全国人民代表大会宪法和法律委员会关于〈中华人民共和国公司法(修订草案)〉修改情况的汇报》(2022 年 12 月 27 日)中"有的意见提出,为解决实践中公司注销难、'僵尸公司'大量存在的问题,建议根据地方实践经验,增加强制注销的内容",新《公司法》新增该强制注销条款。

需注意的是,该条中公司被强制注销,非股东主动注销公司,故不属于"公司未经依法清算即办理注销登记",不适用与"公司未经依法清算即办理注销登记"有关的规定,但不影响新《公司法》第 232 条第 3 款"清算义务人未及时履行清算义务,给公司或者债权人造成损失的,应当承担赔偿责任",以及第 238 条第 2 款"清算组成员怠于履行清算职责,给公司造成损失的,应当承担赔偿责任;因故意或者重大过失给债权人造成损失的,应当承担赔偿责任"等规定的适用。因此,顾问律师在提供法律服务过程中,应当告知并辅助公司优先选择自助清算程序,保留清算过程中的主动权,依法履行清算责任主体的相关义务,避免因拖延清算或因清算时存在故意或者重大过失给债权人造成损失而承担赔偿责任。

【关联规定】

《市场主体登记管理条例》第 30 条第 4 款:市场主体歇业的期限最长不得超过 3 年。市场主体在歇业期间开展经营活动的,视为恢复营业,市场主体应当通过国家企业信用信息公示系统向社会公示。

第 33 条第 4 款：市场主体注销依法须经批准的，或者市场主体被吊销营业执照、责令关闭、撤销，或者被列入经营异常名录的，不适用简易注销程序。

《市场主体登记管理条例实施细则》第 67 条：市场主体被撤销设立登记、吊销营业执照、责令关闭，6 个月内未办理清算组公告或者未申请注销登记的，登记机关可以在国家企业信用信息公示系统上对其作出特别标注并予以公示。

 ## 第二百四十二条【公司的破产清算】*

2018 年修正案	新《公司法》
第一百九十条　公司被依法宣告破产的，依照有关企业破产的法律实施破产清算。	第二百四十二条　公司被依法宣告破产的，依照有关企业破产的法律实施破产清算。

【内容变化】

本条无变化。

【分析解读】

本条对公司的破产清算作了原则性的规定，即"依照有关企业破产的法律实施破产清算"。据此，公司被依法宣告破产时，不应适用新《公司法》有关清算的规定，而应适用《企业破产法》有关破产清算的规定。

【实务研究】

1.公司实务：公司破产，是指公司因不能清偿到期债务，无力继续经营，由法院宣告停止营业，进行债权债务清理的状态。根据新《公司法》第 242 条的规定，"公司被依法宣告破产的，依照有关企业破产的法律实施破产清算"。因此，公司破产后，需要依法实施破产清算，对公司的债权债务作出处理。

2.律师实务：有限责任公司申请破产的情形主要有以下两种方式：(1)不能清偿到期债务，并且资产不足以清偿全部债务或者明显缺乏清偿能力的，公司或债权人可以申请宣告破产。(2)有限责任公司解散进行清算时发现资不抵债的，负有清算责任的人应当向人民法院申请破产清算。有限责任公司被依法宣告破产的，依照有关企业破产的法律实施破产清算。顾问律师在提供法律服务过程中，对公司的经营情况以及债务清偿情况应当予以重点关注，对公司明显不能清偿到期债务，资产负债表、审计报告、资产评估报告等显示其全部资产不足以偿付全部负债，账面资产虽大于负债但因资金严重不足或者财产不能变现等原因，无法清偿债务的，应当提前进行重大风险提示，尽力避免公司因过度举债经营或长期亏损，丧失积蓄债务的清偿能力而被迫进入破产程序。

---

* 执笔人：朱梦璇。

【关联规定】

《企业破产法》

第2条：企业法人不能清偿到期债务，并且资产不足以清偿全部债务或者明显缺乏清偿能力的，依照本法规定清理债务。

企业法人有前款规定情形，或者有明显丧失清偿能力可能的，可以依照本法规定进行重整。

第7条：债务人有本法第二条规定的情形，可以向人民法院提出重整、和解或者破产清算申请。

债务人不能清偿到期债务，债权人可以向人民法院提出对债务人进行重整或者破产清算的申请。

企业法人已解散但未清算或者未清算完毕，资产不足以清偿债务的，依法负有清算责任的人应当向人民法院申请破产清算。

第107条：人民法院依照本法规定宣告债务人破产的，应当自裁定作出之日起五日内送达债务人和管理人，自裁定作出之日起十日内通知已知债权人，并予以公告。

债务人被宣告破产后，债务人称为破产人，债务人财产称为破产财产，人民法院受理破产申请时对债务人享有的债权称为破产债权。

第十三章　外国公司的分支机构

导　言[*]

本章从1993年《公司法》颁布之时就已存在。本章具体共计7条规定。《公司法》从出台到历次修订(正),均未作大的修改。1993年《公司法》针对本章的立法,是新中国成立以来第一次就外国法人在中国境内从事经济活动作出的较为详尽的规定。因此,本章内容是中国涉外经济立法的重要组成部分。

外国公司的分支机构实际上是法人分支机构的一种特殊形式,它是外国国籍的公司根据中国法律在中国境内设立的分支机构。设立该机构的主体必须是外国国籍的公司,而该机构在中国境内的组织形式必须是分支机构。本章的理解重点在于:

第一,本国公司与外国公司区分的原则,即如何认定公司国籍。司法实践中,公司取得一个国家国籍的方式包括股东国籍原则、公司住所地原则、准据法原则、公司营业中心所在地原则、公司登记地原则等在内的多种标准。而根据新《公司法》第243条的规定,我国确定采用"登记地原则",即依照外国法律在中华人民共和国境外设立的公司为外国公司。此外,《中华人民共和国涉外民事关系法律适用法》(以下简称《涉外民事关系法律适用法》)第14条更明确规定,法人及其分支机构的民事权利能力、民事行为能力、组织机构、股东权利义务等事项,适用登记地法律。

第二,分支机构的概念。分支机构,从字面上可以理解为"分机构"和"支机构"。但法律概念中,没有明确定义分支机构的具体含义。新《公司法》中也未明确定义何谓分支机构。通说认为,分支机构是指不具有独立法人地位,由公司派出的某种常设机构,但其生产、经营、财务、人事等受公司控制和支配。分支机构的主要形式包括分公司、代表处等。

外国公司的分支机构,则结合外国公司和公司分支机构两层要素。因此,其设立需满足如下条件:设立的主体必须是具有外国国籍的公司;设立的法律依据必须是中国法律,并得到我国政府的批准;设立的形式应为分支机构,而非外商投资企业等具有中国国籍的公司。

第三,理解外国公司的分支机构与外国公司的关系。从新《公司法》第247条第2款有关"外国公司对其分支机构在中华人民共和国境内进行经营活动承担民事责任"的规定可推知,新《公司法》对外国公司的分支机构与外国公司的关系,仍执行一体主义原则,即通过外国公司的授权,使外国公司的分支机构取得一定的职权。但法理上仍是一种从属关系。

---

[*]　导言执笔人系楼红磊,第二百四十三条至第二百四十九条执笔人系郑思思。

第二百四十三条【外国公司的概念】

2018 年修正案	新《公司法》
第一百九十一条 本法所称外国公司是指依照外国法律在中国境外设立的公司。	第二百四十三条 本法所称外国公司,是指依照外国法律在中华人民共和国境外设立的公司。

【内容变化】

将"中国"修改为"中华人民共和国"。

【分析解读】

本条修改,将"中国"修改为"中华人民共和国",使法律定义更加明确。本条规定,明确外国公司的概念,继续沿用公司登记地原则确定公司国籍,即以公司登记地作为区分外国公司与本国公司的标准。

【实务研究】

根据我国香港、澳门、台湾地区有关规定成立的公司是否属于本条规定的"外国公司"?

根据《中华人民共和国香港特别行政区基本法》《中华人民共和国澳门特别行政区基本法》的规定,香港和澳门实行高度自治,享有行政管理权、立法权、独立的司法权和终审权。对于中国实施的全国性法律除在基本法附件中明确列明外,均不在香港和澳门实施。《公司法》系不在实施范围之内的法律。而根据《台湾问题与新时代中国统一事业》白皮书,台湾地区也将按照"一国两制"的方式实现和平统一,统一后台湾地区可以作为特别行政区实施高度自治。据此,根据香港、澳门、台湾地区有关规定成立的公司应属本条规定的"外国公司"。

此外,《中华人民共和国外商投资法实施条例》第 48 条第 1 款明确规定,香港特别行政区、澳门特别行政区投资者在内地投资,参照外商投资法和本条例执行;法律、行政法规或者国务院另有规定的,从其规定。第 2 款规定,台湾地区投资者在大陆投资,适用《中华人民共和国台湾同胞投资保护法》及其实施细则的规定;台湾同胞投资保护法及其实施细则未规定的事项,参照外商投资法和本条例执行。

综上所述,根据香港、澳门、台湾地区法律成立的公司,应参照适用本条中关于"外国公司"的规定。

第二百四十四条【设立程序】

2018 年修正案	新《公司法》
第一百九十二条　外国公司在中国境内设立分支机构,必须向中国主管机关提出申请,并提交其公司章程、所属国的公司登记证书等有关文件,经批准后,向公司登记机关依法办理登记,领取营业执照。 　　外国公司分支机构的审批办法由国务院另行规定。	第二百四十四条　外国公司在中华人民共和国境内设立分支机构,应当向中国主管机关提出申请,并提交其公司章程、所属国的公司登记证书等有关文件,经批准后,向公司登记机关依法办理登记,领取营业执照。 　　外国公司分支机构的审批办法由国务院另行规定。

【内容变化】

将“必须向中国主管机关提出申请”修改为“应当向中国主管机关提出申请”。

【分析解读】

就我国现有立法实践而言,虚词“必须”被大量地用来设定义务性规范或针对某种事实的、含有一定价值期待的限定语;而“应当”一词也被作用于几乎同等的角色。法律用语必须讲究统一性、单一性和稳定性。[①] 因此在本次公司法修订时,将“必须”替换为“应当”,更为严谨。

【实务研究】

1.公司实务:外国公司申请在中国境内设立分支机构,提交外国公司章程、所属国的公司登记证书时,应根据所属国的法律办理公证手续,并经中国驻所属国的使领馆的认证。但自 2023 年 11 月 7 日起,《取消外国公文书认证要求的公约》在中国正式生效实施,中国同该公约缔约国之间公文书跨境流转将不再经过传统的“外交部门认证＋使领馆认证”的“双认证”程序。该公约核心内容可概括为“取消”和“附加”。“取消”指缔约国之间相互取消使领馆认证环节。“附加”指用文书出具国主管机关签发的“附加证明书”,来替代“双认证”,对文书上印鉴、签名的真实性进行确认。

目前该公约缔约国包括欧盟各国、美国、日本、韩国、澳大利亚、俄罗斯等我国主要贸易伙伴及大多数共建“一带一路”国家。

2.律师实务:部分行业的外国公司设立分支机构时,还需要进行前置审批。如:境外出版机构在境内设立办事机构,需经国家新闻出版署、国务院新闻办前置审批;境外电影机构

---

① 周赟:《论作为立法用虚词的“必须”——主要以“应当”为参照》,载《苏州大学学报(哲学社会科学版)》2013 年第 1 期。

在华设立办事机构,需经国家电影局、国务院新闻办前置审批;境外广播电视机构在华设立办事机构,需经国家广播电视总局、国务院新闻办前置审批;外国银行代表处的设立,需经中国银行保险监督管理委员会前置审批;外国证券类机构设立驻华代表机构,需经中国证监会前置核准;外国保险机构驻华代表机构的设立,需经中国银行保险监督管理委员会前置审批;等等。

【关联规定】

《市场主体登记管理条例》第 2 条:本条例所称市场主体,是指在中华人民共和国境内以营利为目的从事经营活动的下列自然人、法人及非法人组织:(一)公司、非公司企业法人及其分支机构;(二)个人独资企业、合伙企业及其分支机构;(三)农民专业合作社(联合社)及其分支机构;(四)个体工商户;(五)外国公司分支机构;(六)法律、行政法规规定的其他市场主体。

 第二百四十五条【设立条件】

2018 年修正案	新《公司法》
第一百九十三条　外国公司在中国境内设立分支机构,必须在中国境内指定负责该分支机构的代表人或者代理人,并向该分支机构拨付与其所从事的经营活动相适应的资金。 对外国公司分支机构的经营资金需要规定最低限额的,由国务院另行规定。	第二百四十五条　外国公司在中华人民共和国境内设立分支机构,应当在中华人民共和国境内指定负责该分支机构的代表人或者代理人,并向该分支机构拨付与其所从事的经营活动相适应的资金。 对外国公司分支机构的经营资金需要规定最低限额的,由国务院另行规定。

【内容变化】

将“必须在中国境内指定负责该分支机构的代表人或者代理人”修改为“应当在中华人民共和国境内指定负责该分支机构的代表人或者代理人”。

【分析解读】

该条规定外国公司在中国设立分支机构必须拥有的两个条件,即需要 1 名负责该分支机构的代表人或者代理人,以及与所从事的经营活动相适应的资金。首先,本条明确负责该分支机构的代表人或代理人应由外国公司指定,而非由分支机构内部产生。其次,资金作为外国公司分支机构能够获得实体法上法律地位的物质基础,应被视为外国公司在中国设立分支机构的必要条件之一。其法理基础在于:①资金是外国公司分支机构作为一个经济组织或经济实体得以存在、发展的物质基础,是其相对独立地从事经营活动的物质保障。②资金能够反映出外国公司分支机构的规模和经营活动能力,因此,它是分支机构经济信用的基础。③资金是外国公司分支机构承担经济责任和法律责任的基础,是其在法定范围内相对独立承担民事责任的保证,或者说资金是分支机构承担经济责任的法定依据。①

【实务研究】

1.公司实务:根据本条款,外国公司分支机构的资金来源于外国公司的"拨付"。因此,在实践中该资金应直接由外国公司从境外的公司账户中直接汇入,而不能通过借款、货款转移支付。

对于代表人或者代理人的人选,既可以是中国人也可以是外国人。此处需要特别区分的是,外国企业常驻代表机构代表的委派与外国公司的分支机构代表人或代理人的选任。《外国企业常驻代表机构登记管理条例》第11条明确规定,外国企业常驻代表机构应当委派1名首席代表,并可以根据业务需要,委派1至3名代表。也即,外国企业常驻代表机构必须委派1名首席代表,并可另行委派1至3名代表;而外国公司的分支机构则需由外国公司指定1名负责的代表人或代理人。

2.律师实务:本条规定中,外国公司须拨付资金以满足分支机构的"经营活动"所需。可见,外国公司的分支机构是可以从事经营活动的。反观外国企业的常驻代表机构,根据《外国企业常驻代表机构登记管理条例》第13条、第14条,一般而言,外国企业常驻代表机构不得从事营利性活动,其被允许从事的仅系业务活动,限于市场调查、展示、宣传活动以及联络活动。

【关联规定】

《外国企业常驻代表机构登记管理条例》

第11条:外国企业应当委派一名首席代表。首席代表在外国企业书面授权范围内,可以代表外国企业签署代表机构登记申请文件。

外国企业可以根据业务需要,委派1至3名代表。

第13条:代表机构不得从事营利性活动。

中国缔结或者参加的国际条约、协定另有规定的,从其规定,但是中国声明保留的条款除外。

第14条:代表机构可以从事与外国企业业务有关的下列活动:(一)与外国企业产品或者服务有关的市场调查、展示、宣传活动;(二)与外国企业产品销售、服务提供、境内采购、境内投资有关的联络活动。

法律、行政法规或者国务院规定代表机构从事前款规定的业务活动须经批准的,应当取得批准。

---

① 张小玲:《外国公司分支机构的内涵考辩》,载《警官教育论坛》2013年。

第二百四十六条【名称】

2018 年修正案	新《公司法》
第一百九十四条　外国公司的分支机构应当在其名称中标明该外国公司的国籍及责任形式。 外国公司的分支机构应当在本机构中置备该外国公司章程。	第二百四十六条　外国公司的分支机构应当在其名称中标明该外国公司的国籍及责任形式。 外国公司的分支机构应当在本机构中置备该外国公司章程。

【内容变化】

本条无变化。

【分析解读】

新《公司法》对外国公司分支机构的名称的规定属于原则性规定。根据该规定,外国公司的分支机构在登记名称时需要特别注明该外国公司的国籍及责任形式。

对于外国公司的章程,除需向登记机构备案外,还需置备在分支机构中。实践中,置备的外国公司章程,同样需要完成所属国的公证手续,并经中国驻所属国的使领馆的认证或根据《取消外国公文书认证要求的公约》的相关规定,采用文书出具国(同时也应是公约的缔约国)主管机关签发的"附加证明书"来替代"双认证"。此外,置备外国公司章程还应提供中文的翻译件。

【实务研究】

1.公司实务:某些国家的全称在翻译成中文时较长,因此在实践中该类国家的公司在登记分支机构时,可以使用通用的简写。

2.律师实务:外国企业常驻代表机构的名称构成与外国公司分支机构的名称构成的区别。

根据《企业名称登记管理规定》,企业分支机构名称应当冠以其所从属企业的名称,并缀以"分公司""分厂""分店"等字词,而境外企业分支机构还应当在名称中标明该企业的国籍及责任形式。例如,美国银行有限公司上海分行。

外国企业常驻代表机构的名称应由以下部分依次组成:外国企业国籍、外国企业中文名称、驻在城市名称以及"代表处"字样。例如,卡塔尔航空公司杭州代表处。

【关联规定】

《企业名称登记管理规定》第13条:企业分支机构名称应当冠以其所从属企业的名称,并缀以"分公司""分厂""分店"等字词。境外企业分支机构还应当在名称中标明该企业的国籍及责任形式。

《外国企业常驻代表机构登记管理条例》第10条:代表机构名称应当由以下部分依次组

成:外国企业国籍、外国企业中文名称、驻在城市名称以及"代表处"字样,并不得含有下列内容和文字:(一)有损于中国国家安全或者社会公共利益的;(二)国际组织名称;(三)法律、行政法规或者国务院规定禁止的。

代表机构应当以登记机关登记的名称从事业务活动。

 ## 第二百四十七条【法律地位】

2018 年修正案	新《公司法》
第一百九十五条 外国公司在中国境内设立的分支机构不具有中国法人资格。 外国公司对其分支机构在中国境内进行经营活动承担民事责任。	第二百四十七条 外国公司在中华人民共和国境内设立的分支机构不具有中国法人资格。 外国公司对其分支机构在中华人民共和国境内进行经营活动承担民事责任。

【内容变化】

专有名词表述标准化,将"中国"修改为"中华人民共和国"。

【分析解读】

由于不同的社会制度以及法律传统,各国的商事法律中对于分支机构是否拥有法人资格的规定也不尽相同。有的虽冠以"公司"之名,但本质上是分支机构;有的虽名为"分支机构",却拥有独立的法人资格。本条明确指出外国公司的分支机构不具备中国法人资格,系对外国公司在中国的分支机构的法律地位的明确界定。

该条同时规定,外国公司对于其分支机构在中国境内进行的经营活动承担民事责任。但本条款并未涉及外国公司在中国的分支机构在中国境外开展经营活动的法律责任承担问题。该种情况较为罕见,如发生,应根据《涉外民事关系法律适用法》的相关规定,确定连接点,进而判断适用法律及相应的法律责任,而不能一概而论,认定外国公司在中国的分支机构在中国境外进行经营活动的法律责任不适用中国法律。

【实务研究】

1.公司实务:鉴于外国公司在中国的分支机构不具有中国法人资格,分支机构的权限相较于拥有中国独立法人资格的外商投资企业等,具有一定的局限性。因此,在涉及责任承担等重大事项时,该分支机构需要取得母公司的充分授权。

2.律师实务:鉴于外国公司在中国境内的分支机构不具有中国法人资格,一般而言,以外国公司的分支机构作为诉讼主体的民商事案件应为涉外案件,适用《最高人民法院关于涉外民商事案件诉讼管辖若干问题的规定》(法释〔2002〕5 号)确定管辖。

需要特别注意的是,外国公司的分支机构不具备中国法人资格。因此,其不具备行政诉讼的原告主体资格。

第二百四十八条【活动原则】

2018 年修正案	新《公司法》
第一百九十六条　经批准设立的外国公司分支机构,在中国境内从事业务活动,必须遵守中国的法律,不得损害中国的社会公共利益,其合法权益受中国法律保护。	第二百四十八条　经批准设立的外国公司分支机构,在中华人民共和国境内从事业务活动,必须遵守中国的法律,不得损害中国的社会公共利益,其合法权益受中国法律保护。

【内容变化】

专有名词表述标准化,将"中国"修改为"中华人民共和国"。

【分析解读】

本条规定外国公司的分支机构在中国境内从事经营活动,必须遵守中国的法律。外国公司在中国境内设立的分支机构虽不具有中国法人资格,但鉴于其从事的业务活动系发生在中国境内,因此也应当遵守中国的法律。

【实务研究】

1.公司实务:经批准设立的外国公司分支机构在中国境内从事业务活动,必须接受中国法律的管辖,这是国家主权所决定的。除了享有外交特权和豁免权的人,中国法律对中华人民共和国领域内的所有人都发生效力,任何单位和个人都无例外。外国公司的分支机构及负责该分支机构的代表人或者代理人均应遵守中国法律。据此,外国公司在新设分支机构时,应当对其选任的代表人或代理人进行充分的背景调查,避免出现因上述人员存在违法行为致使分支机构合法利益受损的问题。

2.律师实务:《涉外民事关系法律适用法》在确定外国公司分支机构的属人原则为导向的情况下,还规定可适用登记地法或者主营业地法,虽符合国际私法的发展趋势,体现出一定的进步性,但是也存在立法规定不明确、列举事项不合理以及运用属人法连结点援引至准据法时容易引起歧义等问题。[①] 因此,在涉及外国公司在中国分支机构的诉讼(仲裁)时,还需要进一步关注适用的法律,并进行综合判断。

【关联规定】

《涉外民事关系法律适用法》第14条:法人及其分支机构的民事权利能力、民事行为能力、组织机构、股东权利义务等事项,适用登记地法律。

法人的主营业地与登记地不一致的,可以适用主营业地法律。法人的经常居所地,为其主营业地。

---

① 张柽柳:《涉外法人分支机构的属人法研究》,华东政法大学 2021 年硕士学位论文。

第二百四十九条【撤销与清算】

2018 年修正案	新《公司法》
第一百九十七条 外国公司撤销其在中国境内的分支机构时,必须依法清偿债务,依照本法有关公司清算程序的规定进行清算。未清偿债务之前,不得将其分支机构的财产移至中国境外。	第二百四十九条 外国公司撤销其在中华人民共和国境内的分支机构时,必须依法清偿债务,依照本法有关公司清算程序的规定进行清算。未清偿债务之前,不得将其分支机构的财产转移至中华人民共和国境外。

【内容变化】

专有名词表述标准化,将"中国"修改为"中华人民共和国"。

【分析解读】

本条规定外国公司分支机构撤销后,必须依法清偿债务,并依法进行清算。具体的清算程序,与中国公司的一致,主要包括成立清算组织、通知和通告债权人、债权申报和登记、清理财产和债权债务、制订清算方案、执行清算方案、制作清算报告以及注销登记等。

【实务研究】

1.公司实务:本条款并未就外国公司分支机构撤销的情形进行列举,但实践中一般包括:分支机构所属外国公司自愿撤销;因外国公司分支机构在中华人民共和国境内从事违反中华人民共和国法律的活动,被依法责令关闭等情形。无论基于何种原因,外国公司的分支机构都必须依法清偿债务。

2.律师实务:在中华人民共和国境内的外国公司分支机构的债务,实质上是该外国公司的债务,因此,用于清偿分支机构债务的财产不限于该分支机构的现有财产,如果分支机构的现有财产不足以清偿所欠债务时,债务人有权向该分支机构所属的外国公司请求偿还。

第十四章　法律责任

导言[*]

　　新《公司法》第十四章"法律责任"，概括性地规定违反《公司法》相关规定后的责任承担主体、责任的种类以及具体的后果。本章的规定具有以下特点：全面性。法律责任涵盖民事、行政和刑事三个方面，全方位地保护各方的利益。这既包括对国家和社会利益的保护，也包括对公司、股东的保护。首先是针对性。针对不同主体和不同行为规定不同的法律责任。例如，针对董事、监事、高级管理人员的违法行为，规定严格的赔偿责任；针对公司的违法行为，规定罚款、吊销执照等行政处罚措施。这些规定具有明确的针对性，有利于维护市场秩序和保护各方利益。其次是强制性。违反相关规定的主体必须承担相应的法律后果。无论是民事责任、行政责任还是刑事责任，都由相应的执法机构进行监督和执行。对于拒不履行法律责任的主体，相关执法机构可以采取强制措施进行处罚。

　　本章的规定，具有实践意义。首先，本章规定系维护市场秩序的重要保障，通过明确各种违法行为的法律后果，可以有效遏制不法行为的发生，保证市场的公平竞争和健康发展。同时，对于已经发生的违法行为，相关执法机构可以通过法律手段进行制裁，维护市场秩序的稳定。其次，本章规定是实现《公司法》重要目标的手段之一，是保护投资者权益的重要举措。通过明确民事赔偿责任和行政罚款等措施，可以有效保护投资者的合法权益。对于侵犯投资者权益的行为，投资者可以通过法律途径进行维权，获得相应的赔偿。同时，投资者也可以通过监管机构的监管措施，了解公司的运营情况和风险状况，降低投资风险。再次，本章规范股东权利的行使。公司股东既可以根据《公司法》的规定享受权利，又不得滥用权利损害公司或其他股东利益，明确滥用权利的后果。最后，本章对促进企业守法经营具有重要意义。通过明确违法行为的法律后果，企业可以更加清晰地认识到守法经营的重要性。同时，监管机构的监管和处罚措施也可以对企业形成威慑力，促使企业自觉遵守相关法律法规，保证公司合法运营。

---

　　[*]　导言执笔人系楼红磊，第二百五十条至第二百六十四条执笔人系胡栋。

第二百五十条【虚报注册资本的法律责任】

2018 年修正案	新《公司法》
第一百九十八条　违反本法规定,虚报注册资本、提交虚假材料或者采取其他欺诈手段隐瞒重要事实取得公司登记的,由公司登记机关责令改正,对虚报注册资本的公司,处以虚报注册资本金额百分之五以上百分之十五以下的罚款;对提交虚假材料或者采取其他欺诈手段隐瞒重要事实的公司,处以五万元以上五十万元以下的罚款;情节严重的,撤销公司登记或者吊销营业执照。	第二百五十条　违反本法规定,虚报注册资本、提交虚假材料或者采取其他欺诈手段隐瞒重要事实取得公司登记的,由公司登记机关责令改正,对虚报注册资本的公司,处以虚报注册资本金额百分之五以上百分之十五以下的罚款;对提交虚假材料或者采取其他欺诈手段隐瞒重要事实的公司,处以五万元以上二百万元以下的罚款;情节严重的,吊销营业执照;对直接负责的主管人员和其他直接责任人员处以三万元以上三十万元以下的罚款。

【内容变化】

将"情节严重的,撤销公司登记或者吊销营业执照"修改为"情节严重的,吊销营业执照";同时,增加"对直接负责的主管人员和其他直接责任人员处以三万元以上三十万元以下的罚款"的规定。

【分析解读】

本条修改主要是两部分。第一部分是将虚假登记的罚款上限从五十万元调整为二百万元,删除情节严重时撤销公司登记的后果,改为处以罚款并吊销营业执照。公司登记是公司登记机关作出的一种具体行政行为,因此登记机关撤销公司登记,实际上是根据《行政许可法》第 69 条作出的撤销行政许可的行为。而在 2018 年修正案实施过程中,学术界出现对撤销公司登记与吊销营业执照的选择适用的争议。[①] 全国人大常委会法制工作委员会在向原工商总局《关于公司法第一百九十八条"撤销公司登记"法律性质问题的答复意见》中写道:"撤销被许可人以欺骗等不正当手段取得的行政许可,属于对违法行为的纠正而不是行政处罚。"根据该答复,对公司设立登记的撤销解释为对违法行为的纠正,与《行政许可法》第 69 条的规定出现矛盾。在新《公司法》中直接删除撤销公司登记的规定,明晰法律规定。

第二部分是增加对直接负责的主管人员和责任人的处罚,则系进一步明确责任主体,强化法律执行力和约束力,通过加强对主管人员和责任人的处罚,加强监管的力度。

---

① 王晓宇:《论确认制下撤销公司登记的法律性质与适用——以〈公司法〉第一百九十八条为中心》,载《中国市场监管研究》2023 年第 2 期。

【实务研究】

1.公司实务:在公司登记时,公司的发起人或经办人员应严格把关,避免提供虚假材料或轻信中介人员的谗言而采用欺诈手段来违法获取公司登记。一旦被发现,轻者罚款,重者吊销营业执照。新《公司法》增加对直接负责的主管人员和其他直接责任人员的处罚。对于承办的个人而言,也将直接面临行政处罚。

2.律师实务:本条中增加的对直接负责的主管人员和责任人的处罚,同时涵盖中介人员。在公司设立中,因拟设立的公司职员多未到位,因此往往委托中介人员代办设立事宜。而本条中增加对责任人的处罚,将进一步规范中介人员的代办行为。

【关联规定】

《刑法》第158条:【虚报注册资本罪】申请公司登记使用虚假证明文件或者采取其他欺诈手段虚报注册资本,欺骗公司登记主管部门,取得公司登记,虚报注册资本数额巨大、后果严重或者有其他严重情节的,处三年以下有期徒刑或者拘役,并处或者单处虚报注册资本金额百分之一以上百分之五以下罚金。

单位犯前款罪的,对单位判处罚金,并对其直接负责的主管人员和其他直接责任人员,处三年以下有期徒刑或者拘役。

《市场主体登记管理条例》第45条:实行注册资本实缴登记制的市场主体虚报注册资本取得市场主体登记的,由登记机关责令改正,处虚报注册资本金额5%以上15%以下的罚款;情节严重的,吊销营业执照。

实行注册资本实缴登记制的市场主体的发起人、股东虚假出资,未交付或者未按期交付作为出资的货币或者非货币财产的,或者在市场主体成立后抽逃出资的,由登记机关责令改正,处虚假出资金额5%以上15%以下的罚款。

 第二百五十一条【不公示或不实公示的法律责任】

2018 年修正案	新《公司法》
/	第二百五十一条 公司未依照本法第四十条规定公示有关信息或者不如实公示有关信息的,由公司登记机关责令改正,可以处以一万元以上五万元以下的罚款。情节严重的,处以五万元以上二十万元以下的罚款;对直接负责的主管人员和其他直接责任人员处以一万元以上十万元以下的罚款。

【内容变化】

本条系新增条款。

【分析解读】

新《公司法》第 40 条明确规定公司应当通过国家企业信用信息公示系统真实、准确、完整地公示公司的详细信息,而本条则规定公司违反新《公司法》第 40 条公司公示义务后的处罚。从处罚的力度也能发现,在信息化时代,监管机构对于公司依法公示信息的重视程度。

【实务研究】

1.公司实务:公司在实际经营中,除需要根据新《公司法》第 40 条的规定进行公示之外,还需要注意《市场主体登记管理条例》中也规定了大量的公司公示义务,如违反该管理条例中规定的公示义务,会触发本条规定的处罚。

2.律师实务:在实践中,很多小微企业往往把注册、年度申报等工作外包给会计师事务所等中介机构,而中介机构在向监管机构申报时,往往直接编辑相关信息,而不与公司核实,或者进行模糊化处理。在新《公司法》实施后,上述行为不仅会处罚公司,也将进一步处罚中介机构。

【关联规定】

新《公司法》第 40 条。

《市场主体登记管理条例》第 30 条第 3 款、第 4 款:市场主体应当在歇业前向登记机关办理备案。登记机关通过国家企业信用信息公示系统向社会公示歇业期限、法律文书送达地址等信息。

市场主体歇业的期限最长不得超过 3 年。市场主体在歇业期间开展经营活动的,视为恢复营业,市场主体应当通过国家企业信用信息公示系统向社会公示。

第 32 条:市场主体注销登记前依法应当清算的,清算组应当自成立之日起 10 日内将清算组成员、清算组负责人名单通过国家企业信用信息公示系统公告。清算组可以通过国家企业信用信息公示系统发布债权人公告。

第 33 条第 1 款、第 2 款:市场主体未发生债权债务或者已将债权债务清偿完结,未发生或者已结清清偿费用、职工工资、社会保险费用、法定补偿金、应缴纳税款(滞纳金、罚款),并由全体投资人书面承诺对上述情况的真实性承担法律责任的,可以按照简易程序办理注销登记。

市场主体应当将承诺书及注销登记申请通过国家企业信用信息公示系统公示,公示期为 20 日。在公示期内无相关部门、债权人及其他利害关系人提出异议的,市场主体可以于公示期届满之日起 20 日内向登记机关申请注销登记。

第 35 条:市场主体应当按照国家有关规定公示年度报告和登记相关信息。

第 37 条第 2 款、第 3 款:营业执照遗失或者毁坏的,市场主体应当通过国家企业信用信息公示系统声明作废,申请补领。

登记机关依法作出变更登记、注销登记和撤销登记决定的,市场主体应当缴回营业执照。拒不缴回或者无法缴回营业执照的,由登记机关通过国家企业信用信息公示系统公告营业执照作废。

第二百五十二条【虚假出资的法律责任】

2018 年修正案	新《公司法》
第一百九十九条　公司的发起人、股东虚假出资,未交付或者未按期交付作为出资的货币或者非货币财产的,由公司登记机关责令改正,处以虚假出资金额百分之五以上百分之十五以下的罚款。	第二百五十二条　公司的发起人、股东虚假出资,未交付或者未按期交付作为出资的货币或者非货币财产的,由公司登记机关责令改正,可以处以五万元以上二十万元以下的罚款;情节严重的,处以虚假出资或者未出资金额百分之五以上百分之十五以下的罚款;对直接负责的主管人员和其他直接责任人员处以一万元以上十万元以下的罚款。

【内容变化】

对发起人、股东虚假出资的处罚增加一项"可以处以五万元以上二十万元以下的罚款",同时增加"对直接负责的主管人员和其他直接责任人员处以一万元以上十万元以下的罚款"的规定。

【分析解读】

本条对于虚假出资的行为处罚更加细化,更加贴近实践。认缴制下的公司在注册时,公司注册资本的金额往往很大,甚至是以亿元计。因此,本条修改时,对于情节不严重的虚假出资行为,直接给予定额罚款,既科学也更加有操作性。此外,增加对直接负责的主管人员和其他直接责任人员的处罚,进一步规范公司高管、从业人员的行为,多头并举,规范公司的出资行为。

就本条规定的虚假出资行为,公司发起人或者股东的主观方面是故意;违法行为的发生时间是在公司向公司登记机关登记时(包括设立登记、增减资登记等);违法的主体,是公司发起人或者股东;而行为的动机与目的,系通过虚假出资骗取公司登记,同时还有逃避债务之嫌。

【实务研究】

1.公司实务:根据新《公司法》第 48 条的规定,股东可以用货币出资,也可以用实物、知识产权、土地使用权、股权、债权等可以用货币估价并可以依法转让的非货币财产作价出资。在实践中,非货币财产的作价往往是虚假出资行为的重灾区,应引起重视。首先,作为出资的非货币财产应当评估作价,核实财产,不得高估或者低估作价;其次,要明确约定非货币财产物权转移时间;最后,还要注意非货币财产物权转移后,公司能实际控制该物权。

2.律师实务:在实践中也存在股东以古董、字画等作为非实物出资的情况。如果公司的经营内容与古董、字画等无关的,在这种情况下,不建议股东或公司发起人以古董、字画等作为非实物出资。一是古董、字画等评估作价的客观性较弱;二是公司注册资本的目的是满足公司在经营中对资本的需要,而古董、字画的变现性较差;三是古董、字画的价格变动因素较多。因此,不建议把古董、字画作为非实物出资。

【关联规定】

《刑法》第 159 条:【虚假出资、抽逃出资罪】公司发起人、股东违反公司法的规定未交付货币、实物或者未转移财产权,虚假出资,或者在公司成立后又抽逃其出资,数额巨大、后果严重或者有其他严重情节的,处五年以下有期徒刑或者拘役,并处或者单处虚假出资金额或者抽逃出资金额百分之二以上百分之十以下罚金。

单位犯前款罪的,对单位判处罚金,并对其直接负责的主管人员和其他直接责任人员,处五年以下有期徒刑或者拘役。

《市场主体登记管理条例》第 45 条:实行注册资本实缴登记制的市场主体虚报注册资本取得市场主体登记的,由登记机关责令改正,处虚报注册资本金额 5% 以上 15% 以下的罚款;情节严重的,吊销营业执照。

实行注册资本实缴登记制的市场主体的发起人、股东虚假出资,未交付或者未按期交付作为出资的货币或者非货币财产的,或者在市场主体成立后抽逃出资的,由登记机关责令改正,处虚假出资金额 5% 以上 15% 以下的罚款。

 第二百五十三条【抽逃出资的法律责任】

2018 年修正案	新《公司法》
第二百条 公司的发起人、股东在公司成立后,抽逃其出资的,由公司登记机关责令改正,处以所抽逃出资金额百分之五以上百分之十五以下的罚款。	第二百五十三条 公司的发起人、股东在公司成立后,抽逃其出资的,由公司登记机关责令改正,处以所抽逃出资金额百分之五以上百分之十五以下的罚款;对直接负责的主管人员和其他直接责任人员处以三万元以上三十万元以下的罚款。

【内容变化】

新增加"对直接负责的主管人员和其他直接责任人员处以三万元以上三十万元以下的罚款"的规定。

【分析解读】

本条增加对直接负责的主管人员和其他直接责任人的处罚。与虚假出资对比,本条规定的抽逃出资的行为,公司发起人或者股东的主观方面也是故意;但违法行为的发生时间是在公司成立后,已经缴纳注册资本后;违法的主体,也是公司发起人或者股东;而行为的动机与目的,则主要是逃避债务。

【实务研究】

1.公司实务:公司对于注册资本的使用要符合会计的相关准则。特别是货币,注册资本只能供公司日常经营使用,比如发放工资、购买设备、支付公司管理费用等。对于"股东借款"等与"抽回"资本金类似的情形,应尽量避免发生。

2.律师实务:为保障公司的正常经营,维持公司对外承担债务的能力,法律规定公司在设立后,未经法定程序,股东不得抽回其出资。在公司经营过程中,抽逃出资行为的主要表现形式包括股东利用关联交易或虚构债权债务关系等方式将资金转出。对于股东抽逃出资的行为,应由抽逃出资的股东在抽逃出资的本金及利息的范围内对公司对外未能清偿的债务承担补充赔偿责任。[①]

【关联规定】

《刑法》第159条:【虚假出资、抽逃出资罪】公司发起人、股东违反公司法的规定未交付货币、实物或者未转移财产权,虚假出资,或者在公司成立后又抽逃其出资,数额巨大、后果严重或者有其他严重情节的,处五年以下有期徒刑或者拘役,并处或者单处虚假出资金额或者抽逃出资金额百分之二以上百分之十以下罚金。

单位犯前款罪的,对单位判处罚金,并对其直接负责的主管人员和其他直接责任人员,处五年以下有期徒刑或者拘役。

《市场主体登记管理条例》第45条第2款:实行注册资本实缴登记制的市场主体的发起人、股东虚假出资,未交付或者未按期交付作为出资的货币或者非货币财产的,或者在市场主体成立后抽逃出资的,由登记机关责令改正,处虚假出资金额5%以上15%以下的罚款。

第二百五十四条【另立会计账簿、提供虚假财会报告的法律责任】

2018 年修正案	新《公司法》
第二百零一条　公司违反本法规定,在法定的会计账簿以外另立会计账簿的,由县级以上人民政府财政部门责令改正,处五万元以上五十万元以下的罚款。 第二百零二条　公司在依法向有关主管部门提供的财务会计报告等材料上作虚假记载或者隐瞒重要事实的,由有关主管部门对直接负责的主管人员和其他直接责任人员处以三万元以上三十万元以下的罚款。	第二百五十四条　有下列行为之一的,由县级以上人民政府财政部门依照《中华人民共和国会计法》等法律、行政法规的规定处罚: (一)在法定的会计账簿以外另立会计账簿; (二)提供存在虚假记载或者隐瞒重要事实的财务会计报告。

---

① 耿瑞璞:《抽逃出资的股东,被判对公司债务承担赔偿责任》,载《中关村》2023 年第 11 期。

【内容变化】

将 2018 年修正案第 201 条和第 202 条合并，明确"财政部门依照《中华人民共和国会计法》等法律、行政法规的规定处罚"，同时删除 2018 年修正案第 203 条未依法提取法定公积金的行政责任的规定。

【分析解读】

本条规定将 2018 年修正案两条规定合二为一，更加清晰、明了。实践中另立会计账簿和提供虚假记载或隐瞒重要事实的财务会计报告，这两种情形的目的或者动机一致，而破坏的社会秩序也一致。因此，新《公司法》的安排更加合理。

各种不同类型的公司另立会计账簿，或提供虚假记载或者隐瞒重要事实的财务会计报告的动机是不一样的，如上市公司的目的是保持"盈利"，以防停牌等；国有公司更多的是出于领导政绩考虑；私营公司的目的则是逃税等。目的不同，不影响违反本条的构成。

【实务研究】

1.公司实务：在外资企业中，经常需要做两本账，理由是外国投资主体需要根据当地的会计准则进行做账。实际上，这种理解是错误的。根据中国的会计准则，只要是根据中国法律成立的公司，必须根据中国的会计准则编制会计报表并纳税申报。而外国投资主体为了编制合并报表等原因，需要中国的子公司与外国投资主体的会计政策保持一致时，才需另行编制报表。这种情况下，外资企业的行为并不违反本条规定。理由为：(1)底层数据均是一致的；(2)在中国境内使用的、发生法律效力的账簿是根据中国会计准则制作的账簿；(3)外国投资主体的账簿仅在其所在国发生法律效力。当然，随着中国会计准则与国外会计准则越发接近，未来需要根据外国会计准则另行编制报表的概率将越来越小。

2.律师实务：虚假记载或者隐瞒重要事实的财务会计报告的种类有很多，常见的手段有：(1)利用股权投资比率调节利润。企业会计准则规定，长期股权投资拥有被投资者单位股权比率在 20% 以下时采用成本法核算。采用成本法核算时，被投资单位的净亏损并不在投资单位账面反映。而采用权益法时，投资企业必须按当年净亏损的份额调整账面价值，并确认为当期投资损失。因此，对于连年亏损的子公司，母公司会将股权投资比率减至 20% 以下以隐瞒亏损。而对于赢利情况较好的被投资企业，母公司一般会将其股权投资比率提高到 20% 以上。(2)任意计提资产减值准备调节利润。根据会计制度，应收账款、长短期投资、固定资产、无形资产等，按谨慎性原则的要求，可以计提资产减值准备。公司在经营状况好时，可以利用制度规定的比率弹性多计提资产减值准备以藏匿利润；经营状况不好时，公司就少提甚至不提各项资产减值准备，这样"资产减值准备"就成了公司任意调节利润的砝码。(3)利用"固定资产折旧"调节当期损益。固定资产的磨损价值通常是以计提折旧的方式从当期的损益或有关受益对象中得到补偿，补偿的数额通常是通过折旧率进行计算，折旧率一般规定一个弹性，因此，公司能够通过提高折旧率的比率或降低折旧率的比率，人为调节公司当期损益。(4)利用过渡账户调整当期损益。公司利用过渡性质的账户，通过多摊、少摊、不摊，多转、少转、不转等方式，以及把收益性支出与资本性支出混淆，把待摊费用与递延资产混淆等,均可以肆意歪曲公司的正常财务状况。[①] 很多公司经营者认为上述行为都是"技术手段",而并非违法行为。这种理解是完全错误的,应引起重视。

【关联规定】

《刑法》第 161 条:【违规披露、不披露重要信息罪】依法负有信息披露义务的公司、企业向股东和社会公众提供虚假的或者隐瞒重要事实的财务会计报告,或者对依法应当披露的其他重要信息不按照规定披露,严重损害股东或者其他人利益,或者有其他严重情节的,对其直接负责的主管人员和其他直接责任人员,处五年以下有期徒刑或者拘役,并处或者单处罚金;情节特别严重的,处五年以上十年以下有期徒刑,并处罚金。

前款规定的公司、企业的控股股东、实际控制人实施或者组织、指使实施前款行为的,或者隐瞒相关事项导致前款规定的情形发生的,依照前款的规定处罚。

犯前款罪的控股股东、实际控制人是单位的,对单位判处罚金,并对其直接负责的主管人员和其他直接责任人员,依照第一款的规定处罚。

第二百五十五条【公司合并、分立、减资中违法行为的法律责任】

2018 年修正案	新《公司法》
第二百零四条第一款　公司在合并、分立、减少注册资本或者进行清算时,不依照本法规定通知或者公告债权人的,由公司登记机关责令改正,对公司处以一万元以上十万元以下的罚款。	第二百五十五条　公司在合并、分立、减少注册资本或者进行清算时,不依照本法规定通知或者公告债权人的,由公司登记机关责令改正,对公司处以一万元以上十万元以下的罚款。

【内容变化】

本条无变化。

【分析解读】

本条规定的目的是保护公司债权人的合法权益,避免公司通过合并、分立、减资或者进行清算的方式逃避债务。债权人在接到通知后,应及时行使权利。

【实务研究】

1.公司实务:公司在发生合并、分立、减少注册资本或者进行清算时,应及时发布通知或者公告。根据新《公司法》的相关规定,公告可以在报纸或者国家企业信用信息公示系统上公告。一般建议选择在国家企业信用信息公示系统上公告。

2.律师实务:本条中规定的通知与公告之间使用"或者",但并非选择之意。新《公司法》相关规定,均要求公司先行通知债权人,再发布公告。因此,不能看到本条规定中连接词是"或者",而认为公司有权在通知和公告中进行选择。

[①]　罗江平:《防范企业提供虚假财务报告的对策》,载《长沙通信职业技术学院学报》2003 年第 4 期。

【关联规定】

新《公司法》第 220 条、第 222 条第 2 款、第 224 条第 2 款、第 235 条。

 第二百五十六条【公司清算中违法行为的法律责任】

2018 年修正案	新《公司法》
第二百零四条第二款 公司在进行清算时,隐匿财产,对资产负债表或者财产清单作虚假记载或者在未清偿债务前分配公司财产的,由公司登记机关责令改正,对公司处以隐匿财产或者未清偿债务前分配公司财产金额百分之五以上百分之十以下的罚款;对直接负责的主管人员和其他直接责任人员处以一万元以上十万元以下的罚款。 第二百零五条 公司在清算期间开展与清算无关的经营活动的,由公司登记机关予以警告,没收违法所得。 第二百零六条 清算组不依照本法规定向公司登记机关报送清算报告,或者报送清算报告隐瞒重要事实或者有重大遗漏的,由公司登记机关责令改正。 清算组成员利用职权徇私舞弊、谋取非法收入或者侵占公司财产的,由公司登记机关责令退还公司财产,没收违法所得,并可以处以违法所得一倍以上五倍以下的罚款。	第二百五十六条 公司在进行清算时,隐匿财产,对资产负债表或者财产清单作虚假记载,或者在未清偿债务前分配公司财产的,由公司登记机关责令改正,对公司处以隐匿财产或者未清偿债务前分配公司财产金额百分之五以上百分之十以下的罚款;对直接负责的主管人员和其他直接责任人员处以一万元以上十万元以下的罚款。

【内容变化】

保留了 2018 年修正案第 204 条第 2 款的内容,删除了第 205 条、第 206 条的内容。

【分析解读】

新《公司法》虽删除了 2018 年修正案第 205 条的内容,但实际上该部分内容在新《公司法》第 236 条第 3 款"清算期间,公司存续,但不得开展与清算无关的经营活动"中已经体现。因此,在本条中予以删除。同时,将清算期间开展的与清算无关的经营活动,由原来的行政责任变更为民事责任,更加适合。公司进入清算程序时,其仍属于存续的公司,具有法人资格乃至经营资格。因此,从行政管理的角度,不适合进行限制。而公司进入清算,其履行能力、偿付能力必然受到影响,因此从民事角度而言,进入清算的公司不适合再进行经营活动。

同理,2018 年修正案中第 206 条的内容,根据新《公司法》第 233 条的规定,由人民法院对公司清算事项进行处理。同时,在新《公司法》第 238 条第 2 款中,明确规定"清算组成员怠于履行清算职责,给公司造成损失的,应当承担赔偿责任"。因此,新《公司法》删除 2018 年修正案中第 206 条的内容,也是将原行政责任更改为民事责任。

【实务研究】

1.公司实务:如上所述,清算的部分责任由原来的行政责任转变为民事责任后,应更加引起公司、清算组的重视,毕竟公司债权人最关心的是公司清算的进展与结果,因为清算的过程和结果最终将体现在债权的分配上。

2.律师实务:公司清算,一般而言分为自行清算和破产清算。在破产清算中,是由人民法院指定会计师事务所或律师事务所等专业机构负责清算,其专业能力不用质疑。但在自行清算时,往往由股东、公司高级管理人员等自行清算,在此种情况下,往往缺乏专业度。因此,建议公司在自行清算时,也可以聘请会计师事务所或者律师事务所等专业机构辅助进行清算工作。

【关联规定】

《刑法》第 162 条:【妨害清算罪】公司、企业进行清算时,隐匿财产,对资产负债表或者财产清单作虚伪记载或者在未清偿债务前分配公司、企业财产,严重损害债权人或者其他人利益的,对其直接负责的主管人员和其他直接责任人员,处五年以下有期徒刑或者拘役,并处或者单处二万元以上二十万元以下罚金。

 第二百五十七条【资产评估、验资或者验证机构违法的法律责任】

2018 年修正案	新《公司法》
第二百零七条　承担资产评估、验资或者验证的机构提供虚假材料的,由公司登记机关没收违法所得,处以违法所得一倍以上五倍以下的罚款,并可以由有关主管部门依法责令该机构停业、吊销直接责任人员的资格证书,吊销营业执照。 承担资产评估、验资或者验证的机构因过失提供有重大遗漏的报告的,由公司登记机关责令改正,情节较重的,处以所得收入一倍以上五倍以下的罚款,并可以由有关主管部门依法责令该机构停业、吊销直接责任人员的资格证书,吊销营业执照。 承担资产评估、验资或者验证的机构因其出具的评估结果、验资或者验证证明不实,给公司债权人造成损失的,除能够证明自己没有过错的外,在其评估或者证明不实的金额范围内承担赔偿责任。	第二百五十七条　承担资产评估、验资或者验证的机构提供虚假材料或者提供有重大遗漏的报告的,由有关部门依照《中华人民共和国资产评估法》《中华人民共和国注册会计师法》等法律、行政法规的规定处罚。 承担资产评估、验资或者验证的机构因其出具的评估结果、验资或者验证证明不实,给公司债权人造成损失的,除能够证明自己没有过错的外,在其评估或者证明不实的金额范围内承担赔偿责任。

【内容变化】

增加资产评估、验资或者验证机构"提供有重大遗漏的报告"的法律责任;明确"有关部门依照《中华人民共和国资产评估法》、《中华人民共和国注册会计师法》等法律、行政法规的规定处罚"的依据;删除"公司登记机关没收违法所得,处以违法所得一倍以上五倍以下的罚款,并可以由有关主管部门依法责令该机构停业、吊销直接责任人员的资格证书,吊销营业执照",以及"承担资产评估、验资或者验证的机构因过失提供有重大遗漏的报告的,由公司登记机关责令改正,情节较重的,处以所得收入一倍以上五倍以下的罚款,并可以由有关主管部门依法责令该机构停业、吊销直接责任人员的资格证书,吊销营业执照"的规定。

【分析解读】

本条首先明确承担资产评估、验资或者验证的机构提供虚假材料或者提供有重大遗漏的报告的,有关部门处罚的依据是《中华人民共和国资产评估法》《中华人民共和国注册会计师法》等法律、行政法规,同时删除公司登记机关的监管处罚职责内容。其次,删除了2018年修正案第207条第2款的规定。从本条具体内容而言,出具虚假资产评估、验资或者验证报告的资产评估、验资或者验证的机构工作人员,已经包含在"直接负责的主管人员和其他直接责任人员"中,不需要再行规定。而处罚的机构,也明确为"有关主管部门",由其进行监管处理。

【实务研究】

1.公司实务:公司在委托资产评估、验资或者验证的机构时,应做资信调查,在委托前了解相关机构是否存在提供虚假材料或者提供有重大遗漏的报告的经历。如果存在相关处罚的,应及时更换相关机构。

2.律师实务:对于委托资产评估、验资或者验证的机构而言,在出具相关报告时,应实事求是。出具报告的同时,要留有充足而详细的工作底稿。如出现相关报告不实或有遗漏,则可以使用工作底稿证明工作中不存在过错。同时,相关机构应充足购买行业保险,以确保机构能健康运转。

 第二百五十八条【公司登记机关违法的法律责任】

2018 年修正案	新《公司法》
第二百零八条　公司登记机关对不符合本法规定条件的登记申请予以登记,或者对符合本法规定条件的登记申请不予登记的,对直接负责的主管人员和其他直接责任人员,依法给予行政处分。 第二百零九条　公司登记机关的上级部门强令公司登记机关对不符合本法规定条件的登记申请予以登记,或者对符合本法规定条件的登记申请不予登记的,或者对违法登记进行包庇的,对直接负责的主管人员和其他直接责任人员依法给予行政处分。	第二百五十八条　公司登记机关违反法律、行政法规规定未履行职责或者履行职责不当的,对负有责任的领导人员和直接责任人员依法给予政务处分。

【内容变化】

将公司登记机关的违法行为由"不符合本法规定条件的登记申请予以登记,或者对符合本法规定条件的登记申请不予登记的"变更为"违反法律、行政法规规定未履行职责或者履行职责不当的",将责任由"行政处分"变更为"政务处分";同时删除2018年修正案第209条的规定。

【分析解读】

本条中将 2018 年修正案中的"行政处分"变更为"政务处分"。行政处分的定义是行政机关对违反行政法规的个人或组织给予的处罚,属于行政外部管理行为。而政务处分是国家机关等单位对违反纪律的公务员或工作人员给予的处分,属于内部管理行为。从本条的内容而言,是公司登记机关对于其公务员或工作人员违反公司法的处罚规定,并不涉及登记机关外部人员。因此,使用政务处分更加精准。

另外,本条还删除 2018 年修正案第 209 条"公司登记机关的上级部门强令公司登记机关对不符合本法规定条件的登记申请予以登记,或者对符合本法规定条件的登记申请不予登记的,或者对违法登记进行包庇的,对直接负责的主管人员和其他直接责任人员依法给予行政处分"的规定。这是考虑到当前经济环境下,公司登记管理的实际情况已发生变化,公司登记时的行政色彩已经降低,强令登记等行为已较少出现,因此在公司法的立法上,无须再行规定。

【实务研究】

1.公司实务:公司在办理登记等行政事项时,如遇到公司登记机构存在违法行为的,应保留相应证据,可向有关部门投诉乃至提起行政诉讼。

2.律师实务:本条规定是要求公司登记行政机构及其工作人员应遵守的原则性规定,而对于公司登记行政机构的工作人员而言,更多的是根据相应的行政法规和工作流程履行职责。

【关联规定】

《市场主体登记管理条例》第 50 条:登记机关及其工作人员违反本条例规定未履行职责或者履行职责不当的,对直接负责的主管人员和其他直接责任人员依法给予处分。

第二百五十九条【假冒公司名义的法律责任】

2018 年修正案	新《公司法》
第二百一十条　未依法登记为有限责任公司或者股份有限公司,而冒用有限责任公司或者股份有限公司名义的,或者未依法登记为有限责任公司或者股份有限公司的分公司,而冒用有限责任公司或者股份有限公司的分公司名义的,由公司登记机关责令改正或者予以取缔,可以并处十万元以下的罚款。	第二百五十九条　未依法登记为有限责任公司或者股份有限公司,而冒用有限责任公司或者股份有限公司名义的,或者未依法登记为有限责任公司或者股份有限公司的分公司,而冒用有限责任公司或者股份有限公司的分公司名义的,由公司登记机关责令改正或者予以取缔,可以并处十万元以下的罚款。

【内容变化】

本条无变化。

【分析解读】

本条规定中所谓的冒用公司或者分公司名义行为,不限于未经登记的无照经营者,也包括非公司主体以公司或者分公司名义开展经营活动。

【实务研究】

1.公司实务:实践中存在大量的非公司主体,如个体工商户、合伙企业等。但有些经营者对此了解不深,对外经常以公司自居,甚至以公司名义签订协议。如出现上述情况,则涉嫌冒用公司名义开展经营活动,将面临行政处罚。

2.律师实务:对于公司在登记的住所外设点开展经营活动是否应当进行登记,目前在实践中各地操作不一。因此,不能一概而言。应根据当地"一照多址"相关规定执行。公司跨登记管辖区设立经营点的,原则上应当由经营所在地登记,但同一城区内是否应当登记,也需要按照当地的政策办理。

第二百六十条【逾期开业、停业、不依法办理变更登记的法律责任】

2018 年修正案	新《公司法》
第二百一十一条　公司成立后无正当理由超过六个月未开业的,或者开业后自行停业连续六个月以上的,可以由公司登记机关吊销营业执照。 公司登记事项发生变更时,未依照本法规定办理有关变更登记的,由公司登记机关责令限期登记;逾期不登记的,处以一万元以上十万元以下的罚款。	第二百六十条　公司成立后无正当理由超过六个月未开业的,或者开业后自行停业连续六个月以上的,公司登记机关可以吊销营业执照,但公司依法办理歇业的除外。 公司登记事项发生变更时,未依照本法规定办理有关变更登记的,由公司登记机关责令限期登记;逾期不登记的,处以一万元以上十万元以下的罚款。

【内容变化】

增加"公司依法办理歇业"后可以停业的规定。

【分析解读】

新《公司法》实施后,可能会开展清理名存实亡的"僵尸公司"的行动,此规定将是"利器"。公司登记机关在处理"僵尸公司"时,可以采用成批吊销营业执照的方式。按照以往的惯例和经验,公司从未在登记的住所开展经营活动,或者离开原住所超过 6 个月的,可以进行公告,公告期满未提出异议的,吊销营业执照并无不妥。即便个案出现"误差",也可以通过纠偏方式(撤销吊销营业执照的行政处罚决定)处理。①

---

① 《新公司法下行政监管有哪些变化?》,https://www.sohu.com/a/761242626_121106822,最后访问时间:2024 年 12 月 15 日。

【实务研究】

1.公司实务:公司成立后超过6个月未开业,此处的开业应认定为从事经营活动。而开业后自行停业连续6个月以上的,也应认定为6个月内未从事经营活动。那如何认定公司是否从事经营活动呢?实践中,一般会以企业报税作为依据。公司作为一般纳税人为按月报税,小规模纳税人为每季度报税。如果连续超过6个月未报税,除需按税法规定缴纳罚款和滞纳金外,还有可能受到公司登记机关吊销营业执照的处罚。

2.律师实务:如果公司确有特殊原因,需要停止经营超过6个月的,则应向公司登记机构办理歇业手续,同时注意歇业的时间不能超过3年。歇业前需与职工协商处理劳动关系。

【关联规定】

《市场主体登记管理条例》

第30条:因自然灾害、事故灾难、公共卫生事件、社会安全事件等原因造成经营困难的,市场主体可以自主决定在一定时期内歇业。法律、行政法规另有规定的除外。

市场主体应当在歇业前与职工依法协商劳动关系处理等有关事项。

市场主体应当在歇业前向登记机关办理备案。登记机关通过国家企业信用信息公示系统向社会公示歇业期限、法律文书送达地址等信息。

市场主体歇业的期限最长不得超过3年。市场主体在歇业期间开展经营活动的,视为恢复营业,市场主体应当通过国家企业信用信息公示系统向社会公示。

市场主体歇业期间,可以以法律文书送达地址代替住所或者主要经营场所。

第46条:市场主体未依照本条例办理变更登记的,由登记机关责令改正;拒不改正的,处1万元以上10万元以下的罚款;情节严重的,吊销营业执照。

 第二百六十一条【外国公司擅自设立分支机构的法律责任】

2018年修正案	新《公司法》
第二百一十二条　外国公司违反本法规定,擅自在中国境内设立分支机构的,由公司登记机关责令改正或者关闭,可以并处五万元以上二十万元以下的罚款。	第二百六十一条　外国公司违反本法规定,擅自在中华人民共和国境内设立分支机构的,由公司登记机关责令改正或者关闭,可以并处五万元以上二十万元以下的罚款。

【内容变化】

专有名词表述标准化,将"中国"修改为"中华人民共和国"。

【分析解读】

根据《外商投资企业授权登记管理办法》第2条第2款"外国公司分支机构……登记管理授权和规范,参照本办法执行",以及第3条第3款"未经国家市场监督管理总局授权,不得开展或者变相开展外商投资企业登记管理工作"的规定,外国公司在华设立分支机构的登记管理权,属于国家市场监管总局。未经市场监管总局授权,地方公司登记机关并无对外国公司的监管处罚权。①

【实务研究】

1.公司实务:外国公司应根据在中国的业务需求,而选择成立外国公司分支机构、外商投资企业等。

2.律师实务:实践中外国公司在华的分支机构是不对外发生经营活动的,仅起联络作用。因此,某些外国机构心存侥幸,在中国设置办公室或者联络点,而不依法登记。这种情况实际上是不可取的,如被发现,将被依法处罚。

 第二百六十二条【吊销营业执照】

2018 年修正案	新《公司法》
第二百一十三条　利用公司名义从事危害国家安全、社会公共利益的严重违法行为的,吊销营业执照。	第二百六十二条　利用公司名义从事危害国家安全、社会公共利益的严重违法行为的,吊销营业执照。

【内容变化】

本条无变化。

【分析解读】

本条规定主要针对以公司名义从事或者变相从事危害国家安全或者社会公共利益的活动,情节严重时,将被依法吊销营业执照。

关于国家安全的法律界定。以《国家安全法》《生物安全法》《数据安全法》为代表,对国家安全进行了直接界定;而以《刑法》和《香港特别行政区维护国家安全法》为代表,则以反向列举的方式对国家安全进行了界定。《出口管制法》第 10 条规定:"根据维护国家安全和利益、履行防扩散等国际义务的需要,经国务院批准,或者经国务院、中央军事委员会批准,国家出口管制管理部门会同有关部门可以禁止相关管制物项的出口,或者禁止相关管制物项向特定目的国家和地区、特定组织和个人出口。"该法虽未明确界定国家安全,但从事实上赋予国务院、中央军事委员会等特定主体判断国家安全的权力。

社会公共利益的含义则更为广泛,其既可以是人民的基本权益,也包括国家的利益、社会的利益乃至全人类的利益。人民的基本权益,则指人民享有的基本权利,如生命权、健康权、劳动权等。

---

① 《新公司法下行政监管有哪些变化?》,https://www.sohu.com/a/761242626_121106822,最后访问时间:2024 年 12 月 15 日。

【实务研究】

1.公司实务:公司应根据注册登记的营业范围进行经营活动,任何危害国家安全或者社会公共利益的"业务"必然是超出公司营业范围的。

2.律师实务:实践中,公司不会因为一次犯罪而被吊销营业执照。但如果公司的成立目的就是从事某一犯罪行为的,则除公司及相关责任人要受到刑事处罚外,公司也将被吊销营业执照。

 第二百六十三条【民事赔偿优先】

2018 年修正案	新《公司法》
第二百一十四条　公司违反本法规定,应当承担民事赔偿责任和缴纳罚款、罚金的,其财产不足以支付时,先承担民事赔偿责任。	第二百六十三条　公司违反本法规定,应当承担民事赔偿责任和缴纳罚款、罚金的,其财产不足以支付时,先承担民事赔偿责任。

【内容变化】

本条无变化。

【分析解读】

自 1993 年《公司法》第 228 条确定"民事赔偿责任优先"原则以来,《公司法》虽历经数次修改,但该条规定除条文顺序偶有改变外,具体内容一直没有任何实质变化。虽然坊间可能认为,该条规定是一种巨大的进步,体现对公司民事债权人优先保护之精神,目前《民法典》等 11 部法律也确认了类似制度,但在司法实践中,真正能够援引该规定处理相关案件之情形并未见到,该条规则基本成为一种"被搁置的立法"。究其实质,"民事赔偿责任优先"原则是一种"立法动机良好、看起来很美",但实际上欠缺适用空间的立法安排,因为一旦公司财产不足以支付其私法或者公法债务,按照《企业破产法》的相关规定,公司通常应当进入破产或者重整程序。若法院在执行中遇到此种情形,实际上囿于《企业破产法》上的公平清偿原则,无法对个别债权人进行"民事赔偿责任优先的个别清偿"。因此,上述规范在实践中被搁置也就不足为奇。可见,《公司法》与《企业破产法》的冲突,导致"民事赔偿责任优先"原则这一实体规范安排缺乏适用空间。然而,这样的场景存在 30 余年却未能发生任何改变,恐怕在《公司法》短暂的立法史上,也是一大奇观。在新《公司法》的修订过程中,"民事赔偿责任优先"原则未受到理论界和实务界关注,因此未对本条内容做任何修订。①

---

① 蒋大兴:《"民事赔偿责任优先"抑或"民事诉讼优先"?——"私权优先"应从实体规范向程序规则演进》,载《中国社会科学院大学学报》2023 年第 4 期。

【实务研究】

1.公司实务:无。

2.律师实务:无。

 第二百六十四条【刑事责任】

2018 年修正案	新《公司法》
第二百一十五条　违反本法规定,构成犯罪的,依法追究刑事责任。	第二百六十四条　违反本法规定,构成犯罪的,依法追究刑事责任。

【内容变化】

本条无变化。

【分析解读】

本条规定的违反本法的犯罪是一个大的概念,它包含违反《公司法》的一切犯罪。犯罪主体可以是公司、其他行为人、公司登记机关的公职人员,也可以是评估机构等中介机构。因此,犯罪主体呈现出多层次性和广泛性的特点。而从违反公司法犯罪的行为方式看,违反本法的犯罪又可分为公司发起时犯罪、公司成立后犯罪、公司清算时犯罪等。

总体而言,违反公司法的犯罪,应属于广义的经济犯罪,在适用刑罚时,自由刑相对较轻,而财产刑比重大,且适用面广。

【实务研究】

1.公司实务:无。

2.律师实务:无。

【关联规定】

《市场主体登记管理条例》第 51 条:违反本条例规定,构成犯罪的,依法追究刑事责任。

第十五章　附　则 *

导 言

　　本章由 2018 年修正案第十三章修改而成,删除其中一条关于外商投资适用法律的规定。新《公司法》本章主要对部分法律用语作出规定和解释,以及对本法实施日期作了说明。

第二百六十五条【相关含义】

2018 年修正案	新《公司法》
第二百一十六条　本法下列用语的含义:	第二百六十五条　本法下列用语的含义:
(一)高级管理人员,是指公司的经理、副经理、财务负责人,上市公司董事会秘书和公司章程规定的其他人员。	(一)高级管理人员,是指公司的经理、副经理、财务负责人,上市公司董事会秘书和公司章程规定的其他人员。
(二)控股股东,是指其出资额占有限责任公司资本总额百分之五十以上或者其持有的股份占股份有限公司股本总额百分之五十以上的股东;出资额或者持有股份的比例虽然不足百分之五十,但依其出资额或者持有的股份所享有的表决权已足以对股东会、股东大会的决议产生重大影响的股东。	(二)控股股东,是指其出资额占有限责任公司资本总额超过百分之五十或者其持有的股份占股份有限公司股本总额超过百分之五十的股东;出资额或者持有股份的比例虽然低于百分之五十,但依其出资额或者持有的股份所享有的表决权已足以对股东会的决议产生重大影响的股东。
(三)实际控制人,是指虽不是公司的股东,但通过投资关系、协议或者其他安排,能够实际支配公司行为的人。	(三)实际控制人,是指通过投资关系、协议或者其他安排,能够实际支配公司行为的人。
(四)关联关系,是指公司控股股东、实际控制人、董事、监事、高级管理人员与其直接或者间接控制的企业之间的关系,以及可能导致公司利益转移的其他关系。但是,国家控股的企业之间不仅因为同受国家控股而具有关联关系。	(四)关联关系,是指公司控股股东、实际控制人、董事、监事、高级管理人员与其直接或者间接控制的企业之间的关系,以及可能导致公司利益转移的其他关系。但是,国家控股的企业之间不仅因为同受国家控股而具有关联关系。

---

* 执笔人:叶倩冰。

【内容变化】

本条修订部分用词,将控股股东份额要求中的"以上"修订为"超过","不足"修订为"低于";删除实际控制人"虽不是公司的股东",扩大了对实际控制人的认定。

【分析解读】

本条对高级管理人员作了规定,除明确规定的公司的经理、副经理、财务负责人,上市公司董事会秘书,还包括章程的约定人员。

控股股东作为公司发展和经营中重大事项的决定者,新《公司法》对其做了修改,即有限公司股东出资额占公司资本总额超过50%或者股份公司股东持有的股份占公司股本总额超过50%的。此外,还有一类股东虽然出资额或者持有的份额低于50%,但其出资额已经绝对控制或其表决权足以对股东会产生重大影响,这类股东都是控股股东。

实际控制人的规定与2018年修正案规定不一样。2018年修正案中规定实际控制人不是公司的股东,但新《公司法》对其做了修订,实际控制人可能是公司的股东,也可能不是公司的股东。只要是通过投资关系、协议或者其他安排,能够实际支配公司行为的人,都是实际控制人。

【实务研究】

1.公司实务:除法定的高级管理人员外,公司章程可以对高级管理人员的定义按照公司实际经营情况做相应的约定。特别是对高级管理人员,要针对竞业协议、保密约定做相应的约定。

2.律师实务:特别注意本条中对关联关系的阐述。存在关联关系可能会导致公司利益输送给他人进而损害公司利益,需要特别关注特定人员,包括公司控股股东、实际控制人、董事、监事、高级管理人员以及他们所直接或间接控制的公司。

【关联规定】

《上市公司股东、董监高减持股份的若干规定》第3条:上市公司股东、董监高应当遵守《公司法》《证券法》和有关法律、法规,中国证监会规章、规范性文件,以及证券交易所规则中关于股份转让的限制性规定。

上市公司股东、董监高曾就限制股份转让作出承诺的,应当严格遵守。

 第二百六十六条【施行日期及出资期限过渡期】

2018年修正案	新《公司法》
第二百一十八条　本法自2006年1月1日起施行。	第二百六十六条　本法自2024年7月1日起施行。 本法施行前已登记设立的公司,出资期限超过本法规定的期限的,除法律、行政法规或者国务院另有规定外,应当逐步调整至本法规定的期限以内;对于出资期限、出资额明显异常的,公司登记机关可以依法要求其及时调整。具体实施办法由国务院规定。

【内容变化】

具体规定新《公司法》的施行日期,新增新法实施前认缴期限过法定期限的公司的过渡安排,新增出资期限、出资额明显异常的行政处理方式。对于新《公司法》施行前设立的公司,应该逐步调整到符合新《公司法》的规定。若对于出资期限以及出资额有明显异常的,公司登记机关有要求其调整的行政权。

【分析解读】

新《公司法》实施后,存量有限公司"应当逐步调整"。将考虑经营主体、行业领域等情形,为存量公司设定一定年限的过渡期,按照新《公司法》要求,分类分步、稳妥有序调整。到目前为止,操作层面有关过渡期的具体规定尚未出台,不过根据《国务院关于实施〈中华人民共和国公司法〉注册资本登记管理制度的规定(征求意见稿)》,过渡期有可能设置为3年。

【实务研究】

1.公司实务:新《公司法》规定有限责任公司的股东必须在5年内实缴完毕,并且对实缴的配套制度做了更多明确具体的细化,比如对抽逃出资、股东权利、董监高个人责任、关联交易、虚假交易等。因此,公司必须谨慎、合理筹划出资金额以及期限。同时,公司应关注并遵守国务院此后出台的相关规定。

2.律师实务:律师应协助公司审慎确定公司注册资本和出资期,同时协助公司对新《公司法》实施设立公司的注册资本及时按法律和行政法规要求进行调整。

【关联规定】

《国务院关于实施〈中华人民共和国公司法〉注册资本登记管理制度的规定》

第2条:2024年6月30日前登记设立的公司,有限责任公司剩余认缴出资期限自2027年7月1日起超过5年的,应当在2027年6月30日前将其剩余认缴出资期限调整至5年内并记载于公司章程,股东应当在调整后的认缴出资期限内足额缴纳认缴的出资额;股份有限公司的发起人应当在2027年6月30日前按照其认购的股份全额缴纳股款。

公司生产经营涉及国家利益或者重大公共利益,国务院有关主管部门或者省级人民政府提出意见的,国务院市场监督管理部门可以同意其按原出资期限出资。

第3条:依照公司法第二百六十六条规定,设置三年过渡期,自2024年7月1日至2027年6月30日。公司法施行前设立的公司出资期限超过公司法规定期限的,应当在过渡期内进行调整。

公司法施行前设立的有限责任公司自2027年7月1日起剩余出资期限不足五年的,无需调整出资期限;剩余出资期限超过五年的,应当在过渡期内将剩余出资期限调整至五年内。调整后股东的出资期限应当记载于公司章程,并依法在国家企业信用信息公示系统上向社会公示。

公司法施行前设立的股份有限公司应当在三年过渡期内,缴足认购股份的股款。